RÉCITS MILITAIRES

**

APRÈS SEDAN

PROPRIÉTÉ DES ÉDITEURS

Droit de traduction reservé.

GAULOIS ET GERMAINS

RÉCITS MILITAIRES

PAR

LE GÉNÉRAL AMBERT

★ ★

APRÈS SEDAN

BEAUCE — NORMANDIE — ARMÉE DU NORD —
TOURS — VERSAILLES — MOBILES — ZOUAVES
PONTIFICAUX — CHATEAUDUN — RETRAITE DU
13ᵉ CORPS — NAPOLÉON III ET L'ARMÉE FRAN-
ÇAISE EN 1870.

1870-1871

> La France est le soldat de Dieu sur
> la terre.   (SHAKSPEARE.)

Dixième édition illustrée de HUIT PORTRAITS

PARIS
LIBRAIRIE BLOUD ET BARRAL
4, RUE DE MADAME, ET RUE DE RENNES, 59

Paris, le 30 avril 1884.

AU LECTEUR

Quelques mots avant cette deuxième série.

Si vous prêtez l'oreille aux murmures qui s'élèvent autour de vous, ce ne sont que plaintes et découragements. Le monde militaire lui-même est encore stupéfait par le souvenir de nos défaites ; les hommes qui depuis si longtemps se proclamaient invincibles semblent douter d'un meilleur avenir. Quant à la société civile, le fantôme de l'invasion l'aveugle, et le moindre bruit sur la frontière lui rappelle les marches de l'étranger. Cet état des esprits est d'autant plus regrettable qu'il est la conséquence non d'une étude approfondie, mais d'un instinct aveugle et pour ainsi dire d'une commotion physique.

L'auteur de ce livre pourrait être lui-même accusé de partager le sentiment de la plupart de ses contemporains. En effet, dans sa lettre aux Directeurs de la « Gazette du Dimanche », qui sert de préface à la première série des RÉCITS MILITAIRES, il exprime des craintes et laisse entrevoir peu d'espoir. Dans l'ouvrage, au contraire, il met en relief les vertus populaires et répand dans chaque page une consolation et une espérance.

Y a-t-il là changement d'idées ou contradiction ? Nullement.

Les hommes de nos jours ne sont pas inférieurs à leurs ancêtres, et les femmes surpassent leurs mères en vertus et en courage.

Mais ces hommes et ces femmes forment une société mal dirigée, ou plutôt dirigée par des guides aveugles, ignorants ou infidèles.

Au lieu d'être agrandi, élevé, l'homme est amoindri et abaissé.

Pendant que la Prusse, par un travail de longues années, préparait ses victoires, nous préparions nos défaites par l'oisiveté, l'injustice et les caprices insensés.

L'homme de France n'a pas cessé d'être brave, spirituel, instruit ; mais la société française a perdu sa force, sa dignité et son patriotisme. L'ensemble a été mauvais, quoique les éléments ne le fussent pas. Quelqu'étranges qu'elles paraissent, ces idées n'en sont pas moins vraies. La nation française est toujours la grande nation, mais elle ne reçoit plus l'éducation indispensable aux masses populaires. Presque chacun conserve une vertu mal définie, vague, changeante, transmise par la tradition, tandis que les groupes ont perdu les vertus qui sont l'œuvre d'un gouvernement prévoyant et sage.

Nous avons donc de nombreuses raisons d'espérer, si nous considérons attentivement le prolétaire livré à lui-même, le paysan au chaume de son village, l'ouvrier entre sa femme et ses enfants. L'espoir est presque éteint si nous arrêtons nos regards sur le prolétaire, le paysan, l'ouvrier, réunis en grandes masses soit pour une élection politique, soit pour toute autre raison.

Inspiré par son sentiment propre, l'ouvrier ou le paysan donnent cette admirable garde mobile qui défendait le sol de la patrie ; le sentiment public, lorsqu'il anime trente, quarante ou des centaines de ces mêmes hommes, en fait des insensés.

Un ministre d'Angleterre (1) disait : « La France serait trop vaillante, trop riche, trop heureuse, trop redoutable, si, tous les quinze ou vingt ans, une révolution ne venait l'affaiblir. »

La nation y perd beaucoup, et les individus n'y gagnent rien, à part quelques ambitieux sans valeur.

Lorsqu'en 1870 la Prusse nous a fait la guerre, ses officiers avaient suivi nos armées en Afrique, en Crimée, au Mexique, en Italie. Tout notre système de guerre était connu après de minutieuses études. On savait à Berlin l'incapacité de nos ministres de la guerre, l'insuffisance de nos généraux en chef, le peu de discipline de nos soldats ; cependant on

---

(1) Lord Brougham.

n'entrait pas en campagne sans émotion : on avait pour soi le nombre, l'armement, l'organisation, le commandement, l'ordre et la discipline ; on semblait avoir tout, car nous ne possédions pas même de cartes géographiques pour éclairer nos premiers pas.

Les grands chefs de l'armée allemande reconnaissaient que tout ce qui dépendait du gouvernement français était inférieur. Pourquoi donc agissaient-ils avec prudence ? pourquoi ne se lançaient-ils pas à corps perdu sur une armée sans organisation et sans commandement ?

C'est que notre soldat était toujours là, avec son courage, ses élans intrépides et son dévouement. On avait bien abaissé l'esprit militaire, à force d'injustice et de courtisanerie, mais les générations de soldats s'étaient perpétuées, et le zouave de Zaatcha descendait en droite ligne du grenadier d'Austerlitz.

L'ancêtre, le père de ces deux soldats, est notre paysan de la vieille France, qui avait servi sous Turenne.

Si c'est dans ce milieu que reposent nos regards, ayons une foi absolue dans l'avenir, nous sommes certains de la victoire ; si, au contraire, nous avons confiance dans les gouvernants et les masses populaires corrompues par la politique, nous serons, comme les Grecs du Bas-Empire, la proie des Barbares.

Nous aimons, en France, à parler de nos droits, et n'en déterminons même pas les limites. N'oublions cependant pas que matériellement *la force prime le droit.*

Ayons pour nous la force, ne serait-ce que pour protéger le droit, peu belliqueux de sa nature.

Ce petit discours exige une conclusion qu'il n'est possible de donner qu'après avoir étudié les événements militaires de 1870-1871.

Dans une nouvelle guerre, serions-nous vainqueurs ou vaincus ? Telle est la question. Dieu seul le sait ; mais de longues observations nous font espérer que la France serait victorieuse.

A deux conditions cependant : la première est que la nation ne soit pas abandonnée aux caprices de la multitude ignorante ; la seconde est que nos armées aient pour chefs des capitaines égaux, sinon supérieurs aux généraux de l'Allemagne.

Un sage a comparé la France actuelle au laboureur qui se plaindrait que son champ produit de mauvaises herbes, après avoir semé des grains corrompus.

La terre est bonne, les fruits seront excellents si nous savons choisir le laboureur.

Général Baron AMBERT.

RÉCITS MILITAIRES

CHAPITRE PREMIER

SOMMAIRE

Tremblement de terre. — Après Sedan. — Gouvernement de la Défense nationale. — Idées militaires des membres du gouvernement. — La patrie, d'après M. Jules Simon. — M. Guizot et la bourgeoisie. — Un mot de Napoléon Ier en Russie. — Les ministres du nouveau gouvernement. — Un souvenir de l'année 1636. — Commencement d'organisation militaire. — Le général Lefort. — Les généraux La Motterouge, Martin des Paillères, Martineau des Chenez. — Moyens de défense. — Les gardes mobiles de la Marne. — La police du roi de Prusse. — Le docteur Stieber. — Le maire de Pont-à-Mousson. — Le beurre frais et le fromage du docteur Stieber. — Quelques-unes de ses confidences. — Antée, fils de Neptune. — Le village de Mézières. — Le duc de La Rochefoucauld. — Le garde-barrière du chemin de fer. — Le comte de Briey, maire de Bazincourt. — Le sous-lieutenant Beuve. — M. Poulet-Langlet. — Combat de Villegats. — Officiers de mobiles : Guibert, Guillaume, Montgolfier, etc. — Le capitaine Garnier. — Combat de Formerie. — Scènes sanglantes à Forêt-la-Folie. — Le maire de Guitry, M. Besnard. — Le major saxon Funck et le moulin à vent. — Le garde mobile Binet, du Calvados. — Le lieutenant de uhlans hanovriens et le lieutenant français Vivier, des francs-tireurs. — Le capitaine Houdellière. — Un mobile de l'Ardèche reçoit dix-sept coups de lance dans une rencontre. — Les fourgons prussiens pris à Vernon. — Mort du capitaine Roveure, auquel les Allemands rendent les honneurs militaires.

I

Pendant un voyage en Amérique, nous avons, plus d'une fois, assisté aux tremblements de terre. Tout s'écroulait dans les villes. Les maisons solidement construites, les monuments qui semblaient défier les siècles, ces assemblages de pierre et de fer s'agitaient d'abord sur leurs bases, puis tout à coup, après un déchirement, le sol se couvrait de débris. Pas un mur ne restait debout, et l'on voyait dans la poussière, soulevée par la tempête, des lambris dorés, de riches étoffes et des tapis souillés.

Aux champs, les arbres demeuraient droits et fermes; à peine quelques-uns inclinaient-ils la tête.

Il faut voir dans ces phénomènes l'image de nos révolutions. Les empires et les républiques qui ont gouverné la France depuis bientôt un siècle étaient semblables aux monuments de la ville. Les pierres largement taillées, habilement assemblées, présentaient au regard de riches palais, des statues de marbre, de magnifiques colonnades; mais tout cela reposait seulement à la surface de la terre. C'était l'œuvre des tailleurs de pierre, des architectes, des peintres et des tapissiers. Les artistes s'étaient surpassés, et la main de l'homme n'avait rien créé de plus merveilleux que cette ville, anéantie en quelques minutes.

Cependant l'arbre a résisté, et les fruits qui pendaient à ses branches se sont à peine balancés. C'est que les racines de l'arbre pénètrent dans les entrailles de la terre, tandis que le monument ne repose que sur le sol.

Voyez dans cet arbre les antiques monarchies. Le temps les a sacrées comme il a, heure par heure, conduit la racine au plus profond du champ, à travers la terre, les rochers et les cours d'eau.

Ce ne sont ni les décrets souverains, ni les acclamations populaires, ni même les conquêtes qui fondent les gouvernements durables. Les caprices d'un jour sont effacés par les caprices du lendemain. Il faut la main du temps pour cimenter toute chose, et le temps ne respecte que ses œuvres.

Les antiques monarchies peuvent seules, en Europe,

enrayer ou détruire les convulsions révolutionnaires. Hors d'elles, rien ne saurait durer.

Tout honnête bourgeois de France, libre de penser et d'agir suivant son inspiration, sera tenté de sourire en voyant le respect que nous inspire le temps. Nul ne se croit plus que lui étranger à ces croyances repoussées par l'esprit du siècle. Pourquoi donc cet homme, honnête commerçant, fait-il inscrire en lettres d'or, au seuil de sa boutique : *Maison fondée en 1765*. — Plus la date est ancienne, plus le marchand se montre fier.

Il a raison, car ces chiffres proclament aux yeux des passants l'année de la fondation de sa dynastie. Ce sont ses parchemins ouverts à tous les regards. Si le passant sait lire, il s'arrêtera en disant : « Voilà une maison qui, depuis 1765, jouit d'une réputation honorable. On s'y fait estimer de père en fils, par une probité sévère. »

C'est ainsi que les racines poussent en terre par un travail lent et silencieux.

Ces pensées nous sont inspirées par la chute si subite de l'Empire, le lendemain de la journée de Sedan. Vaincu, le roi de Prusse n'eût pas perdu sa couronne. Napoléon Ier disait, en 1814 : « Si j'étais mon petit-fils, je reviendrais du pied des Pyrénées ! »

Les nouveaux empires sont fatalement condamnés à périr quand la victoire leur échappe. Sedan renversait Napoléon III comme Waterloo avait renversé Napoléon Ier. C'est là une loi infaillible, qui s'explique par le tremblement de terre. Si Louis XIV eût été vaincu par l'Europe liguée contre lui, nul n'aurait osé porter la main sur sa couronne. Roi de France, il avait en terre de profondes racines, tandis que Napoléon ne reposait que sur une base immense sans doute, mais construite par ses contemporains.

Ceux mêmes qui, parmi les hommes, ont construit ces

bases de si forte apparence, ne croient pas à leur durée. Ils sentent bien que, petits comme ils le sont, ils ne sauraient créer en quelques années une grande œuvre, assez puissante pour défier les siècles. Tous les législateurs réunis aux académiciens ne parviendront jamais à produire la racine d'un arbrisseau.

Le dernier coup de canon de Sedan était donc le signal de la chute de l'Empire. Une révolution s'accomplit à Paris, non par le peuple, mais par un parti politique.

Le dimanche 4 septembre 1870, après une séance tumultueuse au Corps législatif, les députés de Paris, quittant le palais Bourbon, se réunirent à l'hôtel de ville. Après une courte délibération, ils firent ouvrir la porte de la salle où ils étaient assemblés et M. Gambetta lut ce qui suit :

« Il est constitué un gouvernement de la Défense nationale.

« Ce gouvernement est ainsi composé : MM. Emmanuel Arago, Crémieux, Jules Favre, Jules Ferry, Gambetta, Garnier-Pagès, Glais-Bizoin, Eugène Pelletan, Ernest Picard, Rochefort, Jules Simon. »

A ce gouvernement de *Défense nationale* il manquait une épée ; le général Trochu donna la sienne.

Etait-ce bien là un véritable gouvernement de la Défense nationale ? En effet, ce gouvernement n'est nommé ni par le Corps législatif et le Sénat, ni par un corps électoral quelconque. Il est enfanté par les députés de Paris qui, après une courte délibération, se choisissent réciproquement sans tenir le moindre compte des provinces dont se compose la France.

On dira sans doute que les circonstances étaient pressantes et toute élection impossible. Mais si on avait eu pour but exclusif de sauver la France, le nouveau gouvernement eût fait loyalement appel aux patriotes de toutes les opinions et de tous les rangs, non seulement à Paris, mais dans les départements, car, Dieu merci ! en France l'amour de la patrie n'est le patrimoine propre d'aucun parti politique.

Il ne fallait pas douze hommes, mais des centaines, des milliers même, lancés sur tout le territoire, excitant l'enthousiasme, appelant aux armes pour la *guerre sainte,* la guerre de délivrance ! Des comités directeurs eussent été formés à Paris, au Nord, dans l'Est, dans l'Ouest et au Midi. La nation devait être enflammée comme après le manifeste de Brunswick en 1792. On eût obtenu ainsi des efforts généraux et la France pouvait être sauvée, ou conclure une paix moins dure après une lutte honorable. La République fut donc proclamée. Que les provinces aient applaudi ou blâmé, peu importe ; elles étaient affolées. Les orateurs, choisis parmi les avocats de Paris, ne pouvaient imprimer à la défense nationale cette impulsion vigoureuse, irrésistible, qui soulève les peuples et leur fait accomplir des miracles. Il n'y avait parmi ces députés de Paris ni un général Bonaparte, ni un orateur de la taille de Mirabeau, ni le vendéen Charette, ni le révolutionnaire Danton, mais des natures bourgeoises, paisibles, sans passions viriles, soumises à la plèbe, plus habituées aux intrigues du parlement qu'aux sacrifices du champ de bataille.

La parole académique de Jules Favre, l'esprit parisien d'Ernest Picard, la philosophie de Jules Simon, les plaidoyers de Jules Ferry, l'audace de langage de Gambetta, les violences littéraires de Rochefort, la forte voix d'Emmanuel Arago, les poses théâtrales de Garnier-Pagès, les allures peu sérieuses de Crémieux et de Glais-Bizoin ne pouvaient faire sortir de terre de véritables et solides armées.

Ces *Récits militaires* sont destinés surtout aux nouvelles générations auxquelles nous devons la vérité, toute la vérité, mais rien que la vérité. En respectant les personnes, notre plume n'a point hésité à faire ressortir les fautes de l'Empire. Il nous a été pénible, plus d'une fois, de blâmer des hommes que nous aimions et respections. Ne devons-nous pas être pour le gouvernement de la Défense nationale aussi indépendant et aussi vrai que pour l'Empire? Un seul sentiment nous inspire : le patriotisme.

Tout d'abord, il faut constater que les hommes les plus honorables qui faisaient partie du nouveau gouvernement professaient depuis longtemps des opinions hostiles aux armées. Nous devons le prouver (1). M. Jules Simon avait dit : « ..... Le projet demande une force armée de 1.200.000 hommes. J'insiste sur l'énormité de ce chiffre ! La loi qu'on propose est surtout mauvaise parce qu'elle constituera une aggravation de la toute-puissance de l'Empereur... Ce qui importe, ce n'est pas le nombre des soldats, c'est la cause qu'ils ont à défendre. Si les Autrichiens ont été battus à Sadowa, c'est qu'ils ne tenaient pas à vaincre pour la maison de Hapsbourg ! Il n'y a qu'une cause qui rende une armée invincible, c'est la liberté ! »

Ces lignes suffisent pour démontrer combien M. Jules Simon convenait peu au rôle qui lui était confié.

M. Ernest Picard y convenait encore moins : « Par quelle aberration, dit-il, le gouvernement peut-il songer à chercher les forces de la France dans l'exagération du nombre d'hommes ? Notre amendement porte la *suppression absolue* des armées permanentes et leur remplacement par les *gardes nationaux*. »

M. E. Pelletan est non moins aveuglé par l'esprit de parti que M. Ernest Picard ; il s'écrie : « Le militarisme est une plaie... Je comprendrais les *pompiers* armés pour le cas d'une invasion. *Mais une invasion est-elle possible?*

---

(1) *Journal officiel* (session 1867); toutes les citations en sont extraites.

On s'indignerait si je formulais une prévision semblable, et on *aurait raison.* »

M. Jules Favre prononce ces paroles du haut de la tribune : « Qu'est-ce que je lis dans les documents officiels ? Qu'il faut que la France soit armée comme ses voisins. J'avoue, Messieurs, que *ma conscience se révolte* contre de pareilles propositions. Nos véritables alliés sont les idées..... La nation la plus puissante est celle qui peut désarmer. Donc, rapprochons-nous sans cesse du désarmement. »

Puis vient M. Garnier-Pagès avec cette déclaration : « Qu'est-ce que la force matérielle ? Quelle puissance vous auriez si vous vouliez avoir confiance dans le peuple et dans la liberté ! Le budget de la guerre vous mène à la banqueroute. C'est la plaie, *c'est le chancre qui nous dévore.* »

Pourquoi poursuivre ces citations ?

Tels sont les hommes chargés de la défense nationale après l'effondrement de Sedan ! Jules Simon méprise le *nombre* des combattants ; Ernest Picard ne veut que des *gardes nationaux ;* E. Pelletan pense qu'une *invasion* est impossible et que les pompiers la repousseraient ; Jules Favre croit que les *idées* remporteront la victoire et qu'il est temps de désarmer ; Garnier-Pagès n'a confiance que dans le peuple et dans la liberté !

On ne saurait être plus naïf, nous n'osons dire moins patriote, tant est sincère notre respect pour les idéologues.

Et ces hommes, devenus nos gouvernants, vont enseigner à la France comment on chasse l'ennemi du sol de la patrie !

L'avènement de la *Révolution* du 4 septembre avait donc été la victoire d'un parti politique et non le cri de guerre d'une nation prête à mourir pour son indépendance.

II

On chanta la Marseillaise et tous les carrefours retentirent du cri : *Enfants de la patrie !* Nous devons supposer que M. Jules Simon garda le silence au souvenir de cette page écrite de sa main :

« N'est-ce pas un être fictif, dépendant uniquement des conventions humaines, qui, sous le nom de *patrie,* se place entre l'humanité et la famille ? Qu'est-ce que la patrie ? le sais-je ? Quel préjugé plus soigneusement entretenu que celui-là ? On ne nous le représente jamais qu'avec des images héroïques ; tout le monde enfle sa voix pour en parler, il semble que c'est la plus belle vertu ! On fait, à force d'art, de singulières créations dans le cœur humain. Quoi de plus difficile que de persuader à cent mille *hommes grossiers* qu'ils doivent se faire hacher pour sauver quelques mètres de soie tricolore attachés à un piquet ? On y parvient pourtant. Et que faut-il pour cela ? de grands mots et quelques fanfares ! »

Ce n'est pas tout. M. Jules Simon a dit encore : « On ne protège pas la morale. On doit avoir le droit d'outrager une religion. »

— « Inutile au dedans pour la justice, le soldat n'est même pas nécessaire à la frontière. »

— « Nous demandons que l'armée permanente soit *à jamais* supprimée... »

Ainsi l'homme le plus éminent du gouvernement de la Défense nationale repousse toute idée de patrie, laisse outrager la religion et supprime l'armée.

Comment pouvions-nous espérer le réveil de la nation ?

Ce n'est pas un sentiment de colère qui s'empare de nous en relatant ces opinions, mais bien une profonde pitié. Voilà donc les hommes qui sont appelés au gouvernement des nations ! Ils sont grands écrivains, orateurs habiles, philosophes et honnêtes gens. On les honore et leurs moindres paroles sont recueillies par la foule.

Pauvres savants, pauvres gens d'esprit, ne saurez-vous donc jamais que le moindre caporal, placé à la garde du drapeau sur le champ de bataille, fait plus d'honneur à l'humanité que vous tous réunis ?

Dans son *Histoire de la civilisation*, M. Guizot fait observer que la bourgeoisie française est douée de précieuses qualités : elle honore le foyer domestique et porte au suprême degré les progrès matériels ; sa probité inspire confiance ; ses aptitudes industrielles et commerciales font la richesse du pays ; ses fils se distinguent dans les sciences et dans les arts ; mais son âme ne plane pas dans les régions supérieures et son cœur est sans écho aux appels qui viennent d'en haut.

Le gouvernement de la Défense nationale était composé de membres de la bourgeoisie, doués de talents divers, généralement respectés, et qui ne comprirent pas la grande mission de sauver leur pays. Aucun d'eux ne répandit une goutte de son sang, aucun d'eux ne fit le sacrifice de sa fortune, pendant que tant d'autres mouraient sur les champs de bataille. A cette heure solennelle, il fallait secouer violemment la nation pour l'arracher à son sommeil ; il fallait réunir les hommes importants de chaque province pour ordonner les mesures indispensables à la résistance ; il fallait que chaque canton eût son patriote, missionnaire prêt au martyre ; il fallait choisir des chefs préparés, chacun, à son rôle ; il fallait parler aux soldats allant au feu, marcher à leur tête et tomber en avant du premier rang, le drapeau tricolore à la main.

Mais pour allumer le feu sacré, il est nécessaire d'en avoir les étincelles au cœur. Des esprits sceptiques, jaloux des gens de guerre, pouvaient-ils comprendre ce qu'est la *patrie en danger ?*

D'autres l'ont compris, et l'histoire n'a pas eu pour eux une page de souvenirs. Vous tous, gardes mobiles, francs-tireurs, volontaires et soldats de quelques jours, vous avez quitté vos provinces pour aller au-devant de l'ennemi ; son artillerie a déchiré vos rangs, et les masses vous ont accablés. A peine vêtus de lambeaux d'uniformes, souvent mal armés, sans pain, les pieds ensanglantés, on vous a vus la nuit, le jour, dans la neige, au milieu des villages incendiés, soutenir l'honneur de la France. Lorsque la mitraille labourait vos bataillons, des regards farouches cherchaient dans vos rangs les membres du gouvernement de la Défense nationale, et jamais un seul ne vous est apparu. Sur la terre étrangère, aux heures si lourdes de la captivité, vous étiez seuls supportant la misère et l'outrage. Et les gouvernants prononçaient des harangues pour convier à la mort la jeunesse de France !

A la retraite de Russie, en 1812, le grand état-major de l'Empereur souffrait de la faim. Le général Charpentier envoya de Smolensk un convoi de vivres. Le maréchal de France B... voulut s'en emparer, mais Napoléon le fit passer sur-le-champ au prince de la Moskowa en disant : « que c'était à ceux qui se battaient à manger avant les autres (1). » Pendant l'invasion ceux-là seuls qui se battaient mouraient de faim.

(1) *Histoire de la Grande Armée*, par le général de Ségur.

Le ministère fut ainsi composé :

Jules Favre, ministre des affaires étrangères ;
Jules Ferry, secrétaire ;
Gambetta, ministre de l'intérieur ;
Crémieux, ministre de la justice ;
E. Picard, ministre des finances ;
Jules Simon, ministre de l'instruction publique.
Quatre membres n'eurent pas de ministère :
Garnier-Pagès, Glais-Bizoin, Pelletan, Rochefort.
Le ministère était complété par :
Le général Leflô, ministre de la guerre ;
Vice-amiral Fourichon, ministre de la marine ;
Dorian, ministre des travaux publics ;
Magnin, ministre de l'agriculture et du commerce.

Oui, la patrie était en danger, et l'on ne vit cependant pas les grands efforts d'autrefois dont Louis XIII et Louis XIV avaient été témoins. Un vieil historien raconte qu'en 1636, dans cette année dite *l'année de Corbie* parce que cette ville tomba au pouvoir des Impériaux qui envoyèrent des partis jusqu'aux portes de Paris, on vit les sept corps de métiers aller trouver le Roi. Ces ouvriers et artisans lui firent l'offre de leurs personnes et de leurs biens avec une si grande gaîté et affection, que la plupart d'entre eux lui embrassaient les mains et les genoux. Ils dressèrent ensuite un rôle du nombre d'hommes que chaque corps de métiers pouvait lever et soudoyer, afin que le Roi pût les appeler. Toutes les villes de France imitèrent l'exemple de Paris. Les ouvriers, les maîtres, les petits bourgeois, se présentaient en foule pour marcher à l'ennemi. Le maréchal de la Force était sur les marches de l'hôtel de ville, et remerciait le peuple au nom du Roi. En dix jours une armée fut sur pied, qui repoussa les Espagnols de la Picardie et de la Bourgogne. *La France fut sauvée par l'élan populaire*. Les ouvriers construisaient, en ce temps-là, le Palais Royal et le Jardin des Plantes, et les gens de lettres assistaient à la fondation de l'Académie française.

Les ouvriers, les maîtres, les petits bourgeois n'avaient pas appris, dans les siècles passés, que la patrie n'était qu'un vain mot, et que le drapeau de la France ne représentait qu'un morceau d'étoffe cloué à une perche.

Ce peuple élevait son âme vers Dieu, aimait et respectait son Roi. Il n'en faut pas plus pour faire vivre les nations et les rendre redoutables. Les philosophes sceptiques sont venus qui ont nié Dieu et le Roi, la patrie et le drapeau. Alors le sens moral s'est abaissé et l'homme dévoré par l'égoïsme s'est mis en révolte contre toutes les grandes pensées. L'envie, la jalousie, la haine se sont glissées dans les cœurs, et ces braves ouvriers si généreux en 1636 sont devenus peu à peu ce que nous les voyons au XIX° siècle, ennemis de la loi et redoutables à la société dont ils pourraient être l'orgueil.

Les révolutionnaires ont dit au pauvre : *prenez ;* tandis que la religion avait dit au riche : *donnez*. Entre ces deux mots, il y a un abîme. Comblons cet abîme en instruisant les enfants du peuple de leurs *devoirs*, tandis qu'on ne leur parle que de leurs *droits*. Tendons à ce peuple une main fraternelle, sans graver sur les monuments le mot *fraternité*. De la *liberté*, parlons peu, mais donnons-en le plus possible ; quant à *l'égalité* naturelle, elle n'est possible qu'aux heures de la naissance et de la mort. Le pauvre dans sa chaumière ne sera jamais l'égal du riche dans son palais ; l'ignorant sera toujours l'inférieur du savant ; les hommes ne sont pas plus égaux dans la société que ne le sont entre eux les arbres dans la forêt. L'égalité n'existe et ne saurait exister qu'à l'église devant Dieu, au tribunal devant la justice, et sur le champ de bataille devant les boulets.

Quel est donc celui d'entre nous qui n'ait un supérieur? Les révolutionnaires les plus ardents qui inscrivent sur leur maison les trois mots : *liberté, égalité, fraternité*, ont dans cette même maison l'escalier d'honneur pour eux et leurs amis, et l'escalier de service pour les serviteurs, les ouvriers et les marchands.

Dieu n'a pas dit que les hommes étaient *égaux*, mais bien qu'ils étaient *semblables*.

Ces réflexions nous sont inspirées par la crise révolutionnaire du 4 septembre 1870. Le trône fut renversé en présence de l'ennemi qui s'en réjouit comme d'un secours immense. Les députés de Paris usurpèrent le pouvoir suprême. Qu'ont-ils fait pour la patrie ? Qu'ont-ils fait pour le peuple ?

III

Le ministère de la guerre était de la plus haute importance au moment où l'ennemi envahissait les provinces. Un membre du gouvernement de la Défense nationale prononça le nom fort oublié de son parent le général Leflô. Ce nom fut accepté. Sorti de l'école de Saint-Cyr en 1825, Leflô avait servi en Afrique et s'y était distingué par son courage. Député en 1848, il remplissait les fonctions de questeur à l'époque du coup d'Etat. Arrêté, puis exilé, le général Leflô n'avait pas tardé à rentrer en France. Il vivait dans une retraite obscure au fond de la Bretagne, étranger depuis vingt ans à l'armée, lorsque la révolution du 4 septembre en fit un ministre de la guerre.

Le gouvernement de la Défense nationale n'était en réalité que le gouvernement de Paris. Il commit, en s'enfermant dans cette ville, une faute irréparable. Il se borna à envoyer en province une délégation. Le 13 septembre M. Crémieux, orateur fort habile mais sans prestige, se rendit à Tours, investi de tous les pouvoirs qu'il concentra entre ses mains. Cet excellent avocat était une sorte de Roi de France qui rappelait peu l'élégant François Ier, l'héroïque Henri IV et encore moins le majestueux Louis XIV. Le 18 septembre M. Glais-Bizoin et le vice-amiral Fourichon furent adjoints à M. Crémieux. Fourichon devait spécialement remplir les fonctions de ministre de la guerre et celles de ministre de la marine. Il y avait donc deux gouvernements sans entente possible, celui de Paris et celui de la province. La même faute était reprochée à l'Empire depuis le commencement de la guerre, car lui aussi se sentait ballotté entre l'Empereur et la Régence, entre un général en chef à l'armée et un ministre de la guerre à Paris.

Les trois délégués Crémieux, Glais-Bizoin et Fourichon étaient fort divisés entre eux sur toutes choses, mais notre but est tout autre que celui de raconter de vaines et puériles querelles. En sa qualité de chef de la délégation, Crémieux décrète au mois de septembre que les préfets donneront des ordres aux généraux ; l'amiral Fourichon, qui a promptement jugé les nouveaux préfets, ne peut admettre cette nouveauté et donne sa démission. Il la retire le lendemain, pour la donner de nouveau.

Le général Lefort était secrétaire-général de la guerre à Tours et s'occupait, dès le 16 septembre 1870, de l'organisation d'une armée. Pour se faire une idée des sentiments de l'honorable général Lefort en ce moment, il suffit de lire sa déposition devant le conseil d'enquête : « Je dois vous dire qu'en commençant l'organisation de ce 15e corps, *je ne prévoyais guère qu'il serait appelé à prendre part aux opérations militaires*. C'est dans cette pensée que je disais au ministre de la guerre : *Cette armée n'est peut-être pas destinée à agir efficacement;*

mais je regarde son organisation comme indispensable ; *elle aura un effet moral* considérable, non seulement sur les défenseurs de Paris, mais encore sur les populations du Midi et du Centre, qui sentiront qu'il y a une armée française entre elles et les Prussiens. J'ignore quel en sera le chiffre, mais nous la ferons aussi forte qu'il nous sera possible ; *si, comme nous l'espérons tous, Paris doit être délivré dans quelques mois,* eh bien ! alors nous aurons au moins une armée (j'espérais pouvoir la porter à 200.000 hommes) qui pourra, *lors même qu'elle n'aurait pas tiré un coup de fusil,* peser dans la balance si nous devions être appelés à traiter de la paix.

« Voilà le langage que je tenais au ministre de la guerre, et voilà la pensée qui m'avait fait agir en poussant cette organisation. »

Ce n'est plus pour combattre qu'on lève des armées, mais afin de produire un effet moral !

Pauvre France, qui entendait le clairon des Allemands retentir de tous côtés, et sentait son épée trembler aux mains de Crémieux, de Glais-Bizoin et de Fourichon ! Et pendant ce temps, à Paris, ce ne sont que discours et harangues !

Chaque régiment, en entrant en campagne, avait laissé en France un dépôt composé de conscrits ou de malingres. Dès le 16 septembre, une compagnie fut formée dans chaque dépôt. Quelques compagnies de mobiles les mieux organisés furent enrégimentées ; trois régiments d'infanterie de ligne passèrent d'Afrique en France. Tout ce qu'on put rappeler d'anciens soldats se réunit dans les dépôts, si bien qu'à la fin de septembre chaque régiment comptait 200 hommes par compagnie ; chaque brigade se composait de deux régiments de ligne et d'un régiment de mobiles. La division était d'environ 20.000 hommes. Le 15e corps présentait trois divisions, et son général divisionnaire se nommait La Motterouge, brave et bon militaire.

Ces trois divisions se formaient, l'une à Vierzon, sous les ordres du général Peytavin; l'autre à Nevers, commandée par le général Martin des Paillères, et la troisième à Bourges, confiée au général Martineau des Chenez. Ces formations durèrent jusqu'à la fin de septembre. Tout cela laissait fort à désirer, car nous lisons dans un livre du général Des Paillères (1) : « A mon arrivée à Nevers le 28 septembre, je trouvai les troupes dans le plus misérable état. » Pendant la formation du 15e corps, tous les mobiles du Midi et du Centre avaient l'ordre de se diriger sur la rive droite de la Loire. Le général Lefort nous fait savoir que « les mobiles étaient destinés à former un réseau commençant aux Vosges, et devant s'étendre jusqu'à la Manche. » Ils devaient faire une guerre de partisans et ne jamais s'engager sérieusement. Les bataillons de mobiles étaient placés dans les diverses subdivisions menacées par la cavalerie ennemie.

On sait que, dans la nuit même qui suivit la bataille de Sedan, le roi de Prusse avait ordonné une marche rapide sur Paris. Le vainqueur, craignant une intervention diplomatique, ne voulait pas donner aux puissances le temps d'agir dans l'intérêt de la France. Le lendemain de l'investissement de Paris, la cavalerie allemande fut lancée au Nord, à l'Ouest et au Sud de la capitale.

Quels étaient nos moyens de défense? A Rouen, le général Gudin (remplacé bientôt par le général Briand) disposait de 2 régiments de cavalerie, 2 bataillons de marche, 11 bataillons de mobiles, environ 13 à 14.000 hommes. M. Estancelin avait, en outre, été nommé commandant supérieur des gardes nationales de la Seine-Inférieure, du Calvados et de la Manche. Le général

---

(1) Orléans.

PRINCE ROYAL DE PRUSSE

Gudin devait, en cas de grave échec, se retirer sur le Hâvre, que fortifiait à la hâte le colonel Massu. A Evreux, sur la rive gauche de la Seine, le général Delarue, commandant la subdivision, avait sous ses ordres le 39ᵉ régiment des mobiles (Eure) et le 1ᵉʳ régiment des éclaireurs de la Seine; près de 4.000 hommes.

La subdivision militaire de Chartres était sous les ordres du général Boyer. Il ne disposait que de quelques bataillons de mobiles. A l'approche de l'ennemi, il eut la faiblesse de se retirer dans l'Orne.

L'amiral Fourichon ordonna une enquête sur cette retraite trop précipitée. L'enquête prouva que le général Boyer avait un ramollissement de cerveau. (Déposition de M. Glais-Bizoin devant le conseil d'enquête.)

Le général Paulze d'Ivroy, commandant à Amiens, n'avait pas assez de troupes pour s'opposer aux incursions des Allemands.

Le général de Polhès, commandant la subdivision de Bourges, était à Orléans avec quelques régiments du 15ᵉ corps et des mobiles appelés des départements voisins.

Au Mans, le général d'Aurelle de Paladines, désigné pour le commandement supérieur de la région de l'Ouest, comptait sous ses ordres 20.000 mobiles environ, que le général Fiereck chercha à organiser après le départ de d'Aurelle.

Dans l'Est, plusieurs bataillons de mobiles (Vosges, Saône-et-Loire) se réunissaient, vers le 20 septembre, pour former le noyau de la 1ʳᵉ armée de l'Est, sous les ordres du général Cambriels.

Enfin, dans les premiers jours d'octobre, le 16ᵉ corps s'organisait sous la direction du général d'Aurelle (1ʳᵉ division, général Pourcet, à Blois; 2ᵉ division, Barry, à Tours; division de cavalerie, Ressayre, à Tours.

Malgré tous ces appels, le 15ᵉ corps seul avait, à la fin

de septembre, son organisation non pas complète, mais ébauchée. Il fallait, pour vaincre les difficultés de toute nature, l'énergie et le dévouement du général d'Aurelle de Paladines. Partout ailleurs des assemblées de mobiles, mal armés, mal vêtus, sans instruction militaire, sans discipline, présentaient un triste spectacle. Malgré leur bonne volonté, ces pauvres enfants, troublés par les récits des voyageurs, étaient hors d'état de résister aux uhlans. Ce n'était, suivant l'expression du général Lefort, « qu'un réseau de mobiles commençant aux Vosges et devant s'étendre jusqu'à la Manche. »

Nous étions entrés en campagne au mois de juillet 1870 sans plan bien arrêté ; aussi, dans l'obligation d'improviser sans cesse et de donner beaucoup au hasard, étions-nous arrivés fatalement aux capitulations de Sedan et de Metz. Allons-nous entreprendre cette nouvelle campagne, où les corps de mobiles remplacent l'armée permanente, sans avoir arrêté un plan bien conçu où tout est calculé ?

Le seul document qui puisse nous guider pour la solution de cette question se trouve dans les dépositions de la commission d'enquête. Le général Leflô, ministre de la guerre, dit : « Le général La Motterouge devait prendre le commandement de la 1re armée qui se formerait à Orléans et à Tours. Je lui donnai des instructions très détaillées sur la formation, la composition, les commandements. Nous avions la carte sous les yeux et le général Borel, chef d'état-major, était présent. La veille de l'arrivée des Prussiens devant Paris, je fis partir le général Cambriels pour prendre le commandement des forces réunies en Alsace ; je lui donnai des instructions pour la conduite des opérations. Le gouvernement n'intervint en aucune façon dans les instructions. »

Cette déposition est fort vague. Le gouvernement, qui se nomme gouvernement de la Défense nationale, n'intervient même pas, et le général Leflô dirige seul les armées. On peut affirmer que la guerre de province fut entreprise sans plan d'aucune sorte.

La déposition du général Leflô, relative à l'armée de l'Est, renferme une pensée qui pouvait être féconde en heureux résultats : « Le général... devait non pas constituer une grande armée, mais de petites armées destinées à manœuvrer sur les flancs et les derrières de l'ennemi, de manière à menacer et à gêner ses communications. »

C'est ainsi qu'il aurait fallu organiser toutes les forces du pays ; plus tard, lorsque les nouveaux soldats seraient habitués aux fatigues, aux privations, aux opérations de la petite guerre, on aurait formé les corps d'armée, les divisions, et il eût été possible d'entreprendre des opérations stratégiques.

De petites armées, moins que cela, de petites troupes, sans cesse en mouvement, auraient nuit et jour inquiété l'ennemi, se seraient dérobées aux poursuites, auraient rendu inutile sa formidable artillerie. C'eût été la guerre des partisans exécutée par les troupes régulières, organisées et instruites dans ce but. L'ennemi n'eût pu parcourir une étape sans voir sortir de terre des pelotons alertes, prompts à l'attaque, et disparaissant au coin d'un bois pour reparaître, une heure plus tard, sur le penchant d'une colline. Ce n'était pas la défense locale si rudement châtiée qu'il fallait entreprendre, mais une tactique nouvelle, une sorte d'éparpillement très redoutable aux troupes formées en masse.

Malheureusement, nous avons voulu *faire grand*, imiter les corps d'armée de Sedan et de Metz, qu'il avait été si difficile de mouvoir, de nourrir et de maintenir en ordre.

Nous aurons, plus d'une fois, l'occasion de montrer des bataillons de gardes mobiles, isolés, produire de merveilleux effets.

Ce fut le 2 septembre 1870, à onze heures et demie du matin, que fut signée au château de Bellevue la cruelle capitulation de Sedan (1). Le même jour, à midi, les armées allemandes, épuisées de fatigue, recevaient l'ordre de se préparer au départ pour Paris. Le 4, on se mettait en route. Le 8, elles sont à Dormans ; le 9, à Laon ; le 14, à Château-Thierry ; le 15, à Meaux. Pontoise voit défiler les bataillons prussiens le 17, et le 18 ils sont à Poissy. Enfin, le 19 septembre, Versailles est pris et Paris entièrement bloqué. Dans cette longue marche à travers la France, il n'y a pas eu de résistance, excepté sur les remparts de Laon.

L'histoire sera sévère pour les journées de septembre. Pourquoi, dira-t-elle, le gouvernement de la Défense nationale n'a-t-il pas fait sortir de Paris les bouches inutiles, en sortant lui-même afin de ne pas emprisonner, dans une place assiégée, ceux qui ont charge de la guerre sainte ? On eût ainsi enlevé à l'ennemi les trois auxiliaires sur lesquels il comptait le plus : la sédition, la décentralisation et la famine.

L'ennemi se trouvait obligé dès lors à faire un siège régulier, opération qu'il ignorait. Comment ! Paris, isolé de la France, sans communications, renfermait le gouvernement du pays, et les provinces obéissaient à Crémieux, Glais-Bizoin et Fourichon ! C'était une mesure insensée.

Pauvres gardes mobiles dont le baptême fut si sanglant, nous ne pouvons oublier la journée du 25 août 1870 ! En s'avançant de Metz sur Paris, les Allemands rencontrèrent à Sivry-sur-Cinte un millier de gardes mobiles du 4° bataillon de la Marne qui, à l'approche de l'ennemi, avaient été dirigés de Vitry sur Sainte-Menehould. « Après leur avoir envoyé quelques obus, dit le colonel

---

(1) Voir *Récits militaires*, 1re série.

fédéral Rüstow (1), une fraction de la 6ᵉ division de cavalerie les chargea, les dispersa et les fit en grande partie prisonniers ; un grand nombre furent sabrés ou tués à coups de lance. Les Allemands ont prétendu que ces gardes mobiles avaient voulu se rendre, mais que, ne sachant par quels signes conventionnels manifester ce dessein, ils s'étaient arrêtés et avaient formé le carré de leur mieux. C'est là ce qui avait provoqué la charge inutile des cavaliers. » Désarmés pour être conduits en captivité, ces malheureux venaient de traverser le village de Passavant, lorsque l'un d'eux quitta les rangs pour aller se désaltérer au ruisseau du chemin. Un soldat de l'escorte tire sur lui, et les Prussiens se croyant attaqués (disent-ils) chargent impitoyablement ces infortunés prisonniers privés de leurs armes. Une reconnaissance de cavalerie fait feu sur eux ; puis l'infanterie, cantonnée dans le village, prend part à cette attaque et bientôt la route et les talus sont couverts de cadavres. Les Prussiens mettent un tel acharnement dans ce massacre que l'on tire à bout portant, même sur ceux qui n'ont pas quitté leurs rangs. Trente-deux sont morts et quatre-vingt-douze mutilés. Quelques-uns cherchent à fuir dans les champs ; les Prussiens les tirent comme des lièvres.

Dix mois après, on retrouvait dans les bois de Passavant, soutenus par les grosses branches d'un chêne, les débris d'un garde mobile qui s'était réfugié là et que l'on put reconnaître (2).

Avant de poursuivre le récit de la guerre et de montrer nos nouveaux soldats aux prises avec les armées allemandes, jetons un coup d'œil dans l'intérieur du roi de Prusse et de son entourage.

(1) *Der Krieg um die Rhein grenze*, Zurich.
(2) *Les Victimes de la Basse et de Passavant*, Châlons.

IV

Le roi Guillaume de Prusse s'était mis à la tête des armées allemandes. Les opérations militaires conduites par le général de Moltke, et les mesures politiques dirigées par M. de Bismarck laissaient à Sa Majesté toute sa liberté d'esprit. Pour la sûreté du Roi et de son état-major, une police permanente accompagnait le quartier-général. Cette police avait à sa tête le docteur Stieber, mort depuis préfet de police de Berlin. Ce fonctionnaire écrivait un journal des événements et adressait de nombreuses lettres à sa femme. Ces documents ont été publiés en allemand après la mort du docteur Stieber. Nous empruntons ce qui va suivre à ces mémoires qui sont un véritable acte d'accusation contre la Prusse dressé par un Prussien.

L'armée ennemie entre à Pont-à-Mousson et dévore toutes les ressources du pays. Lorsque le quartier-général arrive, il ne trouve rien. M. Stieber, qui lui-même manque du nécessaire, écrit à sa femme, le 18 août 1870 :

« ..... Mon hôte, un colonel en retraite, neveu du maréchal Davout, homme très riche, et sa femme, femme du monde, se sont vus, hier, obligés à mendier auprès de moi un morceau de pain, parce qu'ils n'avaient rien mangé depuis trois jours. Nous ruinons complètement cette belle ville de Pont-à-Mousson. Bientôt éclatera ici le typhus de la faim et la gangrène des hôpitaux.

« Le maire est un patriote exalté, mais un homme vaillant et énergique, qui se sacrifiera pour le bien de la ville. On avait, au début, attaqué des soldats prussiens. Il a pris alors une attitude énergique, exhortant en même temps les habitants à la patience, et les prévenant que la ville serait détruite s'ils agissaient autrement. Je l'ai donc laissé en fonctions, mais naturellement en contrôlant rigoureusement chacun de ses pas. Cet homme mérite l'admiration.

« J'ai ordre, du reste, de procéder avec la plus grande rigueur et sans ménagement aucun. Hier, un paysan français a tiré, à Gorze, sur une voiture remplie de blessés prussiens. Mal lui en a pris. Deux de ces derniers qui avaient encore les jambes en bon état se sont aussitôt précipités dans la maison d'où le coup était parti et ont saisi le bonhomme. On l'a attaché avec une corde sous les bras à cette même maison, et puis on l'a fusillé avec une sage lenteur, de sorte qu'il a fallu trente-quatre balles pour l'achever.

« On a laissé toute la journée, en guise d'exemple terrifiant, le cadavre suspendu, gardé par un piquet militaire. J'ai défendu, sous peine de mort, de mettre les cloches en branle dans la ville et à six lieues à la ronde, afin que les bandes ne sonnent pas le tocsin. Nos principaux adversaires sont les curés. J'ai fait couper toutes les cordes des cloches et détruire à la hache les escaliers conduisant aux beffrois. Le temps n'est plus à la plaisanterie. »

Retenons ceci : *Nos principaux adversaires sont les curés.*

Dans une autre lettre, datée du 22 août, également de Pont-à-Mousson, M. Stieber s'exprime ainsi :

« Bien que nous nous comportions ici très décemment et que nous autres Allemands nous soyons assez bonasses de notre nature, et que nous soyons péniblement impressionnés d'avoir à exercer des cruautés, nous épuisons cependant terriblement le pays : nous enlevons tous les chevaux, toutes les voitures, tout le bétail. Nous détruisons toutes les voies ferrées, nous accaparons tous les vivres. On absorbe des flots de vin et de bière. Nous abattons tous les arbres pour alimenter nos feux de bivouac. Toutes les boutiques sont fermées, toutes les affaires chôment, toutes les fabriques sont arrêtées. Ce doit être terrible pour les Français, si fiers, de nous voir occuper leurs plus belles chambres, de nous voir étendus dans leurs lits, tandis qu'ils couchent, eux, dans la cuisine ou dans de petits appentis sur de la paille. Par-dessus le marché, ils sont encore forcés de servir et nourrir l'envahisseur. Et il faut dire que nous nous comportons, *autant que possible*, avec politesse.

« Nous éprouvons un sentiment tout particulier en fouillant à notre guise dans toutes les armoires des maisons que nous occupons, maisons qui ne nous appartiennent pas, et dans lesquelles nous prenons des choses dont nous ne pouvons nous passer à la vérité. »

Les Prussiens arrivent à Bar-le-Duc le 25 août. Avant d'entrer dans cette dernière ville, le Roi rencontre à Ligny l'armée du Prince-Royal. Le père et le fils s'embrassent sur la route, en présence des princes allemands qui sont au quartier-général, et près du général de Moltke et du comte de Bismarck. Les habitants de la bourgade se pressent autour de ce groupe, et M. de Bismarck attire encore plus l'attention que le roi de Prusse. Le chef de la police raconte, à ce sujet, l'histoire suivante, dans une lettre à sa femme :

« Une dame élégante veut à toute force voir le comte de Bismarck. Je fais le finaud et lui dis : « Vous allez voir M. de Bismarck ; vous serez même placée tout près de lui, mais, en échange, il faut que vous me procuriez du beurre frais et du fromage. Elle accepta bravement le marché et nous conduisit (moi et mon état-major), dans une maison de peu d'apparence, fermée à double tour. On nous installa dans une petite cour et on nous servit sur une table flanquée de quatre chaises du beurre, du fromage et du vin. Pour ce qui est du pain, nous en avions apporté avec nous. Ce fut, après plusieurs semaines d'abstinence forcée, le premier beurre frais, le premier fromage que je mangeai. Nous avons merveilleusement déjeuné et bu à la santé de notre Bismarck. Il valait bien un morceau de beurre et un fromage sans doute. Aussi ai-je honnêtement tenu parole : la dame en question a pu, à son aise, dévisager *le Bismarck*. »

Le docteur Stieber ne trouve bientôt plus ni lampes, ni huile, ni bougies. Cette obscurité est pour lui une sérieuse privation, dont il se plaint encore :

« Dans quelques endroits nous avons été affligés d'une disette toute spéciale dont vous ne pouvez même pas vous faire une idée, d'une disette absolue de *lumière*. C'est presque aussi fâcheux que le manque d'eau. Les torches de pin n'existent pas dans ce pays ; nous ne pouvions pas mettre la main sur des bougies. On finirait par vouloir incendier une maison afin d'y voir clair. »

Le quartier-général du roi de Prusse est enfin à Bar-le-Duc. C'est dans cette ville que pour la première fois l'ennemi trouva les tables d'hôte traditionnelles. Les magasins sont ouverts et les officiers allemands admirent surtout les confiseries devant lesquelles ils s'arrêtent complaisamment. M. Stieber émerveillé écrit à sa femme :

« Ici, notre misère a pris fin. Je me suis régalé ce matin de bon café au lait où j'ai pu plonger des mouillettes de brioche ; hier soir j'ai eu un bon dîner de cinq services agrémenté d'un saladier de vin chaud. Bref, c'est ici un petit Paris, et je ne saurais désormais vendre le comte de Bismarck pour un morceau de beurre et de fromage. »

Le 1er septembre une nouvelle lettre, datée de La Vendresse, fait savoir à Mme Stieber ce que font les Bavarois, alliés de la Prusse. Par discrétion ou patriotisme, le chef de la police n'accuse pas ses compatriotes.

« Les choses que nous avons vues dans ces derniers jours — pendant lesquels le quartier-général n'a fait que de se déplacer — passent toute imagination. Les convois de vivres ne peuvent plus nous rejoindre dans la chasse que nous faisons aux Français en déroute.

« Il faut donc que notre armée se nourrisse en pays ennemi. Je ne peux plus protéger le bien des particuliers. Il faut que nous prenions de force ce qui nous est nécessaire pour vivre ; aussi la situation devient-elle terrible. Pour mon compte, j'aime mieux demander une platée de soupe à la cuisine du Roi que de réquisitionner. Les soldats prussiens, eux aussi, ne prennent que ce dont ils ont absolument besoin pour ne pas périr. Mais les Bavarois et leurs cantiniers sont de véritables bandes de brigands qui extorquent aux habitants français, le pistolet sur la poitrine, tout ce qui peut être emporté. En outre, ils détruisent ce qu'ils ne peuvent voler.

« Ils méritent bien la qualification de brigands qu'on leur applique. »

Les Bavarois ne respectent même pas le quartier-général du roi de Prusse. Le docteur écrit de Buzancy :

« Notre dernière halte avait été radicalement pillée la veille par les Bavarois. L'aspect était effroyable, et nous étions cependant obligés de nous loger dans ce monceau de ruines fumantes. Avec cela, nous avions sur notre dos cent mille hommes traversant la localité, marchant jour et nuit, et se trouvant dans un état de grande agitation. Ils manquaient également de tout et trois fois ces hommes tentèrent de prendre à l'assaut la maison où nous nous étions établis, afin de nous en chasser. Je n'ai pu m'y maintenir qu'à l'aide d'un détachement de vingt soldats. Toutes les fenêtres ayant été brisées, et toutes les portes enfoncées, nous ne pouvions pas nous enfermer et devions nous contenter de nous barricader. »

Se trouvant toujours à l'arrière-garde, M. Stieber n'a pu voir la bataille de Sedan. Il nous a cependant conservé quelques mots typiques. Dans la nuit du 1er au

2 septembre, il adresse à sa femme une lettre où se trouve ce passage :

« Aujourd'hui, à cinq heures du matin, notre vieux roi est parti pour la bataille décisive, avec MM. de Bismarck et de Moltke. J'étais déjà à sa porte, prêt à recevoir ses ordres. *C'est aujourd'hui qu'a lieu la battue,* nous dit le comte de Waldersee, qui était de la partie, et le Roi sanctionna cette lugubre plaisanterie par un sourire approbateur. »

Le maître policier ajoute qu'à la première nouvelle de la capitulation, il a forcé le maire à faire illuminer toutes les maisons et allumer un grand feu de joie sur la place publique. Les troupes firent flamber aussi des feux du même genre, sur tous les points culminants des collines qui entourent la petite ville, et le Roi, revenant de cette effroyable mêlée, serra la main de Stieber en lui disant : « Oui, oui, c'est parfaitement vrai ; qui l'aurait pensé ! »

Passons maintenant au chapitre des prétendues cruautés que les Français auraient commises à l'égard des Prussiens isolés et dont les Allemands s'autorisaient pour prendre ce qu'il leur convenait de nommer des représailles. M. Stieber, quoique ennemi de la France, fait justice de ces allégations mensongères dans la lettre suivante datée de Ferrières, le 21 septembre. Il répond à un billet de sa femme contenant des coupures de gazettes allemandes où l'on reproche au chef de la police sa trop grande douceur envers les vaincus ; les journalistes de Berlin insistent particulièrement sur la confiance que M. Stieber accordait à M. Dauphinot, maire de la ville de Reims, destitué par la République et rétabli dans ses fonctions.

Cette lettre est caractéristique ; elle peint bien l'époque et nous la reproduisons :

« Le maire de Reims avait été nommé par Napoléon, et il se compromet politiquement en restant maire sous la République. Il a lui-même désiré qu'on usât de contrainte à son égard, pour être couvert de tous les côtés. Voilà pourquoi nous avons mis le public dans le secret. Crois-moi, s'il avait été utile et nécessaire, j'aurais tranquillement fait pendre, aux portes de l'hôtel de ville, le maire et les dix membres du Conseil. *Ce n'est pas pour rien que je m'appelle Stieber* (limier). Mais ce n'était pas nécessaire. Puis, il y a encore à réfléchir à ceci, savoir : la province, en France, s'est très bien comportée à notre égard. Je n'ai pas constaté un seul cas de révolte sérieuse. *Les journaux racontent des mensonges, des Prussiens égorgés ou empoisonnés. Toutes les fois que sur l'ordre du Roi j'ouvre une enquête sur un incident de cette nature, j'obtiens pour tout résultat ceci : Pure invention.* Seuls, Paris et la grande banlieue font exception, étant furieusement acharnés contre nous. Paris a constamment ordonné aux provinces de se soulever contre les Prussiens. Si ce soulèvement avait eu lieu, nous étions perdus, car on ne saurait lutter pas à pas contre trente millions de Français. Les provinces ne se sont pas soulevées. Voilà pourquoi nous avons fait tant de progrès. Il faut que nous évitions ce soulèvement, et cela se fait mieux par une attitude intelligente et humaine. Reims est pour de bon furieux contre Paris.

« Mon but n'a consisté que dans le maintien du maire, ce reste de l'administration napoléonienne, et dans l'élimination du conseil républicain. Si un simple procès-verbal suffisait à cet effet, pourquoi aurais-je employé des moyens plus durs en provoquant l'indignation de la ville? En agissant comme je l'ai fait, j'ai atteint mon but et gagné tous les cœurs. On m'a vu partir avec regret. »

De Reims, le docteur Stieber se dirige sur Versailles. Les relations entre le quartier-général et les habitants se tendent de jour en jour. La misère s'accroît, les dispositions hostiles au régime prussien augmentent aussi.

M. Stieber dépeint la situation dans une lettre écrite à sa femme le 2 décembre 1870 :

« A chaque coin de rue se trouve un gendarme mobilisé, on surveille chaque maison, chaque fenêtre ; les portes sont toutes gardées, et dès que nous apercevons un individu quelque peu sujet à caution, il est dépouillé de ses vêtements, jusqu'au dernier, et soigneusement fouillé. Tous ceux dont le nez nous déplaît sont mis en état d'arrestation. La maison d'arrêt est tellement bondée qu'il ne reste presque plus de place pour de nouveaux prisonniers. Notre vigilance ne peut être prise en défaut. Mais avec cela nous nous obligeons à avoir toujours des dehors extrêmement aimables, et nous usons beaucoup de cette faconde et de cette abondance de paroles, très en faveur auprès des Français. Nous payons en outre toujours comptant, car nous nageons littéralement dans l'argent. Par-ci, par-là, on fusille un homme et on en expédie une douzaine à pied dans des forteresses allemandes. Une moitié d'entre eux s'échappe en route, mais l'autre moitié suffit pour servir d'exemple terrifiant. »

Le 5 décembre, le chef de la police allemande répond à une lettre de Mme Stieber ; les lignes suivantes sont à l'honneur des dames françaises :

« Vous ne sauriez vous faire une idée de la haine professée à notre égard par les Français. Nous sommes absolument mis en quarantaine. A peine si, pour notre argent, nous trouvons un bon dîner. Ce sont surtout les femmes qui excitent sans cesse leurs maris contre nous. Nous n'avons qu'à hausser les épaules lorsque vous nous dites que vous vous figurez que les Françaises nous accueillent bien. Celle qui nous accorderait seulement l'aumône d'un regard non courroucé serait aussitôt conspuée et honnie par ses compagnes et par ses amies.

« La situation ne fait qu'empirer. C'est vraiment une chose bien désagréable que d'être obligé sans cesse à se tenir sur ses gardes et de ne pouvoir pas quitter un instant son revolver toujours chargé..... »

A la suite d'une expédition policière à Saint-Germain, près Paris, les 9 et 10 janvier 1871, le chef de la police prend de nouvelles mesures plus rigoureuses que les précédentes. Le 12 janvier il en fait part à sa femme :

« J'ai ordonné de nouvelles mesures de sûreté plus rigoureuses encore que les précédentes et j'ai fait procéder à des arrestations en masse. Aujourd'hui, un grand convoi de ces prisonniers part pour l'Allemagne, ce qui ne nous empêche pas d'avoir encore trois cents détenus à la maison d'arrêt de Versailles. Si l'on se demande en quoi consistent leurs crimes, on est forcé de s'avouer franchement que ce sont simplement des Français, agissant en Français. »

Avant de clore ces récits douloureux, nous jetons un regard en arrière, et retrouvons des lettres utiles à conserver. Ainsi, le docteur écrit de Faulquemont, le 12 août 1870 :

« Tous les habitants avaient fui devant les troupes allemandes ; cent vingt mille hommes, et, parmi eux, beaucoup de troupes de Hesse-Darmstadt, firent irruption dans la ville et se livrèrent au pillage. De tous côtés, les corps d'armée entraient dans la ville et obstruaient le passage. On enfonçait les portes des boutiques.

« Le maire se jeta désespéré à mes pieds. Je ne pus, malgré toute ma bonne volonté et avec mes cinquante gendarmes, contenir les pillards, bien que j'aie été plusieurs fois sur le point de tirer des coups de revolver contre des cantiniers qui prenaient part au sac de la ville et refusaient de m'obéir. Le prince Frédéric-Charles a arrêté lui-même six Hessois, car nous voulons absolument sauver l'honneur de l'armée prussienne. Je n'ai pas ébruité cette affaire, car on aurait fusillé ces six gaillards. Ces Hessois sont de vrais bandits, mais de bons soldats : ils avaient passé trois nuits au grand air et sous la pluie, ce qui est peut-être une circonstance atténuante. »

Ainsi, de l'aveu de Stieber, les Bavarois et les Hessois sont de vrais bandits.

Les *Mémoires* du docteur Stieber prouvent que l'armée allemande était loin d'être aussi disciplinée qu'on le pense. Les Prussiens se montraient moins mauvais que leurs alliés, mais, considérant l'armée ennemie dans son ensemble, on peut affirmer qu'elle commettait des actes de cruauté inutiles.

Sous les yeux des officiers, la discipline sévère des garnisons se conservait. Mais, plus les troupes pénétraient dans la sphère enflammée des combats, moins cette discipline demeurait ferme. Réuni sous le regard des chefs, le soldat allemand se soumettait à ses ordres ; isolé ou débandé, il se laissait aller aux passions les plus brutales : le vol et le pillage devenait sa véritable profession. Lorsqu'on ouvrait le sac d'un Allemand tombé sur le champ de bataille, on y trouvait des montres, des bijoux, et jusqu'à des effets à l'usage des femmes.

Cette guerre a profondément corrompu les mœurs militaires de l'Europe.

M. Stieber arrivé à Versailles continue sa correspondance. Dans la suite de ces *Récits*, les mémoires du chef de la police prussienne reparaîtront sous nos yeux, et nous montrerons le docteur prussien **près de Jules Favre**.

V

De tous les personnages de la Fable aucun ne nous a

laissé de souvenir plus durable qu'Antée fils de Neptune et de Géa (la terre). Ce géant vivait dans les sables de la Libye, et ses goûts pour la lutte l'avaient rendu célèbre. Toutes les fois qu'Antée touchait le sol, la terre sa mère lui donnait de nouvelles forces. Aussi terrassait-il tous ceux qu'il combattait. Trois fois Hercule fut sur le point de le vaincre, mais, renversé sur la terre, le géant retrouvait sa vigueur, et devenait invincible. Hercule surprit enfin le charme, enleva dans ses bras robustes le fils de Géa, et parvint à l'étouffer en éloignant ses pieds du sol.

Ne sommes-nous pas ce géant qu'Hercule lui-même ne pouvait vaincre ? Les jours sont venus où nous avons fui le contact de la terre. La vie des champs nous a semblé trop rude, et nous nous sommes précipités vers les cités, abandonnant la charrue de nos pères. Les châteaux même sont devenus déserts, la ville offrant plus de jouissances que le manoir. Nous n'avons plus été en contact avec notre mère, la terre. Poursuivant la fortune, nous nous sommes égarés dans les sentiers tortueux de la politique, de l'intrigue et des affaires. Les uns sont morts obscurs et ignorés dans une froide mansarde, qui auraient vécu heureux et honorés à l'ombre du clocher de leur village. Mais nous quittions tous la terre, celui-là pour devenir homme politique et celui-ci laquais, tous deux n'ayant qu'un mobile : l'argent.

L'Allemagne est venue qui a trouvé la France riche en poètes, en savants, en financiers, en orateurs, en comédiens, en gens de lettres, qui vivaient au-dessus de la terre, et pauvre en soldats dont les pieds touchent le sol.

Sommes-nous donc semblables aux Romains de la décadence ? Serons-nous demain la proie des Barbares ? Les armes sont-elles trop pesantes pour nos bras ? La civilisation si énervante de ce siècle va-t-elle effacer le souvenir de nos pères compagnons d'armes de saint Louis et d'Henri IV?

Non certes. Ne souffrons même pas de tels soupçons, et pour les repousser souvenons-nous du dévouement, du courage, du patriotisme des soldats improvisés pour la guerre dans nos provinces. Sans doute il y avait parmi eux le paysan qui n'avait pas quitté la terre et conservait sa force, mais dans le nombre on voyait aussi l'enfant de la bourgeoisie, l'héritier de la vieille noblesse, qui retrouvaient leur virilité en posant le pied sur le sol.

Un jour Louis XV oublia toutes ses faiblesses et sentit son sang refluer vers le cœur. C'était à Fontenoy : pour la première fois de sa vie, ses pieds touchaient au sol de la patrie.

Nous semblons ignorer en France qu'un effort suprême peut nous rendre plus puissants que nous ne l'avons jamais été. Mais il ne faut pas nous épuiser en vaines querelles politiques ou littéraires. Toutes les forces sont nécessaires pour soutenir le glaive et le bouclier ; toutes les intelligences doivent concourir à élever la pensée française. Oublions que dans leur dépit aveugle de pauvres gens d'esprit ont été jusqu'à dire que le drapeau n'était qu'un morceau d'étoffe attaché à un bâton.

Si jamais ce blasphème était prononcé sous votre toit, chassez loin de votre maison l'imprudent qui le prononcerait. Chassez-le, car il corromprait vos enfants et porterait le déshonneur au foyer de la famille.

VI

La guerre, après l'invasion, s'est propagée dans le Nord, dans l'Ouest, sur les bords de la Loire et dans l'Est. Partout les éléments de défense ont été les mêmes, car les gardes mobiles, les francs-tireurs, les régiments de marche ne combattaient pas sur leur territoire.

Cependant le système défensif a varié. Les armées de la Loire ont voulu copier les grandes armées de l'Empire composées de divisions et de corps difficiles à mouvoir, à entretenir et à discipliner.

Peut-être eût-il été plus habile d'en revenir momentanément à l'ordre divisionnaire qui avait procuré tant de victoires sous la République de 1792 et sous le premier Empire. Cet ordre divisionnaire est favorable au développement des hautes capacités, il permet les manœuvres promptes et hardies, les entreprises audacieuses et les retraites heureuses. Pour constituer les corps d'armée, il faudrait de vieilles troupes et des généraux expérimentés.

On ne le comprit pas dans le monde civil qui entreprit la défense nationale. Comment pouvait-on espérer qu'en peu de jours on remplacerait les forces combinées que l'ennemi venait de renverser ? A la stratégie, à la tactique allemande il aurait fallu opposer une nouvelle stratégie et une nouvelle tactique. La puissance militaire de la Prusse consistait surtout dans le nombre et l'artillerie.

Au nombre, difficile à manœuvrer, on aurait opposé des corps extrêmement mobiles, peu nombreux, inquiétant sans cesse l'ennemi, attaquant ses convois, enlevant ses postes, détruisant ses communications, faisant en un mot la guerre de l'ancien temps qui se nommait la petite guerre. Devant cette artillerie formidable, on se fût éparpillé. Ce qu'on fait aujourd'hui en tactique, on l'eût tout d'abord pratiqué en stratégie.

Mais la routine nous est tellement familière que même ceux qui voulaient tout révolutionner n'osaient songer à une organisation militaire autre que celle de l'Empire. Celle-là, comme avant la guerre, devenait mauvaise après nos défaites, parce qu'elle entraîne une stratégie et une tactique impropres aux troupes nouvelles et aux généraux sans études.

Ces observations nous sont toutes personnelles. Elles trouveraient leur justification dans la guerre telle qu'elle se fit en Normandie et dans le Nord sous le général Faidherbe. Il n'y avait pas là de vastes corps d'armée comme ceux des généraux Chanzy et Bourbaki. La guerre s'y fit mieux cependant, puisque l'ennemi fut plus retardé dans sa marche, plus inquiété chaque jour en éprouvant des pertes sensibles.

C'est par la guerre dans l'Ouest que nous commencerons ce récit.

Lorsque le blocus de Paris (19 septembre 1870) fut terminé, le général de Moltke forma une seconde ligne d'investissement, tournée en sens inverse, ayant pour but de s'opposer au secours que la province pourrait envoyer à la capitale. Les quatre divisions de cavalerie allemande rayonnèrent aussitôt à l'extérieur de ce cercle pour éclairer le pays, désarmer les habitants et assurer le ravitaillement de l'armée assiégeante.

Autour de Paris, dans un cercle de dix lieues de rayon à partir des remparts, toutes les ressources avaient été enlevées, ce qui n'empêcha pas les Prussiens d'organiser un vaste système d'impitoyables réquisitions.

Afin de mieux assurer leur ravitaillement les Allemands établirent de grands magasins à Corbeil, à Saint-Cyr et à Chantilly ; pour les maintenir au complet ils lancèrent leurs divisions de cavalerie dans toutes les directions. La Beauce, le Beauvaisis, le Vexin, toutes les plaines riches et fertiles qui entourent Paris virent les fourrageurs allemands s'emparer des ressources de la population.

Dès le 17 septembre, ce pillage avait commencé

sur les bords de la Seine. Le 21, la ville de Mantes vit les uhlans. A leur approche, le maire de Mézières avait fait charger sur des voitures les fusils de la garde nationale ; ces voitures se mettaient en marche lorsque les cavaliers prussiens parurent. S'emparer des fusils fut l'affaire d'un instant ; ils en confièrent la garde au maire, promettant de venir les enlever le lendemain. Des francs-tireurs de Mantes furent plus prompts et les emportèrent le jour même, puis, se plaçant en embuscade à l'entrée du village, attendirent les uhlans. En tête du détachement marchaient deux cavaliers, les francs-tireurs les abattirent, et chacun prit la fuite, uhlans d'un côté et francs-tireurs de l'autre.

Le soir, l'ennemi revenait en force ; le général de Bredow commandant une colonne de cavalerie et d'artillerie, appuyée d'infanterie bavaroise, marche sur le village de Mézières. En traversant Aulnay-sur-Maulore, une reconnaissance du 13ᵉ régiment de dragons du Schleswig-Holstein essuie la décharge de quatre francs-tireurs venus à la découverte. Deux francs-tireurs sont tués sur place, le troisième est blessé et le quatrième seul parvient à s'échapper. Il était trois heures et demie lorsque le général de Bredow s'arrête devant Mézières. Une patrouille entre dans le village, s'empare du maire et le traîne devant le général ; trois uhlans sont envoyés à l'autre extrémité du village, et y rencontrent deux francs-tireurs attardés, qui, surpris, tirent sur les uhlans et s'enfuient. Au bruit des coups de feu, le général de Bredow, en proie à la plus violente colère, fait rouer de coups le pauvre maire qui est foulé aux pieds des chevaux. Le village, rendu responsable, est criblé d'obus, puis les Allemands, armés de torches, mettent le feu aux maisons.

Vers le soir, le général de Bredow dont la colère n'était pas calmée, lançait des obus sur la ville de Mantes, et faisait piller les deux gares par les Bavarois du 2ᵉ régiment. Les employés du chemin de fer, blessés et sanglants, furent pris comme otages. La nuit venue, tout le pays était éclairé par l'incendie de Mézières. Sur les chemins, les habitants de Mantes fuyaient vers les bois de Rosny.

Lorsque le général de Bredow fut retourné dans ses cantonnements, les villageois de Mézières voulurent déblayer les décombres et « l'on trouva sous les ruines de la même maison six cadavres étroitement enlacés : le père, la mère et quatre enfants avaient péri asphyxiés dans les flammes ; toute une famille avait été victime de ces horreurs, dignes des temps barbares (1). »

La 6ᵉ division de cavalerie allemande occupait Senlis et envoyait des détachements aux environs. La ville de Creil fut visitée par les uhlans, vers le milieu de septembre. Un train venu de Beauvais reçut des coups de fusil, puis les cavaliers arrivèrent au galop dans la gare de marchandises, s'emparèrent du matériel et firent main basse sur la caisse. Ces uhlans étaient dirigés par un ancien employé de la compagnie du chemin de fer du Nord, Allemand d'origine, qui se vantait d'avoir « travaillé pour le roi de Prusse. » Ce personnage, s'était en effet livré, pour le compte de la Prusse, à des études très approfondies sur les divers services du chemin de fer, il en connaissait tous les détails et jusqu'au chiffre moyen des recettes journalières (2). Ainsi procède l'Allemagne qui encourage la trahison et l'espionnage.

La ville de Creil ne fut occupée définitivement que le 23 septembre par un détachement composé de deux pelotons de cuirassiers et d'un piquet d'infanterie. Ce détachement était sous les ordres du capitaine de Massow ; son premier soin fut de désarmer les habitants et

(1) *Campagne de* 1870-1871, par L. Rolin, page 22.
(2) Ernouf, *Chemins de fer du Nord*. (*Revue de France*, 1872.)

de briser leurs fusils. L'indignation et la colère des populations prirent un caractère tellement sérieux que la présence d'une force armée quelconque eût certainement produit un grand soulèvement.

Le 25 septembre, un piquet de dragons soutenu par une escouade d'infanterie s'avança de Creil jusqu'à Laigneville, par la route de Clermont, pour y faire des réquisitions. Les habitants de Liancourt sont exaspérés, mais ils ont été désarmés depuis trois jours ; ils sortent alors de leurs cachettes et reprennent les fusils de chasse ; plusieurs s'arment de vieux sabres et même de fourches; ils ont à leur tête le duc de La Rochefoucauld, ancien colonel de cuirassiers. Les Prussiens n'attendent pas l'attaque et se retirent, poursuivis jusqu'à Nogent-les-Vierges. Le détachement prussien de Creil envoie au secours du piquet mis en déroute, l'avant-garde est saluée par une vive fusillade et le capitaine de Massow juge prudent d'évacuer la ville de Creil, en prenant le maire comme otage.

Bientôt la ville fut occupée par deux compagnies de la garde prussienne envoyées comme renfort. On voit combien les populations étaient disposées spontanément à la résistance.

Le 21 septembre, l'ennemi parut dans le département de la Seine-Inférieure, à Gournay. Il y fut reçu à coups de fusil par les mobiles du Pas-de-Calais (commandant Darceau), et poursuivi dans sa retraite par le général Despeuilles à la tête d'un escadron du 3ᵉ hussards.

L'ennemi revint en forces le lendemain. En traversant le *Pont-qui-Penche*, les dragons du 18ᵉ uhlans saxons massacrèrent un malheureux paysan qui ne répondait pas clairement à leurs questions. Le même jour, au passage à niveau du chemin de fer dit le *Pont-aux-Claies*, les fantassins du 2ᵉ régiment de la garde prussienne envahirent la maisonnette du garde-barrière. L'ayant trouvé caché dans sa cave avec plusieurs ouvriers employés aux réparations de la voie, ils le firent sortir, et, après l'avoir accusé de s'entendre avec les francs-tireurs, ils l'attachèrent à un poteau du télégraphe et le fusillèrent sous les yeux de sa femme éplorée, en face de sa maison en flammes. Les terrassiers, dépouillés de leurs vêtements et liés aux arbres de la route, furent roués de coups de bâton. Après cet exploit, le major de Goerne, commandant de l'expédition, vint mettre le feu aux hameaux d'Héricourt, d'Armentières et de La Fresnoye.

Dans les premiers jours d'octobre, l'ennemi occupait Pacy, Vernon, Gournay, Gisors.

Le général Gudin, qui commandait la division militaire, jugea, non sans raison, qu'il n'était pas en force pour défendre Gisors; mais le commandant supérieur des gardes nationales de la contrée, M. Estancelin, donna l'ordre de repousser l'ennemi. Le sous-préfet de l'arrondissement des Andelys prit sur lui d'envoyer au secours de la ville 500 mobiles des Landes (commandant Beaume), et les francs-tireurs des Andelys (capitaine Desestre). Cette petite troupe prit position sur le *Mont-de-l'Aigle*, le dos à la forêt et couverte par la rivière d'Epte. Ces braves et malheureux mobiles apprirent que le général Gudin blâmait le sous-préfet et l'invitait à ne plus s'occuper du mouvement des troupes. Après avoir passé la nuit en marches, les défenseurs de Gisors furent attaqués vers midi par le prince Albert, qui arrivait avec 3 bataillons, 8 escadrons et 2 batteries. Le général Jenfft, parti de Beauvais avec de l'infanterie, de la cavalerie et de l'artillerie, appuyait le prince Albert, qui disposait ainsi de 5.000 hommes et de 16 canons.

Les projectiles eurent bientôt dispersé les mobiles. Alors le maire de Gisors, M. Le Père, à la tête de la municipalité, se rendit auprès du prince Albert pour le prier d'épargner à la ville le terrible bombardement. Mais pendant l'entrevue, un bataillon prussien, sous les ordres du major Schramm, prenait possession de Gisors.

A quatre kilomètres au nord de cette ville, une trentaine de gardes nationaux combattaient bravement. Ils savaient que Gisors ne pouvait être sauvé, et cependant ils refusaient de se soumettre.

Ces gardes nationaux appartenaient au petit village de Bazincourt, dont la population est à peine de deux cents habitants. Deux blessés de Gravelotte, recueillis au château de Tierceville, leur avaient enseigné le maniement du fusil. Dans la matinée du 9 octobre, les trente gardes nationaux de Bazincourt, commandés par leur lieutenant Lebrun, se mirent à tirailler, le long de la rivière, sur les uhlans, dont l'un fut renversé et les autres mis en fuite. Encouragés par ce succès, ils franchirent la rivière et poursuivirent les cavaliers ennemis jusqu'au village d'Eragny; mais là, ils se trouvèrent en présence de deux compagnies allemandes. Les gardes nationaux tinrent ferme, mais, en trop petit nombre pour soutenir longtemps le combat, ils voulurent repasser l'Epte. Les uhlans se portèrent au galop sur la rive opposée, et les gardes nationaux se virent cernés de toutes parts. Sommés de se rendre, ils refusèrent énergiquement. Six de ces malheureux tombaient percés de balles. L'ennemi fut tellement acharné contre ces hommes en blouse que deux d'entre eux, mis hors de combat, furent massacrés. Le maire de Bazincourt, M. le comte de Briey, se jette bravement dans la mêlée. Il est fait prisonnier avec deux des siens. Sans se préoccuper autrement de son propre sort, M. de Briey parvient, après les plus grands efforts, à fléchir le baron de Korff, commandant le détachement ennemi, qui ne fait pas incendier le village de Bazincourt. Mais huit gardes nationaux étaient prisonniers : trois furent roués de coups de bâton, et les cinq autres condamnés à mort. Le lendemain du combat, ces cinq braves paysans se virent conduits à Saint-Germer-de-Fly pour y être fusillés. Le chef du peloton d'exécution tira de sa poche un psautier latin et lut aux victimes les prières des agonisants.

VII

Le système de la défense locale est mauvais parce qu'il éparpille les forces, empêche toute direction supérieure et donne lieu à de terribles représailles. Il ne faut cependant pas confondre une organisation militaire de francs-tireurs, bien commandés et disciplinés, appartenant à l'armée régulière, avec la défense locale entreprise par les habitants.

Le 12 octobre, la ville de Breteuil fut attaquée et vigoureusement défendue par les mobiles de la Somme (capitaines Brandicourt et Blin de Bourdon). Ce dernier reçut une blessure grave. L'ennemi occupa Breteuil malgré les gardes nationales des environs qui résistèrent très bravement.

Dans la matinée du 14 octobre, un détachement composé d'infanterie et de cavalerie partait de Gisors dans la direction d'Etrépagny. La cavalerie s'avançait sur Ecouis et recevait, près du bois de Mussegros, une décharge des tirailleurs havrais (capitaine Jacquot). Un certain désordre se mit parmi les uhlans, qui emportèrent leurs blessés. Un peu plus loin, un escadron du 3ᵉ hussards français (commandant Rey), de grand'garde à Ecouis, et dont les vedettes, en se repliant, avaient déjà tiré quelques coups de feu, se voyant débordé sur sa droite, cherche à regagner Grainville. Dans ce mouvement de retraite, une douzaine de nos cavaliers, commandés par le sous-lieutenant Beuve, se trouvent tout à coup isolés. Ils veulent rejoindre leur escadron lorsque, sur la route d'Ecouis à Brémule, au lieu dit *La Folie*, ils aperçoivent un fort détachement de uhlans arrêtés pour leur barrer le chemin. Malgré l'effrayante disproportion du nombre, le brave sous-lieutenant Beuve, suivi de six hussards, charge les uhlans, et tous les nôtres tombent criblés de blessures. Les Prussiens, les croyant morts, se retirent à Ecouis. Le sous-lieutenant et plusieurs de ses cavaliers revinrent à la vie. « Voilà, disaient les ennemis, des adversaires dignes de nous ! »

Le chef des Allemands, dans cette expédition, était le baron de Korff, gendre de Meyerbeer.

Le 15 octobre, une patrouille se dirigeant sur Mantes traversait les bois de Fontenay-Saint-Père. Dans un épais taillis, abrités derrière les arbres, une dizaine de francs-tireurs attendaient les uhlans. Ils étaient commandés par un ancien militaire, M. Poulet-Langlet, patriote intrépide. Bientôt les cavaliers allemands parurent. Les deux premiers, formant l'avant-garde, traversèrent le bois sans être inquiétés. Le gros de la troupe marchait en silence, parfaitement tranquille, tandis que chaque franc-tireur choisissait son homme et visait lentement. *Feu!* dit à voix basse M. Poulet-Langlet.

Une formidable détonation réveilla tous les échos de la forêt, des chevaux tombèrent, puis plusieurs cavaliers, tandis que la troupe se dispersait. *Filons,* dit Poulet-Langlet.

Le lendemain, l'ennemi revint plus nombreux pour venger l'échec de la veille, et M. Poulet-Langlet osa lui tendre une nouvelle embuscade, mais avec une vingtaine de francs-tireurs, cette fois. L'audace était grande, car les uhlans étaient soutenus par deux compagnies d'infanterie. Les nôtres ne firent qu'une décharge, terriblement meurtrière. Pour se venger, les Allemands incendièrent le village de Fontenay, qui était proche, et tuèrent cinq pompiers.

Montdidier fut enlevé après une courte résistance.

Nous pourrions poursuivre le récit des événements militaires dont chaque localité est tour à tour le théâtre. Ce serait la répétition monotone de faits semblables. Les uhlans parcourent le pays en tous sens pour lever les contributions nécessaires à leurs magasins. Chaque jour ces cavaliers ennemis perdent quelques hommes tués par les francs-tireurs ou les gardes nationaux. Ils se retirent promptement et reviennent plus nombreux le lendemain. Alors ils incendient un ou deux villages voisins de l'action de la veille.

Les grands centres de population ne sont défendus que par des bataillons de gardes mobiles, étrangers les uns aux autres et dont les opérations ne se combinent que rarement. Les commandants de ces bataillons sont en général extrêmement courageux et animés d'un ardent patriotisme, mais leur expérience de la guerre laisse beaucoup à désirer. L'armement des mobiles ne leur permet pas de résister aux obus qui les écrasent. L'incendie des villages, le pillage, les réquisitions effraient les populations rurales. L'ennemi, avec son système tantôt offensif, tantôt défensif, gagne chaque jour du terrain. Le 6 octobre, il est à Saint-Cyr, bientôt à Rambouillet et le 8 à Houdan. Dreux cherche vainement à se défendre, et Mantes est occupé le 18 octobre.

Pour la défense de la ligne de l'Eure, le général de Kersalaun, du cadre de réserve, dispose à Evreux de la garde mobile de l'Ardèche (lieutenant-colonel Thomas), du 39ᵉ régiment de l'Eure (lieutenant-colonel d'Arjuzon), du 6ᵉ bataillon de la Loire-Inférieure (commandant Manet), du 1ᵉʳ régiment des éclaireurs de la Seine (colonel Mocquart) et de la 1ʳᵉ compagnie des éclaireurs de Normandie (capitaine Trémant), en tout près de 8.000 hommes sans cavalerie ni artillerie.

Ce corps avait pour mission de couvrir Evreux, où le général de Kersalaun arrivait le 20 octobre. Un magnifique combat tout à notre avantage fut livré à Villegats. L'ennemi, dans une déroute complète, ne battit pas en retraite, mais prit la fuite. Nous ne pouvons résister au devoir de rappeler les noms du commandant de Guibert (de l'Ardèche), du commandant Guillaume (de l'Eure), du commandant Ferrus (de l'Eure), du commandant Montgolfier (de l'Ardèche), du colonel Mocquart (de la Seine), du capitaine Trémant (de Normandie), du commandant Manet (de la Seine-Inférieure), du commandant Power (de l'Eure), du commandant Bertrand (de l'Ardèche).

Le 19 octobre, vers midi, un détachement de tirailleurs havrais se rendit à Etrépagny pour empêcher l'ennemi d'enlever des réquisitions qu'il y avait imposées la veille. Embusqués en avant de la ville, près du cimetière, derrière des meules de blé, les francs-tireurs saluèrent par une fusillade hors de portée les premiers uhlans qui se présentèrent. Ceux-ci se retirèrent, mais, suivant leur système, revinrent en plus grand nombre le lendemain. Une centaine de francs-tireurs de Louviers, commandés par le capitaine Garnier, s'installèrent pour la nuit dans le parc du château de M. de Corny, situé dans les bois de la Broche, position qui commande la route de Gisors. Le lendemain, vers huit heures du matin, les trois uhlans légendaires étaient signalés. Un franc-tireur commit l'imprudence de tirer son coup de carabine, à près d'un kilomètre, ce qui fit connaître la position de nos soldats. Bientôt après le château et le parc de la Broche étaient complètement cernés par les uhlans. Pour essayer de reconnaître, le capitaine Garnier examinait la position du sommet d'un petit pavillon de garde. Sa troupe se jeta dans les bois et Garnier se trouva avec deux domestiques sous un toit que les projectiles démolissaient. Le capitaine soutint un véritable siège. Sommé de se rendre, il répondit en faisant feu de son revolver et en sonnant de sa trompe pour appeler son monde. Traqué comme une bête fauve, il n'échappa que par miracle aux balles, aux obus et à l'incendie. Après avoir renversé un uhlan qui tentait de lui barrer le passage, il put, quoique blessé, se jeter dans un taillis et regagner ses francs-tireurs, réunis à ceux des Andelys, capitaine Desestre. Furieux d'avoir laissé Garnier s'échapper, les Prussiens mirent le feu au château de la Broche, après un pillage que l'incendie seul put arrêter.

Une affaire importante, connue sous le nom de combat de Formerie, eut lieu dans les derniers jours du mois d'octobre; les capitaines Alavoine (de l'Oise), Dormat, du 5ᵉ bataillon de marche, et les mobiles du Nord s'y distinguèrent. Les Prussiens eux-mêmes reconnurent dans leur rapport qu'ils avaient été repoussés avec perte.

Les succès de Villegats et de Formerie encourageaient les habitants de la Normandie à la résistance en leur prouvant que les Bavarois, les Hanovriens, les Saxons et les Prussiens qui parcouraient le pays n'étaient pas invincibles. Tous les jours ils voyaient ces soldats de l'Allemagne prendre la fuite lorsqu'ils n'étaient pas en nombre formidable et munis de canons. L'espoir renaissait donc lorsque, le 28 octobre, le général Jenfft fit afficher à Beauvais la nouvelle de la capitulation de Metz. Ce fut un grand découragement dans tout ce pays.

Le 7 novembre, un détachement de cavalerie ennemie, allant de Mouflaines à Guitry, suivait la route d'Etrépagny à Vernon. Il longeait des bois où les francs-tireurs rouennais (capitaine Buhot) s'étaient embusqués. Les uhlans furent dispersés par une vive fusillade, et peu d'instants après l'infanterie prussienne arrivait pour fouiller le bois. Après une résistance énergique, les francs-tireurs rouennais et les gardes nationaux, leurs compagnons, battent en retraite précipitamment, sautant les haies, escaladant les murs et se glissant dans les vergers. Les fantassins prussiens se mettent à leur poursuite, ne perdant pas leur trace. Ils ont vu des francs-tireurs franchir les murs de l'habitation de l'adjoint au maire ; eux frappent à la porte. L'adjoint vient ouvrir, accompagné de sa fille ; il est massacré. Un garde-chasse, nommé Lainé, armé de son fusil, se trouve près de la maison de l'adjoint ; on lui ordonne de déposer à terre son arme et de se rendre. Le garde refuse, et, voyant deux Prussiens s'avancer pendant que deux autres le mettent en joue, il fait feu, tue son homme et tombe sans prononcer une parole. Ces scènes se sont passées à Forêt-la-Folie.

En même temps, non loin de là, le village de Guitry devient le théâtre d'un véritable massacre de paysans. Les Prussiens arrêtent le maire, M. Besnard, et mettent le feu à son habitation. Pendant l'incendie, huit habitants reviennent des champs, avec leurs instruments de travail, sans armes et silencieux ; ils sont saisis par les Prussiens, puis égorgés un à un (1).

Depuis l'apparition de l'ennemi, c'est-à-dire depuis un mois, le commandement a déjà changé trois ou quatre fois de main, sur la rive droite comme sur la rive gauche de la Seine. Les généraux nommés la veille sont remplacés le lendemain. Ces changements déplorables se produisent jusqu'à la fin de la guerre. Les chefs ne connaissent pas leurs troupes ; les soldats n'ont aucune confiance dans des chefs inconnus.

(1) Ernouf, *Souvenirs de l'invasion prussienne en Normandie*. — Rohn, *La Guerre dans l'Ouest*.

VIII

Les embuscades devenaient à la mode. Les paysans démontaient ainsi un ou deux uhlans, puis s'enfuyaient dans leurs villages, oubliant que le lendemain ils paieraient cher leur expédition de la veille. Dans le département de l'Oise chacun songeait à faire partie d'une embuscade. Le 14 novembre, dans les environs de Ravenel, une patrouille de dragons saxons reçut quelques coups de fusil fort inoffensifs et les cavaliers tournèrent bride vers Saint-Just. Là ils apprirent qu'il y avait au château de Ravenel et dans les ambulances de la localité une douzaine de nos blessés de l'armée du Rhin. Ils s'imaginèrent que ces pauvres soldats, dont pas un seul n'était en état de tenir une arme, pouvaient bien être les auteurs de la fusillade qu'ils avaient essuyée. De retour à Clermont, ils firent part de leurs soupçons à l'état-major saxon, qui prit un grand parti. Le 16 novembre, le major Funcke se mit en marche avec deux compagnies d'infanterie, deux escadrons et deux canons, se dirigeant sur Ravenel. Arrivé paisiblement au village, le major fit braquer ses deux pièces en menaçant les habitants d'un bombardement s'ils ne livraient les agresseurs de l'avant-veille. On accusa les francs-tireurs de passage. Le major se contenta de 2.000 fr. d'amende et s'empara du maire et de l'adjoint qui furent pris comme otages. Tous nos blessés, arrachés de leurs lits, devinrent prisonniers de guerre.

En passant entre Ravenel et Saint-Just, sur la commune du Plessier, le major Funck avait remarqué un moulin à vent qui tournait avec rapidité ; au retour, les ailes du moulin étaient immobiles. Le major, fort intrigué, supposa que cette intermittence cachait un signal nuisible au roi de Prusse. Après quelques réflexions, inspirées par sa vieille expérience, le major ordonna de mettre le feu au moulin, ce qui fut fait à l'instant même. Les cavaliers saxons s'éloignèrent, très fiers de leur victoire sur le moulin à vent.

Ce n'était plus comme au temps du grand Frédéric où le poète disait :

> On respecte un moulin, on vole une province.

L'ennemi s'étendait dans la Beauce et occupait la ville de Houdan, aux limites des départements de Seine-et-Oise et d'Eure-et-Loir. Nous parlerons de la résistance de Châteaudun, et nous nous bornerons à dire que Chartres fut occupé le 21 octobre, sans résistance, par suite d'une convention conclue avec les autorités civiles (1).

Parti le 8 octobre des environs d'Etampes, le général de Thann s'avança à travers la Beauce sans rencontrer d'autres obstacles que la présence de quelques corps francs, parmi lesquels il faut citer les *partisans du Gers* commandés par le capitaine d'Asies du Faur, qui lui opposèrent à Angerville la plus énergique résistance.

La ville de Dreux, défendue par 7.000 hommes, n'était pas prise. Le commandement en était confié au capitaine de frégate Du Temple, nommé général de brigade provisoire.

Nous devons faire observer que pour la facilité du récit nous donnons souvent aux chefs de troupes des titres militaires dont ils remplissent les fonctions. Ainsi nous dirons le général Du Temple, le général Jaurès, le colonel Mocquart, etc., etc.

Dans la matinée du 24 octobre un fort détachement ennemi s'avança jusqu'à Chérisy, afin de reconnaître les défenses de Dreux. Chérisy était occupé par une grand' garde des mobiles du Calvados. Dans les rangs de ce

---

(1) V. Wittich, *Aus meinem Tagebuche*, 1870-1871, Cassel.

bataillon se trouvait un héros inconnu : il se nommait Binet. Surpris dans une maison de Chérisy qu'il défendait en tirant par les fenêtres, le garde mobile est sommé de se rendre par plusieurs soldats du 13ᵉ régiment hanovrien. Binet refuse de mettre bas les armes, et couche en joue ses ennemis, mais son fusil rate, et la baïonnette seule lui reste. Il en perce un Hanovrien, et se jette à la gorge d'un autre. « Rends-toi ! » lui crie un officier. — « Jamais », répond Binet, qui tombe tout sanglant pour ne plus se relever.

Un jour que la présence de l'ennemi avait été signalée à Dreux et y causait une grande émotion, le lieutenant-colonel de Beaurepaire périt bien malheureusement. Voulant observer les mouvements des Hanovriens il monta au sommet de la chapelle funéraire des princes d'Orléans. Il tomba en brisant dans sa chute les toitures en verre, et vint mourir sur les dalles de l'église.

Le général Du Temple évacua Dreux que l'ennemi occupa momentanément. De tous côtés ce n'étaient qu'embuscades sans importance, mais qui amenaient fatalement les incendies comme châtiment.

Une compagnie de mobiles de l'Ardèche envoyait le 17 novembre quelques hommes en reconnaissance. A cette patrouille se joignirent cinq ou six gardes nationaux. Ils se trouvèrent en présence des vedettes ennemies, qui battirent en retraite en faisant feu de leurs pistolets. Nos gens reçurent un renfort de 28 hommes, francs-tireurs de l'Iton, commandés par le capitaine Houdellière. Ne voyant plus l'ennemi devant lui, tout ce détachement s'arrêta dans les villages voisins. Cependant le général ennemi De Barby, averti par les vedettes, se met sur ses gardes, et ne tarde pas à connaître la faiblesse numérique de ses adversaires, qu'il fait attaquer vigoureusement. Nos francs-tireurs dispersés dans les maisons ne peuvent se réunir, ils sortent en petit groupe et sont chargés par les escadrons du 13ᵉ uhlans. « Il s'engage alors entre cette poignée d'hommes et la cavalerie ennemie une mêlée terrible et un combat corps à corps sans trêve ni merci. Un instant dégagés, nos soldats croient à l'arrivée d'un renfort ; ils ont aperçu une troupe d'infanterie ; mais, hélas ! ce sont les landwehriens du général de Loën, dont ils essuyent les décharges, puis un second escadron qui les attaque plus vivement encore que le premier. Chacun des nôtres soutient à lui seul un combat. Dans un bouquet de bois, près de Berchères, le lieutenant des francs-tireurs, entouré de quelques hommes, résiste avec énergie aux assauts successifs des cavaliers ; un officier des uhlans hanovriens, le second lieutenant de Wedel II, l'aperçoit et s'apprête à le charger ; mais le terrain est détrempé, les abords sont difficiles, les uhlans hésitent. « Que les braves me suivent ! » s'écrie leur chef, et, le sabre levé, il se précipite à la tête de ses cavaliers, lorsqu'arrivé à dix pas du lieutenant Vivier, qui le tient en joue, il tombe, la poitrine traversée par une balle. Au même moment, un coup de feu étend sur le carreau l'officier des francs-tireurs. Le lieutenant de Wedel couché à terre et mourant, touché de la bravoure de Vivier, défend aux uhlans de l'achever. A l'exemple du lieutenant Vivier, chacun de nos soldats accomplit des prodiges de valeur ; mais il n'en reste plus debout que trois ou quatre qui luttent d'un suprême effort près d'un bouquet de bois aux abords du cimetière de Berchères, à l'endroit même ou s'éleva plus tard le monument consacré à leur mémoire ; ils s'y font tuer en combattant jusqu'au dernier soupir. Pendant ce temps, le capitaine Houdellière séparé de sa troupe échappait par miracle à de nombreux coups de feu, poursuivi dans les bois comme une bête fauve (1). »

(1) Rolin, *La Guerre dans l'Ouest.*

Dans cette mêlée, il n'y eut de notre côté que vingt-sept francs-tireurs et douze mobiles d'engagés, en tout moins de cinquante hommes, en comptant quelques gardes nationaux. Treize d'entre eux furent tués, et vingt-trois autres criblés de blessures. Un mobile de l'Ardèche reçut à lui seul dix-sept coups de lance. L'infanterie prussienne, après l'affaire, fut cruelle jusqu'à la barbarie. Les landwehriens entrèrent dans la ferme de la Ville-l'Evêque où les mobiles s'étaient arrêtés le matin, traînèrent le malheureux fermier et trois ouvriers inoffensifs dans un champ voisin, et les massacrèrent sans pitié; puis, avant de rentrer dans leurs cantonnements, ils égorgèrent froidement à la ferme de la Mare neuf paysans sans armes, qui n'avaient pris aucune part à la lutte. Un écrivain allemand n'a pas craint de présenter cette boucherie comme une charge à la baïonnette (1).

Dans le combat de Berchères, une poignée de braves gens occupa toute une journée la 5e division de cavalerie allemande, et empêcha l'attaque sur Dreux, que le grand-duc de Mecklembourg avait ordonnée au général de Rheinbaben.

Dans la journée du 18 novembre, des bataillons de mobiles, au nombre de sept à huit mille hommes, abandonnés à eux-mêmes, tinrent en échec les cinquante mille hommes du grand-duc de Mecklembourg. Dans ces combats, le capitaine Malard et le sous-lieutenant Thynus furent tués, et le commandant Laflagnière se fit remarquer par sa bravoure. Cette affaire de Torçay est plus qu'un combat, et montre combien de qualités militaires étaient en germe dans les gardes mobiles.

Pendant que nos campagnes voyaient chaque jour ces luttes, ces vengeances, ces incendies, les villes se soumettaient à quelques tribuns de bas étage, qui s'agitaient

---

(1) Hiltt, *Der französische Krieg*. Leipzig.

loin des champs de bataille. Dans les clubs improvisés, on accusait les généraux ou d'incapacité ou de trahison; on développait des plans de campagne insensés, on réclamait l'arrestation des autorités, on effrayait les timides et, sans le vouloir, on servait la cause de l'Allemagne. C'est ainsi qu'à Lille, le général Bourbaki fut sacrifié aux caprices de la populace.

Après l'évacuation si prompte de Vernon, le 21 novembre, où le commandant des mobiles de l'Ardèche eut un cheval tué sous lui, l'ennemi laissa entre nos mains une douzaine de fourgons chargés et attelés chacun de quatre chevaux. L'inventaire de cette prise fut dressé sur-le-champ. Cet inventaire constata, dans les bagages prussiens ou bavarois, car il y avait des uns et des autres, l'existence de pendules, montres, bijoux, châles, cachemires, manchons, et d'une foule d'autres objets qui n'ont rien de commun avec l'approvisionnement militaire, et qui faisaient ressembler ce convoi d'une troupe en campagne à celui d'un entrepreneur de déménagements (1).

Le 26 novembre, dans l'affaire de Maulu, deux officiers de l'Ardèche furent tués : le capitaine Roveure et le lieutenant Leydier. Un grand nombre d'hommes tombèrent mortellement blessés, en cherchant à reprendre le corps de leur capitaine.

Plus souvent que nous ne l'aurions désiré, la vérité a fait apparaître l'armée allemande avide et cruelle. Comme soldat, sympathique à tous les soldats des armées européennes, nous éprouvions une véritable peine à maudire ces hommes, qui donnaient leur vie pour le service. Il nous semblait impossible que, dans les cœurs de soldats, il n'y eût pas, sous la colère, des étincelles chevaleresques. La parole superbe de Fontenoy : *Messieurs les Anglais, tirez les premiers !* nous revenait en mémoire,

---

(1) Thomas, *Campagne de la garde mobile de l'Ardèche.* Largentière.

et nous ne pouvions croire que les armées modernes eussent oublié pour toujours les grandeurs de la noble profession des armes.

Voici que, sur le plateau de Maulu, le capitaine Roveure tombe mort, en frappant les Allemands. Son corps reste entre leurs mains, malgré l'héroïsme de ses mobiles. Les ennemis rendirent les honneurs funèbres au capitaine, et renvoyèrent à nos avant-postes son cercueil couronné de lauriers et escorté par une garde d'honneur.

Ce seul trait de la vie militaire de notre ennemi suspend le récit de ses vengeances. Nous nous arrêtons devant ce cercueil couvert de branches de lauriers, et nous nous demandons si cet hommage de respect s'adresse à cet enfant de l'Ardèche, tombé comme tant d'autres, inconnus la veille, oubliés le lendemain.

Non, ce salut fraternel du soldat prussien au soldat français est pour vous tous, qui avez combattu pour la patrie malheureuse, pour vous dont le sang a été répandu, pour vos frères ensevelis à la lisière des bois !

Devant ce cercueil, qui renferme un bon Français et que portent des Prussiens, nous nous arrêtons donc le front découvert, et détournant nos regards des fléaux de la guerre, nous allons nous livrer à une étude philosophique sur les Allemands en France. Ce ne sera pas un éloge, mais nous parlerons, comme devant le conseil de guerre, sans haine et sans crainte.

CHAPITRE II

SOMMAIRE

Le droit des gens. — Les Allemands dans le département de la Sarthe. — M. le vicomte Jaubert. — Guillaume de Prusse à Sedan. — Sentinelles, prenez garde à vous ! — En Normandie. — A Rouen. — Le garde-chasse et l'avocat. — Le cardinal de Bonnechose à Versailles. — L'armée du Nord et le général Faidherbe. — Le général Robin. — Le général Bourbaki. — Le général Farre. — Engagements. — Commandant Jan. — Bataille de Pont-Noyelles. — Bataille de Bapaume. — Bataille de Saint-Quentin. — Opinion du maréchal Gouvion-Saint-Cyr sur les charges de cavalerie. — Un chef de bataillon condamné à mort. — Le comte de Brigode et son fils. — Histoire de deux ouvriers. — L'homme à la tête de cire. — La machine prussienne. — Le général Faidherbe.

I

Il serait difficile de juger le Germain chez le Gaulois. L'Allemand, en deçà du Rhin, est moins sage qu'au delà. Constatons que les Allemands n'ont pas été animés des mêmes sentiments dans nos diverses provinces. Les événements lointains, tels que les capitulations de Metz ou de Sedan, exaltaient leur orgueil, et le dédain prenait le dessus. Il y avait aussi les qualités et les défauts de race : le Bavarois ressemblait peu au Poméranien. Le commandant du corps d'armée exerçait son influence en maintenant une discipline plus ou moins sévère. Quoi qu'il en soit, l'honnête homme qui veut parler des Allemands autrement que Henri Heine ou Mme de Staël ne doit être ni trop dédaigneux, ni trop indulgent.

L'accusation la plus grave portée contre l'armée allemande est d'avoir violé le *droit des gens.*

Quel est le législateur qui a tracé le droit des gens? où est-il écrit? Nous l'ignorons, et les hommes d'Etat l'ignorent au même degré que les grands capitaines. Nous ne savons sur le droit des gens que ce qu'enseigne le christianisme. Le droit des gens ne nous semble donc que la civilisation chrétienne.

Mais à côté du droit des gens se trouvent les *droits de la guerre.* Par exemple, quel est le principe de la neutralité de la population civile? Me fusillerez-vous, brûlerez-vous ma maison, parce que, simple paysan, j'ai protégé à mon foyer ma femme ou ma fille, outragée par un soudard?

Vous me répondrez que « les effets de la guerre doivent être restreints le plus possible, et limités à ce qui est indispensable à son but. C'est cette idée, direz-vous encore, qui a fait proclamer le respect du soldat mis hors de combat, prisonnier ou blessé : cette idée a fait reconnaître que les nations modernes ayant adopté l'usage des armées nombreuses et savamment organisées, devant lesquelles les simples habitants ne sont rien, il était juste et humain de limiter à ces armées les droits et les charges des combattants (1). »

Lorsque la guerre se faisait de peuple à peuple, elle prenait forcément un caractère sauvage et destructeur, mais si elle ne se fait que d'armée à armée, la population envahie doit être considérée comme neutre. Dès lors, elle demeure étrangère aux hostilités.

Ce sont là de belles théories, et tout en rendant hommage au principe invoqué, nous entendons s'élever de tous côtés ce cri de guerre : *La force prime le droit !*

Etaient-ils de vrais soldats de l'armée permanente,

---

(1) Armand Surmont, avocat au Mans.

tous ces professeurs, ces marchands, ces commis, ces laboureurs, ces avocats, ces docteurs, qui marchaient sous les drapeaux de la Prusse? En des causes aussi graves il ne faut pas jouer sur les mots. Plus d'un parmi nos paysans a été fusillé par un paysan de l'Allemagne, paysan la veille de la guerre, paysan le lendemain.

Ces armées, composées des royaumes et des principautés de l'Allemagne, étaient suivies de chariots dans lesquels s'entassaient, sous la main des juifs, nos meubles, nos tableaux, les richesses de nos maisons qui devenaient des objets de commerce. Cette guerre avait donc le caractère des invasions antiques. Ce n'était plus la lutte de deux armées permanentes, régulières, disciplinées, mais la guerre de terreur.

On nous faisait lire au collège les Œuvres de Cicéron et nous retenions ceci : « Dès que notre personne est attaquée et que nous courons risque de la vie, nous sommes autorisés à repousser la force par la force, jusqu'à tuer celui qui nous met en danger, parce que la nature nous enjoint de veiller à notre propre conservation (1 . »

Le roi de Prusse avait publié cette proclamation le 11 août 1870 : « Je fais la guerre aux soldats et non aux citoyens français. Ceux-ci continueront par conséquent à jouir d'une sécurité complète pour leurs personnes et leurs biens, aussi longtemps qu'ils ne me priveront pas eux-mêmes, par des entreprises hostiles contre les troupes allemandes, du droit de leur accorder ma protection. »

De son côté, le Prince-Royal de Prusse, héritier de la couronne, disait aux habitants du département de la Meurthe, pendant le même mois d'août : « L'Allemagne fait la guerre à l'empereur des Français et non aux Fran-

---

(1) Plaidoyer pour Milon.

çais. La population n'a pas à craindre qu'on prenne contre elle des mesures hostiles... Je ne prétends, pour l'entretien de l'armée, qu'au surplus des provisions qui ne sont pas nécessaires à la population française. »

Les hommes naïfs, bons et honnêtes, se laisseront séduire par ces deux proclamations ; ils penseront que la Prusse professe la neutralité de l'élément civil et qu'en cas de défaite l'armée prussienne seule aurait combattu pour la défense du territoire prussien.

Or, il importe de rappeler l'ordonnance royale prussienne rendue en 1813 et toujours en vigueur :

« Article Ier. Chaque citoyen est tenu de repousser l'ennemi avec les armes dont il peut disposer, quelles qu'elles soient ; de s'opposer à ses ordres et à leur exécution, de quelque nature qu'ils soient ; de braver ses défenses et de nuire à ses projets par tous les moyens possibles.

« Article V. Chaque citoyen... doit se considérer comme faisant partie du landsturm quand l'occasion s'en présente.

« Article VII. En cas de convocation du landsturm, le combat est une nécessité, une défense légitime qui autorise et sanctionne tous les moyens. Les plus décisifs sont les meilleurs, car ce sont ceux qui servent de la façon la plus efficace une cause juste et sacrée.

« Article VIII. Le landsturm a donc pour destination spéciale de couper à l'ennemi ses chemins ou sa retraite, de le tenir sans cesse en éveil, d'intercepter ses munitions, ses approvisionnements, ses courriers, ses recrues, d'enlever ses ambulances, d'exécuter des coups de main pendant la nuit, en un mot de l'inquiéter, de le fatiguer, de le harceler sans relâche ; de l'anéantir par troupes ou en détail, de quelque façon que ce soit. L'ennemi s'avance-t-il dans le pays, même à une distance de cinquante milles, sa situation sera précaire si la ligne d'investissement manque de largeur, s'il ne peut plus envoyer de petits détachements, soit pour fourrager, soit pour faire des reconnaissances, sans savoir par expérience qu'ils seront anéantis ; enfin, s'il ne peut avancer que par masses profondes et sur des chemins tout frais. »

Nous n'avons pas à examiner cette ordonnance de 1813 au point de vue du droit des gens et du droit de la guerre, mais il nous est impossible de ne pas faire observer que ce qui est un droit et un devoir en Prusse devient un crime en France.

Qu'aurait pensé le roi Guillaume si un paysan, garde national de sa commune, lui avait dit au moment d'être fusillé : « Chaque citoyen doit se considérer comme faisant partie du landsturm quand l'occasion s'en présente ? »

Malgré les méditations et les écrits de Grotius, de Puffendorf, de Montesquieu, nous en sommes toujours aux Grecs et aux Romains qui prouvaient au monde entier que la force prime le droit. Un écrivain du nom de Barbeyrac, un autre qui signait Bonnot, publiaient, en 1488, des livres sur les droits de la guerre. Depuis ce temps, le xviiie siècle a vu paraître douze ouvrages importants sur le même sujet. Les hommes d'Etat se sont mis de la partie, les philosophes et les philanthropes ont beaucoup écrit, Voltaire s'en est mêlé, M. le comte de Maistre a tenté l'éloge de la guerre, et tant d'inspirations, tant d'études n'ont pas arrêté, une heure seulement, le conquérant qui, sous les pieds de son cheval, écrase l'enfant, le vieillard et la femme.

« La force prime le droit ! » est la devise de la guerre.

La Prusse en a fait abus, mais ne l'a pas inventée.

L'opinion de Napoléon Ier sur le droit des gens mérite d'être rappelée ; elle se trouve dans ses *Mémoires :* « Le droit des gens dans la guerre de terre n'entraîne plus le dépouillement des particuliers, ni un changement dans l'état des personnes. La guerre n'a d'action que sur le gouvernement. Ainsi les propriétés ne changent pas de mains, les magasins de marchandises restent intacts, les personnes restent libres. Sont seulement considérés comme prisonniers de guerre les individus pris les armes à la main et faisant partie des corps militaires. Ce changement a beaucoup diminué les maux de la guerre. Il a rendu la conquête d'une nation plus facile, la guerre moins sanglante et moins désastreuse. Une province conquise prête serment et, si le vainqueur l'exige, donne des otages, rend les armes ; les contributions se perçoivent au profit du vainqueur qui, s'il le juge nécessaire, établit une contribution extraordinaire, soit pour pourvoir à l'entretien de son armée, soit pour s'indemniser lui-même des dépenses que lui a causées la guerre. Mais cette contribution n'a aucun rapport avec la valeur des marchandises en magasin ; c'est seulement une augmentation proportionnelle plus ou moins forte de la contribution ordinaire. Rarement cette contribution équivaut à une année de celles que perçoit le Prince et elle est imposée sur l'universalité de l'Etat. De sorte qu'elle n'entraîne jamais la ruine d'aucun particulier. »

Les écrivains qui, dans leurs ouvrages, ont posé les principes qui servent de base aux droits de la guerre, s'accordent pour reconnaître que l'armée envahissante se trouve substituée au gouvernement national dès que celui-ci n'est plus en communication avec le territoire envahi. Le droit des gens reconnaît ce pouvoir de fait et assujettit par là les habitants à une partie au moins des obligations qui dérivent des rapports entre gouvernants et gouvernés.

L'armée envahissante a, comme l'armée nationale, des besoins impérieux. Elle est donc forcée de réclamer des sacrifices de la population dont elle est entourée.

Quelles sont les limites de ces sacrifices ? où s'arrêtent les droits de réquisition et de contribution ?

Au XVIIIe siècle, Vattel reconnaît encore la légitimité du pillage en disant que les contributions de guerre sont la rançon de ce pillage que le général ennemi aurait le droit d'ordonner, mais dont il s'abstient par humanité.

Le droit des gens moderne s'est engagé dans une autre voie et professe les maximes suivantes :

Le droit de butin et de pillage n'existe pas. — La propriété privée ne devient jamais propriété de l'ennemi, pas plus qu'elle n'appartient au gouvernement national. — Le droit de la nécessité peut seul autoriser une armée à frapper le pays de réquisitions en nature ou de contributions. L'ordonnance de l'armée française sur le service en campagne dit que les commandants de troupe pourront lever des contributions « lorsque les besoins de l'armée l'exigeront impérieusement. »

Le droit des gens moderne établit encore ces principes : L'oppression et la ruine, pratiquées dans le but de forcer indirectement son ennemi à déposer les armes, sont des moyens déloyaux, parce que la population civile est neutre et n'est pas plus à la disposition de l'envahisseur que ne le sont les combattants devenus prisonniers. — Les sacrifices imposés au pays sont considérés comme des avances faites par lui : le principe d'une indemnité est consacré, qu'elle soit acquittée par l'auteur des réquisitions, ou qu'il mette sa dette au compte de la nation vaincue, dans les conditions de la paix.

La majorité des savants et des publicistes contemporains professent ces doctrines, témoin Morin, Pinheiro-Ferreira, Lieber et même Rolin-Jacquemins ; parmi les auteurs allemands, Bluntschli et Dahn. Hommes d'Etat et hommes de guerre partagent, en cette circonstance, les idées des savants et des publicistes.

Les armées allemandes qui ont envahi la France en

1870 se sont-elles soumises aux principes que nous venons de rappeler ?

De nombreuses réquisitions ont été faites en pays conquis, mais en vertu de quel principe ? Est-ce en raison du droit de la nécessité et à charge d'une indemnité, ou en vertu du vieux droit de butin, libre de tout frein et de toute règle ?

En ce qui concerne la question d'indemnité, les Prussiens, dans les campagnes, se sont emparés de tout ce qui leur convenait ; dans les villes, au contraire, et au Mans en particulier, ils ont mis une certaine affectation à parler de leurs besoins. Au milieu des populations plus éclairées, plus puissantes, ils se sont bien gardés de proclamer leur droit absolu de tout prendre eux-mêmes.

« Le 12 janvier 1871, jour de l'entrée des Prussiens, la ville du Mans est frappée d'une contribution de guerre de quatre millions. En même temps, les habitants sont individuellement dépouillés sous toutes les formes. L'autorité prussienne leur impose la nourriture des soldats logés chez eux ; elle laisse piller plusieurs magasins ; et enfin elle multiplie les réquisitions officielles, soit qu'elle les fasse directement, soit qu'elle se serve de l'intermédiaire de la municipalité, obligée de donner sa signature. De grandes quantités de denrées alimentaires, des fourrages, des objets d'habillement sont particulièrement saisis dans ces circonstances (1). »

La ville, écrasée par toutes ces charges, ne peut payer sa contribution, et les Prussiens le savent. Aussi, après le paiement de 500.000 francs, des négociations commencent entre la municipalité et l'officier mandataire du prince Frédéric-Charles. Après onze jours de discussions la contribution de quatre millions est réduite de moitié. Alors s'engagent de longs et minutieux débats entre la

---

(1) Armand Surmont, avocat au Mans, *Les Allemands dans la Sarthe*.

municipalité et le mandataire prussien : celui-ci joue le rôle d'homme d'affaires, retors, avide, mais fidèle aux formes entremêlées de menaces.

Au Mans, à Orléans comme partout, les Prussiens ont été loin des idées modernes qui donnent pour base et pour limite aux réquisitions le droit de la nécessité, supposant avant tout que le pays envahi possède les ressources qui manquent à l'envahisseur. La ville du Mans dut contracter un emprunt à Bruxelles pour payer les Prussiens, ses ressources étant épuisées !

Les Allemands ont partout et toujours méconnu les paroles officielles du Prince-Royal : « Je ne prétends pour l'entretien de l'armée qu'au surplus des provisions qui ne sont pas nécessaires à la population française. »

II

Le droit des gens et le droit de la guerre, tels qu'ils sont admis en Europe, reconnaissent à l'envahisseur, répétons-le, le pouvoir en quelque sorte légitime de réquisitionner les objets matériels nécessaires à son existence, mais les services personnels des habitants sont en dehors de tous les droits. Cependant les Prussiens ont obligé les paysans alsaciens à travailler aux batteries de siège devant Strasbourg ; dans le département de la Sarthe ils ont exigé trois employés du télégraphe, pour leur service spécial, sous peine d'une amende de cinquante mille francs ; les tranchées faites sur les routes pour la défense ont été comblées par des corvées de paysans. Pendant que les malheureux travaillaient sur les chemins, accablés de coups de plat de sabre, leurs maisons étaient pillées de la cave au grenier comme maisons abandonnées.

Qu'on réquisitionne des voitures, des chariots et des

chevaux pour les transports de la guerre, cela se conçoit. Mais il est contre le droit des gens de réquisitionner des voitures de maître ou des chevaux de luxe pour les promenades de MM. les officiers, comme cela s'est fait dans le chef-lieu de la Sarthe, sous la menace d'une amende de cinquante mille francs si la voiture à deux chevaux ne se trouvait pas dans les vingt-quatre heures.

Qu'un général exige une table bien servie, les bourgeois n'en sont pas surpris. Mais le menu du prince Frédéric-Charles, au Mans, s'éloigne fort des coutumes spartiates.

Voici pour le liquide seulement :

Le comte de Kanitz, aide de camp du Prince, adresse, le 14 janvier 1871, la note suivante qui fait connaître ce qui doit être servi chaque jour par la ville à la table de Frédéric-Charles : quarante bouteilles de vin de Bordeaux, quarante bouteilles de vin de Champagne, six bouteilles de Madère, trois bouteilles de liqueurs. L'aide de camp termine ainsi sa note :

« Je suis chargé, Monsieur le Maire, de vous indiquer que chaque fois que la moindre des choses mentionnées manquera, la ville sera punie d'une amende remarquable. »

Ce chapitre des liquides fut le plus cruel pour la municipalité. La partie solide souffrait bien quelques difficultés, mais le vin de Champagne devint bientôt impossible à se procurer dans le département de la Sarthe, les caves se vidèrent, et il fallut envoyer au loin pour trouver les quarante bouteilles de vin de dessert réquisitionnées pour l'état-major du prince Frédéric-Charles. Sur cette importante question, le comte de Kanitz était intraitable, et pour un seul flacon manquant à l'appel, M. le Maire était menacé d'une *amende remarquable.*

Le logement des troupes devenait l'occasion d'actes vraiment tyranniques. Souvent, ils entassaient trente ou quarante soldats chez de pauvres gens, et n'en plaçaient que dix ou douze chez les riches. Voulaient-ils exciter les prolétaires contre les classes dirigeantes et contre l'autorité ?

« Les soldats trouvaient leur nourriture dans la maison qui les logeait. Ils s'y établissent en maîtres, ils prennent tout ce qui leur tombe sous la main, quand ils ne se font pas donner par la menace et la violence tout ce qui leur plaît. Souvent, sous le prétexte de rechercher les armes cachées, ou bien sans prétexte, ils se font ouvrir toutes les portes, surtout celles des caves, tous les meubles, à moins qu'ils ne les forcent eux-mêmes ; et alors, le vin, les vêtements, le linge, les bijoux, l'argent, tout ce qui est bon à prendre est enlevé. Pendant ce temps les provisions et le fourrage sont gaspillés (1). »

Les maisons dont les habitants étaient absents n'échappaient que rarement au pillage. La présence des domestiques ne suffisait pas, les Prussiens avaient un faible pour les châteaux bien meublés. En voici la preuve :

Le 25 janvier 1871, à Pirmil (Sarthe), le château de Chenerru est pillé par onze cavaliers sous la conduite d'un officier.

Le 6 février, à Fillé-Guécélard (Sarthe), pillage du château de Gros-Chinay. Un sous-lieutenant vient de Roëzé avec une trentaine d'hommes et deux chariots. Le pillage dure quatre heures et le butin est entassé dans les voitures. Il est vrai que le sous-lieutenant s'est muni d'une justification : le garde, prétend-il, a menacé la veille ses hommes avec une fourche !

Le 20 janvier 1871, les généraux Baumback et de Stolberg, qui avaient presque séduit les habitants de Sillé par leur politesse, couchent, ainsi que leur état-major, au château de Viviers en Charnie. Le lendemain,

---

(1) *Les Allemands dans la Sarthe*, d'après les enquêtes officielles, p. 33

MANTEUFFEL

il ne restait rien : tout avait été dévalisé pendant la nuit.

La commune de Saint-Célerin-le-Géré est occupée du 25 février au 5 mars par 250 fantassins et 60 cavaliers. Le 4 mars, les habitants ayant refusé de satisfaire aux réquisitions, ainsi que la ratification des préliminaires de paix leur en donne le droit, le château de Boirdoublet est pillé dans toutes les règles. Le butin est chargé sur des voitures ; ce qu'on ne peut emporter est détruit, les glaces sont brisées, les meubles déchirés.

Les officiers présents à ce pillage étaient-ils complices ?

Les Prussiens pensent qu'abandonner sa maison est faire acte d'hostilité, et que cette hostilité détruit la neutralité. Ils pensent encore que tout objet découvert dans une cachette appartient à celui qui le trouve. En effet cacher un objet est un acte hostile en ce sens qu'il exprime une opinion défavorable à l'Allemagne en général et à la Prusse en particulier.

Les officiers généraux et les officiers supérieurs, en ordonnant des contributions en argent, disaient hautement qu'ils voulaient ruiner les provinces, afin que les populations n'eussent plus les ressources nécessaires pour continuer la guerre.

Après la signature de l'armistice les Allemands n'avaient plus le droit de réquisition, ni de contribution, et cependant ils n'ont rien changé dans leurs habitudes. Quoique la guerre ait cessé, les réquisitions continuent. La France est-elle donc conquise et le Gaulois est-il l'esclave du Germain !

III

Les écrivains qui ont étudié la question du droit de la

guerre sont généralement d'accord sur ce point : l'envahisseur prend la place du gouvernement.

Ce gouvernement n'ordonnait qu'en vertu de la loi, et celui qui désobéissait en violant la loi était jugé par un tribunal, défendu par un avocat, acquitté ou condamné en vertu d'un texte formel.

Avec l'envahisseur les tribunaux n'existent plus, les avocats sont muets et le bon plaisir préside aux jugements. Des communes entières sont rendues responsables de faits isolés qu'elles n'ont pu empêcher et que souvent même elles ignoraient. Ces communes n'en sont pas moins punies par les amendes, les incendies, le pillage, la captivité sous le nom d'otages et les châtiments corporels.

Un Français, père de famille, citoyen honorable, est frappé de coups de bâton par ordre d'un officier prussien ! Mais ignore-t-on à Berlin ce qu'est la dignité humaine ? Ne sait-on pas que nous protégeons même nos animaux domestiques contre la brutalité du bâton ? En un mot, les Prussiens ont-ils oublié qu'à la seule menace d'un soufflet notre simple soldat met le sabre à la main ?

Ils ont nommé cela des mesures répressives ! Ah ! vainqueurs, soyez fiers de vos canons, de votre discipline, de vos marches et même de votre bravoure, mais sachez que nous ne comprenons pas l'honneur de la même façon à Paris et à Berlin ; sachez encore que celui qui fait frapper du bâton un homme désarmé commet une lâcheté.

On a même vu des châtiments à titre préventif. Ces mots jurent de se trouver réunis, et cependant ils l'ont été pendant la dernière guerre. En passant près d'un village silencieux, l'Allemand enlève des otages, les conduit au loin, les rendant responsables, sur leur tête, de ce qui pourra survenir le lendemain ou la semaine suivante.

Si le système pénal des Prussiens n'atteignait que le coupable, il faudrait s'incliner devant la nécessité. Mais un grand nombre d'exécutions militaires violant le droit des gens ont été commises. Ces exécutions militaires préventives étaient un moyen d'empêcher les Français de faire la petite guerre qui eût détruit les bataillons ennemis homme par homme.

Un volume ne suffirait pas pour rappeler les cruautés commises par les Allemands comme mesures préventives. Bornons-nous à quelques lignes ; aussi bien le souvenir de ces cruelles journées porte la douleur dans nos âmes. Nous sommes humiliés comme soldats, blessés comme Français, et tout en nous se révolte ; que devient la dignité humaine !

Le 24 novembre 1870, 8.000 Bavarois arrivent à Vanne (Sarthe). Epouvantés, beaucoup d'habitants ont pris la fuite. Ceux qui regardent les troupes passer sont saisis, faits prisonniers et enfermés dans un café sous la garde des officiers. Le pillage commence et dure longtemps. Enfin les Bavarois se retirent chargés de butin, et leur colonne est précédée d'un habitant, *la corde au cou*. Cet homme personnifie la France aux yeux des soudards bavarois.

Le même jour un régiment de cuirassiers prussiens arrive à Rahay dans l'après-midi. Ayant trouvé dans le clocher de l'église quelques fusils de gardes nationaux qu'on n'avait pas eu le temps d'expédier au Mans, ces soldats se livrent à des violences inouïes. Une vingtaine d'habitants reçoivent la bastonnade et sont assommés de coups de plat de sabre, sans compter les coups de poing et les coups de pied. Le curé et quatre autres personnes sont garrottés et enfermés au poste. Le lendemain M. le vicomte Jaubert, maire de la commune, accouru pour plaider la cause des prisonniers, partage immédiatement leur sort. Les Prussiens les traînent à leur suite pendant trois jours, en leur distribuant des coups de crosse ; à Epuisay, le 26, les prisonniers reçoivent une bastonnade en règle. M. le vicomte Jaubert, malgré sa qualité de magistrat, son caractère honorable, sa situation distinguée, son rang dans le monde, fut tué à coups de bâton. Depuis le 27 novembre jusqu'au 20 décembre, il supporta le martyre. Après trois semaines de souffrances, ce brave et honnête homme mourut, assassiné par les Prussiens.

Le 25 novembre, un détachement bavarois de quatre mille hommes passe la nuit à Conflans. Il repart le lendemain, emmenant comme otages trois habitants arrachés de leurs maisons. Par un raffinement de cruauté, on leur fait ôter leur chaussure, afin qu'en marchant nu-pieds ils ensanglantent la route. Ces malheureux sont attachés derrière une voiture dont les chevaux changent souvent d'allure.

Le 26 novembre, à Courgenard, plusieurs habitants sont conduits à Authon comme otages. Un petit cortège arrive en même temps dans le bourg. C'est le baptême d'un nouveau-né. Il n'y a là que le parrain, la marraine, le père de celle-ci et la sage-femme. Les Prussiens trouvent plaisant d'enlever les deux hommes. Ils sont joints aux otages, et leur frayeur porte la gaieté dans les rangs des soldats.

Voici un récit qui ne manque pas d'intérêt : « J'étais maire de Lavaré (1), non loin de Semur. Le 20 décembre 1870, une colonne allemande, partie de Vibraye, forte d'environ 800 hommes, vint loger à Lavaré. Les Prussiens me prirent à la mairie et me firent prisonnier. Agé de soixante-neuf ans et très souffrant depuis longtemps, ils me firent faire une demi-lieue à pied, en me frappant de coups de crosse de fusil. Lorsqu'enfin ils me virent

---

(1) Département de la Sarthe.

épuisé de fatigue, quatre Prussiens me jetèrent comme un ballot sur un fourgon et me tinrent pendant deux heures et demie entre leur feu et celui des francs-tireurs ; puis ils me firent battre tous les environs de nos bois et de la forêt de Vibraye, me menaçant toujours de me faire *capout*. Enfin, après huit heures et demie de souffrances, ils me ramenèrent à moitié chemin de Lavaré à Vibraye, sur la grand'route, tinrent conseil et me firent descendre du fourgon. Je me croyais encore menacé de mort. Le colonel ou commandant me frappa sur l'épaule en me disant : Maire, pas peur, brave, *fourt* au village tout de suite. »

Au temps de la barbarie, l'envahisseur réduisait en esclavage les habitants du pays conquis. C'était un attentat moins cruel cependant que la peine de mort. Des villageois ont été condamnés à être fusillés par un conseil de guerre improvisé. Il n'y a pas eu de défenseur, excepté dans des circonstances très rares.

La conduite des armées allemandes a donné lieu à de sérieuses études, à des observations intéressantes sur le caractère des Prussiens et de leurs alliés. On les a suivis en quelque sorte jour par jour, non plus sur les champs de bataille, mais dans leur vie privée au milieu de nos populations.

Les observateurs ont été frappés de deux faits : le manque de probité et l'intempérance. On a été très ému, dans la Sarthe, de tout ce que les Allemands ont pris sous toutes les formes, mais surtout de ce qu'ils ont volé. Les rapports de l'enquête, indulgents ou sévères dans leurs appréciations, s'accordent à peu près tous pour constater ce fait que les soldats, dans les premiers jours, prennent tout ce qui leur tombe sous la main, mettent une ardeur et une habileté très grandes à exploiter les cachettes, fracturer les meubles, etc. On en cite beaucoup qui font usage de fausses clefs, et d'autres qui

arrêtent les passants sur la route pour les dévaliser.....
Devant la généralité des faits, une grande partie de l'opinion publique n'a pas hésité à dire : **les Allemands sont voleurs** (1). »

On a dit que les officiers allemands toléraient les vols afin de répandre la terreur; on a même eu l'indulgence d'excuser les soldats soumis à de dures privations et tentés par un luxe inconnu dans leur pays.

« Il n'en est plus de même quand il s'agit des officiers, qui, placés par leur situation au-dessus de ces entraînements, doivent être protégés par le sentiment de l'honneur, et qui représentent particulièrement dans l'armée allemande l'aristocratie de la nation. Si on les voit agir comme les soldats, on a le droit de se demander s'il n'y a pas réellement dans ce fait la révélation d'un côté du caractère national. — Or, l'enquête contient à cet égard la preuve de certains faits trop significatifs. Il y a d'abord ces pillages de châteaux, organisés et exploités par des officiers..... Des rapports contiennent des anecdotes caractéristiques qui portent atteinte à la délicatesse et à la probité des officiers allemands, quelque polis et bien élevés qu'ils se soient montrés ordinairement.

« Au Mans, c'est un officier qui met dans sa malle vingt chemises fines prises dans la chambre où il loge. A Sargé, c'en est un qui, obligé de promettre un thaler à des voituriers (pendant les préliminaires de paix), refuse de le leur payer quand le transport est effectué. A Torcé, après le départ de Wittich et de son état-major, on constate qu'ils ont mis dans leurs malles les objets de toilette qui étaient dans leurs chambres. A Juillié, le maire recueille les aveux des soldats, qui déclarent que leurs officiers partagent souvent avec eux le fruit de leurs rapines. A Clermont, une vache ayant été prise chez un

(1) Rapport présenté à la Société d'agriculture, sciences et arts de la Sarthe, par Armand Surmont, après enquête ordonnée.

pauvre habitant, le maire de la commune est obligé, pour la faire restituer, de donner vingt francs au capitaine de la compagnie (1). »

Puisse l'Allemagne ne pas s'apercevoir que cette guerre a fortement abaissé son niveau moral!

Les personnes sympathiques aux armées allemandes diront peut-être que nos soldats, en pays conquis, ne se font pas faute de s'emparer du bien d'autrui. Une récente publication jette une vive lumière sur la question (2). Il est fort intéressant de lire les révélations faites sur la conduite des Français à Moscou en 1812, d'après les témoignages des survivants de cette époque, dans les diverses classes de la société russe. On y remarque que tous les témoins s'accordent à dire que les soldats français respectaient les femmes, quelque grand que fût le manque de surveillance. Enfin, on voit, dans ce travail remarquable, que les brutalités et les vols dont se plaignent les mêmes témoins (russes) sont toujours à la charge des contingents étrangers que la grande armée comptait dans ses rangs, et tout particulièrement des Allemands, Wurtembergeois et Bavarois.

L'observateur, le philosophe, le chrétien ont été plongés, pendant cette guerre, dans de profonds étonnements. Nous devons dire cependant que la conduite des Prussiens envers les femmes a été généralement convenable.

Les Allemands parlaient sans cesse de leurs familles, les jeunes de leur mère ou de leur fiancée, les plus âgés de leurs enfants. On les voyait tirer de leurs sacs des photographies, souvent couvertes de larmes. Ils lisaient et relisaient les lettres du pays, et ne se lassaient jamais d'écrire à ceux qu'ils aimaient. Tous songeaient au retour et plus d'un vol fut commis sous l'impression

---

(1) Rapport à la suite de l'enquête, Armand Surmont. Le Mans.
(2) Revue des Deux Mondes, 15 juillet 1873.

d'une douce pensée. Eux, si cruels pour le pauvre paysan, ne voyaient pas sans émotion les petits enfants jouer autour du foyer; ces jeux leur rappelaient encore leur maison abandonnée.

Devant ces spectacles, l'observateur, le philosophe ou le chrétien se disaient : Ils sont bons ces Allemands ! Combien le sentiment de la famille est développé dans cette race !

On pouvait le croire. Mais voici deux exemples entre beaucoup d'autres qui détruisent cette illusion :

A *Maresché*, une femme était dangereusement malade, et sa famille au désespoir avait dressé une sorte d'autel au milieu du jardin. Les parents et les amis se tenaient pieusement près de cet autel et priaient. Plusieurs soldats prussiens s'amusaient dans le jardin et troublaient le silence ; autour des cierges allumés, ces soldats se livraient à de révoltantes parodies et, sous les fenêtres de la mourante, faisaient entendre des cris joyeux.

Le 29 janvier 1871, à *Savigné-l'Evêque* (département de la Sarthe), des soldats allemands en tournée dans les fermes s'arrêtent devant une pauvre maison. La porte est ouverte. Le père de famille vient d'expirer. Sa femme et trois petits enfants sont agenouillés près du lit où repose le mort. Un crucifix de bois est placé sur sa poitrine, et sur une table la branche de buis attend qu'une main pieuse répande l'eau bénite. Trois ou quatre chandelles brûlent autour du lit, éclairant à peine cette chambre si pauvre. Au dehors, la neige enveloppe tout, et les trois petits enfants tremblent de froid et de misère près du corps de leur père. Le silence n'est troublé que par les sanglots de la mère et le souffle du vent qui s'engouffre au grenier. La chaumière est loin du village et les voisins se sont éloignés.

Cependant les Prussiens entrent dans cette chambre et voient tout : le mort, le crucifix, la femme courbée sous la prière, et les petits enfants appelant le père qui ne peut plus les protéger.

Ces soldats passent sans se découvrir et montent bruyamment au grenier pour s'emparer de quelques bottes de fourrage et des modestes provisions de ménage. L'attitude de ces soldats exprime la plus profonde indifférence. Ils pillent les ressources laissées par le mort ; ils volent le dernier morceau de pain des petits enfants, ils emportent les vêtements de deuil de la veuve !

Devant ce lit, devant ce crucifix, devant cette branche de buis, un soldat français se serait arrêté tout ému ; devant les larmes de la mère, ce soldat se serait agenouillé : devant la misère des trois enfants, il eût cherché une obole et l'eût déposée sur la table avant de s'éloigner.

IV

Le général Foy (1) nous a montré les soldats de La Tour-d'Auvergne campés dans les vergers de la Biscaye, assis à l'ombre des arbres et respectant les fruits dont les branches étaient chargées ; il nous a fait assister aux cantonnements des bataillons de Napoléon Ier, dans l'intérieur de l'Espagne, les soldats aidant l'hôte dans ses travaux, égayant la maison par leurs joyeux récits et portant dans leurs bras les petits enfants.

Est-ce à dire que le Germain est toujours barbare et le Gaulois constamment généreux ? Non, certes. Nous avons vu en Algérie, et même dans la douce campagne de Belgique, des soldats de la France commettre des cruautés ; la courtoisie, la froide politesse, la réserve dis-

(1) *Histoire des guerres de la Péninsule.*

crète des officiers allemands ont été admirées dans les châteaux habités et dans les villes principales ; la discipline des soldats nous a souvent semblé plus parfaite que toute autre. Il ne faudrait donc ni maudire, ni applaudir sans réserves. Cependant il existe de grandes différences entre le Gaulois et le Germain en temps de guerre.

Nous, Gaulois, sommes plus poètes que philosophes. L'imagination nous entraîne et nous égare. Il y a du don Quichotte dans le moindre sergent, et tout sous-lieutenant descend d'un mousquetaire de Louis XIII ; sous ses cheveux gris l'officier supérieur ou général se sent tressaillir aux récits des prouesses de Fontenoy. Enfin notre simple soldat, venu la veille de sa charrue, se précipite tête baissée pour s'emparer d'un canon ou sauver son drapeau.

C'est que nous combattons pour des idées tandis que le Germain combat pour des intérêts matériels. Il affectionne des mots inconnus dans nos rangs, les mots *gain*, *profit*, *richesse*. Il met autant d'ardeur pour s'emparer d'une pendule que nous pour conquérir la croix d'honneur.

Pendant cette guerre de 1870-1871, les Allemands ont été, ici, d'une cruauté sans exemple, et, là, d'une politesse de bonne compagnie. Il fallait d'abord répandre la terreur pour empêcher la guerre sainte, il était ensuite nécessaire de cicatriser les plaies pour ne pas arracher à l'Europe des cris d'indignation. Mais souvenons-nous donc que, depuis la journée d'Iéna, la Prusse travaillait à préparer contre la France ses moyens de destruction. Tout était dirigé vers un but unique : *abaisser la France*.

Le lendemain de la guerre, nous écrivions ce douloureux récit, intitulé *Sedan*, et nous ajoutions : « Du point culminant qu'il occupe au-dessus de Fresnois, près du bois de la Marfée, Guillaume de Prusse promène un sinistre regard autour de lui. A ses pieds s'étend la ville de Sedan toute en flammes. La Meuse semble illuminée par le reflet des obus. Un cercle de hauteurs boisées ferme l'horizon. Au loin apparaît Illy, notre espoir évanoui ; à droite, Bazeilles dévoré par les flammes ; à gauche, vers Floing, la cavalerie française accomplissant une charge héroïque.

« Le regard sombre de Guillaume brille tout à coup lorsqu'il reconnaît que le cercle est fermé et que l'œuvre de la mort va être impitoyable. Il va tuer, tuer encore, tuer longtemps. C'est la France qui est là enchaînée, et lui, le roi de Prusse, veut l'anéantir. On lui apporte nos drapeaux déchirés et, sur l'étoffe noircie de poudre, il lit : *Iéna*. Alors il sourit cruellement. Quels sentiments d'orgueil a ressentis cet homme devant le gouffre où s'engloutissait momentanément la grandeur de la France ! Ce n'était pas une bataille qu'il voyait, il n'était pas témoin d'un fait de guerre, mais il assistait au dénouement d'une œuvre. On voyait là le travail de plusieurs générations, un long temps de calculs et de sourde persévérance. Guillaume voyait se dresser devant lui cette race des Hohenzollern sortie pauvre de la Souabe, il y a peu de temps, pour arriver à l'empire d'Allemagne. Le grand Frédéric lui apparaissait. Tous les revers de la Prusse étaient dépassés, et la récompense d'une conduite immuable se manifestait aux yeux du monde.

« Si, dans cette heure suprême, le vieux Guillaume attachait sa pensée sur *Iéna*, il dut penser au génie de Napoléon Ier et le comparer à celui de Frédéric II. Celui-ci avait beaucoup donné à l'avenir, celui-là, trop hâté, avait peut-être sacrifié au présent. Il avait bravé le temps avec lequel on doit toujours compter. Deux nations se trouvaient en présence dans le cercle infernal de Sedan. C'était le choc de deux races, choc moral autant que matériel. Ces deux races étaient ennemies, mais l'une savait oublier, tandis que l'autre ne connaissait que la haine et la vengeance. La première, spirituelle, légère, généreuse, brave, riche, jouant avec la vie, habituée aux succès, ne touchant pas la terre de peur d'y prendre racine ; la seconde, lente, rêveuse, aimant le calcul et le travail, instruite, cruelle, pauvre, familière avec les revers et sachant en profiter. Celle-ci tenace dans ses principes, soumise aux lois et connaissant la rude sagesse ; celle-là sans persistance dans ses volontés, dédaignant les traditions et les leçons, remuant les idées comme un moissonneur les grains de blé, mais grande aux yeux de Dieu pour son cœur et aux yeux des hommes pour son esprit. Le vieux Roi voyait donc ce duel gigantesque du Gaulois et du Germain. Hélas ! en changeant dix fois de gouvernement dans un demi-siècle, le Gaulois avait perdu bien des vertus, mais il avait conservé son âme. Le Germain, homme pratique, était implacable comme le destin, implacable partout, implacable toujours.

« Si, du point élevé qu'il occupait pour observer ce dénouement terrible, Guillaume de Prusse a pensé que le génie de la France passait de la Gaule en Germanie, le vieux Roi s'est trompé. En vérité, les revers, les malheurs qui affligent un peuple ne sont que des épreuves, si ce peuple, à l'exemple de la Prusse après Iéna, sait profiter de ses fautes, de ses misères ; s'il compte avec le temps, avec le travail lent et persévérant ; si les générations transmettent une sorte de mot d'ordre aux générations qui suivent ; si les pères, les fils, les petits-fils sont fidèles aux mêmes principes, l'*épreuve* donne à ce peuple une grandeur et une puissance incomparables. A notre tour, nous subissons une grande épreuve ; soutenons-la de toutes nos forces, travaillons tous, chacun dans sa sphère, à chercher les causes de nos revers. Ce n'est pas une plaie qu'il faut cicatriser, mais le sang qui est à régénérer. Pour cela nous devons préférer le progrès à la révolution, créer des institutions durables, effacer les nuances de partis, pour n'avoir plus qu'un seul parti, le parti de la France. On ne saurait trop le répéter, nos défaites militaires ne sont que la conséquence de notre état social, et les victoires de l'Allemagne sont uniquement dues à un travail persévérant. Il serait insensé de vouloir créer une armée avant d'avoir reconstitué une société sur des bases inébranlables. Si nous n'avons pas d'hommes d'Etat, nous n'aurons pas de généraux. Turenne et Vauban étaient contemporains de Colbert et aussi de Bossuet. »

Les récits contenus dans ce livre sont moins l'histoire de la guerre de 1870-1871 que la physionomie de la lutte. Ce n'est pas le courage du soldat que nous voudrions exalter, mais le patriotisme du citoyen qu'il nous semble nécessaire de réveiller.

Si, en jetant un regard prolongé autour de soi, le soldat sur le champ de bataille, le paysan dans son village, l'homme du monde à l'ombre de son château, apparaissent successivement, nous éprouvons des sentiments bien divers. Tout le monde est prêt à marcher, à combattre, à mourir pour la France, mais on cherche un chef et il ne s'en trouve pas de taille à être vu de tous les horizons.

Nos ancêtres avaient été sauvés par Jeanne d'Arc, les Hongrois avaient fait entendre ce grand cri : *Moriamur pro rege nostro Maria-Theresa* : mourons pour notre roi Marie-Thérèse.

Un chef a donc manqué à la France !

Depuis longtemps nous n'accordions d'estime et de respect qu'aux harangues et aux richesses. Nous avions, comme à plaisir, efféminé la France, et tous, soldats, paysans et châtelains se battirent moins par élan patriotique que par tradition.

C'est que tous tant que nous sommes, descendons en droite ligne des soldats de Louis XIV et de Napoléon Ier.

C'est en vain que nous sommeillons derrière le comptoir du marchand, c'est en vain que nous perdons un temps précieux à prononcer des discours contre les armées permanentes, il y a sur nos poitrines les cicatrices de blessures, et le sang qui coule dans nos veines a été répandu sous les yeux de Turenne, de Villars, de Kléber et de Masséna ; oui, tout Français est plus ou moins soldat et sa nature est militaire. Aussi quels efforts multiples, quelles aberrations n'a-t-il pas fallu pour transformer notre peuple et le conduire aux défaites !

V

« Durable comme tous les sentiments de l'Allemand, la haine nationale n'est point satisfaite par les événements de 1870-1871. Il faut que l'opinion en soit bien convaincue en France. La soif de conquêtes, une fois allumée, ne s'éteint pas facilement ; et l'Allemagne n'a pas encore tout ce que les déductions du « droit historique » peuvent lui permettre de convoiter. »

Cette pensée d'un écrivain qui a vu les armées allemandes de fort près doit être prise en sérieuse considération. Elle devrait surtout nous engager à ne pas perdre un temps précieux en discussions lorsqu'il s'agit de la réorganisation de l'armée. Nous devons aussi, pour exalter le patriotisme, rappeler souvent les souffrances de la dernière guerre, et graver sur la première et sur la dernière page de ce livre l'appel du factionnaire aux remparts pendant le sommeil : *Sentinelles, prenez garde à vous !*

Rien ne saurait mieux nous tenir en éveil que de promener souvent un long regard sur les événements de la dernière guerre. Il importe moins sans doute de connaître les dispositions prises par le chef en telle circonstance, que de pénétrer le caractère caché de l'Allemand, de deviner l'avenir en étudiant le passé, et surtout d'envisager froidement et loyalement les fautes commises pour en éviter le retour.

Nous n'irons donc point avec le lecteur de ville en ville à la suite des généraux prussiens, nous ne nous arrêterons que devant les spectacles qui renferment d'utiles leçons. Quelquefois ces spectacles sont petits en apparence mais féconds en enseignements. Souvent un mot, un geste, plus souvent encore une action toute naturelle jettent de vives lumières sur l'esprit et sur les sentiments de nos adversaires.

La défense de la Normandie fut remarquable et coûta cher au général de Manteuffel.

L'idée d'une bataille aux portes de Rouen pour défendre la ville ne pouvait être inspirée que par le désespoir ; c'était la perte de la cité et celle de l'armée du général Briand. A peine pourrait-on tenir pendant une journée ; Manteuffel avait ordonné une attaque par cent soixante dix-neuf pièces de canon qui eussent détruit la ville.

Le mieux était d'opérer la retraite sur la rive gauche de la Seine. En outre, tout en évacuant la ville, il eût été préférable de se maintenir à proximité, en faisant sauter les ponts et en prenant position sur la ligne de Pont-de-l'Arche à Elbeuf et à la Bouille, dans un pays boisé et très favorable à la défense. On donnait ainsi la main aux troupes de l'Eure, et les Prussiens se trouvaient gênés dans l'occupation de Rouen. Menacé sur son flanc droit par le général Faidherbe, et sur son flanc gauche par le général Briand, l'ennemi se serait sans doute retiré sur Beauvais ; dans tous les cas, au lieu de se risquer à faire une pointe contre le Hâvre, il se serait placé dans une situation des plus critiques lorsque notre armée du Nord aurait repris l'offensive.

Au lieu d'adopter ces dispositions le général Briand se retira sur le Hâvre; quelques rares détachements suivirent la rive droite de la Seine, mais la plupart des bataillons passèrent sur la rive gauche et allèrent s'entasser en désordre sur la route de Bourgachard et de Pont-Audemer. Le froid était excessif et la neige couvrait la terre. Les officiers tentèrent en vain de maintenir l'ordre ; mourants de faim, pouvant à peine se traîner, couverts de vêtements insuffisants, nos malheureux soldats, étrangers à la discipline, abandonnaient les rangs pour chercher leur nourriture. Un certain nombre d'entre eux, ne pouvant faire un pas de plus, se laissaient tomber dans les fossés de la route, et ne se relevaient plus.

Après avoir franchi en trente heures, et presque sans s'arrêter, une distance de 90 kilomètres, les troupes du général Briand, au nombre d'une vingtaine de mille hommes, arrivèrent à Honfleur dans la matinée du 6 décembre 1870, et furent embarquées le soir même et le jour suivant pour le Hâvre.

La ville de Rouen offrait un spectacle navrant. Quelques gardes nationaux étaient partis avec les troupes; d'autres sous l'empire de la colère brisaient leurs armes; des coups de feu retentissaient dans les rues, de grands cris arrivaient des faubourgs populeux, des attroupements se formaient sur les places, et une sorte de terreur régnait dans les maisons riches. Bientôt l'émeute apparut, lâche comme toujours ; cette fois encore elle était l'avant-garde des Prussiens. Armés de fusils volés, les émeutiers allèrent assiéger le conseil municipal et tirer des coups de fusil sur les fenêtres de l'hôtel de ville.

Rouen menaçait d'être livrée au pillage par une populace qui n'avait jamais combattu l'Allemagne, lorsqu'un grand cri se fit entendre : *Voilà les Prussiens!* Alors l'émeute prit la fuite dans toutes les directions, jetant les armes et se sauvant dans les caves et les taudis.

On entendait la marche de l'avant-garde ennemie, grave et silencieuse. Vers deux heures et demie, le major Sachs, du 70° régiment, escorté d'un piquet d'infanterie, se présenta devant le conseil municipal assemblé, annonçant qu'il prenait possession de la ville au nom du général de Manteuffel. « Vous êtes ici par la force, lui répondit le maire, M. Nétien, les troupes françaises nous ont quittés ce matin, et nous sommes ainsi contraints de subir vos ordres. »

Le major Sachs ayant déclaré la municipalité responsable de tout acte d'agression contre les troupes allemandes, le maire lui montra de la main les traces de la fusillade qui venait d'avoir lieu. « Ah ! s'écria l'officier ennemi, vous avez à la fois la révolution et l'occupation étrangère,... c'est trop (1). »

Le 4 décembre, l'occupation de Rouen eut pour conséquence l'abandon presque complet des départements de la Seine-Inférieure et de l'Eure, que l'ennemi pouvait désormais occuper sans coup férir. Nous aurions évité ce regret si l'armée de Rouen, réunie aux troupes de l'Eure, avait occupé les positions sur la ligne de Pont-de-l'Arche à la Bouille.

Pour couper toute communication entre l'armée du Nord et celle du Hâvre, le général ennemi avait décidé une expédition contre le littoral. Deux bataillons d'infanterie, une brigade de cavalerie avec une batterie à cheval furent réunis à Clères sous les ordres du général-major Dohna. Ce détachement marcha sur Dieppe et y entra, sans résistance, le 9. Après avoir brisé les fusils, encloué les canons de marine, coupé les fils du télégraphe et enlevé les appareils, les Allemands détruisirent les postes

---

(1) Raoul Duval, *Comment Rouen n'a pas été défendu.*

sémaphoriques et rasèrent les mâts de signaux, sans oublier de faire de nombreuses réquisitions. Le lendemain, le général Dohna se retira sur Auffray.

A la vue de la mer, les cuirassiers et les uhlans brandirent leurs armes en signe de triomphe; puis ils firent entendre trois *hurrahs* pour le roi de Prusse et la patrie allemande.

On comprend l'émotion de ces cavaliers; au milieu de l'année, les flots du Rhin leur semblaient un obstacle bien terrible, malgré son nom de Rhin allemand; et maintenant les pieds de leurs chevaux se baignent dans notre mer!

Ce jour-là, au moment où les cavaliers de la Prusse admiraient les lointains de la mer, s'est-il trouvé, parmi eux, quelque capitaine de uhlans, étudiant des universités, qui ait revu cet autre Guillaume, parti de la Normandie au onzième siècle, pour la conquête de l'Angleterre? Dans ses rêves, ce uhlan pouvait revoir une nouvelle bataille de Hastings; est-il plus difficile de vaincre le roi Harold que de coucher à Versailles dans le lit de Louis XIV?

Il est peu de paysans, dans la Normandie, qui n'auraient à raconter leur campagne de 1870. Tous ont leurs précieux souvenirs pleins d'amertume, et peu d'entre eux sont muets lorsqu'on les interroge.

Pendant l'automne de 1883, deux hommes étaient réunis, parcourant ensemble les taillis et futaies, les genêts et bruyères des environs de Bernay. Le plus âgé a été peint par le plus jeune : « C'est un garde-chasse d'une cinquantaine d'années, encore dans la force de l'âge, ni grand ni petit, et solidement bâti. Il se nomme Hervieux. Vous le reconnaîtriez à son regard normand, fin et rusé, à sa figure hâlée, à sa moustache grise. Toujours vêtu d'un costume de velours marron, verdi par la pluie et roussi par le soleil, il marche le fusil sur l'épaule, le carnier aux reins, et quatre ou cinq bassets trottant autour de lui. »

Ce jour-là, le compagnon du garde-chasse était un homme jeune encore, à la physionomie distinguée, au sourire bienveillant. Les récits du paysan produisaient sur l'étranger une vive impression. Il trahissait tour à tour, par un regard de colère ou de joie, les sentiments qui l'animaient. On devinait, dans ce jeune homme, un ardent patriotisme. Tout, jusqu'à son silence, exprimait les émotions d'un bon Français au récit des combats et des souffrances de la guerre.

Entre ces deux hommes qui marchaient ensemble, comme de bons compagnons pleins d'estime l'un pour l'autre, le contraste était grand, en apparence; l'un, tout à l'action, passant ses nuits dans les bois à la poursuite des braconniers, ignorant tout, excepté l'amour de la patrie; l'autre, esprit éclairé, littérateur distingué et parisien d'élite. Eh bien! ces deux hommes se comprenaient à merveille, sinon par la science, du moins par le cœur.

Maurice Laillier était le nom du parisien; nous ajoutons qu'il est avocat à la cour d'appel de Paris.

De retour à son foyer, M. Laillier, frappé des récits du garde-chasse, en publia une partie et fit même une conférence à ce sujet (1).

Nous profitons ici des recherches de M. Laillier pour tracer les aventures d'un paysan de Normandie pendant la guerre.

(1) *La Revue générale,* n° du 15 décembre 1883.

VI

Le garde-chasse parla ainsi à l'avocat :

« L'ennemi parcourait nos campagnes, mais nous avions encore l'armée de Mac-Mahon et celle de Bazaine, deux grandes armées qui nous donnaient des espérances et placées sous les ordres de maréchaux de France.

« Dans les premiers jours de septembre 1870, le père Cyrille, vous savez, le courrier, frappe à ma porte à cinq heures du matin, au moment où je descendais donner à manger aux chiens :

« — Eh bien! me dit-il, c'est fini.

« — Quoi, fini?

« — La guerre.

« — Comment cela?

« — Dame! il n'y a plus de soldats. L'Empereur est prisonnier avec toute l'armée! C'est bien vrai, continua Cyrille, en voyant mes traits bouleversés, la nouvelle a été affichée hier soir à la sous-préfecture. C'est dur, mon vieux, mais nous n'y sommes pour rien, ni vous ni moi.

« Je baissai la tête ; le cœur me battait fort, et de grosses larmes m'empêchaient de voir clair. Mes mains se fermaient avec rage, et je pouvais à peine respirer. Cyrille reprit son chemin pour rattraper la diligence, et je restai seul, immobile, le regard fixe.

« L'affaire ne fut pas longue à régler. J'entrai dans la chambre de ma pauvre femme en disant :

« — *Je pars!*

« Elle comprit et pleura.

« — Et qui protégera la maison? qui me donnera du pain? Hervieux, Hervieux, ne m'abandonne pas; ces choses ne regardent que les soldats !

« Et je lui répondis aussi doucement que je le pouvais :

« — Femme, laisse-moi faire mon devoir, je dois défendre le pays, ces champs, ces bois, notre ville de Bernay, les mères, les enfants, les vieillards, la patrie, enfin ; femme, je ne suis pas un fainéant, un lâche...

« Elle sanglotait. Je m'échappai de ses étreintes pour ne pas faiblir.

« Je partis à pied pour Evreux, et chemin faisant ma vue était comme troublée par des apparitions : il me semblait voir les batailles de Wissembourg, de Forbach, de Wœrth, de Gravelotte ; moi qui n'avais pas assisté à une seule bataille, je m'imaginais des champs couverts de morts et de mourants ; avant de m'éloigner, je jetai un regard, que je croyais le dernier, sur le verger où ma maison est abritée. Je revis l'herbe épaisse à l'ombre des pommiers, et, pendant quelques secondes, mes yeux restèrent fixés sur le toit de chaume parsemé de fougères. Mon cœur battait fort, et les sanglots de ma femme arrivaient jusqu'à moi. — Allons, me dis-je, allons, Hervieux, du courage et fais ton devoir.

« En arrivant à Evreux, j'appris que mes maîtres s'étaient engagés dans les francs-tireurs de Caen. Je voulus les suivre. Puisqu'ils sortaient du château, je devais sortir de la chaumière. Le lendemain je portais l'uniforme noir liseré de bleu, des bottes jusqu'à mi-jambes, chapeau de feutre, sac de cuir noir au dos, un revolver et une cartouchière avec le sabre-baïonnette à la ceinture et un bon chassepot. Equipé de la sorte, je partis pour Mantes avec une centaine de camarades, les uns de beaux messieurs riches et savants, les autres de rudes paysans, mais tous habitués à la chasse, le coup d'œil sûr et le jarret solide.

« A quelques kilomètres de Mantes, nous aperçûmes le château de Rosny et son grand parc ; en même temps les Prussiens parurent sur la route.

« — *Au fourré !* dit le capitaine à demi-voix.

« Nous nous glissâmes dans le parc et chacun choisit sa place. Je m'agenouillai dans un fossé au pied d'un chêne et je me taillai rapidement un créneau dans les buissons ; en baissant la tête je voyais l'ennemi marchant avec indifférence et d'un air ennuyé ; il était à bonne portée.

« — *Allez !* dit le capitaine.

« Je visai lentement pour faire connaissance avec mon chassepot. J'en fus content. Le premier que je descendis était un grand jeune homme blond, caporal ou sergent ; le second s'était arrêté pour regarder de notre côté ; puis, comme il en tombait sous les balles de mes camarades, je tirai dans le tas. L'ennemi revint sur ses pas et reparut en plus grand nombre, se dirigeant vers le parc.

« — *En retraite !* dit le capitaine.

« Nous n'étions pas cent et les Prussiens étaient plus de deux mille.

« C'est égal, il nous en coûtait de nous en aller ainsi devant les Prussiens. Nos pères ne nous avaient pas raconté de ces histoires-là ; tout au contraire.

« Ensuite nous nous sommes battus à Breval, au-dessus de Mantes, sur la hauteur ; puis à Villiers-en-Désœuvre, un petit village où nous avons démonté les dragons. J'en ai vu, ce jour-là, plusieurs qui étaient attachés à leur selle par une courroie qui, fixée au pommeau, passait autour des reins du cavalier. J'en ai abattu plusieurs qui ne tombaient pas, et demeuraient, après la mort, liés comme des sacs. Il y en a un que j'ai touché, car son cheval emporté l'avait conduit de notre côté. Ma balle entrée derrière la tête, au-dessus du cou, était ressortie au-dessus des yeux en faisant sauter un morceau du front. Celui-là avait une barbe rousse, épaisse et semblait être un ancien soldat.

« Au bourg de Villegats, près de Pacy-sur-Eure, il y eut

une vraie bataille. Nous étions là les francs-tireurs de Caen, les francs-tireurs commandés par Mocquard et les mobiles de l'Eure. Placés sur une colline, les Prussiens nous canonnaient à distance, sans danger ; nous n'avions pas d'artillerie. Comme nous ne voulions pas reculer, il fallait bien avancer, car, en demeurant en place, nous y passions tous en un quart d'heure. Aussi les mobiles sont-ils poussés en avant à l'assaut ; mais nous les voyons ralentir l'attaque et se disperser. C'est trop jeune et trop novice, disait notre capitaine. Et, s'adressant à nous, il ajoute : *En avant !* On court derrière les haies, on se coule dans les fossés, on rampe dans les terres et nous arrivons ainsi à cent mètres de la batterie prussienne. Nous nous levons alors comme un seul homme et la course commence. Les coups de fusil, les coups de crosse, les coups de baïonnette vont leur train. C'est à qui en tuera le plus ; je ne compte pas. Bientôt un immense cri remplit l'espace : *Vive la France !*

« Et vous eussiez vu les francs-tireurs de Caen, les enfants de la Normandie, traîner six canons allemands. Nous bondissions comme des cerfs en conduisant notre prise à Pacy-sur-Eure.

« Malheureusement les artilleurs ennemis avaient encloué les pièces.

« Le lendemain du combat de Villegats, de très bonne heure, nous arrivons sur un plateau où nous voyons des Bavarois avec leurs casques à chenille verte. On entend des coups de fusil à droite, des coups de fusil à gauche, puis nous voyons des Bavarois d'un côté, des Mecklembourgeois de l'autre qui se tiraient les uns sur les autres.

« — C'est très bien, dit mon caporal ; continuez, Messieurs, ne vous dérangez pas !

« Les Bavarois tombaient sous les balles des Mecklembourgeois, et ceux-ci roulaient à terre aux décharges des Bavarois. C'était un vrai plaisir de voir tout ce monde faire notre besogne ; nous n'y comprenions pas grand'chose, mais les francs-tireurs riaient à gorge déployée en voyant les effets du tir.

« Malheureusement un régiment de vrais Prussiens arrive et sépare les combattants. Par discrétion et pour ne pas troubler une scène de famille, nous nous sommes retirés ; il est vrai qu'ils auraient été vingt contre un.

« Cela se passait au commencement d'octobre 1870, et, jusqu'à la fin de novembre, nous nous sommes battus sans cesse presque chaque jour, arrêtant les convois ennemis, fusillant les reconnaissances de uhlans, courant deux ou trois départements, un jour près d'Evreux, le lendemain à Dreux, forçant les étapes, mais, hélas ! reculant toujours peu à peu devant le nombre.

« C'est à la fin d'octobre, dans l'une de nos marches et contre-marches, que, rappelés en toute hâte pour défendre Evreux, nous avons rencontré aux portes de cette ville les gens de Bernay qu'on avait envoyés là, à plus de dix lieues de chez eux, faire connaissance avec les balles prussiennes. Ce n'est pas parce que je suis de Bernay, mais, je vous le jure, je n'ai pas vu pendant trois mois, partout où nous sommes passés, une seule garde nationale comme celle-là, marchant au premier ordre, piquant vers l'ennemi sans se plaindre ! Et pourtant ça devait leur paraître dur à tous ces boutiquiers, ces petits marchands qui n'avaient jamais tenu un fusil, de planter là boutiques, femmes, enfants, pour aller défendre des villes que leurs habitants ne défendaient même pas ! Tenez, Evreux ! c'est peut-être cinq fois grand comme Bernay ; c'est une préfecture. Eh bien, Evreux ne s'est pas défendu !

« Evreux occupé, il y a encore eu des batailles à Bourg-théroulde, entre Rouen et Bernay, au château de Robert-le-Diable, où les mobiles de l'Ardèche, devant nous, se sont fièrement conduits, allez ! Il y avait un vieux soldat, nommé Salençon, dans nos rangs, qui avait été à la prise de la Smala avec le duc d'Aumale. Eh bien, il applaudissait quand il voyait les petits gars, des enfants ! faire le coup de feu et donner des coups de baïonnette.

« — De vrais troupiers, ces moblots-là ! s'écriait-il.

« La fin approchait cependant. La défense de notre ville, le gros morceau pour moi, allait arriver. Après cela, l'armistice n'était pas loin.

« Le 20 janvier 1871 nous nous retirions sur Bernay, que les francs-tireurs de Caen allaient traverser sans s'arrêter ; moi, j'avais prévenu le capitaine.

« — Vous savez, lui avais-je dit, Bernay c'est mon chez-moi. Les Prussiens sont aux portes. Je reste défendre Bernay.

« Nous nous retirions donc sur la ville le soir du 20 janvier. Dès que j'aperçus le toit des maisons, dans le lointain : Hum ! me dis-je, ça va chauffer ! il va y avoir une poussée ; j'en suis ! — Dans la nuit, nous arrivons à Bernay et les francs-tireurs de Caen continuent sur Lisieux. Moi je les laisse partir et prends place dans la garde nationale parmi les éclaireurs. Il n'y avait pas trois heures que je comptais à l'effectif, quand on annonça les Prussiens. On les attendait du côté d'Evreux et ils arrivaient d'Alençon, juste à l'opposé d'Evreux !

VII

« Le 21 janvier au matin, nous les éclaireurs de la garde nationale nous allons à la rencontre de l'ennemi sur la route d'Alençon. Le reste des gardes nationaux (en tout peut-être quatre cents hommes) se divise pour garder les différents points par lesquels les Prussiens pouvaient déboucher. Nous n'avions pas fait deux kilomètres quand, à une bonne portée de fusil de notre petite escouade, nous apercevons une masse noire qui grouillait silencieuse. C'était l'ennemi arrivant en colonnes épaisses. Il faisait ce jour-là un temps gris, un brouillard d'enfer, à prendre à vingt pas un gendarme pour un curé. Et les démons de Prussiens ne faisaient pas de bruit ! rien que le roulement des souliers sur la terre ! — Ma parole ! pour la première fois depuis plus de quatre mois, je sentais un frisson me prendre. Pensez un peu ! avoir ces blaireaux aux portes de la ville près de laquelle on a vécu tranquille pendant plus de vingt ans,... au cœur de la France ! dans notre vieille Normandie, si fraîche ! L'émotion me gagnait, mais cela ne dura pas. Nous étions une soixantaine d'éclaireurs. Nous nous jetons dans les fossés qui bordent la route et nous attendons. Nous voulions tirer à coup sûr, à cent mètres au plus, de façon à ce que nos soixante balles missent soixante hommes à terre. Mais voilà que, tout à coup, alors que la tête de la colonne ennemie était encore à deux cents pas de nous, nous entendons par derrière un vacarme de tous les diables, un coup de canon, et le sifflement de la mitraille au-dessus de nos têtes. Cela partait du détachement de la garde nationale qui nous servait de soutien (1). On avait retrouvé dans un vieux magasin de la ville deux canons en mauvais état qui servaient pour les réjouissances. D'anciens artilleurs les avaient chargés jusqu'à la gueule, et l'un d'eux, marchand de jouets d'enfants, avait confectionné la charge avec des morceaux de fonte, des pierres, des débris de toutes sortes. Inutile de dire que tout éclata au second coup et que si le marchand de jouets ne fut pas tué, il n'y eut nullement de sa faute.

« Mais cette formidable détonation donna l'éveil aux

(1) Tous les faits rapportés dans ce récit sont rigoureusement historiques. Pour s'en assurer il suffit de consulter l'excellent ouvrage de M. Rolin, ancien officier : *La Guerre dans l'Ouest*, chap. XVI.

ennemis. Au milieu du désordre nous commençâmes la fusillade. Ah! si vous aviez entendu les cris que poussaient les Prussiens! Ils étaient affolés! ils savaient que notre Bernay était une petite ville ouverte au fond d'un entonnoir. Comment supposer que les bourgeois allaient se défendre, alors que Rouen avait été occupé sans bataille, et qu'Evreux n'avait pas combattu? — Non, vous ne vous figurerez jamais le vacarme qui se fit au premier coup de mitraille, alors que nos fusils, à cent cinquante mètres, se mirent, portant dans le tas, à abattre à chaque coup deux ou trois hommes. Les Prussiens ouvrirent leurs rangs, puis reculèrent, quand un grand mouvement se fit parmi eux, et un groupe d'officiers à cheval arriva au galop à la tête de la colonne.

« Nous avions profité du mouvement de recul de l'ennemi pour nous enfoncer sur la droite dans les bois et les vergers qui bordent la route. A peine les officiers prussiens avaient-ils fait reprendre à leurs hommes leur marche en avant, que la seconde pièce de la garde nationale se mit à tirer à nos côtés. En même temps l'artillerie ennemie lançait des obus et des boîtes à mitraille de tous côtés, fouillant les bois, sur la hauteur en face, d'où une vingtaine de nos hommes embusqués faisaient des feux plongeants qui décimaient leur infanterie. Quant à nous, cachés derrière les langues de terre qui séparent les pâturages, nous continuions notre feu. J'avais pris pour point de mire celui des officiers prussiens qui, le sabre à la main, semblait être le chef. A un moment, un autre cavalier à ses côtés tomba de cheval. Les ennemis poussèrent des hurlements lugubres, et la colonne s'entr'ouvrant, le corps fut ramassé et emporté en arrière. On a su depuis que c'était le comte de Hirsch, aide de camp du duc de Mecklembourg, qui avait été tué d'une balle de chassepot entre les deux yeux. Tout le monde dit que c'est moi qui ai fait le coup. Ce qu'il y a de certain c'est que nous n'étions que deux hommes armés de chassepots, moi, et un autre qui a toujours affirmé n'avoir pas visé le comte de Hirsch. Moi, je l'ai visé. C'était le second aide de camp du duc de Mecklembourg que je voyais tomber ; nous en avions tué un autre près de Villegats.

« Les Prussiens avançaient toujours, et nous avions été forcés de nous retirer devant eux, au fond du val qui se creuse au-dessous de la route où ils défilaient, là où se trouve la briqueterie.

« Nous sommes restés plus d'une heure criblés par le feu des ennemis qui avaient déployé deux lignes de tirailleurs le long de leurs colonnes. Nous étions abrités par les murs épais de la briqueterie, cachés derrière les fours et les amas de marne dont la poussière blanche soulevée par les balles se mêlait au brouillard. Tout à coup, j'aperçus un peloton de cavaliers qui descendait la pente par un sentier en lacet et menaçait de nous couper la retraite. Je criai : *Alerte!* et sans cesser la fusillade nous battîmes en retraite dans la vallée voisine, car nous connaissions le pays. Un quart d'heure après nous avions escaladé le coteau, et nous étions dans un endroit superbe pour continuer le combat. Abrité derrière les arbres, je me glissais à terre, et sur dix balles je pouvais répondre de neuf, car j'avais fait connaissance avec mon chassepot.

« La fin de la journée arrivait. Nos pertes n'étaient pas grandes : sept morts et cinq blessés sur nos quatre cents combattants. L'ennemi contre lequel nous avions eu à lutter ce jour-là formait l'avant-garde de tout un corps d'armée, celui du duc de Mecklembourg, qui se dirigeait sur Rouen. Cette avant-garde comptait trois mille hommes. Or, quatre cents gardes nationaux arrêtant pendant douze heures trois mille soldats de l'armée régulière, je trouvai cela pas mal.

« Nos officiers s'en contentèrent, ainsi que les Bernaysiens, mais cela ne me suffisait nullement. J'en voulais encore. Il fallut y renoncer lorsque le lendemain 22 janvier la garde nationale se débanda et chacun rentra chez soi, sauf pourtant les éclaireurs dont je faisais partie, qui voulurent se retirer sur Lisieux pour combattre encore. Dès que l'approche de l'ennemi qui revenait sur ses pas fut signalée, mes camarades se réunirent dans le bois où nous avions tiré la veille nos derniers coups de fusil. Moi, je les quittai un instant pour aller commander au fermier, le père Belier, la soupe pour toute la compagnie. Quand je revins je trouvai tous les hommes à plat ventre regardant de l'autre côté de la vallée sur la route d'Alençon. Il ne faisait pas encore jour, mais d'où nous étions on distinguait vaguement des cavaliers à la file, à une dizaine de pas les uns des autres. C'était l'avant-garde prussienne qui venait s'assurer que la lutte de la veille n'allait pas recommencer.

« Dans la ville, rien ne remuait. Les cavaliers descendaient au pas, lentement, comme des ombres.

« Alors, ça c'est vrai ! je n'y ai plus vu très clair dans mes idées. On a dit depuis que j'avais été un insensé, que j'aurais pu faire bombarder la ville, mettre tout à feu et à sang... C'est possible, mais, je le dis, ça bouillait dans ma tête, je souffrais..... Voir ces gens-là revenir tranquillement sans qu'on leur dise rien, là où la veille on les avait si bien reçus avec du plomb..... Non, me dis-je, il faut que je leur donne encore une secouée. C'est la fin, eh bien ! comme au feu d'artifice il me faut mon bouquet,... je vais le tirer !

« Mes camarades s'en allaient à regret, serrant le poing, mais obéissant à l'ordre de retraite.

« — Viens, viens, Hervieux, me dit le sergent.

« — Non, je reste.

« Bientôt je fus seul, dans les bois si bruyants la veille. Je les connaissais, je les aimais les bois, où j'avais passé tant de jours et tant de nuits. Ma maison n'était pas loin, mais ma pauvre femme avait dû la fuir... J'étais donc seul et j'allais remplir un dernier devoir sans un camarade pour me fermer les yeux.

« Je choisis un gros arbre sur le bord de la hauteur, derrière un buisson de houx. Je posai mes cartouches à terre, sur mon mouchoir étendu devant moi. J'examinai bien mon fusil et j'attendis. J'eus la patience d'attendre ! Je ne voulais pas manquer un coup, et, bien qu'à deux cents mètres je fusse sûr, les autres fois, d'abattre mon homme, à ce moment-là je craignais de manquer, pas de peur, mais de rage. Je ne suis pas sentimental, mais, mille furets ! ça me faisait mal de penser que les Prussiens allaient se promener tranquillement les mains dans les poches, non pas seulement dans Bernay, mais partout aux environs, dans mes bois, là où j'étais, autour de mes chenils, entrer sous mon toit !

« J'attendis jusqu'à ce qu'il fît un peu moins sombre. Cela me parut bien long, d'autant que je n'apercevais plus la file des cavaliers en face de moi. Enfin, je finis par les découvrir immobiles contre les arbres, guettant le retour d'éclaireurs que je vis revenir au galop de l'entrée de la ville, où ils n'avaient pas rencontré de défenseurs. Au moment où je les aperçus ils se remettaient en marche, contents d'être tranquilles à se promener sur notre route.

« Je ne tremblais plus et j'y voyais clair. Je levai mon fusil, visai lentement un des hommes et,... je n'oublierai jamais l'effet que j'ai ressenti alors. Lorsqu'au milieu du silence mon coup partit, il me sembla qu'on venait de me tirer une pièce de vingt-quatre dans l'oreille. Effet de l'émotion. La fumée dissipée, je vis un cheval sans cavalier qui galopait. C'était celui de mon homme. Alors, sans me presser, je continuai à tirer sur les Prussiens, comme à la foire sur les mannequins, « au massacre des innocents. »

« Par exemple, mon petit jeu ne dura pas aussi longtemps que je l'aurais voulu. Je me méfiais et regardais fréquemment dans la vallée, au-dessous de moi. Ce n'était pas bête, cette précaution. En effet, je vis bientôt, sur ma droite, un détachement de fantassins qui se dirigeaient de façon à me couper la retraite. D'après la distance qui les séparait de moi au moment où je les aperçus, je calculai que j'avais encore bien trois ou quatre minutes de tranquillité. Je continuai donc à tirer, me pressant, peut-être un peu plus, mais ne quittant pour ainsi dire pas des yeux les fantassins qui avançaient. Enfin, je jugeai prudent d'en rester là. Je lâchai mon dernier coup de fusil. Alors seulement, après m'être assuré que la balle avait porté comme les autres, je pris mes jambes à mon cou et je rentrai chez moi.

« La maison était déserte et la clef sous la grosse pierre. En un clin d'œil, mes armes et mon uniforme étaient glissés dans une vieille poutre creusée au grenier. Je jetai de la poussière tout autour pour dépister les recherches, dans le cas où ces gueux-là viendraient fouiller, puis, chaussé de gros sabots, vêtu d'une blouse et d'un pantalon déchirés et couverts de terre, les mains lavées pour ôter le noir de la poudre, je me coiffai d'un mauvais bonnet de coton, pris une serpe et gagnai les bois. Il ne me fallut pas longtemps pour faire un fagot que je chargeai sur mon épaule, et je piquai droit vers le chemin par lequel je supposais que les Prussiens allaient débusquer.

« Je les rencontrai bientôt et, prenant un air bonhomme, je m'avançai en me dandinant.

« Les Prussiens fouillaient dans les fourrés, juste à l'endroit où je tirais un quart d'heure auparavant. Ils donnaient de grands coups de baïonnette, tandis que l'officier qui les commandait fourrageait de tous côtés avec son sabre. Ça me donna presque envie de rire. « Pas

malins ! que je me disais, allez toujours, têtes carrées. »
Bien sûr que je ne les avais pas attendu assis à l'ombre
d'un buisson, comme un notaire qui se repose.

« L'officier, m'ayant aperçu, me regarda fixement en
fronçant les sourcils. Je pris mon air le plus indifférent,
parce qu'au moindre soupçon j'étais fusillé sur place.
Cet officier tenait à la main une carte crayonnée de
toutes les couleurs.

« — Venez ici ! me dit le lieutenant, en très bon français.

« J'approchai.

« — Vous n'avez vu personne, par ici?

« — Oui, j'ai vu un homme.

« — Où cela ?

« — Par là.

« Je lui indiquai de la main le chemin que je venais de
suivre.

« L'officier consulta sa carte.

« — Du côté de la ferme Belier ou des prés Jouvin?
reprit-il.

« Je restai interloqué. Ce gueux-là connaissait les
noms des fermiers du pays aussi bien que le percepteur.
Mais je repris vite :

« — Non, plus loin, dans les bois.

« — Ah ! franc-tireur?

« — Un soldat, il avait un fusil.

« — Franc-tireur ! on en voit beaucoup, par ici?

« — Des soldats ? Oui, dans les bois.

« — Combien?

« — Sais pas. Tout plein !

« — Ah ! fit l'officier, qui fronçait de plus en plus les
sourcils, en me regardant.

« Puis, ayant examiné sa carte, il dit :

« — Vous allez nous conduire à la ferme Quesnay.

« — Je veux bien !

« — Non, reprit-il, au château du Tilleul.

« — Ah ! pour ça non, lui dis-je, c'est trop loin !

« L'officier grommela quelques mots dans sa barbe, puis me regarda très fixement pendant un long moment. Je restai impassible, un peu ému au fond, mais cachant mon émotion sous l'air le plus imbécile que je pus prendre. Je tenais ferme, du reste, ma serpe sous ma blouse, bien prêt à défendre ma peau. Au bout d'une minute qui me parut diablement longue, le Prussien, tournant sur les talons, s'en alla en sifflant. Tous ses hommes accoururent, et je les vis s'engouffrer dans le petit raidillon qui descend droit à Bernay. J'étais sauvé ! Et voilà l'histoire de mes coups de feu ! »

Le garde-chasse devint pensif et ne prononça pas une parole de plus. L'avocat Maurice Laillier l'enveloppa d'un doux regard et lui dit :

« Hervieux, vous êtes un brave homme, et un brave Français ! Vous êtes de ceux, plus nombreux qu'on ne croit, qui ont fait leur devoir pour la patrie. Vous êtes de ceux dont la conduite passée permet à quiconque désire, du plus profond de son cœur, reconquérir les provinces momentanément perdues et revoir la France grande et forte, de penser que son désir n'est pas irréalisable, et que si nous devons nous souvenir, nous devons aussi espérer. »

L'avocat pressa dans ses mains la rude main du paysan, et les deux hommes se séparèrent.

Lorsqu'il fut seul, Maurice Laillier murmura ces paroles : Alfred de Vigny a raison en disant : « Il faut bien que le sacrifice soit la plus belle chose de la terre, puisqu'il a tant de beauté dans des hommes simples qui, souvent, n'ont pas la pensée de leur mérite et le secret de leur vie. »

VIII

Ne quittons pas la Normandie sans nous arrêter dans la ville de Rouen. Le cardinal de Bonnechose y sert la France avec un admirable dévouement. Ce récit en est le témoignage éclatant. Près du courage du garde-chasse, il faut placer l'héroïque charité du grand prélat. Nous montrons ici les principaux personnages de la Prusse sous un jour presque favorable. Tous les détails sont dus au cardinal de Bonnechose lui-même (1).

Le 5 décembre 1870, les Prussiens faisaient leur entrée à Rouen. Dans la soirée, le commandant en chef de l'armée prussienne se fit annoncer au palais archiépiscopal. Il arriva suivi d'un aide de camp. L'entrevue fut courtoise, mais froide du côté du cardinal. M. de Manteuffel se montra empressé :

— N'auriez-vous pas, Monseigneur, des intérêts à sauvegarder, des maisons à protéger ?

Mgr de Bonnechose répondit :

— Je n'ai rien à demander pour moi. Je veux, comme mes compatriotes, subir les lois de la guerre. J'espère seulement que l'armée allemande respectera les églises et les couvents.

M. de Manteuffel affirma aussitôt qu'il donnerait des ordres en conséquence, trop heureux de pouvoir être agréable à un prélat aussi distingué et aussi éminent.

Les dispositions du général prussien, son attitude semblaient conciliantes. Mgr de Bonnechose voulut en profiter, et, s'adressant à son visiteur, il lui traça un sombre tableau de la situation des ouvriers de la ville de Rouen, de la misère qui régnait partout et de la cruauté qu'il y aurait à frapper une cité déjà si éprouvée.

(1) M. Souchiery, *Nouvelliste de Rouen*.

Le prélat fut éloquent. M. de Manteuffel parut touché :

— Je ne mettrai pas de contribution de guerre, dit-il, sur Rouen, je le promets à Son Eminence, je ne demanderai pour mes hommes que la nourriture, des effets d'habillement et le logement.

Le cardinal ne put que remercier. Nous devons ajouter que tant que le général de Manteuffel resta à Rouen, la ville n'eut rien à payer.

Le lendemain, le prélat se rendit à pied à l'hôtel d'Angleterre, où logeait le général prussien : ses chevaux avaient été réquisitionnés, et, de sa fenêtre, Manteuffel vit le cardinal piétiner dans la neige et la boue. Il se hâta de descendre, s'excusa — comme toujours — sur des ordres mal compris, se montra, comme la veille, empressé et causa longuement. Il aurait voulu que Son Eminence fît le voyage de Versailles, vît M. de Bismarck, le Roi. La grande situation politique et religieuse du cardinal, l'estime que l'on avait à l'étranger de ses mérites, ses relations avec le monde diplomatique expliquaient cette insistance. Mais le cardinal se récusa : il ne lui convenait pas de se mêler, à l'insu de ceux qui avaient assumé la responsabilité de la défense, à des négociations qui ne pouvaient qu'être stériles et compromettre son caractère.

Le général de Manteuffel ne se rebuta pas. Il revint à la charge dans plusieurs entrevues qu'il eut avec Mgr de Bonnechose, mais tout ce qu'il put obtenir, ce fut de faire accepter par le cardinal un sauf-conduit qui lui permettrait, le cas échéant, de traverser les lignes prussiennes. La courtoisie de M. de Manteuffel, ses prévenances n'allaient pas cependant jusqu'à le faire revenir sur les mesures de rigueur prises par les cours martiales. Un malheureux épicier de la rue Saint-Vivien en fit la cruelle expérience. Dans un moment de délire patriotique, il avait tiré sur un groupe de soldats allemands. Saisi, jugé et condamné à mort, il allait être exécuté, lorsque le cardinal, prévenu, accourut solliciter sa grâce. Manteuffel répondit par une fin de non-recevoir :

— Je suis responsable de la discipline, dit-il au prélat, et je ne puis la maintenir qu'en prouvant à mes soldats que je ne tolérerai aucun attentat contre eux.

Quelques mois après, le cardinal reçut la visite du procureur de la République, M. Letellier, et de M. Nétien. On venait lui demander d'obtenir la grâce d'un autre malheureux qui devait être fusillé le lendemain à midi. Le cardinal, accompagné de MM. Letellier et Nétien, monta en voiture et se rendit chez le successeur du général de Manteuffel ; ce dernier avait quitté Rouen pour prendre le commandement de l'armée dirigée contre Faidherbe.

— Je ne puis rien prendre sur moi, dit-il ; je vous accorde jusqu'à demain pour télégraphier à Versailles, au Roi. Si je reçois l'autorisation, je ferai grâce.

Répondit-on, ou la grâce arriva-t-elle trop tard ? On ne sait, mais à midi l'infortuné fut passé par les armes.

Malgré l'insuccès de ses démarches, Mgr de Bonnechose ne se décourageait pas, et son influence fut plus heureuse en d'autres circonstances. Ainsi il obtint que des Rouennais, compromis, rue Orbe, dans une rixe avec des officiers prussiens, ne fussent pas jugés par une cour martiale qui aurait certainement prononcé un verdict de mort, mais qu'ils fussent déférés aux tribunaux, ce qui leur sauva la vie. Nous n'insisterons pas sur les autres cruelles épreuves que le cardinal eut à partager avec ses concitoyens pendant le reste de l'année. Ne nous arrêtons que sur son voyage à Versailles.

Le samedi 11 février 1871, le commandant prussien avertit la municipalité que le gouvernement allemand imposait au département de la Seine-Inférieure, miné déjà par la guerre et par l'occupation, une contribution de guerre de 26 millions. La ville de Rouen devait à elle seule payer 6.500.000 francs !... Une délégation du Conseil municipal, composée de MM. Nétien, Raoul Duval et Barbet, président du Conseil général, se rendit aussitôt à l'Archevêché. On demanda au cardinal de s'associer à une démarche que l'on allait tenter auprès du gouvernement de la Défense nationale pour qu'il obtînt de l'Allemagne une diminution. La ville était écrasée et tout à fait incapable de s'exécuter. Mgr de Bonnechose répondit qu'il était prêt à partir, mais il fit comprendre à ses auditeurs qu'il valait mieux diviser leurs efforts, et que, pendant qu'ils gagneraient Paris, il irait lui-même plaider la cause de Rouen auprès du roi de Prusse. Les délégués devaient le rejoindre à Versailles.

— Je vous communiquerai là, leur dit-il, le résultat de mes démarches.

Le lendemain dimanche, Son Eminence, après avoir dit sa messe à quatre heures du matin, partait dans l'unique wagon du chemin de fer qui n'allait pas plus loin encore que Poissy. Il était accompagné de son secrétaire, et n'avait pour tout bagage qu'une petite valise. Le temps était rigoureux. Le voyage fut des plus pénibles, mais plus pénible encore était l'angoisse du prélat. Quel accueil allait-il recevoir ? Réussirait-il ? Echouerait-il ? Il s'en remit à Dieu et s'arma de toute son énergie. A Poissy, le cardinal descendit et s'enquit du presbytère. C'était l'heure de la grand'messe. Il ne trouva qu'une servante plus que surprise en voyant dans ce modeste équipage un prince de l'Eglise. Le curé, averti, accourut dès que la messe fut terminée, et ne voulut pas que son hôte le quittât avant de s'être reposé. Pendant ce temps, il faisait chercher une voiture, mais tout avait été réquisitionné et le cardinal dut faire le voyage de Poissy à Saint-Germain dans un omnibus, en compagnie de gens qui ne montrèrent pas au prélat les égards que son âge et son caractère auraient dû lui attirer. On débarqua enfin à Saint-Germain.

Ce fut encore au presbytère que l'on alla frapper. Malheureusement, c'était l'heure des vêpres, le curé était aux offices. Pendant l'attente, toutes les diligences avaient quitté la ville. Enfin, à force de recherches et pour une forte somme, on trouva une mauvaise calèche, et le cardinal partit pour Versailles. Lorsqu'on toucha aux avant-postes, il fallut parlementer. Mais Mgr de Bonnechose avait eu la précaution de se munir de ce laisser-passer que lui avait octroyé M. de Manteuffel, et il fut libre de pénétrer dans Versailles. Il se dirigea vers l'Evêché, mais il y fut impossible de lui trouver une place : les Prussiens encombraient le palais épiscopal. Au séminaire, on fut plus heureux. Deux officiers prussiens quittaient Versailles : on donna leur chambre au cardinal.

Il était tard, mais le cardinal ne voulut pas reposer avant d'avoir adressé une demande d'audience à M. de Bismarck. Dans la soirée, à une heure avancée, un officier se présenta au séminaire, porteur d'une lettre. C'était la réponse de M. de Bismarck, écrite en français de sa large et solide écriture :

« Je serais allé moi-même trouver Son Eminence, disait-il, si je n'avais pas craint, à une heure indue, de troubler une communauté. »

L'aide de camp était chargé d'ajouter que M. de Bismarck « aurait l'honneur » de recevoir le prélat le lendemain lundi à une heure.

La nuit parut longue à Mgr de Bonnechose. A midi, il revêtit son costume de cérémonie, et traversa en fiacre toute la ville. Il arriva à la demeure de M. de Bismarck.

La maison qu'habitait le chancelier appartenait à Mme J..., veuve d'un riche manufacturier. Elle l'avait laissée à la garde d'un jardinier et de sa femme. La maison était située rue de Provence, une des rues les plus tranquilles de Versailles, et isolée des habitations voisines. Elle avait une terrasse avec un balcon et grille. Une superbe porte cochère donnait entrée dans la villa.

Sur le perron, se tenaient en bel ordre des laquais et des domestiques. Au milieu, un gros et grand homme que le cardinal prit pour un majordome, lorsqu'il l'introduisit dans un cabinet donnant sur le jardin. Mais en le voyant rester, il reconnut promptement son erreur, surtout lorsqu'il eut bien devant lui cette figure large et dure, ces yeux intelligents et profonds que nous ne connaissons que trop aujourd'hui.

— Est-ce à monsieur le comte de Bismarck...

— Lui-même, Monseigneur.

Et le chancelier s'empressa de faire asseoir le prélat.

Mgr de Bonnechose savait qu'il ne s'agissait pas de faire appel à la pitié du vainqueur : c'eût été inutile, mais qu'il se rendrait peut-être, en lui prouvant que la rançon que l'on avait imposée ne pouvait être soldée par un pays ruiné. Il traça alors au chancelier un tableau exact et précis de la situation pécuniaire du département. Il fut pressant, éloquent ; si pressant, si éloquent, que M. de Bismarck lui dit :

— Je veux bien vous être utile, mais je ne suis pas ministre de la guerre, et c'est de M. de Roon que l'affaire dépend. Mais faites mieux ; c'est surtout l'affaire de l'Empereur. Demandez une audience à Sa Majesté. C'est du Roi, du Roi seul, que vous pourrez obtenir un adoucissement aux ordres donnés. Seulement, agissez avec lui comme avec moi : placez-vous sur le terrain des faits et non sur celui du droit, et comptez sur l'impression personnelle que vous produirez.

Et le chancelier ajouta :

— Je ne sais pas si le Roi pourra vous recevoir. Depuis quelques jours, il est très souffrant. Il a été atteint d'un *lumbago*. Mais, croyez-moi, écrivez.

Il était inutile d'insister, et Mgr de Bonnechose se leva

pour prendre congé de M. de Bismarck. Le chancelier le pria de rester encore quelques instants. Il lui annonça qu'il attendait précisément un membre de la Défense nationale, et il essaya d'entraîner le prélat sur le terrain politique. Le cardinal se contenta de lui donner la réplique, et d'écouter les jugements quelquefois justes, souvent sévères, parfois excessifs, qu'il porta sur les hommes alors à la tête du pays. Le prélat put enfin se retirer.

C'était déjà beaucoup de n'avoir pas contre soi le terrible chancelier. Ce fut le cœur soulagé d'un grand poids que le cardinal rentra au séminaire. Dans la soirée, M. de Roon, ministre de la guerre, vint le voir. C'était encore un présage d'heureux augure, quoique M. de Roon, comme le chancelier, refusât de se prononcer : — « C'était au Roi, au Roi seul, qu'il appartenait de décider. » Le lendemain matin, un aide de camp, un jeune Polonais, qu'il avait eu l'occasion de connaître en des circonstances moins sombres, vint l'avertir que l'empereur Guillaume l'attendait.

Son Eminence se dirigea vers la préfecture de Versailles. C'était là que logeait l'Empereur, et Mgr de Bonnechose était destiné à y voir passer successivement : le nouvel empereur d'Allemagne, M. Thiers et le maréchal de Mac-Mahon.

Un aide de camp l'attendait et l'introduisit dans un salon. Quelques minutes après, une porte s'ouvrait et livrait passage à un homme courbé, s'appuyant sur une canne et marchant avec peine. C'était l'empereur Guillaume.

— Monseigneur, dit-il, je suis souffrant et suis obligé de m'asseoir, vous voudrez bien m'excuser.

Et il avança un siège à Mgr de Bonnechose.

L'archevêque de Rouen recommença alors le plaidoyer qu'il avait déjà fait entendre à M. de Bismarck.

L'Empereur l'écoutait avec attention, et, lorsque le cardinal eut fini l'exposé lamentable de la situation du département de la Seine-Inférieure, il lui dit :

— C'est malheureux, mais je ne peux rien faire avant d'avoir consulté mes ministres. Je ne veux rien décider sans les avoir vus.

Son Eminence le pria instamment de hâter la solution. Elle lui apprit que les scellés avaient été apposés sur les magasins de Rouen. Elle lui dit les angoisses des familles, les ordres rigoureux transmis de tous côtés. L'Empereur promit d'activer la réunion du conseil, mais il ne congédia pas le cardinal et continua la conversation.

— Savez-vous, Monseigneur, dit-il, ce qui nous a frappés quand nous sommes entrés en France? C'est la richesse de votre sol, le bien-être qui respirait partout. Et nous nous demandions comment une nation aussi favorisée que la vôtre pouvait être la proie des idées révolutionnaires. Que veut-elle donc? Qu'attend-elle de plus dans l'avenir que ce qu'elle possède!... Ah! l'esprit révolutionnaire! Lorsque je traversai Varennes, je fis former le cercle à mon état-major et je dis aux officiers : — « Souvenez-vous de Varennes. Rappelez-vous ce qui s'y est passé et les conséquences de l'arrestation du Roi. Lorsqu'un peuple s'est laissé entraîner, comme le peuple français, dans la voie de la révolution, notre présence ici est tout expliquée. »

Et il ajouta :

— Quelle singulière destinée que la mienne ! Mon père avait toujours rêvé l'unification de l'Allemagne et la restauration de l'Empire ! Et c'est par moi, qui n'y semblais pas destiné, que cette grande œuvre a dû de s'accomplir !

Puis l'Empereur fit tomber la conversation sur les questions religieuses et sur la situation du Pape. Les idées que le cardinal émit alors, les mêmes qu'il avait osé faire valoir la veille à M. de Bismarck, ont mis longtemps à se réaliser, mais le résultat actuel des négociations entre Berlin et

Rome nous prouve que l'Empereur et le prince de Bismark n'ont pas oublié les sages avis qui leur ont été donnés à Versailles par l'éminent archevêque.

L'Empereur permit enfin au cardinal de se retirer. Aussitôt celui-ci se rendit chez M. de Bismarck.

— Voulez-vous un bon conseil, Monseigneur? lui dit le chancelier. Ecrivez au Roi maintenant, pour avoir une réponse ce soir.

Le cardinal voulut auparavant voir le Prince-Royal. Le Prince le reçut avec respect, et l'entrevue dura plus d'une heure. L'héritier du nouvel Empire, après l'avoir écouté avec attention plaider la cause de Rouen, l'interrogea longuement sur la situation du Saint-Siège.

De retour au séminaire, le cardinal mit à profit le conseil que venait de lui donner M. de Bismarck. Il écrivit une lettre substantielle dans laquelle il condensait les arguments qu'il avait fait valoir devant l'Empereur, et les présentait sous une forme saisissante. Il était près de minuit lorsque ce travail fut terminé. Impossible de songer à le faire remettre à l'Empereur. Mais, à huit heures du matin, le cardinal était aux portes du palais et faisait demander un aide de camp auquel il présenta sa lettre, en le priant de la faire parvenir aussitôt au Souverain.

A peine le cardinal rentrait-il au séminaire, qu'on lui annonça la visite du grand-duc de Bade. Le Prince se montra, comme son beau-père l'empereur Guillaume, comme M. de Bismarck, d'une courtoisie parfaite.

— Je viens de la part de Sa Majesté rendre visite à Votre Eminence.

Le cardinal remercia, répondit qu'il n'avait qu'un désir, repartir au plus vite pour Rouen en emportant une solution favorable. Puis, sachant les bons rapports qui régnaient entre le grand-duc et l'Empereur, il le pria d'user de son influence pour obtenir les adoucissements qu'il réclamait.

Il était près de onze heures, et le grand-duc venait à peine de se retirer, qu'un aide de camp de l'Empereur se présenta. C'était l'aide de camp de service qui, le matin, avait remis au souverain allemand la lettre écrite dans la nuit par Son Eminence.

— Je suis heureux, Monseigneur, dit-il, de pouvoir vous annoncer que vos démarches ont abouti, et j'ai l'ordre de vous communiquer le texte du télégramme que je viens de transmettre à Rouen : « Pourvu que l'on « paye le tiers de la contribution, faites remise du reste. »

IX

La campagne de l'armée du Nord a mis en relief le nom du général Faidherbe, déjà connu par de brillants services au Sénégal.

Cette armée du Nord n'a jamais eu un effectif de plus de 50.000 combattants en y comprenant deux brigades détachées, l'une dans l'Est, l'autre à Abbeville ; on ne pourrait donc la comparer, pour le nombre, aux autres armées qui ont combattu avant les capitulations des armées de Sedan et de Metz, ni aux armées improvisées pour la guerre en province. Mais l'armée du Nord a été bien organisée, suffisamment disciplinée pour l'époque et presque toujours animée d'un excellent esprit ; elle a soutenu avec avantage des luttes contre des forces supérieures.

Après avoir étudié les opérations stratégiques et tactiques de l'armée du Nord on ne peut s'empêcher de comparer sa résistance opiniâtre aux déroutes de Frœschwiller et de Forbach.

Des bataillons, longuement préparés par l'Empire, commandés par des généraux, des chefs de corps, des officiers choisis pour la guerre, résistent moins longtemps que cette petite armée dont les éléments se composent de soldats improvisés commandés d'abord par des chefs sans expérience et dont quelques-uns laissaient à désirer sous plusieurs rapports.

Cette juste comparaison entre les armées du Rhin et l'armée du Nord est la plus sévère condamnation que l'on puisse porter contre le régime militaire de l'Empire. Il avait donc laissé l'esprit des troupes s'affaiblir sous des apparences trompeuses ? Il avait donc fait des choix déplorables, dans la distribution des grades ?

Quoique nous désapprouvions en principe l'action de l'élément civil dans les questions d'ordre militaire, nous ne saurions refuser de reconnaître que M. A. Testelin, commissaire délégué pour les départements de l'Aisne, du Nord, du Pas-de-Calais et de la Somme, a rendu de vrais services à la Défense nationale. Il organisa des forces dont les hommes du métier firent un utile emploi.

Les officiers habitués au commandement des troupes étaient tellement rares que M. Testelin dut avoir recours au colonel du génie, directeur des fortifications à Lille. Cet officier supérieur se nommait Farre. M. Testelin se le fit adjoindre à la délégation de la Défense nationale avec le grade de général de brigade, le 15 octobre 1870. Ce même M. Testelin avait écrit antérieurement une lettre fort digne dans laquelle il déclarait que, « connaissant l'impuissance du pouvoir civil (en fait d'emploi des troupes), il se déchargeait d'un fardeau trop lourd pour lui. »

Cette déclaration du commissaire Testelin avait sans doute été provoquée par l'attitude de ses collègues de la province. M. Challemel-Lacour à Lyon avait des pouvoirs militaires ; M. Esquiros s'en était attribué à Marseille ; M. Gent était escorté d'officiers d'ordonnance.

Dans l'enquête parlementaire, M. Testelin a déclaré que M. Gambetta avait toujours été opposé à la création des commissaires civils. Il voulait les préfets avec leurs attributions administratives, et rien de plus. Ce fut

M. Ernest Picard qui fit nommer les commissaires civils, moins pour sauver la France que pour affaiblir l'autorité militaire.

Le 22 octobre le général Bourbaki vint prendre le commandement supérieur de la région du Nord. Il accepta le général Farre pour chef d'état-major. Bourbaki se montra fort surpris de ne pas trouver une armée. « Les meilleurs rapports, dit M. Testelin dans sa déposition (1), existaient entre le général Espivent et moi. Il était très poli, très convenable, mais il ne faisait rien du tout. Lorsque le général Farre a été nommé nous avons essayé d'organiser quelque chose ; en arrivant, le général Bourbaki, ne voyant aucune espèce d'armée, voulait partir ; je le suppliai de rester. Il était fort ému et disait toujours : Je suis dans une position difficile ; je croyais trouver une armée et il n'y a rien ; s'il faut que je fasse quelque chose, et que j'échoue, on va dire que je suis un traître...! Le général Bourbaki était bien vu à Lille ; il est allé à Douai, ou cinq ou six fous l'ont insulté grossièrement ; il est revenu les larmes aux yeux, demandant absolument à partir... Le général avait pour aide de camp des officiers dont les noms effrayaient la population. »

Ces officiers portaient les noms les plus honorables, mais la population était effrayée de ces noms, et surtout du nom de Bourbaki, synonyme de courage et de loyauté !

Il est vrai que d'autres noms allaient au cœur des masses populaires, par exemple les noms de Robin et de Jeanne. La division des mobilisés de l'armée du Nord était commandée par le *général* Robin qui avait pour chef d'état-major le *colonel* Jeanne. Voici le jugement de Faidherbe, général en chef de l'armée, sur ces deux personnages (2) : « M. Robin était de Lille. Sa grand'mère

---

(1) Déposition de M. Testelin, enquête parlementaire.
(2) Déposition du général Faidherbe devant la commission d'enquête parlementaire.

maternelle se nommait Mlle Duchesnois, la fameuse tragédienne. Au moment de la déclaration de guerre, Robin, capitaine d'infanterie de marine en retrait d'emploi, s'installa à la préfecture dont il sortit pour prendre le titre de général et le commandement de plus de 40.000 mobilisés... Quand on séjournait près d'une ville, il allait y passer la nuit en bombance avec ses officiers d'ordonnance. Je lui en ai fait l'observation : Je ne comprends pas, lui disais-je, comment vous ne vous conduisez pas avec plus de dignité ; vous êtes capitaine d'infanterie de marine mis en retrait d'emploi ; vous voilà général et vous ne pouvez pas prendre sur vous de vous conduire d'une manière convenable... Chaque fois que les plaintes sont venues à ma connaissance je les ai transmises au commissaire de la Défense nationale (M. Testelin) ; mais ce n'était pas moi qui avais nommé Robin général. Après la bataille de Saint-Quentin je l'ai cependant envoyé au camp de Saint-Omer en lui disant : « Restez là, et ne faites plus parler de vous. » Ce n'est qu'alors que je me suis décidé à lui retirer son commandement... Son chef d'état-major Jeanne était encore pire que lui... Les uns disaient que Robin était brave, les autres disaient qu'il était lâche. Le chef d'état-major Jeanne était à la bataille de Saint-Quentin. Il est signalé comme un mauvais sujet et comme n'ayant pas tenu devant l'ennemi. Robin ne savait même pas monter à cheval, mais il était extrêmement appuyé en haut lieu. »

Le général Robin est en faveur, et Bourbaki n'inspire pas de confiance. Ainsi va le monde aux époques de révolution.

Le général Bourbaki appartenait à cette race de vaillants quelque peu enivrés par les expéditions africaines, que les guerres de Crimée et d'Italie n'avaient pas dégrisés. Pour eux l'action tenait la grande place, et la pensée comptait pour peu. Les revers de l'armée du Rhin avaient fait naître le doute dans l'esprit de Bourbaki. Il ressemblait à un soldat dont le fusil vient de se briser et qui a sa giberne pleine de cartouches. Il comprenait que pour lancer les balles la poudre enflammée ne suffit pas, et que le fusil, cette chose savante, lourde et froide, est indispensable.

Sa sortie de Metz assiégée (1) avait été pour le général Bourbaki une leçon bien cruelle; abandonner le beau commandement de la garde impériale pour servir de jouet à un espion prussien devait troubler la confiance en lui-même que tout officier heureux s'accorde généreusement.

Le général Bourbaki était habitué à commander les troupes d'élite. Il connaissait les zouaves et la garde impériale, qu'un signe du chef faisait voler à la mort. Il ne parlait d'autre langage que celui de l'honneur. Les soldats l'aimaient et le respectaient; il les aimait aussi et jamais entre eux et lui une ombre ne s'était placée.

Voilà que tout à coup, lui le fier capitaine, se trouve en contact avec une bourgeoisie méfiante. Il lit dans les regards de vagues soupçons de trahison, car ceux qui savent trahir nous croient capables d'imiter leurs infamies.

Enfin les cris de la populace poursuivent le général Bourbaki, il est insulté, lui que les Arabes ennemis respectaient en Algérie! Lui que les Russes admiraient en Crimée! Lui dont les Prussiens racontaient les prouesses!

C'en était trop, et l'on peut dire que ce jour-là l'épée de Bourbaki s'est brisée dans le fourreau.

Qu'on le sache bien d'ailleurs, les officiers excellents, ceux qui ont du feu dans le sang, sont les moins propres au commandement des mauvaises troupes. A celles-ci, il faut des natures indécises, souples, toujours prêtes à

---

(1) Voir *Récits militaires*, 1re série, page 173.

s'effacer. Après les journées de 1848 qui virent tomber le trône du roi Louis-Philippe, le général Saint-Arnaud fut insulté et renversé par quelques gardes nationaux. En tous temps et en tous pays, les hommes énergiques sont l'objet de la haine des lâches.

Bourbaki renonça au commandement de l'armée du Nord.

X

Les troupes dont on disposait se composaient d'infanterie de ligne et de garde nationale mobile. Des prisonniers évadés, des recrues, des hommes rappelés de congé ne composaient pas des corps solides. On parvint cependant à former des bataillons et des brigades. Chaque brigade comprenait sept bataillons, savoir : un de chasseurs, un régiment de marche de trois bataillons d'infanterie, et un régiment de marche de trois bataillons de garde mobile.

L'effectif atteignait ainsi 5.500 hommes. Un officier distingué évadé de Metz, le colonel Lecointe, reçut le commandement de la 1re brigade, et un digne vétéran de l'arme du génie, le lieutenant-colonel Rittier, qui avait repris du service, fut mis à la tête de la 2e brigade. L'artillerie eut pour chef le commandant Charon, évadé de Sedan. La cavalerie était de deux escadrons sous les ordres du capitaine de Cabannes.

Ce fut le 19 novembre que le général Bourbaki abandonna le commandement supérieur du 22e corps d'armée. Le lieutenant-colonel Loysel et les autres officiers de l'état-major suivirent le général Bourbaki. Celui-ci remit le commandement provisoire au général Farre, qui, un moment, se trouva seul.

On était à peu près en état d'agir, lorsqu'Amiens fut

menacé par des forces considérables de la première armée allemande sous les ordres du général Manteuffel. Le gouvernement de Bordeaux fut d'avis de défendre Amiens; en conséquence une troisième brigade fut formée en toute hâte, et le 24 novembre la concentration de ces troupes put s'effectuer :

1re division : 1re brigade, général Lecointe; 2e brigade, colonel Derroja.

2e division : 1re brigade, colonel du Bessol.................
Le colonel Rittier formait la 2e brigade de la 2e division.

A ces troupes il faut joindre deux escadrons de dragons, deux escadrons de gendarmes, six batteries d'artillerie et une compagnie du génie, en tout 17.500 hommes, auxquels s'ajoutait la garnison d'Amiens de 8.000 hommes, sous les ordres du général Paulze d'Ivoy. Le total était donc d'environ 25.000 combattants.

Le général Farre, complètement étranger à l'emploi des troupes, suppléa à son insuffisance par un zèle remarquable. Il s'établit sur les hauteurs de la rive gauche, comprises entre la Somme et le Hâvre, dont le point culminant était la petite ville de Villiers-Bretonneux et dont l'arête est occupée par les bois de Blanzy et de Cochy. Dans cette situation on faisait face au corps principal de l'ennemi signalé à l'Est.

La totalité des troupes n'était pas encore réunie sur le terrain, lorsque le 23 au soir une compagnie de francs-tireurs s'engageait avec l'ennemi à Villers-aux-Erables. Un brillant combat fut livré près de Mézières. Repoussé à la baïonnette et chassé des bois, l'ennemi ne s'arrêta qu'à Bouchoir, conduisant sept voitures de morts et de blessés. Nos pertes furent moins sensibles, mais le lieutenant d'artillerie Laviolette tomba mortellement blessé.

Les 25 et 26 novembre, différents engagements tinrent toutes nos troupes sur pied, car les uhlans se présentaient en nombre un peu partout. Officier supérieur de grand mérite, le commandant Jan trouva une mort glorieuse dans la vallée de l'Avre, attaqué par une colonne prussienne.

Vaincu à la bataille de Villiers-Bretonneux ou d'Amiens le 27 novembre, le général Farre prit la résolution de se replier sur les places du Nord. La ville d'Amiens fut occupée par Manteuffel le 28, et la citadelle capitula le lendemain. A Villiers-Bretonneux, la perte des Prussiens fut de 1.400 hommes et celle des Français de 2.700 hommes tués, blessés ou prisonniers.

La retraite se fit en assez bon ordre par les régiments de marche, mais une partie des gardes mobiles et quelques-uns de leurs officiers se débandèrent pour retourner chacun chez soi.

La bataille d'Amiens avait été très honorable pour une armée aussi rapidement improvisée que l'armée du Nord. Les ennemis témoignèrent leur étonnement en trouvant sur les morts des livrets indiquant que les hommes tués n'étaient au service que depuis quelques semaines. Ils croyaient avoir eu affaire à de vieux soldats.

A la bataille d'Amiens, l'ennemi avait 35.000 hommes.

Après la retraite tous les corps furent dirigés sur leurs dépôts pour se réorganiser.

Par un décret du 18 novembre 1870, le général Faidherbe, commandant la division de Constantine, avait été appelé à remplacer le général Bourbaki dans le commandement du 22e corps formant l'armée du Nord. Dans l'intérêt du service, on avait ajouté à ce commandement celui de la 3e division militaire, comprenant les départements du Nord, du Pas-de-Calais et de la Somme, ainsi que les territoires voisins non envahis.

Le 22e corps venait d'être porté à 3 divisions, savoir :

1re division, général Lecointe ; 1re brigade, colonel Derroja ; 2e brigade, lieutenant-colonel Pittié.

2e division, général Paulze d'Ivoy ; 1re brigade, colonel du Bessol ; 2ᵉ brigade, lieutenant-colonel de Gislain.

3ᵉ division, amiral Moulac ; 1ʳᵉ brigade, capitaine de vaisseau Payen ; 2ᵉ brigade, capitaine de frégate de Lagrange.

En prenant le commandement de cette petite armée qui allait s'illustrer, le général Faidherbe fit lire aux troupes cet ordre du jour :

Officiers, sous-officiers et soldats,

Appelé à commander le 22ᵉ corps d'armée, mon premier devoir est de remercier les administrateurs et les généraux qui ont su en quelques semaines improviser une armée qui s'est affirmée si honorablement les 24, 26 et 27 novembre sous Amiens.

J'exprime surtout ma reconnaissance au général Farre qui vous commandait, et qui, par une habile retraite devant des forces doubles des siennes, vous a conservés pour le service du pays.

Vous allez reprendre de suite les opérations avec des renforts considérables qui s'organisent chaque jour, et il dépendra de vous de forcer l'ennemi à vous céder à son tour le terrain.

Le ministre Gambetta a proclamé que, pour sauver la France, il vous demande trois choses : la discipline, l'austérité des mœurs, et le mépris de la mort.

La discipline, je l'exigerai impitoyablement. Si tous ne peuvent atteindre à l'austérité des mœurs, j'exigerai du moins la dignité et spécialement la tempérance. Ceux qui sont aujourd'hui armés pour la délivrance du pays sont investis d'une mission trop sainte pour se permettre la moindre licence en public.

Quant au mépris de la mort, je vous le demande au nom même de votre salut. Si vous ne voulez pas vous exposer à mourir glorieusement sur le champ de bataille, vous mourrez de misère vous et vos familles sous le joug impitoyable de l'étranger. Je n'ai pas besoin d'ajouter que les cours martiales feraient justice des lâches, car il ne s'en trouvera pas parmi vous.

Le 5 décembre 1870.

Signé : *Le général de division commandant le 22° corps d'armée,*

L. FAIDHERBE.

Cet ordre du jour exprime de bons sentiments, mais on regrette de n'y pas trouver le souffle militaire qui fait vibrer le cœur des soldats.

Le général Faidherbe, officier du génie, conserva le général Farre en qualité de chef d'état-major.

La Normandie était envahie et Rouen au pouvoir de l'ennemi. On pouvait supposer que l'armée prussienne désirait ardemment s'emparer du Hâvre. Le général Faidherbe voulut faire une puissante diversion pour sauver notre grand port de commerce. Trois jours après son arrivée, il commença les opérations qui furent vigoureusement conduites.

Le 10 décembre 1870, la 1re division du 22° corps d'armée fut dirigée vers Saint-Quentin. L'approche de nos troupes suffit pour faire reculer des détachements ennemis qui se retirèrent vers La Fère et Ham ; le général Lecointe qui commandait cette division arriva le 9 à Ham vers six heures du soir. Il pensa avec raison que, pour s'emparer du château, l'attaque devait être brusquée, afin que l'ennemi ne pût recevoir de secours.

Après quelques coups de canon, les Allemands demandèrent à capituler à deux heures du matin. Cette capitulation nous livra 210 prisonniers dont douze officiers ou ingénieurs. En arrivant à Ham le 10, avec le reste du corps d'armée, le général Faidherbe trouva le pays libre d'ennemis.

Le 12 et le 13 le général en chef alla reconnaître la ville de La Fère. Il vit que cette place ne pouvait être enlevée de vive force et prit le parti de se diriger vers Amiens, en envoyant des détachements battre la contrée.

Les généraux ennemis croyaient avoir détruit l'armée du Nord à la bataille du 27 novembre. Leur surprise fut donc extrême en voyant cette même armée, plus forte qu'elle ne l'avait été et sérieusement commandée. Le général Faidherbe exécutait un projet hardi, mais excellent, qui consistait à attirer à lui l'ennemi.

La marche du 22e corps s'effectua avec beaucoup d'ordre. La cavalerie battit la campagne à de grandes distances et empêcha les surprises.

En approchant d'Amiens, on apprit que le mouvement de l'ennemi sur le Hâvre était arrêté, que Dieppe se trouvait évacué, et que des rassemblements de troupes s'opéraient vers Montdidier et Breteuil. Le général de Manteuffel abandonnait, du moins momentanément, ses projets sur le littoral pour venir à nous. L'armée du Nord allait donc avoir affaire à des forces supérieures. Faidherbe devait choisir une bonne position de combat. Il ne devait pas dédaigner la possession de la citadelle d'Amiens par l'ennemi, qui en évacuant la ville avait menacé les habitants d'un bombardement par la garnison de la citadelle. La menace avait même été suivie d'un commencement d'exécution et de paisibles bourgeois étaient tombés sous les obus.

XI

L'armée française s'établit sur la rive droite de la Somme, dont les hauteurs dominent la rive gauche. On était ainsi parfaitement couvert au Sud par la rivière et le canal, avec de vastes marécages, très difficiles à traverser. Tous les ponts avaient été coupés. Le général Faidherbe adopta pour ligne de bataille, faisant face à la citadelle, seul point de passage laissé à l'ennemi, la vallée de l'Hallue où se trouvent les villages de Daours, Bussy, Querrieux, Pont-Noyelles, Bavelincourt, Béhencourt, Vadencourt et Contay. Les troupes y furent cantonnées en grande partie ; le reste occupait, le long du chemin de fer, la ville de Corbie où s'établit le quartier général.

Les divers corps reçurent des détachements, et une division de mobilisés augmenta nos forces. Faidherbe se trouva ainsi à la tête de quatre divisions de deux brigades chacune.

Un projet d'organisation de l'armée en deux corps fut alors soumis au gouvernement qui l'approuva. La formation du 23° corps commença. Les généraux Paulze d'Ivoy et Lecointe devinrent généraux de division pour commander les 22° et 23° corps, et le général Farre promu au même grade remplit les fonctions de major général de l'armée du Nord, dont Faidherbe devint général en chef. La 1re division du 23° corps, amiral Moulac, renfermait d'excellentes troupes, les fusiliers marins ; la 2° division se composait des mobilisés et formait deux brigades sous les ordres des colonels Brusley et Amos. Cette 2° division était commandée par le *général Robin*, capitaine en retrait d'emploi, sans instruction militaire, sans moralité, et dont la probité a été mise en doute, dans l'enquête parlementaire (1).

Le gouvernement de la Défense nationale avait la faiblesse, pour ne pas dire plus, de placer des aventuriers de bas étage à côté et au-dessus de braves gens et de gens braves. Des généraux en chef n'avaient pas l'énergie de chasser de leur armée des hommes qu'ils méprisaient,

---

(1) Séance du 9 septembre 1871. Déposition du général Faidherbe. Observations de M. Maurice. Enquête parlementaire.

parce que ces hommes étaient en grand crédit auprès du gouvernement.

Toutes les mesures parfaitement prises, le général Faidherbe indiqua lui-même à chaque corps sa position de combat. A peine les troupes étaient-elles installées dans leurs cantonnements qu'une forte reconnaissance de l'ennemi se dirigea sur Querrieux, notre centre. Cette reconnaissance de 2.000 hommes avec deux pièces d'artillerie fut repoussée jusqu'à 4 kilomètres. Ce combat très vivement mené fit le plus grand honneur au 18e bataillon de chasseurs à pied et au 33e de ligne. Notre perte fut de sept hommes tués et vingt blessés.

Le lendemain, il y eut quelques attaques aux avant-postes qui indiquaient une prochaine bataille ; on disait même que cette affaire sérieuse aurait lieu le 24 ou le 25 décembre.

Nous devions renforcer nos lignes dans la journée du 23 lorsque ce jour-là même, vers neuf heures du matin, les grand'gardes placés en avant du bois de Querrieux signalèrent de fortes colonnes prussiennes qui, sortant d'Amiens, se dirigeaient sur nos positions par des routes différentes. Ces corps prirent leurs positions de combat, et l'ennemi envoya ses premiers coups de canon. Il était onze heures. L'attaque fut bien soutenue. Cependant les masses considérables envoyées par l'ennemi obligèrent d'abandonner les villages presque partout en même temps. Bientôt l'action devint générale sur une ligne courbe de plus de 12 kilomètres d'étendue depuis Daours jusqu'à Contay. Les marins de l'amiral Moulac soutinrent bravement le feu. De fortes colonnes ennemies pénétrèrent dans le village de Daours et serraient de près nos tirailleurs. Au même moment, vers trois heures, la lutte n'était pas moins vive au centre. Une compagnie de mobiles de *Somme-et-Marne* commandée par le capitaine d'Hauterive se distingua tout particulièrement. Ce combat ou plutôt cette bataille de *Pont-Noyelles* dura jusqu'à la nuit et nos troupes étonnèrent l'ennemi par la vigueur de leur défense. On bivouaqua sur place par une nuit obscure et par un froid de sept à huit degrés au-dessous de zéro, sans rien pour allumer le feu et avec du pain gelé pour tout aliment.

Cette cruelle épreuve fut supportée avec une abnégation qu'on ne saurait assez admirer et qui fait autant d'honneur à nos jeunes soldats que leur courage devant l'ennemi. Le lendemain 24 décembre dès que le jour parut toutes les troupes étaient en ligne, les munitions avaient été complétées avec nos réserves et nous étions prêts pour une lutte nouvelle. Mais l'ennemi ne voulut pas l'entamer, quoique le prince Albert de Saxe fût arrivé avec des renforts.

Pour épargner à ses troupes les souffrances d'une nouvelle nuit de bivouac le général Faidherbe fit rentrer dans les cantonnements à deux heures de l'après-midi. Ce mouvement s'exécuta avec un ordre parfait, sans être inquiété par l'ennemi.

La bataille de Pont-Noyelles nous coûta 141 tués dont 5 officiers; 905 blessés dont 45 officiers; quelques centaines de prisonniers et un millier de disparus. L'artillerie eut 138 chevaux tués.

La majeure partie des disparus, composés de mobiles et de mobilisés, revint peu à peu lorsque le froid fut moins vif.

Le général Faidherbe ne pouvait songer à combattre longtemps dans de telles conditions d'infériorité. Il pouvait penser que son armée avait sauvé le Hâvre, mais faire plus devenait impossible, l'ennemi s'appuyant sur Amiens et sa citadelle. Le général en chef alla donc chercher des cantonnements moins exposés sur la rive droite de la Scarpe, entre Arras et Douai. Un peu de repos était nécessaire à ces jeunes troupes. L'ennemi suivit l'armée du Nord dans son mouvement. Le 2 janvier 1871 le combat d'Achiet-le-Grand fit éprouver des pertes sensibles à l'ennemi. Le même jour la 1re division du 22e corps commandée par le capitaine de vaisseau Payen, qui avait succédé à l'amiral Moulac, avec le titre de général de l'armée auxiliaire, avait traversé les villages de Boyelles et d'Ervillers, marchant sur Béhagnies, position très forte occupée par l'ennemi. Le 19e bataillon de chasseurs qui formait l'avant-garde commença l'attaque de Béhagnies, mais tous les efforts furent vains, nos troupes durent se retirer. Le concours de la 2e division (mobilisés) du *général* Robin aurait changé la face du combat, si, conformément aux ordres formels qu'il avait reçus, le sieur Robin était entré en ligne (1).

Le 3 janvier, à la bataille de Bapaume, pendant que l'armée faisait des prodiges, « la division Robin ne prenait qu'une faible part au combat, ne procurant d'autre avantage que de couvrir notre extrême gauche par sa présence. »

Le soir de la bataille de Bapaume nous étions victorieux. On passa la nuit dans les villages conquis sur l'ennemi. Une partie des troupes allemandes qui avaient pris part à la bataille s'étaient même débandées et dirigées en désordre sur Amiens.

Les Prussiens ont nié leur défaite de Bapaume ; cependant le général von Gœben publia un ordre du jour reproduit le 8 janvier par les journaux de Berlin ; voici la traduction du document : « Le général von Gœben, commandant de deux divisions de l'armée du Nord, publie un rapport officiel sur les engagements du 2 et du 3 janvier. Il établit que trop peu de troupes ont pris part à l'action, à cause de la marche trop lente de ses forces, et aussi que les nouveaux régiments paraissent être trop

---

(1) Général Faidherbe, *Campagne de l'armée du Nord,* pages 44 et 45.

faibles. Il demande aux commandants des régiments une liste des *officiers qui ont fui*, pour qu'ils soient immédiatement cassés. »

Cet article d'un journal allemand fut traduit en anglais et reproduit le 9 janvier par le *Daily Telegraph*.

Quoi qu'ils en aient dit, les Prussiens étaient en forces ; ils avaient fait venir les troupes qui assiégeaient Péronne et, jusqu'à la fin de la bataille, ils recevaient des renforts qui portèrent leur effectif à plus de 20.000 hommes.

Pendant la nuit du 3 janvier, ils évacuèrent Bapaume, craignant d'être attaqués. Nos pertes, à la bataille de Bapaume, furent de :

183 tués, dont 9 officiers ;
1.136 blessés, dont 41 officiers ;
800 disparus, dont 3 officiers.

L'armée du Nord reprit ses cantonnements autour de Boiteux, station du chemin de fer entre Arras et Amiens.

34 francs-tireurs, commandés par le capitaine Delaporte et le lieutenant Denal, prirent dans une ferme 43 uhlans et leurs chevaux, après avoir tué le commandant et blessé quelques hommes. Suivant leur habitude, les Prussiens se vengèrent impitoyablement sur le village qui n'était pour rien dans l'affaire.

Pendant la nuit du 10 au 11 janvier, la division Derroja surprit et fit prisonniers les grand'gardes prussiens de Béhagnies et de Sapignies. Le 11, la même division entra dans Bapaume, que les troupes des généraux von Kummer et von der Grœben venaient d'évacuer.

XII

Le général Faidherbe reçut de Bordeaux un télégramme que lui adressait M. de Freycinet en l'absence de M. Gambetta. D'après ce télégramme, le moment d'agir vigoureusement était venu. Il importait d'attirer sur l'armée du Nord le plus de forces possible entourant Paris. Le général Faidherbe pensa donc qu'il devait se dérober à l'armée placée devant lui et arriver rapidement au sud de Saint-Quentin. Le général en chef de l'armée du Nord menacerait ainsi la ligne de La Fère, Chauny, Noyon et Compiègne. Il était sûr d'avoir bientôt à lutter contre des forces considérables, mais le moment de se dévouer était venu, et il espérait sans doute qu'en présence de forces trop supérieures il pourrait se rabattre vers le Nord en attirant à lui l'ennemi. Protégé par les places fortes de Cambrai, Bouchain, Douai et Valenciennes, il serait en mesure de leur tenir tête, quel que fût leur nombre.

L'armée de Faidherbe se mit donc en marche le 16 janvier par un temps affreux qui rendait le terrain glissant et presque impossible aux chevaux. Le 18, nos troupes furent vigoureusement attaquées sur la route de Saint-Quentin. Une charge de hussards sur un bataillon de mobiles du Gard fut bravement arrêtée par un bataillon de mobiles de Somme-et-Marne sous les ordres du colonel de Brouard. Le lieutenant-colonel Michel, commandant les fusiliers marins, et le commandant de Lagrange, de la 2ᵉ brigade, se distinguèrent. Ce combat de *Vermand* nous coûta environ 500 hommes tués ou blessés. Les Prussiens disent nous avoir pris un canon ce jour-là; ils l'ont retiré du fond d'un abreuvoir de village, où la maladresse des conducteurs l'avait fait verser. Nos soldats avaient abandonné ce canon, après de grands et inutiles efforts, pour ne pas retarder la marche de la colonne.

Ce qui venait de se passer le 18 janvier prouva que la concentration des forces prussiennes était déjà trop complète pour qu'il fût possible de tenter une marche vers le Nord, afin d'aller s'appuyer aux places fortes; Faidherbe était obligé d'accepter la bataille autour de Saint-Quentin.

L'armée du Nord occupait alors Albert, Rosières, Courcelette et Bapaume ; l'armée prussienne gardait la ligne de la Somme, où elle possédait Amiens et Péronne.

L'attaquer de front, c'était tenter le passage de vive force d'un fleuve en présence d'une armée supérieure, opération impossible.

Saint-Quentin devenait le seul point où nous pouvions passer la Somme; mais, pour y arriver, il fallait que l'armée du Nord fît deux journées de marche vers l'Est, en prêtant le flanc à l'ennemi. Le général Faidherbe s'y décida dans l'espoir d'opérer ce mouvement avec assez de rapidité pour que l'ennemi ne pût l'empêcher. Cachant à tous sa résolution, Faidherbe fit une démonstration en avant vers l'Ouest, le 15 janvier, pour tromper l'ennemi, et, le 16 au matin, toute l'armée se dirigeait vers l'Est comme nous l'avons dit. On était sûr de gagner ainsi un jour sur l'ennemi avant qu'il prît la même direction pour s'opposer à nos projets. Malheureusement, ce jour-là, le verglas fut tel que notre marche se réduisit à fort peu de chose, tandis que le lendemain, alors que les Prussiens, connaissant notre mouvement, se mirent eux-mêmes en route, la marche était facile et ils purent presque regagner l'avance que nous avions sur eux.

Le 19 janvier, les deux armées se trouvèrent en présence autour de Saint-Quentin et se livrèrent bataille. Nous ne faisons pas ici une étude de tactique, ce qui nous dispense d'entrer dans le détail des opérations. Qu'il nous suffise de dire que les deux armées étaient d'égale force, 40.000 hommes chacune. Mais nous n'avions que quatre escadrons presque entièrement employés aux escortes, tandis que l'ennemi comptait 52 escadrons. L'artillerie de notre armée se composait de 98 pièces de canon et l'armée prussienne en avait 150.

Nos soldats étaient des recrues ; ceux des Allemands venaient de Frœschwiller, de Forbach et de Metz.

C'était une sombre journée d'hiver que le 19 janvier 1871 ; le terrain détrempé rendait la marche difficile. Le jour, à peine levé à sept heures du matin, tombait à quatre heures et demie du soir. Les deux armées luttèrent pendant près de dix heures.

Vers la fin de la journée, Faidherbe dut battre en retraite après une habile défensive.

Le général ennemi von Gœben croyait si peu avoir réduit l'armée du Nord à l'impuissance, qu'ayant divisé ses troupes, le surlendemain, en deux corps, l'un sous les ordres de Kummer, vers l'Ouest, l'autre commandé par von der Grœben, vers l'Est, il leur dit (ordre du jour prussien du 21) que « dans le cas où ils seraient pressés par l'ennemi, ils devraient se mettre en retraite, le premier sur Amiens, le second sur Péronne. » C'est-à-dire sur les deux places fortes de la Somme au pouvoir des Prussiens.

D'après le rapport du grand état-major allemand, les Prussiens perdirent, à la bataille de Saint-Quentin, 96 officiers et 2.304 sous-officiers ou soldats tués ou blessés ; nos pertes furent un peu supérieures.

Dans sa relation de la campagne de l'armée du Nord, le général Faidherbe déclare qu'à la suite des batailles de Pont-Noyelles, de Bapaume et Saint-Quentin, il est resté convaincu de la supériorité du soldat français sur le soldat allemand, et qu'il a reconnu dans les mobilisés les éléments d'une bonne troupe.

Empruntons au général Faidherbe quelques réflexions :

« Mais si l'on admet que, sous le rapport des soldats, nous avons la supériorité sur les Allemands, il faut reconnaître que le corps d'officiers prussien forme un tout homogène d'une bien grande valeur : c'est une caste différente de celle des soldats, c'est l'aristocratie de la nation et une aristocratie guerrière et qui aime l'étude. Tandis que le soldat ne combat que pour la patrie allemande plus ou moins généreuse envers lui, l'officier combat en outre pour les privilèges de sa caste, honneurs et richesses.

« Le corps des officiers français, lui, n'a pour lien et pour stimulant que le patriotisme. Pour l'officier allemand, s'il réussit, l'avenir, dans sa vieillesse, ce sont des titres et la fortune ; pour l'officier français, une modeste retraite, et, si son mérite ou d'heureuses circonstances le conduisent parfois à une position personnelle brillante, sa famille sera laissée souvent dans la gêne et quelquefois dans la misère, et à une époque où l'on apprécie beaucoup la richesse, cela n'est pas de nature à faire rechercher la profession des armes par la jeunesse française.

. . . .

« Ayons confiance en l'avenir ; mais que les chefs de l'armée française n'oublient pas que c'est l'offensive qui convient surtout au caractère français. La tactique des Allemands, c'est de traîner d'abord les choses en longueur : ils ont la patience et la persévérance. Puis, lorsque, vers la fin de la journée, l'élan du Français se refroidit (ce qu'ils appellent le moment psychologique), une brusque et vigoureuse attaque leur réussit souvent. Il ne faut donc pas attendre ce moment et l'on doit user partout et toujours de l'offensive intelligente : c'est notre plus grande chance de succès. »

L'armistice vint suspendre les opérations militaires.

Du 18 octobre 1870 au 28 février 1871, pour la formation d'une armée qui a atteint le chiffre de 40.000 hommes, il a été nommé d'abord par le général Bourbaki, puis par le général Faidherbe, en vertu des pouvoirs à eux délégués par le gouvernement de la Défense nationale :

Trois généraux de division, MM. Paulze d'Ivoy, Lecointe et Farre (confirmés par le ministre) ;

Deux généraux de brigade, MM. du Bessol et Derroja (confirmés par le ministre) ;

Soixante-quatre officiers supérieurs ;

Cent soixante et onze capitaines ;

Deux cent quatre lieutenants ;

Trois cent vingt et un sous-lieutenants,

De toutes armes.

Les pertes en officiers, tant de l'armée régulière que de l'armée auxiliaire, en tués, blessés et disparus, ont été de quatre cent vingt-sept.

Deux cent soixante dix-neuf officiers évadés de captivité ont été incorporés dans l'armée du Nord, dont ils ont formé les meilleurs éléments.

Pendant cette campagne de l'armée du Nord, un officier français logé dans une maison trouva dans la cheminée une feuille de papier qu'un officier prussien y avait jetée. C'était un ordre du jour daté du 7 janvier 1871, et dont voici la traduction :

« Les cinquante-deux officiers français compris au tableau suivant, violant leur parole d'honneur, se sont échappés de la résidence qui leur avait été assignée. Dans le cas où ils seraient repris, ils devront être conduits immédiatement au commandant en chef de la première armée (général de Manteuffel). »

Suivent les cinquante-deux noms :

Un de l'état-major du maréchal Bazaine,

Trois d'artillerie,

Un de chasseurs à pied,

Un d'infanterie de marine,

Trois de cavalerie,

Un de la garde mobile,
Deux de la garde impériale,
Quarante d'infanterie.

Puis vient l'annotation : « les deux derniers de cette liste sont arrêtés. »

« En somme, dit un écrivain militaire très compétent (1), l'armée du Nord avait livré trois batailles. La première était indécise, la seconde nous donnait la victoire, et la troisième devait être considérée comme une défaite. Toutes les rencontres, aussi bien que les marches, avaient été conduites avec une vigueur, une énergie et un talent incontestables, qui, secondés par de bonnes troupes, nous eussent procuré le succès. Les mesures des Allemands avaient été mauvaises, routinières. Leurs succès étaient dus à la supériorité numérique. »

Le lendemain de la bataille de Saint-Quentin le général von Gœben ordonnait la poursuite. Les Prussiens marquaient une fois de plus leur peu d'aptitude à ce genre d'opération. Car ils n'atteignaient que des soldats débandés et reconnaissaient le soir même leur impuissance à atteindre nos troupes, même lorsqu'elles étaient vaincues.

La retraite vers le Nord, ordonnée par le général Faidherbe, s'éloignait du but à atteindre qui était d'aider à une sortie de l'armée de Paris.

Pendant la bataille de Saint-Quentin le général Paulze d'Ivoy fit marcher ses troupes vers le point où il entendait le canon. Il obéissait à cette règle dont l'oubli nous avait été fatal au commencement de la guerre franco-allemande.

Il y a dans le combat de Sapignies un épisode qui mérite de fixer l'attention des militaires. On y voit deux pelotons de cavalerie, chargeant à l'improviste une

(1) Commentaires de l'ouvrage du grand état-major prussien, par Bonnet, capitaine d'artillerie.

CARDINAL DE BONNECHOSE

ligne de tirailleurs, en avoir facilement raison ; et pourtant ces tirailleurs sont enhardis par leurs succès ; ils voient devant eux l'artillerie ennemie qui amène déjà ses avant-trains. Cependant la charge réussit, tandis que tant d'autres ont échoué, quoique bien plus nombreuses. Cet épisode justifie l'opinion si souvent exprimée par le maréchal Gouvion Saint-Cyr et appuyée par maints exemples. « Les grands corps de cavalerie ruinent les chevaux et sont inutiles parce qu'ils ne trouvent jamais l'occasion de charger. Les préparatifs d'une charge exécutée par plusieurs régiments sont si longs que l'instant favorable a disparu lorsqu'on est prêt. Au contraire la cavalerie disséminée par escadrons trouve vingt occasions de charger là où une division de cavalerie n'en trouve pas une seule. Le moment favorable ne lui échappe jamais parce que la charge peut toujours se produire instantanément. Il n'y a d'autre préparatif à faire pour le capitaine que de galoper en tête de son escadron. On voit que la guerre de 1870 fournit, elle aussi, des arguments en faveur de l'opinion de l'illustre maréchal (1). »

XIII

Le général Faidherbe maintenait une discipline sévère. Nous n'en citerons qu'un exemple. Un sieur Daillet, ancien huissier à Vitry-en-Artois, âgé de quarante-six ans, se faisait remarquer par l'exaltation de ses idées politiques. Il avait été sergent-major au 30⁰ de ligne et, quoique marié, cet homme brigua les suffrages des gardes nationaux mobilisés, et témoigna d'un ardent républicanisme sa devise était : *Mourir pour la patrie.*

(1) *Guerre franco-allemande*, resumé et commentaires de l'ouvrage du grand état-major prussien. Bonnet, capitaine d'artillerie.

Il fut élu chef du 4ᵉ bataillon du Pas-de-Calais. Les huit compagnies de ce bataillon formant un effectif de 750 hommes furent réunis, le 2 décembre 1870, à Monchy-le-Preux, près de la route d'Arras à Cambrai. Le 17 du même mois le commandant Daillet conduisit son bataillon à Vimy, chef-lieu de canton entre Arras et Lens.

Le 26, un ordre envoyé à Daillet lui prescrivait de se porter sur Aubigny. Le chef de bataillon était absent. Il avait abandonné son poste sans autorisation pour se rendre à Inchy, son domicile, situé à 30 kilomètres de Vimy. La colonne partit sans son commandant, qui à son retour la trouva dans le nouveau cantonnement.

Un nouvel ordre enjoignit au bataillon d'occuper plusieurs points sur la ligne ferrée, entre Arras et Béthune.

C'étaient des positions stratégiques ; mais aucun poste ne fut établi, aucune patrouille ou reconnaissance ne fut organisée pour en surveiller les approches.

Le 29 décembre à midi, quinze uhlans venant d'Aubigny surprirent le bataillon de Daillet, et tous les hommes s'enfuirent. Quarante mobilisés furent ramassés, désarmés et alignés la face contre un mur. Deux uhlans gardaient les quarante mobilisés. Les officiers du bataillon n'avaient pas, à midi, terminé leur déjeuner. Ils n'attendirent pas le dessert et se sauvèrent à toutes jambes.

Les treize autres uhlans se dirigèrent vers Ablain-Saint-Nazaire où le sieur Daillet s'était logé avec une partie du bataillon. Ce dernier dormait encore. Sauter à bas du lit et prendre sa course fut l'affaire d'un instant. Il courut tant et si bien qu'il ne s'arrêta qu'en Belgique. Les treize uhlans faisaient merveille, allant de poste en poste disperser le bataillon de Daillet.

Le général Faidherbe, dans son récit dédié à M. Gambetta, passe sous silence les hauts faits du commandant Daillet. Cet homme fut traduit devant un conseil de guerre, en 1871, et condamné à la peine de mort. Mais son séjour en Belgique se prolongea, et la condamnation par contumace fut sans effet. Enfin le misérable s'étant constitué prisonnier, fut traduit devant un nouveau conseil de guerre le 16 juin 1875. Convaincu d'abandon de son poste et de désertion en présence de l'ennemi, Daillet se vit encore condamné à être fusillé, malgré l'habile plaidoirie de son avocat qui insista sur ce que son client n'était pas une *intelligence d'élite*.

Les membres du conseil de guerre ayant signé un recours en grâce, le Président de la République, par décision du 28 juillet 1875, commua la peine capitale prononcée contre l'ex-commandant Daillet en vingt années de détention, sans supprimer la dégradation militaire.

Ajoutons que le bataillon de Daillet fut réorganisé par les soins du capitaine Piquet, du 34e de ligne, nommé commandant du bataillon en remplacement du sieur Daillet. Ce bataillon ne prit aucune part aux combats de l'armée du Nord.

D'autres officiers, MM. G... et L..., subirent des condamnations.

Détournons les yeux de ces honteuses misères, et portons nos regards sur un spectacle douloureux aussi, mais consolant parce qu'il fait honneur à l'homme.

Au milieu de nombreux documents de toute sorte nous rencontrons cette lettre signée Th. Grimal, ancien capitaine d'infanterie de marine :

« Monsieur le comte de Brigode Kembandt, député à l'Assemblée nationale et maire d'une commune rurale du département du Nord, vient de mourir à Paris. Le comte commandait pendant la campagne du Nord un bataillon du 48e régiment provisoire des mobiles. A la bataille de Villers-Bretonneux, le 27 novembre 1870, je fus chargé par le colonel du Bessol d'appuyer avec ma compagnie le mouvement de ce bataillon qui se déployait. Les mobiles n'avaient jamais vu le feu et paraissaient hésiter devant une fusillade très nourrie. Je mêlai mes hommes aux mobiles afin de soutenir leur moral. C'est ainsi que pendant une heure je me trouvai en relations avec le comte de Brigode dont tous les officiers montraient un grand courage, malgré leur inexpérience.

« M. de Brigode avait un fils unique fort jeune qui servait, en qualité de capitaine, dans son bataillon. J'ignorais cette circonstance lorsque je vis deux gardes mobiles emporter un officier mortellement blessé. Je le fis remarquer au comte de Brigode dont l'attention était attirée sur un autre point. Il regarda le blessé, eut un tremblement nerveux, et me dit d'une voix étouffée : C'est mon fils. Puis il courut l'embrasser convulsivement une dernière fois et revint prendre sa place de bataille.

« Je n'oublierai jamais l'expression de sublime douleur qui bouleversait les traits de ce vieillard. A chaque instant il passait sa main sur son front qui malgré le froid se couvrait de sueur, ses yeux exprimaient une douleur et une résignation qui faisaient penser au ciel ; il se retourna longtemps après pour regarder en arrière, mais il ne vit plus son fils. Alors son front se courba vers la terre et deux larmes glissèrent le long de ses joues. Il voulait marcher en avant..... Est-ce la mort que ce père cherchait ? Je respectai son silence, et muet comme lui je m'éloignai. Jamais je ne l'ai revu, mais son image m'est apparue souvent. Lorsque les découragements s'emparent de moi, je pense à ce vieillard qui a rempli son devoir au delà des forces humaines.

« Le soir de la bataille, on apporta au comte de Brigode la liste des officiers de son bataillon tués dans la journée ; il lut : « Le capitaine Pourpe, le lieutenant Cocheleux, le « capitaine Brigode..... » Un sanglot étouffa sa voix, ses mains couvrirent son visage et ce cri s'échappa de son cœur : « Oh ! mon enfant, mon pauvre enfant ! »

La lettre du capitaine Grimal continue, donnant des détails sur la bataille où 13.000 Français combattaient contre 70.000 Allemands. Il y a de précieux détails pour l'historien, et même des leçons pour le tacticien ; mais qu'est-ce que cela à côté du déchirement de ce cœur de père ! Lecteur ou lectrice de cette page, si jamais l'accomplissement du devoir vous semblait trop cruel, si vous vous sentiez prêt à fuir, songez au vieillard de la bataille, et n'oubliez pas ce qu'il a fait pour la patrie.

Au début des hostilités entre la France et la Prusse, deux braves ouvriers habitant Dunkerque, les nommés Seigneurin et Houteer, âgés de plus de trente ans, et mariés, n'hésitèrent pas à s'engager dans un bataillon de chasseurs à pied (dépôt du 1er). Ces hommes furent incorporés à l'armée du Nord. Après s'être bravement battus dans plusieurs engagements, les deux amis eurent la douleur d'être faits prisonniers au combat de Querrieux, le 23 décembre 1870.

Les femmes de ces deux patriotes avaient dû se séparer après le départ des volontaires, et Mme Seigneurin n'entendit plus parler ni de son mari ni de Houteer. La guerre terminée, on ne put que constater la disparition de Seigneurin le soir du 23 décembre. Pendant douze ans Mme Seigneurin fit, avec opiniâtreté, d'actives démarches pour découvrir ce qu'était devenu son mari. Elle ne parvint même pas à retrouver Houteer qui, seul peut-être, aurait pu la renseigner.

Enfin, il y a peu de temps elle apprit qu'Houteer travaillait à Lille. Le juge de paix entendit cet homme. Ce juge avait été commis par le parquet de Dunkerque pour faire une enquête tendant à obtenir soit un jugement déclaratif d'absence, soit un acte de décès.

Or, les faits suivants résultent de la déposition d'Houteer : le soir de la journée de Querrieux tous les prisonniers français se trouvaient alignés sur le champ de bataille, lorsque Seigneurin crut pouvoir quitter une seule minute les rangs pour reprendre sa capote qui avait été jetée à peu de distance avec les fourniments.

Un officier prussien s'aperçut du mouvement, et bien que Seigneurin ne fût qu'à deux pas à peine de l'alignement, il le tua à bout portant d'un coup de revolver, puis il appela deux soldats prussiens qui enlevèrent le cadavre et le jetèrent encore palpitant dans la tranchée où les morts se trouvaient entassés. Presqu'immédiatement la colonne des prisonniers se mettait en route pour l'Allemagne.

Tels sont les faits qui ont été lus à l'audience publique par un magistrat dont la voix tremblait d'émotion.

Que penser d'une armée dont un officier tue, sans forme de procès, un soldat comme lui, doublement sacré par son titre de prisonnier de guerre et d'homme désarmé?

En sortant de l'audience, un soldat disait à haute voix : « Patriotes français, souvenons-nous ! »

XIV

Il fut un temps où les blessures étaient faites par les boulets, les balles et les armes blanches. Pendant la dernière guerre les éclats d'obus ont produit d'horribles déchirements. Il n'est pas de plus affreuse blessure que celle de Joseph Moreau, ex-canonnier à l'armée du Nord.

Moreau, qui vit encore, habite au Favril, canton de Landrecies (Nord). Il est connu dans le pays sous le nom de *l'homme à la tête de cire*. A sa petite pension de retraite il ajoute la vente d'une brochure où sont racontées sa blessure et les savantes inventions qui l'ont fait échapper à la mort.

Entré au service en 1870, Moreau fut versé dans une batterie de guerre le 2 janvier 1871. Le lendemain, il combattait à Bapaume. Vers trois heures du soir, au moment où l'artilleur chargeait sa pièce, un éclat d'obus le renversa. Cet éclat d'obus, prenant la face de droite à gauche et de haut en bas, enlevait les deux yeux, le nez et les deux maxillaires supérieures, avec perte des dents, en outre luxation de la mâchoire inférieure : il n'y avait plus figure humaine et le blessé fut laissé pour mort sur le champ de bataille. Cependant il se releva de lui-même une demi-heure après. La nuit venait ; percevant encore vaguement la lumière de l'œil gauche, il put se diriger, tombant à chaque pas, vers le village d'Ervillers. Le colonel du 24° régiment de ligne le fit transporter en voiture à l'hôpital d'Arras, le lendemain 4 janvier 1871. Il n'en put sortir que le 4 octobre de la même année. Pendant ces neuf mois la cicatrisation ne se fit pas complètement. Les médecins de l'hôpital d'Arras obtinrent l'admission de Moreau dans l'ambulance de la Société de secours aux blessés, afin de lui faire régler un appareil de pansement, à leurs yeux indispensable pour obtenir la respiration.

Moreau resta deux semaines dans cette ambulance et fut évacué sur l'hôpital militaire du Val-de-Grâce, à Paris, le 14 octobre 1871.

Il y séjourna jusqu'au 26 mars 1872. Pendant ces six mois le malheureux soldat était l'objet de savantes discussions. Cependant il recevait des soins minutieux. Enfin le conseil de santé des armées autorisa le médecin en chef du Val-de-Grâce à accepter le système prothétique (1) et Moreau allait à Landrecies le 8 avril 1872.

(1) *Prothétique*, de *prothèse*. Ce système consiste à remplacer par une

Dix-huit mois après avoir reçu sa blessure l'ancien soldat était à peu près guéri.

Toutes les parties molles de la face antérieure de la tête avaient été enlevées, et la charpente osseuse se trouvait broyée en certains endroits. On eût dit une tête de mort avec deux cavités pour les yeux, une pour le nez et enfin la large ouverture de la bouche.

L'habile chirurgien-dentiste Delalain a écrit au point de vue scientifique l'histoire de cette blessure qui devait entraîner la mort.

Il a fait une figure artificielle, un masque qui représente extérieurement la partie centrale de la face emportée par l'éclat d'obus, yeux, nez et joues. M. Ch. Delalain, dentiste chargé de la restauration, a fait un palais armé de dents. Le masque, dont les yeux sont fermés, est exactement appliqué, grâce à des procédés d'estampage et de moulage, mais dans son contour seulement, aux portions saines de la peau qui avoisinent l'immense cicatrice. Cette adhérence à peu près hermétique est complétée par un bourrelet naturel de la peau qui, à la longue, a encastré le rebord adouci du masque.

Grâce à cette disposition des parties artificielles et naturelles, la respiration a lieu par les narines du faux nez qui surmonte le masque.

Vers l'angle interne des faux yeux qui imitent une cataracte, deux petits orifices complètent le système d'aération interne : le courant aérien se produit donc facilement.

La concavité du masque, augmentée encore par l'enfoncement de la surface de la blessure, a été utilisée.

Des boucles y sont adaptées de manière à maintenir à la surface interne du masque des linges fenêtrés, de la

préparation artificielle une partie du corps qui a été enlevée : jambe de bois, œil de verre, palais d'argent, etc.

charpie, destinés à garantir la muqueuse nasale, en même temps qu'à lui éviter la trop brusque impression du froid ou de la chaleur. Une petite éponge est placée dans l'enfoncement des fosses nasales. Cette éponge absorbe le mucus et arrête au passage les corps en suspension dans l'air.

La voûte palatine a été protégée par une plaque qui forme par la concavité un véritable blindage. Des dents postiches permettent la mastication des aliments les plus durs.

Grâce à la figure artificielle et à son nez postiche, l'air a retrouvé sa direction habituelle de bas en haut. La respiration est donc devenue normale et régulière, l'odorat a reparu. La mâchoire supérieure consolidée sur la pièce dentaire qui double la voûte palatine présente aux dents inférieures un appui suffisant pour la mastication.

La voix a repris son timbre et sa netteté naturelle. La figure artificielle a tellement bien lié son contour élastique à cette énorme solution de continuité que non seulement Moreau respire, mange, parle, a toutes les sensations de l'odorat, mais encore joue de la flûte.

Actuellement l'état général est très bon. Moreau a pris cet air résigné commun aux aveugles. Il aime la causerie, éprouvant un grand bonheur à raconter ses campagnes dans un langage mélancolique et imagé. Ses sens, principalement le toucher, sont excessivement développés. La figure est nécessairement dépourvue d'expression. Si Moreau soulève son masque, la face présente un aspect hideux, par suite d'un enfoncement profond causé par la disparition d'une grande partie des portions osseuses ainsi que par la perte de substance des muscles qui les recouvraient.

Il ne reste vraiment de la tête de Moreau que le

cerveau et le crâne encore recouvert de cheveux. Le soldat mutilé vit dans son pays, entouré du respect universel. Les voyageurs se détournent de leur chemin pour voir ce vivant connu sous le nom de « l'homme à la tête de cire » ; il devine leur présence et leur montre sa croix d'honneur posée sur sa poitrine.

Peut-être aurions-nous mieux fait de garder le silence sur le pauvre soldat, mais il ne suffit pas de montrer les gloires : chacun doit connaître les sacrifices du soldat. Celui-là a donné plus que sa vie, car chaque jour qui s'écoule est un long martyre.

Joseph Moreau ne se plaint jamais.

XV

Deux questions se posent : l'armée du Nord a-t-elle sauvé la ville du Hâvre ? Le général Faidherbe pouvait-il percer les lignes ennemies pour rejoindre l'armée qui devait sortir de Paris ?

Le général Gœben, adversaire de Faidherbe, a publié dans la *Revue militaire* de Darmstadt un récit pour servir à l'histoire de la campagne dans le Nord-Ouest de la France. Il dit : « Le Hâvre n'a jamais couru aucun risque et par conséquent n'a point été sauvé par le général Faidherbe. » Un écrivain français du plus grand mérite (1) pense comme l'historien allemand : « Nous admirons plus que personne l'habileté et l'énergie qu'a déployées le général en chef de notre armée du Nord, et nous ne croyons pas amoindrir le mérite qu'il a eu dans la dernière campagne, en attribuant à la ville et à l'armée

---

(1) *La Guerre dans l'Ouest*, Rolin.

du Hâvre un des rares résultats qu'elles puissent légitimement revendiquer, celui d'avoir préservé elles-mêmes des atteintes de l'ennemi le second port de commerce de la France. »

Le général Faidherbe pouvait-il percer les lignes ennemies et marcher au-devant de l'armée de Paris ? Un écrivain militaire a déjà répondu à cette question (1).

« Si le général Faidherbe eût attaqué vigoureusement au sommet de l'angle saillant que formait sa ligne, il eût probablement séparé à tout jamais l'armée allemande en deux tronçons. Il est vrai que dans ce cas il abandonnait irrévocablement la ligne de Cambrai ; mais il pouvait se conserver celle du Cateau ; et bien qu'elle n'eût pas les avantages de l'autre, qu'elle l'éloignât trop de la ligne des places fortes du Nord, il semble que l'opération ne manquait pas de chances de succès. C'était un parti difficile à prendre ; mais, du moment que l'on voulait marcher sur Paris, il était indiqué. Il fallait tout sacrifier à ce but. »

Jetons un regard en arrière pour faire ressortir les phases diverses que subit cette guerre. Au début, l'armée de ligne est seule en contact avec les envahisseurs. Cette armée n'est pas étrangère à la guerre, la plupart des officiers et beaucoup de soldats ont combattu en Afrique, en Crimée, en Italie, et même un certain nombre au Mexique ou en Chine.

Mais cette armée qui savait remporter des victoires avait mis la tactique en oubli. Les chefs plaçaient leur confiance dans l'élan de la troupe habituée à se précipiter sur l'ennemi à la baïonnette, ce que le maréchal Canrobert nommait spirituellement *fuir en avant*.

C'est ce contact que la Prusse avait voulu éviter en construisant sa savante machine de guerre qui paralysait notre furie en nous tenant à distance.

(1) Bonnet, *Commentaires de l'ouvrage du grand état-major prussien.*

La machine allemande qui foudroyait de loin, sans se montrer, causa une surprise extrême. Les hommes tombaient par centaines, par milliers, sans même voir un Prussien, et lorsque le massacre avait porté le trouble, les Prussiens apparaissaient par bandes innombrables, se renouvelant sans cesse, isolant les divisions, les brigades, les régiments. La machine allemande était neuve et fonctionnait à merveille. Nous n'avions jamais vu chose semblable et le soldat fut démoralisé. Un de nos bataillons se serait précipité bravement et fièrement sur quatre bataillons prussiens et les eût mis à terre, mais que pouvaient les fusils, les baïonnettes, les jambes et les cœurs, contre une artillerie lointaine, invisible, inabordable, qui vomissait la mort à plus de huit kilomètres ?

Les Prussiens s'étaient posé ce problème : empêcher le soldat français de s'approcher du soldat prussie

Seul, ce problème était un aveu de notre supériorité.

Nous fûmes donc vaincus par la grande machine à Frœschwiller et à Forbach.

Nos places fortes furent prises, non par la science de Vauban qui attaquait les fortifications, mais par le bombardement qui incendiait les habitations et tuait la bourgeoisie.

Les Allemands arrivèrent donc devant Paris sans qu'un de leurs généraux eût fait preuve de talents militaires par une stratégie savante, ou par une tactique audacieuse.

La puissante machine de M. de Moltke suffit à tout parce qu'elle avait tout prévu et que les acteurs jouaient leur rôle fidèlement.

En rayonnant vers la Normandie, les uhlans, qui, au nombre de quatre, avaient pris Nancy, ne purent s'emparer aussi facilement des bourgs et des villages. Des coups de fusil partaient du buisson et le paysan défendait son champ.

La grande machine de guerre du roi Guillaume, qui jusque-là avait été substituée à l'homme, au Français, au soldat, laissa deviner son côté faible. Excellente pour les grandes batailles elle devenait insuffisante pour détruire les petites troupes. Elle broyait sans peine une brigade de cuirassiers et s'inquiétait de deux francs-tireurs assis au pied d'un arbre.

Vint la campagne du Nord, où Faidherbe eut l'esprit de se contenter de 40.000 hommes et de manœuvrer. Il reprit immédiatement le dessus. La grande machine prussienne était trop lourde à transporter sans être démontée. D'ailleurs elle s'usait, il fallut donc que les généraux allemands, pour résister à Faidherbe, consentissent à se souvenir qu'il existe à la guerre une stratégie et une tactique.

A la tête de soldats aguerris, disciplinés, ils eurent de grandes peines à tenir en échec les mobiles et les mobilisés de Faidherbe. Les opérations de ce général furent plus habiles que celles de ses adversaires, tandis que ses erreurs sont moins sérieuses.

Si l'on étudie cette campagne de l'armée du Nord au point de vue scientifique, l'admiration pour la puissance militaire de l'Allemagne diminue singulièrement. Si Faidherbe avait eu de bonnes troupes, il aurait rejeté vers Paris toutes les forces qui lui étaient opposées.

L'enseignement de cette campagne peut se résumer en quelques mots : la grande machine prussienne toute neuve à Forbach et à Frœschwiller ne sera plus une surprise et d'autres machines lui seront opposées; dès lors, les hommes se rencontreront front contre front, poitrine contre poitrine, et le Germain verra que sa tragédie ne se joue pas deux fois sur le même théâtre.

Après avoir dit que le général Faidherbe s'était montré fort habile dans le commandement de son armée, nous voudrions le faire connaître personnellement.

Notre premier soin est d'interroger l'enquête parlementaire. Le général Paulze d'Ivoy déclare qu'il a été *mis de côté* parce qu'il n'avait pas les mêmes opinions politiques que le général Faidherbe et son entourage. Paulze d'Ivoy rend justice à son général en chef, lorsqu'il dit que Faidherbe avait réellement un grand mérite, et que personnellement il n'était pas mal disposé à son égard. « Mais on disait autour de lui qu'étant membre du Jockey-Club, je devais être légitimiste, et j'étais regardé comme tel. M. Gambetta est venu à Lille, le général Faidherbe étant absent, je ne suis pas allé le voir, je ne l'ai jamais vu. Le général Faidherbe se ferait tuer plutôt que de ne pas exécuter un ordre. Il en a reçu, je crois, de M. Gambetta... »

Faidherbe est donc un homme politique, c'est-à-dire un militaire croisé de bourgeoisie. Plus d'une fois la politique a favorisé la carrière d'un officier, jamais elle n'a augmenté l'estime de ses compagnons d'armes et la confiance des troupes. Mais l'ambition aveugle les plus habiles et les révolutions troublent les esprits.

Le père du général appartenait à l'industrie. Capitaine de la garde nationale pendant les Cent-Jours, il fit avec sa compagnie une manifestation royaliste dans une revue. Arrêté par la gendarmerie, il fut conduit au général Lapoype, commandant à Lille, qui le fit emprisonner à la citadelle. Ardent royaliste, M. Faidherbe resta sous les verrous jusqu'à la rentrée de Louis XVIII. Les gardes nationaux lui firent hommage d'une épée d'honneur pour perpétuer dans sa famille le souvenir de sa fidélité à la maison de Bourbon.

Le fils de l'ardent royaliste a placé cette épée à côté d'une autre que lui ont donnée les populations du Nord après la guerre de 1870.

Louis-Léon-César Faidherbe, né à Lille le 3 juin 1818,

est donc venu au monde à l'ombre du drapeau blanc qui était celui de sa race.

Le père mourut, laissant une veuve et six enfants. Celui dont nous nous occupons était le plus jeune. Il entra à l'Ecole polytechnique en 1838, et en sortit deux ans après dans l'arme du génie.

Lieutenant en 1844, Faidherbe voulut donner sa démission pour aller chercher fortune en Californie ; mais le général Charron, son inspecteur, lui conseilla de rester au service, et lui fit abandonner un projet fort aventureux.

Le jeune officier n'en rechercha pas moins les missions difficiles et périlleuses. Envoyé en Afrique, avec une compagnie du génie, il fit, en 1845, une expédition au delà du Chelif, dans les montagnes du Dahra, sous les ordres du général Bourjolly; puis servit pendant une année à Djemaa-Ghazouet (Nemours), dont la garnison venait d'être détruite par Abd-el-Kader.

Faidherbe fut ensuite employé à Belfort et à Lille.

Au mois de janvier 1848, étant capitaine, il s'embarqua pour la Guadeloupe, travailla à la construction du fort Joséphine et aux îles des Saintes, et fut envoyé en Algérie en 1850.

Il y fit partie de l'expédition du général Camou contre le chérif Bou-Berla, dans le Djurjura, puis de celle du général Saint-Arnaud dans la petite Kabylie de Mila. Après cette expédition vint celle du général Bosquet, au milieu des montagnes de Bougie, pendant l'hiver de 1851, terrible campagne qui se termina par une sorte de déroute. La belle conduite de Faidherbe lui valut la décoration de la Légion d'honneur.

En 1852, il demanda à passer au Sénégal, et y fut envoyé en qualité de sous-directeur du génie. L'année suivante, il accompagna le contre-amiral Baudin, commandant de l'escadre chargée par le gouvernement d'aller, avec quelques troupes de la garnison du Sénégal, au lac Ebrié, à 400 lieues dans le Sud, pour y châtier les populations ennemies et fonder un établissement.

Dans ces circonstances, Faidherbe rendit les plus importants services.

A la fin de 1854, le commerce du Sénégal et les principaux habitants firent des démarches auprès du ministre de la marine Ducos, pour que Faidherbe fût nommé officier supérieur, afin de pouvoir lui confier le gouvernement de la colonie.

Le chef de bataillon Faidherbe fut donc créé gouverneur du Sénégal. La situation était grave, et nous n'étions pas maîtres du pays au delà d'une portée de canon de notre chef-lieu. Il fallut entreprendre une guerre contre les Maures. Le nouveau gouverneur augmenta la colonie de plus de cent lieues de côtes, et assura la domination française dans le fleuve Sénégal, jusqu'à 260 lieues de l'embouchure, par la création du poste de Médine.

Le résultat de toutes les guerres si pénibles dans le climat des tropiques a été de nous permettre de faire le commerce avec sécurité dans ces contrées. Mais le but définitif indiqué par Faidherbe serait de pousser nos établissements jusqu'au Niger.

Faidherbe a beaucoup écrit sur le Sénégal. Ses services militaires, quelle qu'en soit l'importance, ne doivent pas faire oublier ses succès administratifs. Il a fait construire des routes, des ponts ; il a créé dix nouveaux cantons de protection et de commerce ; il a élevé des écoles, des hôpitaux, des casernes et des chantiers pour la marine. La colonie lui doit une imprimerie, un journal, des lignes de télégraphie électrique, une bibliothèque et un musée d'histoire naturelle.

Les travaux personnels de Faidherbe lui font le plus grand honneur : ce sont des mémoires sur l'histoire, l'ethnographie et les langues du pays.

De 1860 à 1862, la santé de Faidherbe était sérieusement compromise. Il quitta le Sénégal et vint en Algérie prendre le commandement de la subdivision de Sidi-bel-Abbès dans la province d'Oran. On le nomma général de brigade afin de le ramener au Sénégal. Il sut encore agrandir son œuvre.

Le général rentra définitivement en France en 1864, avec une santé ruinée par les fatigues excessives de dix années de guerre sous un climat dévorant.

De 1867 jusqu'en 1870, il commanda en Algérie la subdivision de Bone, et profita de ces trois années pour faire des recherches archéologiques dans le pays de Numidie, inépuisable champ de monuments de toutes les époques.

Elevé au grade de général de division par Gambetta, Faidherbe obtint le commandement de l'armée du Nord.

Après la guerre, trois départements, la Somme, le Pas-de-Calais et le Nord, le nommèrent député. Il ne resta pas longtemps à la Chambre et donna bientôt sa démission.

Nommé sénateur par le département du Nord, le général siège à la gauche. On affecte, peut-être un peu trop, de le représenter comme un ancien républicain, ennemi de l'Empire. Cependant, il n'a pas refusé les présents d'Artaxerce.

Faidherbe a trop aimé la popularité, les louanges, la mise en scène; le mal n'est pas grand, mais il a eu pour conséquence de jeter un excellent officier dans la politique, ce qu'il faut regretter.

Aujourd'hui, grand chancelier de la Légion d'honneur, il a succédé dans ce poste éminent au digne général Vinoy.

Combien Faidherbe eût grandi dans l'estime de l'armée s'il avait fait comprendre à ceux qui gouvernaient la France qu'on ne remplace pas un général Vinoy.

CHAPITRE III

SOMMAIRE

Tours : Crémieux, Fourichon, Glais-Bizoin. — Le général Lefort. — Le Polonais M. de Serres. — Le général des armées du roi de Siam. — Le cardinal Guibert. — Gambetta. — Le livre du baron von der Goltz. — La papauté. — Encore Gambetta. — Versailles. — Arrivée du roi de Prusse. — L'officier prussien et M. Hamel. — M. Angel de Miranda. — M. de Raynal. — M. Albert Harel. — Le docteur Stieber, chef de la police prussienne. — Jules Favre à Versailles. — Trois patriotes.

I

Supposons que, placé à une hauteur infinie, nous puissions embrasser d'un regard la surface de la France. Nous sommes aux derniers mois de l'année 1870, et rien n'est à sa place, tout s'agite, tout se confond. Que voyons-nous ? Les provinces sont des champs de bataille. Au Nord, à l'Est, à l'Ouest le sang coule et l'incendie dévore chaumières et châteaux. Voici cependant deux villes tranquilles en apparence : l'une se nomme Tours, l'autre Versailles. Dans la première discutent bruyamment les délégués du gouvernement de la Défense nationale, dans la seconde le roi de Prusse tient sa cour militaire.

Arrêtons-nous dans chacune de ces villes. D'abord à Tours, où sont réunis les délégués du gouvernement de la Défense nationale : MM. Crémieux, Glais-Bizoin et Fourichon ; ce dernier, vice-amiral.

Crémieux était arrivé à Tours comme ministre universel ; il avait la direction des départements de la guerre, de la marine, des affaires étrangères, du commerce, de l'instruction publique, etc. De tous ces portefeuilles, le plus cher à son cœur était celui de la guerre ; les harangues aux soldats lui plaisaient, et l'avocat croyait à leur puissance.

La famille entière de M. Crémieux l'avait suivi à Tours, vivant à la table de Mgr Guibert, et logeant au palais de l'Archevêché.

L'amiral Fourichon habitait le somptueux hôtel nommé *le Maréchalat*, bâti jadis à grands frais pour le maréchal Castellane.

Plus modeste, M. Glais-Bizoin avait établi son domicile au lycée, tout peuplé des souvenirs de Sparte et de Rome.

Les attributions de chacun étaient mal définies depuis que Crémieux avait cédé, bien malgré lui, le département de la Guerre à l'amiral Fourichon. Mais on conservait fidèlement la devise : *cedant arma togæ*. Glais-Bizoin en cite un exemple. Il vint un jour s'asseoir au conseil de guerre tenu par des généraux et présidé par l'amiral Fourichon, au palais du Maréchalat. Ce dernier, surpris de la présence de M. Glais-Bizoin dans cette réunion militaire où se discutaient des plans de campagne, se leva et dit :

— Mais enfin, monsieur Glais-Bizoin, je suis chez moi.

Se levant à son tour, Glais-Bizoin répondit :

— De ce côté, où sont les appartements de Mme Fourichon et les vôtres, vous êtes chez vous ; mais ici, je suis... ou plutôt nous sommes chez nous. Asseyons-nous donc, amiral.

« Ce qu'il fit sans mauvaise grâce », ajoute M. Glais-Bizoin.

Nous le croyons sans peine. Le commandement militaire est ainsi compris en France que, dans les conflits entre autorités différentes à l'occasion de décrets et règlements sur les attributions, le chef militaire cède ou se dérobe tout d'abord, certain de sa condamnation par le gouvernement.

Lorsque, dans les siècles futurs, un historien voudra retracer les événements dont nous avons été les témoins, douloureux événements entremêlés de batailles et de conseils, cet historien aura plus de peine à comprendre les défaillances des pouvoirs publics, l'incapacité des gouvernants que les faiblesses ou les erreurs du commandement militaire.

Après une paix de longue durée, dans un Etat libre où les discussions publiques offraient des aliments à tous les esprits, à une époque féconde en découvertes, le pays s'est vu en péril, et la patrie a été proclamée *en danger*.

On a remplacé tout à coup le souverain, ses ministres, le Sénat, le Conseil d'État, le Corps Législatif. Quel génie s'est alors révélé? A quel grand homme d'Etat la France a-t-elle remis ses destinées?

A M. Crémieux, estimable vieillard habile en plaidoiries. Il part pour la ville de Tours, délégué par le gouvernement de la Défense nationale, muni des pouvoirs les plus étendus. Il va soulever les provinces, créer des armées, administrer, décréter la victoire.

Ce n'est pas un homme qui est attendu à Tours, mais le salut de la patrie! On accourt, et l'on voit un vénérable septuagénaire courbé par l'âge, qui d'une main tremblante conduit à travers la foule surprise les enfants de ses enfants.

Quoique grand maître de l'ordre rabbinique, Crémieux se souvient qu'il est ministre des cultes et se dirige vers l'Archevêché; il eût pu aussi bien s'installer au Maréchalat où tout ministre de la guerre a son gîte.

Cette mise en scène serait plus que triste, si, parmi toutes ces physionomies effacées, nous ne voyions une tête de soldat. Nous voulons parler du général Lefort. Seul il a passé les jours et les nuits à l'organisation de l'armée nouvelle. Le général Lefort ne croyait pas comme Gambetta « qu'avec le commandement de Garibaldi dans l'Est et de Kératry dans l'Ouest, on pouvait être sans craintes. »

Lorsqu'après la capitulation de Sedan le gouvernement de la Défense nationale envoya des délégations à Tours, le général Lefort fut désigné comme secrétaire général du département de la Guerre. Dès le 16 septembre, il commença la formation du 15e corps d'armée au moyen des dépôts et de trois régiments qui avaient été rappelés d'Afrique.

Le commandement de ce 15e corps fut confié au général de La Motterouge : il apporta le plus grand zèle dans sa mission.

L'amiral Fourichon était ministre de la guerre, comme nous l'avons dit, et le secrétaire général exerçait ses fonctions sous la haute surveillance de son supérieur hiérarchique. Le général Mazure commandait à Lyon ; il fut arrêté et emprisonné. Le général Lefort vit dans cette arrestation le commencement de violences qui menaçaient tous les généraux.

Il signala la gravité de ce fait à l'amiral Fourichon en lui faisant observer que son devoir et l'intérêt de l'armée l'obligeaient à demander au gouvernement la mise en liberté du général Mazure. Ne pouvant obtenir justice l'amiral Fourichon donna sa démission. Crémieux et Glais-Bizoin acceptèrent cette démission et remplacèrent le ministre de la guerre par le général Lefort qui refusa si le général Mazure n'était mis en liberté. Le gouvernement semblait céder lorsque M. Gambetta, ayant fait son entrée à Tours, dit au général Lefort : « Si vous n'acceptez pas, moi, je prendrai le ministère de la guerre, car je ne puis en laisser l'intérim à M. Crémieux. »

Dès ce jour-là, M. Gambetta prit la direction du ministère de la guerre et rédigea plusieurs décrets nommant à divers grades des personnes qui ne se trouvaient pas dans les conditions voulues ou qui n'appartenaient pas à l'armée. Le général Lefort renvoya ces décrets, considérant ces nominations comme irrégulières ou illégales...

M. Gambetta manda le général et lui dit :

— Vous vous refusez à ces nominations. Je suis ministre et je suis responsable.

Le général Lefort répondit :

— En effet, monsieur le ministre, vous êtes responsable ; moi aussi je suis responsable aux yeux de mes camarades de l'armée. J'assume sur moi une responsabilité morale que je redoute plus que la responsabilité matérielle. C'est pour cela que je ne puis concourir à ces promotions.

Après avoir fait cette déclaration dans l'enquête parlementaire, le général Lefort ajoute : « Je dois dire que lorsque je faisais des observations de cette nature à M. Gambetta, il s'y rendait presque toujours ; ce n'est qu'après m'avoir quitté, et probablement sous l'influence des intéressés ou de son entourage, qu'il revenait à sa première idée. »

Un jour, M. Gambetta rédigea un décret qui suspendait la loi sur l'avancement de l'armée. Après les observations énergiques du général Lefort M. Gambetta consentit à ne point le faire paraître immédiatement.

L'amiral Fourichon, étant encore ministre de la guerre, avait donné au général La Motterouge et au commandant du 16ᵉ corps d'armée des instructions positives leur prescrivant d'éviter autant que possible les engagements avec l'ennemi, tant qu'ils ne seraient pas entièrement organisés. Cependant, M. Gambetta vint un jour annoncer au général Lefort que La Motterouge avait été battu à Orléans. Surpris et mécontent, le général Lefort ne dissimula pas ses sentiments, en ajoutant que lui-même avait transmis l'ordre de ne pas combattre. Alors, Gambetta s'écria : « Mais c'est moi qui ai donné l'ordre à La Motterouge de se porter en avant et de vaincre (1). »

M. Gambetta s'empressa d'ajouter : « Vous allez me faire un rapport immédiatement pour traduire devant un conseil de guerre le général de La Motterouge. »

Après un moment de silence, le dialogue suivant s'établit entre Gambetta et le général Lefort :

— Monsieur le ministre, d'après la loi, on ne peut traduire devant un conseil de guerre le général de La Motterouge, parce qu'il a été battu. Avant de traduire un général devant le conseil de guerre, il faut qu'un conseil d'enquête ait examiné sa conduite. Je ne puis donc vous faire un rapport contre le général de La Motterouge que lorsque vous m'aurez remis le résultat de cette enquête. Mais je dois vous prévenir, monsieur le ministre, que, dans mon opinion, le plus grand tort de M. le général de La Motterouge est d'avoir obéi à vos ordres inexécutables.

— Général, vous le prenez sur un ton que je ne puis admettre.

— Vous m'avez demandé ma pensée, je vous la dis tout entière.

— Mais si je n'ai pas le droit de traduire le général de La Motterouge devant un conseil de guerre, j'ai le droit de le révoquer.

— C'est le ministre qui l'a nommé, il peut le révoquer, mais nous n'avons pas beaucoup d'officiers généraux sous la main.

(1) Déposition du général Lefort devant l'enquête parlementaire.

— Qui avez-vous ?
— Le général d'Aurelle de Paladines...

La Motterouge fut destitué, non à la suite d'un rapport, mais au reçu d'une simple lettre familière qu'un des amis de Gambetta lui écrivait. Les uns ont affirmé que cette lettre venait du préfet d'Orléans, d'autres ont attribué cette correspondance à M. Cochery qui s'occupait beaucoup des mouvement des troupes.

Le général d'Aurelle de Paladines remplaça donc La Motterouge et se rendit à Orléans pour prendre le commandement du 15e corps. Quarante-huit heures après son arrivée, alors qu'il n'avait pas encore pu réunir les débris de cette armée naissante, il reçut un ordre semblable à celui qui avait été envoyé à La Motterouge : attaquer et vaincre.

D'Aurelle répondit au ministre :

« On m'a envoyé l'ordre d'attaquer, quand j'ai pu à peine réunir les débris du 15e corps. Je ne puis attaquer en ce moment, mais j'observe l'ennemi : si l'ennemi se porte en avant, je recule ; s'il recule, je me porte en avant. Je prépare mes hommes à la fatigue, je les habitue à tenir la campagne, à manier leurs armes, car ils ne le savent pas. Si vous me réitérez l'ordre d'attaquer, j'attaquerai, mais vous en acceptez la responsabilité ; je serai vaincu. »

Après cette lettre le général d'Aurelle ne reçut pas immédiatement de nouveaux ordres.

Pendant la déposition du général Lefort devant l'enquête parlementaire, un membre fait observer que M. Crémieux a déclaré, comme ministre de la guerre, que « le général La Motterouge avait entravé les services, parce qu'il ne voulait s'occuper de rien. »

Le général Lefort répond : « C'est une très grave erreur. J'ai toujours trouvé le général La Motterouge très empressé, très dévoué, très disposé à remplir tous les devoirs d'un soldat, très droit, très honorable, très obéissant, d'une obéissance passive même qui me surprenait, je dois le dire, quand je voyais un officier général de sa valeur recevoir des ordres comme ceux qui lui étaient donnés par tout le monde, par des gens qui n'avaient aucun droit, aucun titre à lui en donner, par exemple l'entourage du ministre de la guerre. Le général La Motterouge se soumettait à tout. Pipe-en-bois (1) lui donnait des ordres. »

C'est bien là l'officier-général de l'armée française qui confond deux choses très différentes : la discipline et l'obéissance. La première est toujours noble parce qu'elle demeure sous le drapeau de l'armée, la seconde peut devenir une défaillance lorsqu'elle s'égare au milieu d'une bureaucratie envahissante. Un vieux soldat brave et plein d'honneur, tel que La Motterouge, obéissait à Pipe-en-bois après avoir obéi aux Gambetta, aux Crémieux, aux Glais-Bizoin, aux de Serres, aux Freycinet.

Le général Lefort fait une observation utile à retenir : « Personnellement j'ai toujours eu affaire à M. Gambetta et je dois lui rendre cette justice que lorsqu'il était seul, il se montrait beaucoup plus raisonnable que quand il était entouré de tout ce monde dont l'influence le faisait quelquefois revenir sur ses décisions. »

« Lorsque les choses ne marchaient pas, ajoute le général Lefort, M. Gambetta avait des mouvements de désespoir extrordinaires : « Dieu ! disait-il, dans quelle galère suis-je venu me mettre ! quelle mission ai-je acceptée ! » Mais un instant après je recevais des ordres contraires à ceux qu'il venait de me donner verbalement. »

Personnellement, Gambetta avait du sens, mais dès

(1) Séance du 14 décembre 1881.

qu'il était avec son entourage habituel et familier, les passions les plus folles se réveillaient en lui. Des accès de violence l'emportaient, il frappait les tables de coups de poing, marchait rapidement d'une pièce dans l'autre, avec de grands éclats de voix et des gestes de théâtre.

Son patriotisme n'était pas entier et sans mélange. Sans doute il voulait comme nous tous que la France fût sauvée ; cependant on ne le vit jamais dans l'atmosphère des balles et des obus, encourageant nos mobiles ; jamais il n'envoya au milieu des soldats cette cour ambitieuse dont les flatteries lui plaisaient. Ce rôle de grand patriote flattait son orgueil et lui donnait l'espoir d'une immense fortune politique ; mais l'âme n'était pas à la hauteur de l'esprit, encore moins le caractère. Nous avons eu une fois l'occasion de nous trouver près de M. Gambetta dans une circonstance périlleuse où le courage était de mise. Ce jour-là, l'homme audacieux à la tribune se montra prudent jusqu'à la faiblesse, au seul bruit des armes.

II

Epuisé de fatigues par des travaux incessants, le général Lefort exprima le désir de se retirer. Il avait constitué deux corps d'armée et rendu à la France les plus grands services. Le ministre de la guerre Gambetta nomma le général Lefort commandant de la division militaire de Bayonne. Le seul tort du brave et intelligent général Lefort est de n'avoir pas eu confiance dans les armées qu'il improvisait.

L'élément civil devenait le maître absolu. Il allait régner et gouverner sans contrôle. Le rêve de M. Crémieux se réalisait. Il avait dit : « L'administration de la guerre ne peut pas marcher avec des militaires, il faut absolument des civils... » Le ministre de la guerre Gambetta était un civil, ses principaux collaborateurs, MM. de Freycinet et de Serres, étaient des civils; il ne restait plus la moindre place pour les généraux ; nous nous trompons, on leur laissa les places où tombaient les balles et les obus.

Deux hommes que nous venons de nommer, MM. de Freycinet et de Serres, vinrent se joindre à M. Gambetta pour organiser les armées, diriger les mouvements militaires, combiner les plans de campagne et commander aux généraux.

Ce que nous allons dire de ces deux hommes est entièrement puisé dans divers documents officiels.

M. Gambetta était en même temps ministre de l'intérieur et ministre de la guerre. Il nomma M. de Freycinet son délégué à ce dernier département.

Dans la séance de la commission d'enquête du 10 août 1871, M. de Freycinet voudrait faire entendre à la commission qu'il ne donnait pas d'ordres aux généraux. Le général d'Aurelle de Paladines, qui est présent à la séance, adresse ces paroles à M. de Freycinet :

« J'ai la preuve écrite de votre main que vous donniez des ordres aux généraux. Ainsi les opérations relatives au déplacement de Briare, les ordres donnés au général Crouzat pour aller prendre des positions indiquées, les mêmes ordres donnés aux mêmes corps pendant une série de jours sont de vous. Les 18e et 20e corps ont agi et obéi complètement à vos ordres directs, et M. de Serres, se trouvant alors chez moi, exprima son étonnement qu'on pût ainsi donner des ordres sans qu'ils passassent par mon intermédiaire.

« Vous donniez des ordres directs aux généraux sous mes ordres et vous me les communiquiez en même temps. Vous avez donné des ordres directement aux généraux Crouzat et Martin des Pallières, et dans toute cette expédition bien des choses ont été faites malgré mes intentions parfaitement exprimées. Cela résulte de nos correspondances. Vous m'avez dit : Les ordres sont donnés, ils seront éxécutés. »

A cette déclaration du général d'Aurelle, M. de Freycinet répond : « Ce que vous dites est parfaitement exact. »

Les administrateurs civils du ministère de la guerre vont plus loin, ils prennent directement le commandement des 18e et 20e corps, font exécuter des mouvements stratégiques. Il existe une lettre écrite par M. de Freycinet, au nom de M. Gambetta, au général d'Aurelle pour lui intimer de changer sa base d'opérations. On ne saurait dire, répétons-le, ce qui surprendra le plus les historiens de l'avenir en présence de la soumission des généraux, et des prétentions de l'élément civil. Tout le monde oublie trop que la patrie est en danger et qu'à tout prix il faut la sauver. Comment une épée n'a-t-elle pas brillé au-dessus de ces hommes, imposant silence aux ambitions, et sauvant la France au risque de déchirer quelques décrets d'ingénieurs et d'avocats, décrets plus ou moins légaux ! Il fallait à la France, dans sa sublime agonie, un audacieux prêt à étouffer la voix que ne réveillaient que les échos du cabaret ou de l'antichambre.

M. Gambetta dirigeant les armées ! M. de Freycinet donnant des ordres aux généraux ! Mais, voilà qui dépasse le malheur, car c'est la honte sous les yeux du Prussien.

En quels termps et en quels lieux des avocats, des ingénieurs, fort habiles spécialistes peut-être dans leurs métiers, ont-ils appris ce qu'est une ligne d'opération, un mouvement tournant, un changement de front, une diversion ? Le général de Moltke, homme de science militaire, a mis un demi-siècle à coordonner son plan d'invasion, et vous espérez le vaincre en prenant la place des généraux français !

Après M. de Freycinet, nous devons faire connaître

M. de Serres. Jusqu'à la défaite de Sedan, M. de Serres vivait à l'étranger. On le dit polonais et son vrai nom doit le faire supposer. Il partit de Vienne vers la fin de septembre avec le projet, dit-il, de s'engager comme soldat. M. de Serres était jeune, intelligent, et pensa peut-être qu'il pouvait servir la France hors des champs de bataille, car pour se faire soldat il était inutile d'aller jusqu'à Tours, et dans les ministères.

Cependant M. de Serres, dans sa déposition, fait savoir qu'il arrivait de l'empire d'Autriche par le mont Cenis, armé d'un chassepot et muni de cartouches. Il apportait en outre de très précieux renseignements sur l'armée prussienne que nous ne connaissions que trop. En octobre, lorsque le voyageur fit son entrée au ministère de M. Gambetta : « Il me fut impossible, dit-il, malgré deux heures de recherches, de trouver quelqu'un à qui parler. » Le lendemain M. de Serres voulut se faire inscrire dans un régiment quelconque, lorsque par hasard il rencontra, dans une rue de Tours, M. Maniel, secrétaire général du conseil des ponts et chaussées et directeur général de la Compagnie dont M. de Serres faisait partie. M. Maniel lui fit observer que les bras ne manquaient pas, non plus que les fusils, et que d'ailleurs la santé du nouveau venu n'était pas de celles qui résistent aux fatigues d'une campagne. M. de Serres partagea cette opinion et fut employé dans les bureaux où il fit la connaissance de M. de Freycinet. Gambetta devait arriver le lendemain, et M. Crémieux, ministre de la guerre, avait déjà désigné M. de Freycinet pour un emploi très supérieur dans son ministère.

M. de Serres offrit ses services à M. de Freycinet qui les accepta le 12 octobre 1870. Voilà comment M. de Serres troqua son chassepot contre une sorte de souveraineté militaire.

D'après ses propres déclarations devant l'enquête parlementaire, M. de Serres avait une longue habitude « des cartes d'état-major, de l'étude des routes, du mouvement des masses, de la marche et des conditions de déplacement des trains, etc. », en un mot, M. de Serres qui, jamais, n'avait servi dans les armées, fut nommé d'emblée chef d'état-major général du ministre de la guerre. « J'acceptai volontiers, dit-il, cette tâche qui s'accordait d'une manière complète avec la tendance naturelle de mon esprit (1). »

Tous les membres du gouvernement de la Défense nationale acceptaient volontiers des tâches qui s'accordaient d'une manière complète avec la soi-disant tendance naturelle de leur esprit particulier. Chacun d'eux s'entourait de collaborateurs maîtres absolus de la France.

En vérité, un homme raisonnable se refuse à croire aujourd'hui aux comédies qui se jouaient alors, en présence de l'ennemi. Laissons parler M. de Serres qui est loin d'être un sot, qui sait le peu de courage CIVIL des généraux et la puissance de l'effronterie : « Le général d'Aurelle passa à Saint-Pierre le 27 à 10 heures du soir. J'eus avec lui, dans la gare même, un entretien d'une demi-heure. Là furent précisées un certain nombre de dispositions spéciales qui étaient le complément des opérations préparatoires. C'est même après cet entretien que fut arrêté le point où le général d'Aurelle établirait son quartier-général. L'armée se constituait derrière la forêt de Marchenoir où elle devait se joindre aux troupes qui étaient déjà placées dans ces parages sous le commandement du général Pourcet..... L'opération manqua..... Le ministère (2) ayant décidé qu'il y avait lieu de reprendre l'opération, je fus envoyé au quartier-général du général d'Aurelle pour lui porter la pensée du minis-

---

(1) Déposition de M. de Serres, séance du 19 janvier 1872.
(2) Le ministère, c'est-à-dire MM. Gambetta et Crémieux.

tère et en même temps pour lui communiquer des idées sur la façon dont l'opération pouvait être reprise. »

M. de Serres, en arrivant, trouva les généraux d'Aurelle, Chanzy et Borel étudiant un plan sur une carte. D'Aurelle mit M. de Serres au courant de la discussion et le général Borel fit au même de Serres un résumé des résolutions. « Le résumé une fois fait par le général Borel, je demandai la permission au général d'Aurelle de lui exposer mes idées sur la question ; il accepta. »

Voilà donc de vieux généraux, répétons-le, qui mettent en oubli leur dignité militaire pour rendre compte de leurs projets, de leur conduite, à l'envoyé de M. Gambetta.

La commission d'enquête parlementaire semble émue de ces aveux naïfs, et M. le comte de Rainneville fait observer à M. de Serres qu'il y a au dossier une dépêche du *général de Serres* au général Bourbaki.

La réponse de M. de Serres mérite d'être conservée : « C'est un titre qui m'a été offert, j'ai cru devoir le refuser. »

Toujours en présence des généraux d'Aurelle, Chanzy et Borel, M. de Serres discute le plan de campagne ; ses avis sont adoptés par les généraux. « Ce sont les dispositions qui furent observées en partie, lors de la bataille de Coulmiers, qui ont amené la victoire ; exécutées dans leur ampleur, elles auraient conduit à des résultats incontestablement plus considérables. »

De quelle utilité sont donc les écoles militaires ? Pourquoi étudier les campagnes de Turenne, de Frédéric II et de Napoléon ? Pourquoi une loi d'avancement dans l'armée ?

M. de Serres, après avoir rendu compte à MM. Gambetta et Crémieux de la bataille de Coulmiers, ajoute : « Je pus également parler au ministère de l'ensemble des décorations et des récompenses qui furent proposées... »

La déposition de M. de Serres prend de grandes proportions : il discute les opérations militaires, juge la conduite militaire des généraux, et fait preuve, non de modestie, mais d'habileté.

Le même M. de Serres envoya un jour à M. Cremer, qui de capitaine d'état-major avait été nommé général en chef, une dépêche ainsi conçue : « Hier a été arrêté à Beaune le sieur Arbinet, espion et pourvoyeur de l'ennemi, *occupant* Dijon ; assurez-vous bien avec l'autorité civile locale de l'identité et *qualité* du personnage, et faites-le fusiller aujourd'hui. »

Le général Cremer répondit le soir même : « Identité du nommé Arbinet constatée, il a été fusillé à 4 heures précises, suivant les ordres reçus. »

Ainsi un homme est fusillé sans jugement ! M. de Raineville, membre de la commission d'enquête parlementaire, pose cette question : « Quels étaient les titres de M. de Serres ? » S'il n'avait pas le titre de général, il était bien plus qu'un général, puisqu'il avait des officiers attachés à sa personne quoique civil : il donnait des ordres aux préfets.

La déposition de M. de Serres est fort longue. Il discute les opérations militaires avec une apparence de savoir, juge les généraux et reconnaît qu'il a joué le rôle principal. Il semble supérieur en intelligence de la guerre à MM. Gambetta et de Freycinet, qui, dans leurs dépositions, ne le ménagent pas. De son côté M. de Serres a peu de respect pour les œuvres de M. de Freycinet et exprime son étonnement en apprenant que M. Gambetta a dit dans sa déposition : « M. de Serres n'avait aucun rôle militaire. »

M. de Freycinet a peint en peu de mots l'opinion de ce singulier ministère de la guerre : « C'est le fétichisme militaire qui nous perd. » Telle est la pensée de MM. Gambetta, Crémieux, de Freycinet, de Serres et autres personnages dirigeant les armées.

FAIDHERBE

Il faut enfin que la France sache que l'élément civil a définitivement tout perdu. Si les généraux d'Aurelle, Bourbaki, Martin des Pallières, Chanzy et autres capitaines plus ou moins habiles avaient été abandonnés à leurs inspirations et à leurs calculs, la guerre des provinces pouvait se terminer par la délivrance du territoire.

Ce n'est pas en un jour qu'un habile ingénieur ou l'avocat le plus éloquent pouvaient apprendre à diriger des centaines de mille hommes.

III

Nous aurions pu tracer ici quelques portraits. Ceux de MM. Gambetta, Crémieux, Glais-Bizoin auraient singulièrement prêté à la critique s'ils eussent été ressemblants ; mais les événements sont trop graves pour ne pas effacer de nos lèvres le sourire d'une douloureuse pitié. Nous avons donc rejeté toutes les légendes plus ou moins capricieuses, et n'avons consulté que les documents authentiques. Il n'y a, par suite dans notre récit, que la vérité historique.

Pour compléter ces récits, donnons la parole à l'un des acteurs du drame (1).

Voici le jugement de M. Glais-Bizoin sur le général Trochu, président du gouvernement de la Défense nationale : « Le général Trochu est un homme qui a incontestablement toutes les vertus civiles et militaires ; mais il n'avait pas, comme disait Montaigne, la maîtresse pièce, pour délivrer Paris — l'*audace*. L'audace lui a manqué ainsi qu'aux généraux sous ses ordres. Nous avions mis

(1) *Dictature de cinq mois*. Mémoires pour servir à l'histoire du gouvernement de la Défense nationale et de la Délégation de Tours et de Bordeaux, par A. Glais-Bizoin, membre du gouvernement.

la main sur un Canrobert, — nous n'avions pas mieux, — lorsqu'il nous fallait un Pélissier, et peut-être plus... C'est un général trop bien ganté, me disait un vieux troupier; c'est aussi l'opinion du public parisien, témoin et victime du siège. »

M. de Freycinet n'est pas jugé plus favorablement par Glais-Bizoin : « Que M. de Freycinet dise que lorsqu'il s'est installé dans le cabinet du général Lefort, sous le titre de délégué de la guerre, il a créé plus de bureaux et augmenté le personnel de l'administration sous ses ordres, le fait est incontestable ; mais qu'il ait taillé plus et de meilleure besogne que son prédécesseur, cela peut s'écrire dans un livre qu'on fait à son éloge, cela ne se prouve pas, le contraire est beaucoup plus facile à établir. »

Ainsi, d'après un membre du gouvernement, M. de Freycinet a été insuffisant et son livre, trop vanté, n'est dicté que par l'amour-propre.

Le général Mazure commandait à Lyon. Le préfet se nommait Challemel-Lacour. Ce dernier adressa ce télégramme aux délégués du gouvernement de la Défense nationale à Tours : « Si je n'ai pas à l'instant les pouvoirs civils et militaires, la guerre civile va éclater. »

Les délégués (amiral Fourichon, Crémieux et Glais-Bizoin) étaient réunis lorsque le télégramme de Challemel-Lacour arriva. « Les pouvoirs militaires à un préfet, en présence du général commandant ! jamais, jamais je ne signerai un pareil décret, dit l'amiral ; non seulement je ne le signerai pas, mais je donnerai l'ordre au général de ne pas obéir au préfet. »

Crémieux, debout et avec une vive animation (1) : « Amiral, Glais-Bizoin et moi, nous vous le défendons »

Pendant que Crémieux et l'amiral étaient aux prises,

---

(1) Copie littérale du mémoire de Glais-Bizoin.

Glais-Bizoin formulait le décret qui réunissait entre les mains du préfet du Rhône l'autorité civile et militaire. Et le décret fut aussitôt signé par MM. Glais-Bizoin et Crémieux.

Glais-Bizoin en donna lecture à l'amiral qui se leva en disant avec énergie : « Je vais au télégraphe donner l'ordre au général Mazure de n'en pas tenir compte. »

Alors Crémieux, debout aussi, s'écrie :

— Je vous le défends, amiral.

— Je devancerai l'amiral, dit Glais-Bizoin à Crémieux, et je vais défendre au directeur du télégraphe...

Le lendemain matin, le télégraphe apprenait aux trois membres du gouvernement que le général Mazure était en prison dans un fort, et que les insurgés gouvernaient la ville de Lyon.

L'amiral donna sa démission pour la seconde et dernière fois.

M. Glais-Bizoin continue :

« Mes journées se passaient à activer les affaires. Je donnais audience partout, chez moi, dans la rue, au déjeuner comme pendant le dîner. »

Ce que ne dit pas M. Glais-Bizoin, mais qui fut affirmé devant le conseil d'enquête, c'est qu'il donnait ses audiences à domicile, en gros gilet de laine brune, en caleçon de couleur tendre, sans cravate et en pantoufles.

Le soir, il redevenait homme du monde dans les salons de Mme Thiers, de M. Wilson et de sa sœur Mme Pelouze, châtelaine de Chenonceaux.

Enfin Gambetta fit son entrée à Tours et obtint, après la démission de l'amiral Fourichon, la réunion du ministère de la guerre au ministère de l'intérieur, malgré l'opposition de Crémieux et de Glais-Bizoin qui sentaient leur importance diminuer. Gambetta fut donc en même temps ministre de la guerre et ministre de l'intérieur, avec deux voix dans les votes.

Glais-Bizoin montre quelque sévérité à l'endroit de Gambetta (1).

« Une fois nanti du ministère de la guerre, Gambetta se crut en droit, non seulement de commander des armées et de *donner des ordres aux généraux devant l'ennemi*, mais encore de *contracter des marchés* et *d'ouvrir des crédits* sans l'autorisation préalable de la Délégation, droit que les pouvoirs qu'il tenait du gouvernement de Paris, pouvoirs mal définis, je le reconnais, ne lui conféraient pas, et qu'il a exercé de la meilleure foi, sans doute, mais d'une manière préjudiciable à la défense elle-même...

« Dès qu'il fut installé, le nouveau ministre de la guerre et de l'intérieur congédia assez lestement le général Lefort pour mettre à sa place M. de Freycinet qui eut bientôt toute sa confiance... Le tort de M. de Freycinet, qui a été bien dommageable pour la chose publique, c'est d'avoir trop cru à son génie et à sa science des choses de la guerre. Loin de moi, toutefois, de penser que ce génie, cette science soient exclusivement les attributs des hommes qui ont passé par les écoles militaires. Les plus grands guerriers de l'antiquité, les Alexandre, les César, Thémistocle, Marius, Scipion, etc., ne sont pas sortis d'écoles polytechnique et Saint-Cyrienne, pas plus que Garibaldi, l'audacieux conquérant de la Sicile et du royaume de Naples. »

Effectivement Thémistocle n'avait pas suivi les cours de l'école polytechnique et Marius ne sortait point de Saint-Cyr ; mais Démosthène et Cicéron ne pouvaient non plus, à l'exemple de Gambetta et de Crémieux, se vanter d'avoir fréquenté l'école de droit. Quant à Garibaldi, on ne saurait sérieusement inscrire son nom à côté de celui de César.

(1) *Dictature de cinq mois*, par Glais-Bizoin, par 86.

Glais-Bizoin, qui se croit en état de diriger les armées, refuse donc ce génie à M. de Freycinet comme il le refuse à Gambetta. Ils ne s'aiment ni ne s'estiment les uns les autres.

M. le général d'Aurelle a fait de M. de Freycinet un portrait pris sur le vif : « Le délégué du ministre de la guerre est de petite taille, maigre, d'apparence chétive, plein de raideur, un peu embarrassé pour trouver une pause à l'importance qu'il cherche à se donner. Son visage est pâle, ses traits paraissent fatigués par le travail et les veilles. Sa tête porte quelques rares cheveux coupés courts ; il a quarante-trois ans à peine (1), et cependant tout annonce en lui une vieillesse prématurée. Son regard, qu'il n'est pas facile de surprendre, laisse apercevoir, quand on peut y réussir, des yeux bleus qui ne manquent pas d'une certaine expression ; mais on y chercherait en vain la bienveillance. »

Revenons aux Mémoires de M. Glais-Bizoin. « Gambetta ne possédait pas l'art de n'exciter aucune plainte, il avait des emportements qui lui faisaient beaucoup de tort. »

Le général Bourbaki, ayant quitté Lille, vient offrir son épée au gouvernement de la Défense nationale. Mais ce vaillant soldat est peu apprécié. « Nous le reçûmes à bras ouverts, dit Glais-Bizoin. Il resta presque impassible devant nos cordiales démonstrations. Je m'attendais à voir, dans le héros de Balaclava, un sabreur, un Murat, un Kléber, un Augereau. Grand fut mon désappointement ; nous avions devant nous un homme de moyenne taille, sans aucun trait remarquable, calme, sans enthousiasme, tout méthodique. »

Les querelles sont continuelles entre le général d'Aurelle et M. de Freycinet, ou, pour mieux dire, entre les généraux et les délégués civils qui dirigent les armées.

(1) En 1870.

Ces derniers même ne sont pas d'accord entre eux : les uns veulent la concentration des troupes, les autres sont pour l'occupation d'un grand nombre de points ; Glais-Bizoin est du premier parti, Gambetta du second.

« Un jour (1), à propos de l'expédition des 18e et 20e corps sur Pithiviers ... j'allai trouver Gambetta. Il me dit, en parlant des généraux et des ordres qu'il leur donnait, un mot qui m'effraya : « Eh ! je sais ce que je fais : cela va bien, je fais marcher les généraux comme des pions sur un damier. » Ce mot est cruel pour les généraux, mais il est vrai ; MM. Gambetta, Freycinet et de Serres en avaient fait de véritables pions ; ils n'avaient nulle initiative. Pour s'en convaincre, il suffit de lire les dépêches. Nous en pourrions citer par centaines ; nous nous contenterons de celles-ci, adressées aux généraux d'Aurelle, Martin des Pallières, Crouzat et Billot au sujet de l'expédition de Pithiviers, dirigée *directement*, sans contrôle, sans entente préalable, par MM. Gambetta et de Freycinet. « Pendant six jours cette expédition fut une suite de combats où ont péri inutilement tant d'hommes et surtout tant d'officiers (2). »

Guerre (3) au général d'Aurelle.

22 novembre, 11 h. 55 du soir.

Suivant l'avis que vous a porté de Serres et que devait compléter un ordre spécial, le général des Pallières devra coucher à Chilleurs-aux-Bois après-demain soir, jeudi 24 courant. Le général Crouzat, de son côté, partant demain des Bordes, devra coucher après-demain soir entre Beaune-la-Rolande et Juranville. Transmettez-lui cet ordre :

(1) *Dictature de cinq mois*, p. 96.
(2) Dépêche du général Crouzat, 1er novembre.
(3) Lisez : Gambetta.

AVIS. 1° Départ de Des Pallières avec une trentaine de mille hommes, dans la direction de Pithiviers, mercredi 23 courant.

2° Occupation de Pithiviers jeudi 24 courant par le même.

Un ordre formel sera envoyé au général d'Aurelle pour lui enjoindre d'opérer le mouvement sus-indiqué.

Signé : C. DE FREYCINET.

Guerre au général d'Aurelle.

Tours, 23 novembre, 10 h. 3/4 du soir.

J'ai lu votre lettre apportée par capitaine d'état-major. Des Pallières exécutera demain le mouvement prescrit, mais s'arrêtera au-dessous de Chilleurs-aux-Bois, sans sortir de la forêt.

Crouzat exécutera de même demain soir le mouvement prescrit, mais prendra position entre Bellegarde et Bois-commun en faisant occuper Ladon et Maizières par des avant-postes.

L'un et l'autre attendront de nouveaux ordres pour aller plus loin.

Signé : C. DE FREYCINET.

Guerre, au général d'Aurelle.

Tours, 23 novembre, 3 h. 45 m.

Je me suis concerté avec M. Gambetta, relativement à votre dépêche de ce matin, et voici sa réponse que je suis chargé de vous transmettre :

Nos instructions d'hier soir répondent par avance à votre question pour Des Pallières. Nous ne demandons pas en ce moment qu'il dépasse Chilleurs-aux-Bois, mais nous demandons simplement qu'il se masse entre Chilleurs et Loury... et qu'il attende de nouveaux ordres.

Signé : C. DE FREYCINET.

Le général d'Aurelle au général Des Pallières.

Saint-Jean de la Ruelle, 24 novembre 1870.

Par suite de nouvelles instructions du ministre de la guerre, vous exécuterez, aujourd'hui 24, le mouvement qui vous a été prescrit. Mais vous vous arrêterez au-dessous de Chilleurs-aux-Bois, sans sortir de la forêt. Vous attendrez là de nouveaux ordres pour aller plus loin.

Signé : Général D'AURELLE.

Le général d'Aurelle au général Crouzat, à Sully.

Saint-Jean de la Ruelle, 23 novembre 1870, 2 h. du matin.

D'après les ordres du ministre, vous devez aller coucher, demain soir 24, entre Beaune-la-Rolande et Juranville et aujourd'hui à Bellegarde.

IV

M. Gambetta a donc raison de dire qu'il fait marcher les généraux comme des pions sur un damier ; il ne respecte même pas la hiérarchie et donne des ordres directement sans les faire passer par l'autorité supérieure.

Cette manière d'agir n'obtint pas l'approbation de MM. Crémieux et Glais-Bizoin qui se croyaient aussi grands stratégistes que Gambetta. Glais-Bizoin adressa des observations sur l'étendue du front de bataille et dit à Gambetta qu'il allait se rendre près du général d'Aurelle de Paladines.

« Cela le mit hors des gonds.

« — Si vous y allez, s'écria-t-il, je vous fais arrêter.

« — Votre menace me suffirait, lui répliquai-je, pour

me déterminer. Vous n'êtes ici qu'un ministre, membre du gouvernement, je ne vous crains pas.....

« J'allai trouver Crémieux et lui racontai ce qui venait de se passer :

« — Ah ! il vous menace, dit Crémieux. Eh bien, j'irai avec vous. »

Les deux vieillards n'étaient cependant pas sans craintes. Dans un accès de colère Gambetta pouvait les faire emprisonner, et d'un autre côté la soumission en cette circonstance pouvait être considérée comme une abdication. Crémieux et Glais-Bizoin, partirent donc, non pour aller mesurer l'étendue du front de bataille, mais bien dans le but de remettre aux troupes des gilets de flanelle, des couvertures et des bas de laine. Afin d'être encore plus certains d'éviter la prison, ils se firent escorter par le préfet du Loiret, MM. Cochery, ancien député, Baguenault, Le Noël, etc.

Le général d'Aurelle interprète ainsi cette visite (1) :

« MM. Crémieux et Glais-Bizoin, membres du gouvernement de la Défense nationale, ne voyaient pas sans inquiétude M. Gambetta, qui s'était emparé déjà de la dictature civile, vouloir substituer son autorité à celle des généraux et donner directement des ordres aux corps d'armée.

. . . .

« Crémieux et Glais-Bizoin, froissés dans leur amour-propre à cause du peu de cas que le dictateur faisait de leurs personnes et de leurs conseils, résolurent de faire acte d'indépendance, de fermeté, et se rendirent à Orléans sous prétexte de porter à l'armée des vêtements..... »

Le général d'Aurelle était un bon et brave capitaine, mais auquel l'esprit de discipline, mal interprété, avait

(1) *Première armée de la Loire*, par le général d'Aurelle de Paladines, pages 271 et suiv.

enlevé toute initiative, toute indépendance. Lui-même le reconnaît lorsqu'il dit : « Dominé par mes principes de la hiérarchie militaire et de la subordination (1). »

L'un des généraux placés sous les ordres de d'Aurelle lui proposa d'arrêter Gambetta (il se servit de l'expression *cueillir*) ; ce général voulait en finir et secouer le joug de dictateurs incapables, égoïstes et qui perdaient la France. D'Aurelle laissa toute liberté à ce général, mais ne voulut pas donner l'ordre d'arrestation.

Les généraux auraient formé une sorte de gouvernement de la Défense nationale, dominant l'élément civil.

Le gouvernement de la Défense nationale, composé des députés de Paris, présidé par le général Trochu et enfermé dans la capitale assiégée, avait-il un caractère plus légal ? N'était-il pas lui-même une usurpation, un coup d'Etat véritable sur les droits de la nation.

La grande préoccupation du gouvernement du Quatre-Septembre était de fonder la République, le salut de la France ne venait qu'après. Nous le constatons avec regret, car peu importe quel bras eût sauvé le pays ; chacun de nous l'eût béni. La France vaincue, envahie de toutes parts, aurait dû être un camp de guerre ; toutes nos provinces soumises à l'état de siège pouvaient résister à l'ennemi, si nous avions eu l'énergie de sacrifier quelques libertés de luxe au salut de la patrie. Tout devait momentanément s'incliner devant l'épée. Le général d'Aurelle ne le comprit pas et se fit battre par soumission.

Lorsque Crémieux et Glais-Bizoin revinrent de leur voyage à Orléans, Gambetta les fit comparaître devant lui. Jetant son portefeuille sur la table, il s'écria : « Voilà ma démission de ministre de la guerre ; tout le personnel du ministère se retire avec moi. » — « Et alors, dit Glais-Bizoin (2), eut lieu une scène ou plutôt une tempête de

(1) *Première armée de la Loire*, par le général d'Aurelle, p. 240.
(2) *Dictature de cinq mois*, Glais-Bizoin, page 105.

paroles que la plume ne saurait rendre..... Crémieux, avec des larmes dans la voix, se jeta au cou de Gambetta, le suppliant de revenir sur sa décision..... Depuis ce jour je trouvai notre ministre de la guerre de plus en plus caché et absolu dans ses projets guerriers. »

Quoique membres du gouvernement, Crémieux et Glais-Bizoin accusent Gambetta et Freycinet d'être responsables de la perte d'Orléans. « Ils ont pour excuse la sincérité de leurs illusions qui les portaient à se croire des stratégistes de la force de Carnot et de De Moltke, illusions fortifiées par la *docilité* et la *résignation* de la plupart des généraux. Nous avions engagé le général d'Aurelle à n'être pas comme un *automate* au bout du fil télégraphique du ministre de la guerre et de son délégué. On doit reprocher à ces messieurs d'avoir immobilisé les 18ᵉ et 20ᵉ corps d'armée, commandés par les généraux Crouzat et Billot ; comment douter que si ces 60.000 hommes eussent pris part à la bataille d'Orléans, au lieu d'un désastre, nous eussions obtenu un triomphe ? »

« Le lendemain de l'évacuation d'Orléans, Gambetta annonça publiquement par le *Journal officiel* que le général d'Aurelle de Paladines allait passer devant un conseil de guerre. Mais le défenseur du général eût facilement prouvé que la défaite était due à MM. Gambetta et Freycinet. On renonça vite au conseil de guerre. Le général d'Aurelle avait-il donc oublié les paroles de Napoléon Iᵉʳ : « Un général en chef n'est pas couvert de ses fautes à la guerre par un ordre de son souverain ou du ministre, quand celui qui le donne est éloigné du champ d'opérations, et qu'il connaît mal ou ne connaît pas du tout le dernier état des choses. D'où il résulte que tout général en chef qui se charge d'exécuter un plan qu'il trouve mauvais, est coupable ; il doit représenter ses motifs, insister pour que le plan soit changé, enfin donner sa démission plutôt que d'être l'instrument de la ruine de son armée (1). »

Les délégués du gouvernement de la Défense nationale quittèrent Tours, où ils ne se croyaient pas en sûreté, pour se rendre à Bordeaux. Cette ville fut dès lors le rendez-vous d'une foule de solliciteurs. Parmi eux se trouvait Lullier, de la garde nationale de Paris. Il s'adressa ainsi à MM. Crémieux et Glais-Bizoin : « Citoyens-gouvernement, je suis tout prêt à combattre les Prussiens ; mais à la condition qu'on me nomme général. »

Un autre personnage se présentait en même temps au gouvernement : celui-là était le général en chef des armées du roi de Siam. Ses allures cavalières, son langage patriotique produisirent une véritable séduction et M. Crémieux lui offrit le grade de général de brigade. Ce n'était pas digne du général en chef des armées de Siam, qui répondit fièrement qu'il avait traversé les mers, franchi les détroits, bravé les tempêtes et les écueils, pour sauver la République française. M. Glais-Bizoin présenta le Siamois à M. de Freycinet qui fut séduit ; tout en causant, le général en chef des armées du roi de Siam laissa deviner qu'il avait servi dans les zouaves pontificaux. Précisément le même jou Glais-Bizoin dînait chez le directeur en chef des ambulances, M. de Villeneuve-Bargemont. Le hasard lui donna pour voisin de table M. le baron de Charette. Glais-Bizoin lui dit le nom du général en chef.

— Ah ! je me rappelle ; il était à Rome, il y a vingt ans, simple zouave.

— Eh bien ! qu'en dites vous ? il est général en chef à Siam ; pouvons-nous en faire un général de division ?

— Oh ! oh !

— Je comprends, reprit Glais-Bizoin, c'est trop ; alors général de brigade ?

(1) Glais-Bizoin.

— Oh ! oh !
— Colonel ?
— Hum ! hum !
— Sergent ?
— Oh ! très bien.

Les convives s'amusèrent fort, dit Glais-Bizoin, de la conclusion du baron de Charette.

Un Bordelais, M. Grapinet, ancien consul à Siam, apprit au gouvernement que l'ex-zouave était, à Siam, chargé d'enseigner l'exercice, le maniement des armes et la charge. L'intendant en chef de cette armée de Siam avait rempli à Bordeaux les fonctions de cuisinier.

Si M. Glais-Bizoin eût été assis à table loin du baron de Charette, l'ancien zouave devenait général de division tout comme le général Kératry ou le général Bordone.

V

On voit quel rôle déplorable jouaient en province les délégués du gouvernement de la Défense nationale. Ignorants des choses de la guerre, ils commandaient les armées, toujours loin des champs de bataille. Jaloux les uns des autres, ils ne suivaient pas la même ligne de conduite. Vainement cherchaient-ils à secouer le joug de Gambetta, celui-ci commandait en maître.

La responsabilité de cet homme est grande devant la nation française, elle sera grande devant la postérité. Ses contemporains lui ont beaucoup pardonné parce qu'à leurs yeux il leur semblait personnifier le patriotisme, la résistance opiniâtre aux envahisseurs. Dans ce conjurateur on a cru voir un homme d'Etat, et l'on s'est livré à lui avec un coupable abandon.

Mais le nom de Gambetta est désormais inséparable des malheurs de la France.

Dans cette ville de Tours où s'agitaient tant d'intrigues et d'ambition, où des esprits sans portée, des caractères sans relief commandaient à ce pays d'Henri IV et de Louis XIV, une grande figure pleine de majesté dominait la foule.

Nous voulons parler du cardinal Guibert. Un écrivain a dit de lui : « Habillez ce prélat comme vous et moi, et mettez-le en face d'un artiste, celui-ci dira : Il doit avoir une volonté de fer, une intelligence supérieure et quelque grand chagrin. » Oui, le visage est empreint d'une profonde tristesse. Ce prêtre souffre des blessures faites à la patrie et à l'Eglise.

Son regard semble dirigé vers le ciel et ferait seul deviner que le prélat voit plus haut que nous ne voyons. Le bas du visage rappelle la tête du maréchal Soult, le type de la fermeté. Ceux qui, comme nous, ont beaucoup vu puisqu'ils ont longtemps vécu dans des mondes divers, doivent avoir observé un singulier phénomène de ressemblance. Un grand prélat a souvent la physionomie d'un illustre capitaine et plus d'une fois nous avons pu remarquer que les curés de nos paroisses nous rappelaient les capitaines du régiment. Les uns et les autres sont coulés dans un même moule de bronze, celui de la discipline, de l'abnégation, du courage et de la résignation.

Lorsqu'en 1870 un voyageur traversait la ville de Tours et qu'il se trouvait en présence des Gambetta, des Crémieux, des Glais-Bizoin, son âme devait s'attrister. Tous ces gouvernants l'enchaînaient à la terre ; il ne pouvait s'élever dans ce monde invisible d'où les grands cœurs planent sur la foule. Autour de ce voyageur tous s'agitaient, se disputant les lambeaux de la patrie ; des passions humaines, la plupart ne connaissaient que la haine et l'envie, et pas un d'eux n'aurait donné généreusement une goutte de son sang pour notre pauvre France.

Mais lorsque ce voyageur pénétrait dans la cathédrale aux heures sombres de la soirée, ou le matin lorsque sonnait l'*Angelus*, ou même au milieu de la journée, il voyait un vieillard, priant ou prodiguant la charité. Des soldats blessés entouraient le vieillard qui les bénissait et leur donnait son pain.

Peut-être les membres du gouvernement de la Défense nationale allaient-ils dans les ambulances visiter nos soldats ; nous devons le supposer, quoique leurs Mémoires soient absolument muets sur ce sujet.

Mgr Guibert s'imposait ce soin cher à son cœur. Il s'arrêtait au chevet d'un mourant et, se penchant sur sa couche, il lui parlait tout bas. Un éclair de bonheur illuminait le front du mourant comme si le prélat avait versé sur sa blessure un baume divin que lui seul possédait.

Ce vénérable prélat était donc le lien qui, dans cette ville, unissait les hommes de bonne volonté à ce Dieu méconnu qui seul pouvait nous sauver. Autour de lui les israëlites et les athées se coudoient sous son toit, mais sa tolérance est grande. Il ne put cependant consentir à recevoir dans l'Archevêché l'aventurier italien qu'on nommait le général Garibaldi.

Le cardinal Guibert, aujourd'hui archevêque de Paris, est né, en 1802, à Aix (Bouches-du-Rhône). Après avoir terminé ses études théologiques, le futur prélat entra dans l'ordre des Oblats en 1825. Il eut le gouvernement de plusieurs paroisses et du grand séminaire d'Ajaccio, et fut appelé à l'évêché de Viviers en 1841. Il occupa ce siège épiscopal pendant quinze années. Lorsqu'en 1854 le choléra vint désoler Viviers et les pays environnants, Mgr Guibert se fit adorer de tous : on le vit près des malades, les soutenir de sa parole, prodiguer sa charité et risquer chaque jour sa vie pour les pauvres.

Après le martyre de Mgr Darboy, le cardinal Guibert fut, malgré lui, nommé archevêque de Paris.

Nous avons donné à Mgr Guibert le titre de cardinal, cependant ce n'est que le 22 décembre 1873 qu'il fut élevé à cette haute dignité de l'Eglise.

La pensée familière du cardinal Guibert est celle-ci : Le monde appartiendra aux miséricordieux.

Que devaient penser les Gambetta, les Crémieux et les Glais-Bizoin en entendant ces paroles !

Sortons de la ville de Tours où nous avons vu à l'œuvre les délégués du gouvernement de la Défense nationale. Tout lecteur de bonne foi reconnaîtra que l'élément civil donnait des ordres aux généraux et que ceux-ci manquaient de caractère. Nos défaites sont dues autant aux faiblesses des chefs de l'armée qu'à l'ignorance des hommes politiques. Qu'on nous pardonne d'insister sur ce point. Nous ne voudrions pas cependant paraître blâmer avec amertume nos braves généraux, nos amis et compagnons d'armes, qui ont obéi à des sentiments généreux, à de nobles illusions, et dont plus d'un a fait un grand sacrifice en courbant la tête sous les ordres des Gambetta, de Serres et Freycinet : ils voulaient vaincre et mourir pour la patrie. Mais le soldat n'est pas coupable ; toujours brave, dévoué, il supportait les fatigues et les privations. Dans les masses tumultueuses il y avait parfois des défaillances qui ne portaient nulle atteinte à la réputation de ces armées improvisées. Nous nous mêlerons à elles, nous les suivrons sur les champs de bataille, et l'on verra ce que vaut le courage de notre peuple.

VI

Quelles que soient les idées politiques d'un homme, les tendances de son esprit et jusqu'aux préjugés de son éducation, il est impossible qu'en étudiant la guerre de

1870-1871 dans les provinces, il ne soit pas séduit tout d'abord par la physionomie patriotique de Gambetta. Voilà un homme, jeune encore, ardent, doué d'une éloquence démocratique, et qui, par un élan sublime en apparence, se précipite à la tête de la résistance. Il s'empare hardiment du pouvoir : ministre de l'intérieur et ministre de la guerre, il tient dans ses mains toutes les forces nationales. D'une audace extrême, il brise tous les obstacles, et bientôt sa puissance est supérieure à celle des souverains qui ont régné sur la France.

Nous sommes prêts à tout lui pardonner au nom du patriotisme. Qu'il dispose des populations, des richesses, des armes, des emplois ; qu'il brise des carrières honorables ; qu'il improvise des généraux, des administrateurs ; que sa dictature soit celle d'un César ; qu'il organise les armées, qu'il les commande en personne, nous y consentons sans arrière-pensée, mais à une condition, c'est que la France sera sauvée.

De telles usurpations sont une honte, lorsqu'elles ne deviennent pas le salut de la patrie. Pour elle nous sommes prêts à tous les sacrifices ; pour elle nous donnerons la liberté, les trésors de la France, les monuments de nos villes, les pierres de nos forteresses, le bonheur de nos foyers, nous donnerons les jours qui nous restent à vivre et les jours de nos enfants ; mais à celui qui prendra tout cela, nous demandons le salut.

Qu'avons-nous refusé à M. Gambetta, nous autres patriotes de toutes opinions ? — Rien.

Et lorsqu'il s'est retiré, qu'avons-nous trouvé sur son passage ? — Des ruines.

Tout Français qui, à la première heure de l'invasion, s'était dit avec nous : J'y veux mourir ! a le droit d'interroger la mémoire de M. Gambetta.

Il fut habile, nul ne le conteste ; mais fut-il un noble et désintéressé patriote ?

L'a-t-on vu jamais sur la ligne des tirailleurs, le plumet tricolore au vent et le sabre à la main, comme les commissaires civils des armées de la première république ?

En destituant les généraux, en s'emparant de leur autorité, il héritait aussi de leur responsabilité. La France a donc le droit et le devoir de se demander si M. Gambetta, en usurpant les pouvoirs militaires, n'a pas causé et aggravé les malheurs de la guerre après Sedan et la capitulation de Metz.

L'histoire de cette guerre a été écrite par M. Charles de Freycinet, ancien délégué du ministre de la guerre à Tours et à Bordeaux (1). Dans l'avertissement de ce livre, on lit cette pensée : « En vain des hommes plus soucieux de leur propre renommée que de celle de leur pays ont cherché à pallier leurs fautes en amoindrissant l'œuvre dont ils avaient été les acteurs insuffisants, l'opinion publique ne s'y est pas trompée. » M. de Freycinet est dans l'erreur s'il pense que l'opinion publique éclairée est favorable à la direction imprimée à la guerre par la Délégation de Tours.

On a fait autrement que les généraux le voulaient ; ils ont été destitués. Mais en faisant le contraire, M. Gambetta nous a fait battre ; rien, en cela, ne plaide en faveur de son génie militaire.

Le livre de M. de Freycinet est un long éloge de l'auteur et de M. Gambetta homme de guerre ; en France on chercherait en vain un ouvrage militaire écrit dans le but de prouver que M. Gambetta était supérieur comme capitaine aux généraux qu'il commandait et destituait.

Mais ce livre existe en Allemagne, il a pour titre : *Gambetta et ses armées*, par le baron Colmar von der

---

(1) Michel Lévy, éditeur.

Goltz. Cet ouvrage a donné lieu à bien des critiques 1).

« M. von der Goltz reconnaît lui-même que M. Gambetta surpasse de beaucoup en conceptions stratégiques les hommes spéciaux qui commandaient alors les corps d'armée. Il n'a pas « voulu » être général, il « était général » et s'obstina à vouloir que ses grandes entreprises se développassent suivant le plan et dans la direction arrêtée par lui ; en cela il avait raison. Il y a des choses qui sont affaire de *génie* et non de métier ou de routine. Les grandes vues, les idées heureuses ne s'apprennent point comme une leçon. On les a ou on ne les a pas. Gambetta les avait. S'il est quelquefois entré dans le détail et s'en est inquiété, ce n'a pas été sa faute. Quand il l'a fait, il y avait nécessité de le faire. Chanzy et Faidherbe, Cremer lui-même, quand il eut montré à Nuits ce qu'il pouvait, n'ont pas eu à souffrir de l'immixtion de Gambetta. »

Celui qui juge ainsi Gambetta, et le proclame grand homme de guerre, place Cremer avant Chanzy et Faidherbe !

L'ouvrage du baron von der Goltz n'a pas été une bonne fortune pour M. Gambetta qui est présenté aux Allemands comme l'expression la plus élevée du génie *militaire* de la France à son époque.

Gambetta n'imite pas le système de guerre de la révolution française ; il n'adopte ni la stratégie, ni la tactique des Moreau, des Masséna, des Kléber ; aucun des exemples de Napoléon Ier n'est suivi par lui ; on ne retrouve, dans ses conceptions de Gambetta, aucun souvenir d'Austerlitz ou de Wagram.

En faut-il conclure que Gambetta avait son système particulier, son génie propre, sa personnalité militaire, et qu'il se passait facilement des leçons de l'histoire ?

(1) La *Gegenwart*, feuille de critique littéraire et artistique, la plus importante de l'Allemagne.

Avant de répondre à cette question, assurons-nous que Gambetta est seul responsable de ses actes. Devant la commission d'enquête, le député Perrot dit à Gambetta : « Monsieur, vos collègues nous ont dit que, du jour où vous arrivâtes à Tours, vous fûtes le seul à diriger les affaires militaires. Acceptez-vous cette responsabilité ? »

Gambetta répondit :

« Sur ce point nous sommes d'accord ; mes collègues n'ont contracté aucune responsabilité : je leur communiquais ce que je faisais, mais ils n'ont jamais dit ni oui ni non ; et il ne serait pas juste de les rendre responsables. »

MM. Gambetta et Freycinet n'avaient nullement la prétention d'être inspirés par le génie de la guerre, et de se passer des exemples offerts par l'histoire.

Leur modèle était la guerre civile des Etats-Unis en 1860. M. de Freycinet suivait les traditions des Etats du Nord.

« Si l'on trouve, dit-il, que l'armée auxiliaire, malgré les immenses services qu'elle a rendus, n'a pas jeté le même éclat qu'aux Etats-Unis, qu'on veuille bien se rappeler qu'en Amérique la guerre a duré plusieurs années, et en France quatre mois seulement. Ce n'est qu'après avoir été battus pendant trois ans par l'organisation régulière du Sud que les généraux improvisés du Nord, les Meade, les Grant, les Sheridan, les Sherman, ont appris à vaincre à leur tour, et ont ainsi récompensé la longue patience de leurs concitoyens. La France plus pressée n'a donné à son armée auxiliaire que quatre mois pour la sauver. »

Les Américains du Nord n'ont transformé quelques valeureux citoyens en généraux que parce qu'ils n'en possédaient pas de réels. Ces généraux improvisés du Nord étaient en réalité les élèves des généraux du Sud, sortis tous de l'école militaire de West-Point. MM. Gambetta et Freycinet se trompaient en croyant imiter la guerre d'Amérique. Il serait facile de démontrer que cette guerre, dont les Etats-Unis ont été le théâtre, ressemble très souvent, en tactique et en stratégie, à la guerre de Trente Ans et à celle de Sept Ans. Les traditions s'étaient vaguement conservées et une sage lenteur présidait aux opérations et permettait de réparer les fautes.

M. Gambetta ne suivait aucun système et obéissait aux inspirations du moment.

Le baron prussien von der Goltz, admirateur de Gambetta, juge ainsi les généraux de l'armée de la Loire : « D'Aurelle et la plupart des autres généraux se sont montrés plein d'excellents sentiments patriotiques, animés de la meilleure volonté, mais ils n'étaient pas du bois dur dont on fait les bons soldats. La manière dont MM. Gambetta et Freycinet tout-puissants à Tours jugeaient les chefs de corps ressort d'une manière toute caractéristique d'un télégramme adressé par M. de Freycinet à Gambetta. Dans cette dépêche, le premier donne à son chef, au moment où il venait de se mettre en route, le 4 décembre 1870, pour le champ de bataille, de bons conseils sur l'attitude qu'il doit prendre vis-à-vis de l'armée. Il lui dit que les généraux avec qui il va avoir affaire ont peu d'élan ; que ce sont des natures calmes, un peu lourdes, dont il faut craindre de trop exiger. Le dictateur évitera d'avoir de trop fréquents rapports avec eux : une entrevue d'une heure devra suffire. « A mon avis, il faudrait que vous fussiez de retour ce soir, car je craindrais que la prolongation du séjour n'eût plus de mauvais effets que de bons. »

Le baron von der Goltz ajoute : « Cette instruction si détaillée n'est nullement flatteuse pour les capacités militaires du dictateur. » Tout en faisant l'éloge de Gambetta, l'écrivain allemand critique ses opérations militaires. Ceux qui savent lire entre les lignes verront facilement que von der Goltz a pour Gambetta le plus profond dédain. Alors pourquoi publie-t-il, en allemand, un livre intitulé *Gambetta et ses armées?*

Ne fallait-il pas faire accepter à l'Allemagne militaire les généraux civils ? N'est-ce point la raison d'être du livre du baron ?

Dans les détails de son ouvrage, von der Goltz fait, à chaque page, ressortir les fautes commises par Gambetta et sa complète ignorance de la guerre. Il approuve le système de Chanzy sans s'apercevoir qu'il reposait sur la défensive, système qu'avait toujours prôné d'Aurelle jusqu'au moment de sa destitution.

L'auteur allemand publie des documents que M. de Freycinet a passés sous silence. M. de Serres télégraphie le 24 décembre 1870 à M. de Freycinet d'aller trouver Gambetta à Lyon « pour mettre fin aux doutes, aux irrésolutions, aux faux-fuyants de Bourbaki. Si Gambetta me conserve la confiance qu'il m'a témoignée à Bourges, je soutiens que je mettrai les choses en mouvement, comme vous le désirez tous deux, et que je briserai toute résistance sans hésitation. Ce soir on est revenu sur le 15ᵉ corps. J'ai développé *nettement* et *carrément* nos idées... C'était moi qui posais les hypothèses et qui les résolvais. Pas un seul projet sérieux ne m'a été fait par ces *héros* (1) qui m'ont prouvé une fois de plus la pauvreté de leur esprit. »

Peu de jours après, le 10 janvier, le même M. de Serres écrivait au même M. de Freycinet, à la suite de la journée de Villersexel :

« Le général Bourbaki est magnifique de vigueur, d'entrain et d'élan ! C'est à lui que revient l'honneur de cette journée..... ! »

(1) Le général Bourbaki et son chef d'état-major, le général Borel, que Gambetta voulait remplacer.

M. de Freycinet adresse à Bourbaki cette dépêche :
« Je vous félicite, ainsi que votre éminent chef d'état-major Borel, dont j'ai reconnu la plume dans plusieurs des dispositions prises... »

Von der Goltz avoue que Gambetta commandait les armées en personne, quoiqu'absent du champ de bataille. Voici son ordre du 28 décembre : « Je désire qu'il soit bien entendu qu'aucune décision ne doit être prise sans qu'elle me soit soumise. Ce n'est qu'en cas de nécessité urgente que l'on pourrait agir sans mes instructions.

« A part cela, j'insiste pour que chaque jour je sois tenu au courant des projets du quartier-général, afin que je puisse envoyer mes instructions. Jusque-là cette forme indispensable a pu être négligée sans inconvénients parce qu'il s'agissait de transports, et non d'opérations proprement dites. »

VII

On ne dépouille pas entièrement sa qualité de baron allemand écrivant en langue allemande. Quoique destiné à la gloire militaire de Gambetta, le livre du baron von der Goltz a de singulières tendresses pour la Prusse. Après avoir promené un long regard sur les armées du dictateur, l'écrivain nous montre les armées germaines manœuvrant avec un ordre parfait. Tous les fils arrivaient au grand quartier-général de Versailles. Là, de véritables hommes de guerre, dans le silence du cabinet, étudiaient à loisir les ordres à donner. De ce point central, chaque armée était informée une fois par jour des opérations exécutées par les autres armées, de la tâche qu'elles avaient à remplir et de leurs succès.

Les instructions, toujours claires, simples pour tous

les chefs, étaient données d'une manière **générale**. On laissait à chacun d'eux l'indépendance nécessaire, en levant toutefois les doutes qu'ils pouvaient avoir sur le rôle de chacun dans l'ensemble des opérations.

« Du côté des Français le spectacle était tout autre (1). Une agitation fébrile mettait en mouvement les fils télégraphiques. Tandis que chaque général recevait à propos de vétilles des instructions très précises, qui variaient souvent ou qui étaient contradictoires, et dont l'exécution était en grande partie impossible, on le laissait dans l'incertitude sur le système adopté pour les grandes opérations. En un mot on manquait de vues d'ensemble, on ne dominait pas la situation avec calme : au lieu de cela, il n'y avait qu'un mélange confus de désirs, d'espérances, de tentatives et d'efforts impuissants. C'était à l'armée qui dans le moment fixait les regards qu'on donnait toute l'attention. Quant aux autres corps, on les perdait de vue. »

Une dépêche de Chanzy vient à l'appui de cette dernière accusation : « Je suis dans l'incertitude sur l'endroit où se trouve la première armée. Quel est le véritable but du mouvement que vous poursuivez? Je ne sais rien de la situation des affaires dans le Nord, des intentions du général Faidherbe et des obstacles qu'il aura à surmonter. Je n'ai que des renseignements très vagues sur les rassemblements de troupes en Bretagne et au camp de Cherbourg, sur le rôle que les troupes sont appelées à jouer, sur leur état, etc., etc. »

Pour prouver que les généraux n'étaient rien que des conducteurs de soldats, le baron allemand cite cette dépêche de M. de Serres à M. de Freycinet : « Cette nuit (10 janvier), j'ai étudié avec le général Bourbaki toutes les mesures nécessaires pour préparer la bataille... »

(1) *Gambetta et ses armées*, par le baron Colmar von der Goltz.

L'historien allemand de *Gambetta et ses armées* trace un portrait bien pâle du général Bourbaki. Ce brillant soldat que nous avons connu plein de feu est représenté comme soumis aux volontés de M. de Serres. « Bourbaki, dit le baron Von der Goltz, n'était décidément pas l'homme qu'il aurait fallu pour une situation comme celle qui lui avait été faite. Une fois les éléments soulevés aussi profondément et sans égard pour les victimes et les désastres qui devaient se produire, des caractères comme ceux de Cremer et de Billot, se rapprochant du radicalisme sauvage de M. de Freycinet, eussent été bien mieux en situation. »

M. de Serres, le mentor de Bourbaki, nous montre le général tout heureux de recevoir des compliments de Gambetta ; il est flatté des éloges que daigne lui adresser M. de Freycinet, cause principale de sa défaite.

« Le généralissime (Bourbaki) a lu en ma présence la dépêche que vous venez de lui envoyer (1). Un pareil témoignage de satisfaction et de reconnaissance donné en ce moment par un cœur comme le vôtre est pour lui la plus belle récompense et en même temps l'encouragement le plus précieux, car il redonne à son âme ce qu'elle avait perdu, la confiance dans le jugement équitable de ses concitoyens. Merci, en son nom, pour tout le bien que vous lui faites ; merci au nom du pays pour tout le bien que vous lui ferez encore. »

De son côté, Bourbaki, très flatté des compliments de Gambetta, répond par cette dépêche : « Je prends pour M. de Serres, aussi bien que pour moi, les encouragements que votre dépêche renferme.

« J'ai déjà eu l'occasion de vous dire, combien m'est précieuse l'assistance qu'il me prête en toute occasion. »

Tous nos généraux avaient été successivement desti-

(1) De Serres à Gambetta, Bordeaux.

tués. Le tour de Bourbaki vint enfin. Après avoir été abreuvé de dégoûts, après avoir servi de jouet aux Freycinet et aux de Serres, le vaillant capitaine de Crimée se vit retirer son commandement.

Le héros de l'époque était Garibaldi. M. Crémieux lui écrivait : « Ami ! permettez-moi aussi de vous adresser mes souhaits particuliers pour votre bonheur et l'expression de ma joie. Oui, vive la République, si bien défendue par le grand soldat qui porte si haut en ce moment le drapeau français et qui ajoute une nouvelle gloire à tant de gloires ! Et merci aux soldats de Garibaldi qui restent inébranlables comme un mur devant l'ennemi qui se précipite sur eux comme une vague, merci aux nôtres à qui vous avez communiqué votre ardeur ! Cher Garibaldi... continuez à vaincre. »

De son côté, M. de Freycinet écrivait à Gambetta (1) : « En ce qui concerne Garibaldi, j'éprouve une difficulté toute particulière à le renforcer ; la plupart des gardes mobiles a qui je m'adresse refusent absolument de joindre ce général. »

Le baron von der Goltz écrit à l'adresse de l'Allemagne, ne l'oublions pas, un volume sur Gambetta et ses armées. Ses jugements sont très divers : « Il fut grand comme ministre de la guerre, il accomplit un travail de géant en moins de temps qu'il n'en avait jamais fallu à aucun organisateur avant lui. En France, on l'a surnommé par dérision le *Carnot de la défaite;* le dénouement malheureux du rôle qu'il a joué peut donner un semblant de raison à cette épithète ; mais il n'en a pas moins été un Carnot.

« En vérité il ne s'en est pas fallu de beaucoup que le jeune dictateur français devînt une figure historique de

---

(1) Dépêche du 14 décembre, 10 heures 35 minutes du soir. Bourges de Bordeaux.

premier ordre. Il s'en est fallu de peu, mais il s'en est fallu pourtant de quelque chose.

« Gambetta aurait dû se borner aux fonctions de ministre de la guerre. Mais dans son illusion de pouvoir tout faire, il ambitionna aussi les lauriers du général, et c'est de là que datent toutes ses fautes : il lui manquait la modération. »

Von der Goltz trace le portrait d'un véritable général et il ajoute :

« Toutes ces considérations échappèrent souvent à Gambetta. Il se figura la tâche de général trop facile et crut pouvoir résoudre les difficultés à l'aide de son ambition, de son activité dévorante et de son ardent patriotisme. Mais tout cela ne suffit pas. Cette tâche exige plutôt la réunion des qualités humaines les plus élevées ; le savoir, la force de caractère, et la grandeur d'âme.

« Une seule chose peut remplacer le manque de talent naturel, c'est la noblesse des sentiments... Il laissa, il est vrai, généralement toute liberté d'action à Chanzy et à Faidherbe, mais avec toutes ses qualités éminentes le premier n'en fut pas moins *docile*. Il permit que Gambetta passât à l'ordre du jour sur la meilleure proposition qu'il eût faite, la réunion de toutes les armées en vue d'un mouvement concentrique sur Paris. Quant à Faidherbe, le dictateur l'eut moins sur son chemin.

« Gambetta n'eut confiance ni en Trochu ni en Jules Favre. Il écrivait à ce dernier : « Vous avez mal compris la première règle de la tradition révolutionnaire qui ordonne de subordonner les chefs d'armée, *quels qu'ils soient*, à l'autorité politique et civile. »

« Gambetta faisait toujours les premiers pas avec grand renfort d'exagérations fantastiques et fausses... Il ne se contenta pas de ses succès véritables pour attirer sur lui l'admiration de son pays. Il les exagéra en inventant des chiffres et des victoires... Ce qu'il y avait d'incomplet dans son caractère un peu brouillon fit qu'il attendit jusqu'à ce que la défaite vînt fondre sur l'armée, sauf à dire ensuite : « C'est moi qui avais raison. »

« ...Voilà le point où le héros se sépare de l'aventurier doué de talent qui veut toujours plus qu'il ne peut ... Il n'est donné qu'aux héros seuls de supporter l'adversité avec sang-froid et dignité ou de trancher avec l'épée le nœud gordien.

« Gambetta dépasse le commun des hommes de plus de la tête. »

Voilà le jugement d'un Prussien sur Gambetta. Le livre du baron von der Goltz n'est pas à dédaigner. Il exprime des idées fort répandues en Allemagne sur la guerre de 1870 et sur les hommes qui ont joué un rôle dans cette guerre. Le baron aurait pu donner pour conclusion à son livre ce mot d'un diplomate :

« On eût dit que les armées de la France étaient secrètement dirigées par M. de Moltke, tellement elles secondaient ses vues et donnaient lourdement dans ses pièges les plus grossiers. »

VIII

Le rôle militaire de Gambetta, quelque grand qu'on ait voulu le faire, ne s'élève pas à la hauteur de son rôle politique connu de tous. Un seul mot de cet homme a secoué la France jusque dans ses profondeurs. Gambetta a dit : *Le cléricalisme, voilà l'ennemi!*

Il ne songeait pas au curé de sa paroisse, mais à la papauté. Dès lors, le mot est accablant pour Gambetta. On ne peut plus voir en lui un véritable homme d'Etat, un sage Washington, fondateur de la République, mais un Rienzy flattant la populace ; ou peut-être même un ignorant.

Comme toutes les grandes choses de l'histoire, Rome fut lente à mourir. Son agonie dura plus d'un siècle dans les guerres intestines, avant de périr sous les pieds du barbare.

Peu à peu grandissait dans Rome en décadence une puissance nouvelle qui allait pousser ses conquêtes au delà des limites de la puissance romaine. C'était la papauté.

La papauté avait compris de bonne heure les destinées nouvelles que préparait au monde la disparition de l'empire romain sous les migrations barbares. Elle s'était donné la grande mission de relever et de conserver ce qu'il y avait de civilisateur dans les institutions romaines, et de ranimer le vaste ossuaire du souffle divin de la fraternité et de la liberté chrétiennes. La papauté encouragea et protégea intrépidement les droits du faible comme elle recueillait et sauvait les œuvres des écrivains du monde évanoui dans les trésors de ses églises et de ses monastères.

Lorsque les Lombards envahirent la plus riche partie de la péninsule, ils trouvèrent les Italiens soumis jusqu'à la lâcheté. Barbares plus instruits et plus civilisés que les autres, les Lombards allaient peut-être fonder un empire durable, car les Italiens n'avaient pas le courage de seconder la papauté prête à secouer le joug.

Ne trouvant pas en Italie, parmi les Romains dégénérés, l'appui nécessaire pour résister à l'ennemi, harcelée par les intrigues de Byzance, menacée de mort par les Lombards, la papauté ne désespéra pas de l'aide de Dieu. Il lui était né par delà les Alpes, au fond des Gaules, un fils puissant. Elle l'appela à son secours. Pépin traversa les Alpes et battit les Lombards. Charlemagne, avec le coup d'œil de ce génie profond qui devait organiser le monde moderne, comprit l'immense portée de cet *avènement*. Il compléta l'œuvre.

Charlemagne, bien autrement grand que tous les Césars, se fit le protecteur, le serviteur de la civilisation chrétienne, *le glaive de Dieu.*

Pour asseoir la papauté, son alliée, sur des bases inébranlables, il détruisit en 774 le dangereux royaume des Lombards et fonda la puissance temporelle de la papauté.

La papauté le sacra fils aîné de l'Eglise et lui donna l'Empire d'Occident.

De ce jour qui appartient à la première année du IXe siècle, la France a assuré sa prépondérance dans le monde moderne ; elle a pris la tête de la politique de la chrétienté. Désormais partout où la papauté fera pénétrer un missionnaire, un légat, un moine... partout où elle élèvera un oratoire, un clocher, un hospice, une école, partout où elle plantera la croix elle fera prévaloir le nom, la gloire et l'influence de la France.

Jusqu'aux confins de la Chine, à travers l'empire de Mahomet, c'est toujours et partout le drapeau de la France qui abrite et protège tous les établissements chrétiens ; tous les sujets de l'Occident, pour être respectés dans ces contrées lointaines et mystérieuses, doivent porter le nom glorieux et redouté de *Francs.*

Notre patrie va traverser des périls immenses, elle soutiendra des luttes gigantesques, contre l'Empire, contre l'Orient ; elle triomphera, grâce à ces milliers de champions obscurs, inconnus, mais tout-puissants, qui, du plus humble couvent jusqu'au plus illustre prélat, prêchent, luttent, écrivent, travaillent nuit et jour. La France triomphe grâce à la papauté. De toutes les parties du monde un cri s'élève : *Gesta Dei per Francos.* Voilà l'œuvre des géants de la vieille France : Pépin, Charlemagne, saint Louis, François Ier, Henri IV, Louis XIV.

Cette alliance de la France avec la papauté n'a pas

seulement donné à ses Rois la prépondérance politique dans le monde, mais elle a encore donné à la France sa grande prospérité matérielle en lui ouvrant tous les marchés du globe. Mais pour l'histoire et l'humanité, le plus beau fleuron de cette antique et glorieuse politique de la France, c'est d'avoir imprimé à son action dans le monde cette grandeur morale, cette générosité, ce désintéressement qui ne furent qu'à elle, qui lui constituent une place à part et un lustre immortel dans les annales humaines.

La France a été la seule nation qui ait fait la guerre pour une idée. La France a été la grande initiatrice des peuples à la politique chrétienne, la protectrice généreuse des faibles et des opprimés. C'est vers elle, vers elle seule, que de tous les points du globe les martyrs et les victimes tendaient leurs mains suppliantes.

Ce que nous disons là, tous les enfants de France le savent encore et l'on est vraiment surpris qu'un cri d'indignation patriotique n'ait pas étouffé la voix de l'homme politique qui osait dire : *Le cléricalisme, voilà l'ennemi.*

Et si, en 1848, quelqu'un eût tenu ce langage, le gouvernement républicain du général Cavaignac lui eût imposé silence. Cavaignac entouré de vieux républicains se montra favorable à une fédération des divers états de l'Italie qui maintenait son rang et son pouvoir temporel à la papauté, mais déclara formellement ne pouvoir aller plus loin. A cette époque on disait encore : *Gesta Dei per Francos.*

Le cléricalisme, voilà l'ennemi, s'est écrié Gambetta. Ce cri a réveillé les échos des bas-fonds de la société qui a répété sans comprendre. Cependant il a fallu traduire la pensée du tribun. Alors on a chassé les religieux de leurs asiles, on a arraché la sœur de charité du chevet des pauvres malades, on a fermé les écoles chrétiennes, humilié le clergé, brisé les crucifix, inventé les enterrements civils, transformé les honneurs funèbres en comédies honteuses; enfin, le mot de Gambetta a porté le trouble dans toute la France.

Le rôle d'un véritable homme d'Etat serait-il donc de déchaîner la guerre religieuse et sociale sur son pays?

Cependant, que s'était-il passé à Versailles : Guillaume Ier, empereur d'Allemagne, habitait le palais de Louis XIV. Un jour, vers midi, on vint dire à M. de Bismarck qu'un vieillard demandait à lui parler. Le chancelier vit entrer chez lui un prélat en soutane de soie violette, avec la calotte rouge et la ceinture rouge terminée par des glands d'or.

Ce prélat était Mgr Ledochowski, archevêque de Posen. Il resta trois heures enfermé avec M. de Bismarck. Si quelqu'un avait pu entendre quelques paroles de cette longue conférence, les mots : *papauté, empire du monde* eussent frappé son oreille.

Dès que le prélat fut parti, le grand chancelier courut chez le roi de Prusse.

Que venait faire l'archevêque de Posen près de M. de Bismarck?

Le prélat était alors très en faveur à la cour de Berlin, et au milieu des succès inouïs remportés par l'armée allemande, sous les ordres de son souverain, Monseigneur s'était souvenu en même temps qu'il était allemand et qu'il était évêque.

Il venait donc proposer au roi de Prusse, qui allait ceindre une couronne semblable à celle de Charlemagne, de prendre aussi le rôle glorieux joué par le grand empereur vis-à-vis du Saint-Siège. Le prélat de l'Eglise catholique venait demander à Guillaume Ier qui avait pu nous ravir nos provinces, de nous ravir aussi notre mission historique séculaire.

Il venait lui demander le rétablissement du pouvoir temporel de la papauté, il venait lui offrir la protection du catholicisme à travers le monde.

La Prusse, paraît-il, fut tentée. Des négociations s'ouvrirent avec la cour de Rome, ou plutôt des propositions furent faites à Pie IX.

Plus tard le cardinal Capalti disait à quelques Français réunis auprès de lui : « Le plus grand péril qu'a couru la France n'a été ni à Reischoffen ni à Sedan. Un jour elle fut plus près de sa perte qu'au lendemain de ces deux désastres, et ce jour fut celui où l'Allemagne voulut la déposséder de sa mission catholique, lui prendre son nom de fille aînée de l'Eglise, et son titre de soldat de Dieu. »

Le roi de Prusse s'est donc laissé bercer par ce rêve gigantesque. Mais le rêve s'évanouit aux pieds de cette blanche et douce figure de Pie IX.

Le saint Pape déclara qu'il tenait son pouvoir temporel de la France, que ses prédécesseurs l'avaient reçu de la France, et que tant que la France serait vivante et ne déclarerait pas solennellement qu'elle voulait rompre avec ses traditions séculaires, la papauté ne lui ferait pas l'injure de chercher d'autre protecteur.

Mgr Ledochowski fut fait cardinal. Mais l'insuccès de sa combinaison lui enleva tout crédit à la cour de Berlin. De favori, il devint victime, et le prince de Bismarck, pour se venger, imagina le *Kulturkampf* qui meurt après une courte existence.

Parler à Gambetta de ces grandes choses, prononcer devant lui les noms des Clément, des Sixte, des Léon, des Jean, des Boniface, des Charlemagne, des saint Louis, des Henri IV, des Louis XIV, c'eût été peine perdue. La réponse était prête : *le cléricalisme, voilà l'ennemi!*

Le retentissement de cette parole est bien fait pour

étonner. Prononcée par un homme elle fait naître le sourire de la pitié, mais écoutée dans une société civilisée par le christianisme, dans une nation éprouvée par les malheurs de l'invasion, n'est-elle pas effrayante de cynisme ?

Gambetta, comme tous les Italiens, aimait les effets de théâtre, les hardiesses de langage, et les audaces de la phrase. Quelque peu comédien, ambitieux, privé d'éducation, mais d'une finesse extrême, sceptique, aimant à commander tout en flattant la multitude, il eut l'heureuse fortune de personnifier son époque, comme MM. Thiers et Guizot avaient personnifié la leur. A l'opinion il faut toujours une idole.

Gambetta fut cette idole. A peine français, à peine bourgeois, à peine instruit, il s'éleva d'un bond au-dessus d'une foule qui se cramponnait à son pouvoir pour obtenir les emplois mis en quelque sorte au pillage.

Comment la tête ne lui eût-elle pas tourné ? Les généraux obéissants s'inclinaient devant lui; les armées de centaines de mille hommes marchaient à sa voix ; la fortune publique était entre ses mains ; du premier venu il faisait un général en chef, et distribuait la croix de la Légion d'honneur après les combats comme Napoléon Ier. Ses antichambres servaient de rendez-vous aux diplomates et aux financiers, et tous les publicistes de l'Europe cherchaient à découvrir sa pensée.

Tremblants devant lui, ses collègues mêmes lui obéissaient en silence. Cet homme, qui au tribunal foudroyait les juges, qui à la tribune de la chambre des députés faisait trembler les ministres, qui à Tours et à Bordeaux traitait ses collègues comme des laquais, avait donc en lui une grande puissance de parole ?

Pourquoi dès lors ne s'en est-il pas servi en faveur de la patrie ? Il serait difficile de trouver dans ses discours aux troupes, ou dans ses ordres du jour, un éclat de véritable éloquence, un appel aux grands et nobles sentiments.

Sa patrie n'était pas la France, mais l'Italie. Les ossements de ses pères reposaient depuis des siècles au delà de nos frontières ; de la France, il ne connaissait que le département du Lot et le quartier latin sur les rives de la Seine. Du sang qui coulait dans ses veines, pas une goutte n'avait été répandue ni à Ivry, ni à Fontenoy, ni à Waterloo. Nos monuments ne lui disaient rien, et les estaminets de Paris, avec leur peuple d'étudiants, séduisaient son imagination bien plus vivement que les plaines de la Loire ou les monts des Pyrénées.

Paris renfermait plus de mille républicains ayant plus de valeur personnelle que Gambetta ; mais ces hommes ne pouvaient lui disputer le pouvoir. L'un avait une vie privée honorable et honorée ; l'autre était un homme politique illustré par des travaux sérieux. Il s'en trouvait qui avaient combattu pour le pays dans les guerres civiles, ou rempli d'importantes fonctions dans l'Etat. Tous furent oubliés pour le jeune Italien que les hasards secondaient à l'envi. Son nom même lui servit comme rappelant au public les succès du ténor à la mode.

A tout autre on eût demandé de paraître un jour, un seul jour, sur le moindre champ de bataille ; à ce chef d'armée on ne demanda rien.

Enfin, dans une circonstance extrêmement grave, lorsque le gouvernement reconnu fut chassé de Paris par la Commune en révolte, Gambetta se mit à l'abri derrière les Pyrénées. Là le politicien attendit qu'un parti eût exterminé l'autre, pour se joindre au vainqueur. Un homme politique n'eût trouvé à Saint-Sébastien que le déshonneur et la honte, Gambetta y puisa de nouvelles forces !

Cependant ne soyons pas trop sévère pour lui. Il a fait

peu de bien, mais il pouvait faire plus de mal. Dans sa toute-puissance, Gambetta n'a pas emprisonné, n'a pas proscrit. Il n'a fait fusiller ni un duc d'Enghien, ni un maréchal Ney. Ses mains n'ont pas été rouges de sang comme celles de Danton. Il n'était qu'un disciple de Barras, bien qu'avec un talent que nous reconnaissons volontiers supérieur.

Napoléon Ier disait que l'homme complet était celui qui avait autant de base que de hauteur. Gambetta possédait une large base, il était complètement privé de hauteur.

Les généraux se voyaient destitués, non parce qu'ils manquaient de talents ou de patriotisme, mais « en vertu de la première règle de la tradition révolutionnaire, qui ordonne de subordonner les chefs d'armée, *quels qu'ils soient*, à l'autorité politique et civile (1). »

Tout général sait désormais qu'après avoir subi de longues épreuves et servi de quinze à trente ans pour conquérir son grade, il sera aux ordres d'un député ou d'un préfet.

Si telle est la première règle de la tradition révolutionnaire, Dieu nous garde de cette tradition !

Le jour où les Turenne, les Kléber et les Desaix obéiront aux Glais-Bizoin, la France sera perdue.

IX

Les chefs de la nation allemande ont habité pendant plus de six mois la ville de Versailles. Des bourgeois écrivaient chaque jour ce qu'ils voyaient. L'un d'eux a dit : « Nous connaissons maintenant la valeur réelle des vertus germaniques. Ayant vécu avec eux dans l'espèce de caserne piétiste qu'ils avaient installée au grand quartier

(1) Lettre de Gambetta à Jules Favre.

général, nous savons ce que valent leur « moralité allemande », leur « chasteté allemande », leur « loyauté allemande... » Nous avions pris l'habitude assez naïve de ne juger l'Allemagne que sur ses grands poètes. Nous saurons désormais qu'il y a en Allemagne et surtout en Prusse, une réalité très prosaïque qui n'a rien de commun avec les fictions idéales qui nous avaient charmés et dupés. »

Après la capitulation de Sedan, les autorités et les habitants de Versailles exprimèrent un peu solennellement peut-être, et trop bruyamment surtout, un patriotisme que les baïonnettes prussiennes devaient calmer. Ce furent des proclamations, des adresses, des réunions qui ne pouvaient être suivies d'aucun effet.

Les Prussiens entrèrent à Versailles le 19 septembre 1870, se bornant à traverser la ville. L'un des régiments fit jouer la *Marseillaise* en passant devant la mairie. De temps en temps, au milieu des bataillons allemands, on apercevait des soldats français faits prisonniers le jour même au combat de Châtillon.

En voyant défiler quarante mille hommes en bon ordre, les Versaillais calmèrent leurs craintes. Le soir, la municipalité reçut ce billet signé par l'intendance prussienne :

RÉQUISITIONS DES 9ᵉ ET 10ᵉ DIVISIONS

1º Cent dîners pour les hussards ;

2º Vingt à trente bœufs ou vaches sur pied ;

3º Dix pièces de vin de 228 litres pour les troupes, et cinq cents bouteilles de vin pour les officiers ;

4º Quatorze dîners d'officiers pour le général von Schmidt et son état-major ;

5º Vingt voitures pour le transport des fourrages ;

6º Trente terrassiers pour combler les fossés du boulevard du Roi ;

7º Cinquante lits de blessés pour le château.

Un grand nombre de voitures grossières suivaient l'armée allemande; elles appartenaient à des personnages plus ou moins aventuriers, qui entassaient dans ces chariots leurs vols de chaque jour. De nombreuses patrouilles parcoururent la ville de Versailles pendant la soirée du 19 septembre, ce qui n'empêcha pas le pillage de plus d'une maison.

Le mardi 20 septembre, le Prince-Royal de Prusse fit prévenir la municipalité qu'il allait établir son quartier-général à Versailles, et que la ville aurait à le nourrir, ainsi que 400 personnes de sa suite.

Nous voyons, sur un registre officiel de la mairie de Versailles, que la ville devait fournir chaque jour 20.000 litres de vin, 800 quintaux de viande, 270 moutons, du riz, 1.200 quintaux de pain, 40 quintaux de sel, 70 quintaux de café.

Un ordre du Prince-Royal de Prusse fixa de la façon suivante la ration quotidienne de chaque soldat :

750 grammes de pain,
500 grammes de viande,
250 grammes de lard,
30 grammes de café,
60 grammes de tabac ou cinq cigares,
1/2 litre de vin, ou 1 litre de bière, ou 1/10 d'eau-de-vie.

Si l'habitant désire s'acquitter en argent, il donnera deux francs à chaque soldat.

Le pillage continuait en détail.

Les poètes de l'endroit se souvenaient de ces vers :

> Gourmand, ivrogne et assuré menteur,
> Sentant la hart de cent pas à la ronde,
> Au demeurant le meilleur fils du monde.

Le 24 septembre, un ballon venant de Paris passe au-dessus de Versailles. Des groupes de Français se forment de tous côtés pour le suivre et le saluer. Un soleil éclatant illumine l'aérostat, qui, dans sa course, lance des journaux sur la terre. De nombreux coups de fusil sont tirés par les Allemands, mais pas une balle n'atteint le ballon qui était le *Neptune*.

Le dimanche 25 septembre, on vit les troupes ennemies conduites militairement aux offices. Le Prince-Royal présida l'une de ces cérémonies. Après l'office, il visita les ambulances, parcourant toutes les salles et s'arrêtant souvent au chevet d'un simple soldat.

A Metz, le maréchal Bazaine ne s'était jamais acquitté de ce devoir sacré.

Parmi les officiers qui vinrent faire des réquisitions à la mairie, il en était plus d'un qui non seulement se présentait avec une morgue hautaine et insultante, mais se croyait obligé d'entrer dans de bruyantes colères et de proférer des menaces d'amende, d'emprisonnement, d'envoi en Prusse, dès qu'on lui présentait les moindres objections, quelque légitimes qu'elles fussent. Un officier avait demandé à la ville une selle et une bride de formes particulières. On chercha vainement chez tous les selliers. Alors, le maire reçut cette lettre officielle :

« Versailles, 25 septembre 1870.

« La ville de Versailles reçoit l'ordre de payer deux mille francs jusqu'à demain matin, 10 heures, parce qu'elle n'a pas exécuté l'ordre de livrer une selle et l'autre harnachement pour un officier de la gendarmerie.

« L'intendant en chef de l'armée 3e allemande,

« *Signé :* JACOBI,

« *Conseiller intime.* »

Il y avait là un de ces caprices vexatoires particuliers au caractère prussien, dont la raideur cassante et la prétention tyrannique sont détestées des habitants du centre et du midi de l'Allemagne. La mairie de Versailles refusa de payer les deux mille francs d'amende, mais elle se procura la selle exigée par la Prusse.

Malgré l'occupation, les journaux de Versailles avaient continué à paraître ; les rédacteurs se montraient d'une prudence extrême, et le commandant de la place, général de Voigtf-Rhetz, surveillait attentivement les articles qui étaient lus par un grand nombre de militaires allemands.

Le 26 septembre, le général Voigtf-Rhetz se rendit à la mairie, escorté par son état-major, et prévint le maire que la presse jouirait d'une entière liberté, à la condition qu'elle ne s'occuperait jamais des sujets qui pourraient déplaire au gouvernement de l'Allemagne. Les journalistes pouvaient traiter et discuter toutes les questions de politique intérieure ; la polémique était permise et même encouragée, car il ne déplaisait pas à l'autorité prussienne de voir les journaux français se quereller sous leurs yeux à propos de nos propres affaires. Dans les réunions, les Allemands riaient fort en voyant les républicains, les légitimistes, les orléanistes, les impérialistes se déchirer à belles dents.

Tous les matins, les bureaux du commandant de place prussien voyaient les journaux avant leur publication. Il y avait, en effet, un commandant de place français, M. Franchet d'Espéray. Il avait été désigné par la municipalité et reconnu par l'autorité prussienne pour exercer les fonctions de commandant de place français. A ce titre, M. Franchet d'Espéray rendit chaque jour de très nombreux services. Une circonstance particulière lui donnait plus d'influence qu'à toute autre personne : il avait, dans son enfance, eu des relations avec le Prince-Royal, alors enfant lui-même. Le Prince-Royal ne chercha pas à oublier ces souvenirs lorsqu'ils lui furent rappelés, et M. Franchet d'Espéray en profita pour être utile à ses concitoyens. La ville de Versailles lui doit une véritable reconnaissance.

Un grand nombre de maisons riches renfermaient des armes de luxe et de grand prix. Les propriétaires de ces belles collections les enfermaient avec le plus grand soin. L'ordre fut donné un jour de transporter ces armes chez le commandant de place prussien, qui délivrerait un reçu, conserverait soigneusement ces armes, et les remettrait aux propriétaires au moment du départ de l'armée allemande.

Ces armes de luxe, au nombre de 1.200 environ, furent déposées dans la caserne des écuries, et là, les officiers prussiens vinrent choisir, dans cette superbe collection, ce qui était à leur convenance.

M. de Treskow, aide de camp du commandant de place, avait reçu les armes de luxe, affirmant qu'elles seraient restituées. Il n'en a rien été. Ces richesses sont en Prusse, aux mains de la noblesse ou dans les palais des princes.

Depuis le 20 septembre, une sorte de tristesse s'était emparée des troupes allemandes réunies à Versailles. La guerre leur semblait longue et meurtrière. Les soldats, et même les officiers, faisaient leurs confidences aux hôtes versaillais. Napoléon III, Guillaume et Bismarck étaient maudits. Beaucoup parlaient, en pleurant, de leurs enfants et de leur femme, qu'ils ne reverraient jamais. Par un contraste qui surprit d'abord et qui fut compris lorsqu'on se rendit compte de la nature particulière de l'Allemand, ces hommes si grossiers et d'une brutalité si rude avaient presque tous une très grande disposition à pleurer. Leurs muscles épais étaient de fibre non pas délicate, mais molle. Il n'y avait dans les soldats allemands rien de ces allures joyeuses, de cette franche gaîté alerte, vive, cordiale qui caractérise notre troupier. Dès que la discipline ne les tenait plus debout et raides, ils retombaient dans un

accablement lourd qui se soulageait par des larmes. Ces
pleurs parurent d'abord fort touchants; plus tard, les
bourgeois, et surtout les bourgeoises, sourirent de pitié
quand ils virent que le cœur restait sec au milieu de ce
déluge de pleurs.

Il était plaisant de voir ces grossières natures gémir
comme des enfants, en murmurant entre deux soupirs :
« Napoléon, Guillaume, Bismarck, CAPOUT. »

Les enterrements des soldats traversaient la ville et ne
contribuaient pas peu à augmenter la tristesse. Le 26 septembre, les funérailles d'un général tué aux avant-postes
se firent avec pompe. La cérémonie était imposante : le
cercueil, entouré de drap noir, couvert de branches de
laurier, était porté sur les épaules des soldats. Il était
suivi d'un nombreux état-major et escorté de détachements. Un corps de musique faisait entendre des marches
funèbres d'un grand effet. Au cimetière, un discours fut
prononcé par un général.

Quelques ouvriers de Versailles refusèrent de travailler
pour les Allemands. Ceux-ci publièrent l'avis suivant :

« Les ouvriers sont prévenus qu'ils ne peuvent se refuser
à travailler de leur état à la demande des officiers ou de
tout autre individu appartenant à l'armée prussienne, et
que leur travail sera rétribué comme il l'est par les autres
habitants de la ville. »

Dans le commencement du mois de septembre, des précautions avaient été prises pour mettre à l'abri quelques-uns des objets d'art les plus précieux renfermés dans le
musée. Un certain nombre de tableaux et de sculptures
étaient transportés à Paris. Le 19, l'ennemi prit possession
du château, et, le lendemain, le tableau représentant la
bataille de Lutzen fut crevé, et la figure de Napoléon Ier
hachée à coups de sabre. Des vols trop renouvelés attirèrent l'attention. Au commencement du mois de novembre, on constata l'enlèvement d'un portrait de *Mademoi-*

selle de la Vallière, par Albrier ; le 24 du même mois, un portrait de *Marie de Lorraine* fut encore volé. Le 31 décembre, un morceau de la tenture du lit de Louis XIV disparut, malgré les recommandations sévères du Prince-Royal.

Une troupe de soldats français, prisonniers de guerre, traversa Versailles le 29 septembre. La population française fut émue de compassion. Ces hommes venaient de l'ambulance du Vésinet, et portaient encore le bonnet de coton des malades. Pâles, fiévreux, ils s'en allaient en Allemagne, sous la conduite de Prussiens qui repoussaient brutalement la foule à coups de crosse et à coups de sabre. On lançait de l'argent aux prisonniers, qui ne le recevaient pas toujours.

Le lendemain, M. Jeandel, membre du conseil municipal et rédacteur en chef du *Journal de Versailles*, fut arrêté pour avoir publié un article qui déplaisait à la Prusse. Voici les passages les plus saillants de cet article :

« De tous côtés, nous n'entendons que plaintes et malédictions contre les Prussiens ; il est hors de doute que nous ne pouvons pas les accueillir à bras ouverts ; leur passage dans nos villes est un fléau, leur présence un outrage, leur vue une affirmation vivante du désastre qui mine la France... Nous avons donc le droit de haïr les Prussiens et de souhaiter l'heure des représailles ; à notre place, ils en feraient tout autant. Mais examinons la question sous un autre point de vue : Qu'est-ce que cette armée prussienne ? Une innombrable réunion d'hommes. Et qu'est-ce que chacun de ces hommes en particulier ? C'est un être encore plus malheureux que nous.

« Une volonté, à laquelle on ne résiste pas, l'a poussé hors de son pays, où il vivait paisible, au milieu de ses chères habitudes et de ses chères affections ; il a, là-bas, une mère, des sœurs, peut-être une femme, des enfants, tout ce qui rend bon, humain, tout ce qui fait aimer le travail et la vie !... et le voilà jeté loin de son bonheur; le voilà exposé à la mort, tout simplement parce que le souverain de la France a jeté son gant au souverain de la Prusse, et que lui, *sujet de Sa Majesté*, il est devenu l'un des bras qui doivent accomplir le gigantesque duel auquel il ne comprend pas grand'chose... *sinon que les parties intéressées sont les seules qui, à coup sûr, n'en mourront pas.*

« Pour laver l'affront, pour relever le défi, lui, ce sujet prussien que nous maudissons, a reçu l'ordre de quitter patrie, famille, travail, d'abandonner ses projets d'avenir, et d'aller tuer ou se faire tuer. S'IL RÉSISTE A CET ORDRE, ON LE TUE. Nul moyen de sortir de ce cercle de mort... Oui, ce Prussien qui excite en ce moment notre colère, devrait exciter aussi notre pitié, car il est plus malheureux que nous. Chacune de ses étapes à travers nos pays, l'éloigne de sa patrie. Il est exténué de fatigue et de privations. Honnête jusqu'alors, il se fait voleur parce qu'il a faim. Il a vu tomber autour de lui ses compagnons, ses frères : demain, peut-être, il aura le même sort. Dans les villes où il passe, il fait peur aux femmes, aux enfants ; partout des regards de crainte ou de fureur pèsent sur lui ; et le soir, quand il s'étend sur la terre humide pour dormir, il peut se dire que le bandit qui, comme lui, tue sans haine, a au moins le bénéfice de sa profession... tandis que lui, le pauvre hère, que gagnera-t-il à cette brillante campagne... La gloire?... Oh! encore une fois, grâce pour ce mot! ne l'attachons pas au casque du plus fort. En admettant, d'ailleurs, qu'il y ait gloire, en rejaillira-t-il assez sur cet infime vainqueur pour le dédommager de ce qu'il aura souffert? L'hymne patriotique n'expirera-t-il pas sur ses lèvres quand il trouvera, au retour, morts de misère ou de chagrin, ceux qu'il aimait?...

« Cette situation faite au soldat prussien, nous la retrouvons chez le soldat français : tous sont à plaindre...

Il y a de la ruine, du sang, des larmes partout. L'Allemagne, comme la France, est en deuil. Toutes deux, dans une partie de princes, ont joué la richesse de leur pays, la liberté de leurs peuples et la vie de leurs enfants... Honte à celui qui l'a perdue, cette partie sanglante, mais, au nom de l'humanité, que celui qui la gagnera ne s'en glorifie pas. »

L'auteur de cet article fut menacé des peines les plus graves. Mais la municipalité sollicita son pardon, et l'obtint du général de Blumenthal. Le journaliste en fut quitte pour trois ou quatre jours de détention.

Peut-être quelque lecteur ami de la philosophie attend-il de nous des félicitations à l'adresse du journaliste. Certes, M. Jeandel est un fort honnête homme, animé de sentiments louables, mais fort peu patriotiques. D'après cet écrivain, les armées permanentes ne méritent que pitié et le bandit qui tue pour voler a au moins le bénéfice de sa profession.

Après avoir lu l'article de M. Jeandel, le général prussien a vu d'un seul coup d'œil que cet écrit entretenait la haine sans réveiller la vengeance, et que pour la Prusse tout était profit dans cette phraséologie démocratique.

Vous tous qui avez l'honneur de tenir une plume dans cette main faite pour porter l'épée, lorsque l'ennemi est debout, respectez les soldats qui meurent pour vous, ne détruisez pas l'esprit militaire, admirez le sacrifice, inclinez-vous religieusement devant les tombes toujours ouvertes, soyez miséricordieux même pour l'ennemi sans cesser d'être fier ; et si la plume est trop lourde à votre main, brisez-la et prenez un fusil. Alors seulement vous saurez ce qu'il pèse.

X

Le roi Guillaume, venant du château de Ferrières (1), arriva dans le palais de Versailles le 5 octobre. La garnison était sous les armes et un nombreux état-major en grande tenue se tenait en avant de la grille de la préfecture. Parmi ces officiers, on remarquait le duc de Cobourg, les princes de Wurtemberg, le prince de Hohenzollern (qui avait été le prétexte de la guerre), les princes héréditaires de Saxe-Weimar, de Mecklembourg, le duc d'Augustenbourg, etc. Le Roi dans une voiture, près du Prince-Royal qui avait été au-devant de lui, saluait les troupes, dont les hurrahs prolongés s'entendaient aux extrémités de la ville. Après être descendu de voiture, le Roi serra la main de quelques princes et entra dans la préfecture devenue le quartier-général de l'armée allemande.

Le soir, le Roi alla dîner chez le Prince-Royal qui avait choisi pour résidence la villa de Mme André, à la Porte-de-Buc.

MM. de Bismarck, de Moltke et de Roon, ministre de la guerre, étaient arrivés quelques heures avant le Roi.

Le premier s'était installé hôtel Jessé, rue de Provence. Sa demeure était silencieuse et protégée par de nombreux agents. Le chancelier sortait tous les jours à cheval ou en voiture et se rendait chez le Roi. Il traversait la ville seul, sans escorte, sans officier, plus simplement qu'un colonel dont il portait les insignes. Sur la porte de l'hôtel Jessé, une sorte de drapeau de calicot blanc portait l'inscription suivante en allemand : *Chancellerie de la Confédération.*

---

(1) Village de Seine-et-Marne, à 30 kil. de Meaux. Le château a appartenu au fameux Fouché (1754-1820), le député de Nantes à la Convention Nationale.

M. de Moltke s'installa rue Neuve, à l'hôtel Lambinet. Sur le drapeau suspendu à sa porte on lisait : *Grand quartier-général*. C'est de cette maison que M. de Moltke dirigea pendant plus de quatre mois toutes les armées allemandes, tandis que M. de Bismarck était en communication constante avec l'Europe entière. Le rôle de M. de Roon semblait un peu effacé. Il ne l'était cependant pas.

En même temps que le Roi et les princes de son entourage, une suite nombreuse vint s'établir à Versailles. Cette suite immédiate du roi de Prusse comprend officiellement 7 officiers supérieurs, 92 employés de rang plus ou moins élevé ; 27 soldats du train ; en tout 126 personnes, 135 chevaux et 28 voitures. A la tête de ce personnel était placé le maréchal du palais, comte Pückler ; puis venaient le comte de Perponcher, grand maître des cérémonies ; le conseiller intime Borck, chef du cabinet ; le conseiller Kanzki, régisseur ; le docteur Schneider, lecteur du Roi ; puis ses chambellans, des officiers d'ordonnance, etc., etc. Tout le monde se mit à réquisitionner vin de champagne et médicaments les plus intimes.

Il avait été décidé que la cour de Prusse célébrerait par une solennité éclatante l'entrée du roi Guillaume dans Versailles, cette ancienne capitale de Louis XIV, le véritable ennemi auquel l'Allemagne faisait la guerre, selon le mot de l'allemand M. Ranc à M. Thiers. Réquisition fut adressée pour le jeu des grandes eaux, et l'annonce se fit au son du tambour. Quelques instants après on collait dans Versailles cette affiche écrite à la main : « Tous les habitants de Versailles qui iront voir jouer les eaux aujourd'hui méritent la mort. »

La fête fut en effet exclusivement prussienne et militaire. La cour parut tout entière. Le roi Guillaume se montra sur la terrasse, puis se dirigea vers les bassins, suivi de son nombreux état-major. Le Roi alla de bassin en bassin, assistant en maître au spectacle auquel il avait été invité comme hôte quelques années auparavant par l'empereur des Français.

Le soir il y eut retraite aux flambeaux. Le Roi se mit au balcon et fut salué par les musiques militaires qui jouèrent *la marche de Duppel* et le *Wacht am Rhein*, au milieu d'un enthousiasme militaire qui ne respectait pas toujours la discipline.

Le désir de tous les nouveaux venus à Versailles était de voir Paris. Tous se faisaient conduire à un endroit choisi d'avance. Des sentiments bien divers agitaient les groupes où des individus avec des longues-vues interrogeaient nos monuments déjà condamnés aux flammes par l'ignoble populace. Le roi de Prusse sortit en voiture le 7 octobre en exprimant le désir de voir Paris. Les habitants de Versailles remarquèrent que l'équipage royal se dirigeait vers les hauteurs de Saint-Germain, escorté par cinquante uhlans dans une tenue parfaite. Le Prince-Royal, une carte déployée sur les genoux, accompagnait son père. De l'angle nord des arcades de Louveciennes on découvre une partie des alentours du Mont-Valérien et du cours de la Seine.

L'équipage royal et l'escorte disparurent aux yeux des passants.

Qu'arriva-t-il alors? On ne le sut pas à Versailles ni même aux alentours. On parla beaucoup, mais à voix basse, en tremblant.

Il est certain qu'au retour l'escorte comptait moins de cavaliers qu'au départ, et que ceux qui revenaient n'avaient plus une tenue aussi correcte.

D'après une version, le roi Guillaume aurait été surpris par une attaque de francs-tireurs ; d'après une autre des coups de feu auraient été dirigés sur lui par des Polonais de l'armée allemande.

On ne connut pas la vérité.

L'accusation portée contre les Polonais n'avait peut-être pour point de départ que certains récits qui couraient de bouche en bouche. Nul n'ignorait la répugnance d'une partie d'entre eux à servir dans les rangs de la Prusse. Les uns demandaient des vêtements bourgeois pour fuir loin des armées allemandes ; les autres juraient sur le Christ que jamais ils n'avaient tué ou blessé un Français.

D'immenses troupeaux de moutons traversaient la ville de Versailles, venant par la route de Saint-Cyr. Des commerçants s'enrichissaient au service des Prussiens ! En présence des documents nombreux que nous avons sous les yeux, nous ne pouvons que détourner la tête et rougir de honte. Oh ! cher patriotisme, n'es-tu qu'un vain mot pour des hommes nés en France, nos frères, et qui ont été assez lâches pour tendre la main à l'ennemi !

Pendant tout son séjour à Versailles le roi de Prusse et le Prince-Royal assistèrent chaque dimanche à l'office divin. Il était célébré dans la chapelle du château. Le ministre protestant prononçait le sermon sur les marches de l'autel, et jamais le roi Guillaume ne se plaça dans la tribune occupée autrefois par Louis XIV. La piété étant bien vue de Sa Majesté, les princes, les généraux, les grands personnages se portaient en foule aux offices du Roi. M. de Bismarck presque seul affichait son indépendance en s'abstenant d'y paraître. Dans les bas-côtés et dans la galerie supérieure s'entassaient une énorme quantité de soldats qui se donnaient le spectacle d'une réunion de princes. Le Roi et toute sa cour témoignaient une grande ferveur religieuse. Les yeux fixés sur leurs livres tous les souverains chantaient en chœur les psaumes du jour. Le sermon était naturellement parsemé de louanges, et le pasteur chargé de le prononcer appartenait généralement aux aumôniers, plus habiles cavaliers qu'orateurs chrétiens.

Le moins observateur des bourgeois de Versailles comparait nos aumôniers catholiques visitant les malades dans les hôpitaux, à ces ministres de l'Eglise réformée animant les promenades publiques par des courses désordonnées.

Lorsque l'office divin était terminé, le Roi regagnait sa voiture en traversant la foule compacte des soldats. Il y a longtemps que nos souverains ont perdu le prestige qui entourait Guillaume. C'était bien le monarque antique toujours armé, entouré de combattants et ne craignant jamais de se compromettre en coudoyant son peuple, parce qu'un Richelieu n'est pas venu frapper la tête de la noblesse, ni diminuer la longueur des épées.

Un Versaillais quelque peu physicien et chimiste, philosophe pratique, a fait une observation dont le lecteur doit profiter; nous la citons malgré son réalisme.

« L'envahissement de l'élégante chapelle de Louis XIV par cette masse de soldats prussiens y laissait chaque dimanche une odeur intolérable qui persistait pendant plusieurs jours, malgré tous les efforts des gardiens du musée pour la chasser par l'aération.

« Cette odeur particulière au soldat prussien était bien connue de tous les Versaillais qui avaient consacré une pièce de leurs logements à leurs hôtes forcés : le tabac, le lard, le cuir, le cirage, l'écurie et d'autres éléments s'y réunissaient pour former on ne sait trop quel âcre mélange qui s'attachait aux meubles et aux murs et circulait dans l'air. Ce fait est peut-être dû à la nourriture et aux habitudes des soldats, mais il est incontestable que nous avons connu une odeur prussienne, très appréciable, et qui ne rappelle nullement les parfums de l'Orient. »

Une classe de fonctionnaires allemands fut moins que

les autres sensible au sort de nos malheureux blessés : nous voulons parler des médecins et chirurgiens. Ils se montrèrent cruels. La brutalité de ces hommes de science dépassa toutes les bornes, non seulement de la pitié, mais aussi des sentiments les plus vulgaires.

Dans la matinée du 11 octobre, le Roi debout devant la préfecture vit défiler une grande quantité de troupes qui prenaient la direction d'Orléans. Entouré d'un état-major de princes, Guillaume avait fait placer près de lui M. de Moltke. Ce général attirait les regards des Français dont plusieurs cachaient, sous de grossiers vêtements, leur qualité d'officier. Très pâle, maigre et complètement rasé, il ressemblait plus à un savant qu'à un homme de guerre. L'œil couvert, les lèvres pincées, un casque très bas sur la tête, il n'était nullement accablé par l'âge, il semblait au contraire plein de vigueur. Ses traits immobiles et durs gardaient l'expression d'une rusticité glaciale. Il y avait dans cet homme une haine impitoyable. La physionomie du roi Guillaume formait un contraste frappant avec celle de son chef d'état-major. La figure du Roi était colorée et très animée ; les yeux d'un bleu très clair, la bouche facilement souriante avait une expression apparente de bonhomie et de bonne humeur. En passant devant leur souverain, les soldats poussaient, sur un signe des officiers, le hurrah réglementaire, mais sans enthousiasme. Tous les hommes qui allaient du côté de la Loire avaient le *mal du pays*.

L'un d'eux s'était suicidé au Chesnay, ce qui avait amené l'arrestation de plusieurs habitants. Les officiers allemands se refusaient à croire qu'un soldat d'au delà du Rhin pût être las de la campagne de France, jusqu'à en mourir. Dans nos armées la guerre devient facilement une enivrante passion. Nous la menons avec un joyeux entrain, le cœur rempli de rêves chevaleresques. Nous voudrions être des héros, nous donnerions notre vie pour une action d'éclat ; que l'officier éprouve ces sublimes délires, on le conçoit : il a un nom à illustrer et des récompenses à mériter ; mais que le simple soldat, enfant ignoré d'un pauvre village, sente son cœur battre comme celui du capitaine, voilà ce qui surprend.

Pour l'Allemand la guerre est un devoir, bien difficile souvent ; car, s'il n'y a pas des étincelles au cœur, l'obscurité est bien profonde. Le mérite des officiers prussiens est plus grand que le nôtre, car ils doivent entraîner derrière eux tout ce monde qui ne les suit qu'à regret, tandis que nous pouvons à peine prendre nos places au premier rang.

La physionomie glaciale de M. de Moltke exprimait parfaitement l'idée d'opérations stratégiques, de calculs tactiques, d'études savantes. Si par un effort d'imagination vous pouviez placer près de lui les têtes énergiques des Lamoricière, des Changarnier, des Canrobert, vous ne sauriez vous empêcher de dire : « Hier pour eux, demain pour nous ! »

XI

Le canon se faisait entendre nuit et jour, et des troupes sillonnaient sans cesse les rues de Versailles. Le 13 octobre on vit arriver, se traînant avec peine, trois cents paysans de Garches expulsés de leurs demeures par les Prussiens. Vieillards, femmes, enfants, tous avaient été chassés à coups de crosse sans pouvoir emporter leurs matelas. Ils demandaient un morceau de pain. Les malades eux-mêmes n'avaient pas été épargnés. Tous ignoraient dans quel lieu on les transportait, conduits comme un troupeau par les soldats, qui poussaient brutalement devant eux les infirmes et les vieillards. La municipalité donna le séminaire pour refuge à ces pauvres gens. Le curé de la paroisse de Garches, l'abbé Bunel, dont le grand âge devait inspirer pitié, subit des outrages et des violences de la soldatesque. Il arriva le visage meurtri, la soutane sanglante et en lambeaux. Ce prêtre fut incarcéré dans la prison Saint-Pierre.

La ville de Versailles était en émoi, lorsque, le même jour, on vit un général français en grand uniforme traverser les principales rues, escorté, dans une voiture découverte, par un officier prussien. C'était le général Boyer envoyé de Metz (1) par le maréchal Bazaine, pour proposer une capitulation. Le général Boyer, qu'aucun Français ne put approcher, fut reçu par le Roi devant un conseil privé composé du Prince-Royal, de MM. de Blumenthal, de Bismarck et de Moltke.

Celui-ci déclara que l'armée de Metz ne serait pas autrement traitée que l'armée de Sedan. Le chancelier résuma la discussion par ces paroles : « On ne traitera du sort de l'armée de Metz qu'à la condition de la voir rester fidèle au gouvernement de la Régence, seul susceptible de faire la paix et de contribuer à son rétablissement ; l'Impératrice devra donner son assentiment à cet arrangement et en assurer l'exécution par sa présence au milieu des troupes. »

Cette proposition n'était qu'une ruse de M. de Bismarck pour occuper quelques jours encore le maréchal Bazaine, et amener l'épuisement complet de son armée.

Le général Boyer resta deux jours à Versailles et repartit pour Metz accompagné du même officier prussien. Boyer n'avait échangé aucune parole avec un Français, n'avait pu lire aucun journal et ignorait complètement l'état de nos affaires.

(1) Voir *Récits militaires*, 1re série.

Quelques manifestations en l'honneur du général Boyer excitèrent la colère des Prussiens. Le lendemain de son départ, un officier allemand d'une trentaine d'années se présenta, muni d'un billet de logement, rue de la Paroisse, 38, chez M. Hamel, ancien conseiller à la cour d'appel d'Amiens. Vieillard de soixante-dix-neuf ans, du caractère le plus pacifique et d'habitudes parfaitement polies, M. Hamel, qui était loin d'être riche, occupait un modeste appartement. L'officier dit en entrant :

— Je viens loger chez vous !

— Mais, Monsieur, je n'ai que ma chambre et celle de ma domestique ; je vous prie donc, afin que vous soyez mieux logé, d'accepter un appartement à l'hôtel que vous choisirez... toute votre dépense sera payée par moi.

— Je suis logé chez vous, s'écria l'officier avec violence, c'est chez vous que je dois coucher, manger et boire, ainsi que mon ordonnance ; faites-moi voir vos chambres.

— Voici ma chambre, et voici celle de ma domestique, dit alors M. Hamel, se soutenant à peine.

— C'est bien, je prends la vôtre et mon ordonnance prendra celle de votre domestique. Allons, vite à dîner.

Sans faire la moindre observation, M. Hamel répondit qu'il faudrait attendre que le repas fût préparé.

L'officier s'emporta, menaçant, injuriant ce vieillard sans défense. Tout à coup M. Hamel tomba. Il était mort.

Le Prussien regarda froidement cette tête blanche, ces bras étendus sur le sol, ce visage où se peignait la résignation chrétienne. Puis il s'éloigna pour aller chercher un autre billet de logement.

Versailles était tellement privé de nouvelles que ce fut le 14 octobre seulement qu'on apprit le départ de Gambetta en ballon, départ qui remontait au 8.

Arrêtons-nous un instant devant une publication qui a

pour titre : *Un dîner à Versailles chez M. de Bismarck,* par M. Angel de Miranda (1), attaché à l'ambassade espagnole près le gouvernement français.

Le récit de M. de Miranda est quelque peu gaulois : puisque notre but est de peindre la physionomie de cette époque de guerre, nous ne saurions refuser l'aide du diplomate espagnol.

« La maison de M. de Bismarck est située dans une des rues les plus sombres du sombre Versailles ; elle est d'apparence modeste, presque nue. En entrant dans cette demeure spartiate, je songeai aux pillages, aux réquisitions forcées, aux wagons entiers remplis de meubles précieux expédiés en Allemagne, et j'admirai le comédien minutieux qui se cache sous le masque de franchise soldatesque du très excellent chancelier.

« Un seul factionnaire se tenait à la porte. Dès l'antichambre, la chaleur vous prenait à la gorge ; le maître se plaît dans cette température de magnanerie, favorable sans doute à l'éclosion de ses vastes projets. De grands manteaux militaires et d'énormes bottes garnissaient la pièce ; — à côté se tenaient une douzaine d'individus d'assez mauvaise mine, qui travaillaient à un classement de papiers. L'un d'eux se leva, il avait une longue barbe rousse. Cet homme, qui devait jouer un certain rôle dans les aventures qui m'attendaient à Versailles, était une sorte de maître Jacques, tour à tour huissier, laquais, valet de chambre, selon les besoins. D'habitude employé aux basses œuvres bureaucratiques de la chancellerie et mouchard sans discontinuité. M. de Bismarck, en homme pratique et qui entend l'économie domestique, s'est servi, pour monter sa maison militaire, des principaux limiers de la police berlinoise. Ces honorables personnages, tout en lui rendant les services les plus divers, lui épargnent

(1) Bruxelles, 1871, 1 vol. in-8°.

l'encombrement d'un personnel nombreux — célérité et discrétion.

« M. de Hatzfeld, chef du cabinet, vint me recevoir, et à son aspect M. de Uslar, mon guide, lieutenant de hussards, prit aussitôt cette attitude de raideur soumise qui faisait dire à Heine : « Ils ont l'air d'avoir avalé le bâton avec lequel on les rossait jadis. » — La pièce où nous entrâmes après avoir échangé quelques mots était pleine de fumée... Deux bougies brûlaient sur la cheminée, fichées dans des bouteilles. Au milieu, sur un méchant guéridon, il y avait un broc contenant de la bière et quatre gobelets d'argent. Le reste du mobilier n'était rien moins que somptueux. Trois personnes se tenaient là : un général qui s'esquiva, puis un jeune homme vêtu d'une ample redingote bleu de ciel, les jambes enfermées dans des bottes fortes ; enfin un grand gaillard assez mal affublé d'une interminable capote verte à collet et à doublure jaune, déboutonnée, et laissant voir la chemise et les bretelles.

« Ce personnage n'était autre que S. E. le comte de Bismarck, chancelier de la confédération du Nord, pour le moment arbitre souverain des destinées de l'Europe.

« Le comte se leva et m'invita à m'asseoir en essayant un sourire aimable qui ne réussit pas. Après avoir écouté le rapport que lui fit en allemand, à mon sujet, le lieutenant de Uslar, il se mit à questionner longuement cet officier sur les moindres détails relatifs à l'incident ; puis il donna des ordres au jeune homme bleu, qui se retira. »

M. de Miranda ayant voulu se rendre en Espagne s'était muni de sauf-conduits à Paris et venait à Versailles pour obtenir l'autorisation de traverser la France. Arrêté aux avant-postes par le lieutenant de Uslar, il était conduit à M. de Bismarck qui, en présence d'un attaché d'ambassade, jouait le jeu diplomatique.

Après avoir appris de M. de Miranda que les ambassadeurs des puissances étrangères étaient encore représentés à Paris par des secrétaires, M. de Bismarck changeant brusquement de ton dit à l'Espagnol :

— Mais vous n'avez probablement pas dîné, permettez-moi de vous offrir une collation. Elle ne sera pas brillante ; l'heure de notre dîner est passée depuis longtemps et nous manquons de tout à Versailles.

« L'officier bleu reparut, M. de Bismarck me présenta :

« — Mon neveu M. le comte de Bismarck, qui vous fera les honneurs en mon absence. Je vous prie de m'excuser ; j'ai un travail urgent, je reviendrai bientôt. »

M. de Miranda plaça ses papiers devant M. de Bismarck qui les repoussa du doigt en disant :

— Oh ! c'est inutile, je ne doute nullement de votre identité.

« Je fus introduit dans la salle à manger, aussi piteuse d'aspect que le salon. Le système des bouteilles vides en guise de flambeaux y était continué. M. de Bismarck neveu s'assit à ma gauche et M. de Hatzfeld à ma droite. On commença la collation, largement arrosée de vin de Champagne et de vin de Bordeaux. Sous prétexte de conversation M. de Hatzfeld remplaçant le chancelier poursuivit son interrogatoire en véritable juge d'instruction.....

« Le chancelier revint sur ces entrefaites, bruyant et d'allure cavalière ; il s'installa à califourchon sur une chaise en face de moi et demanda du Bourgogne. Le maître d'hôtel entra, suivi de l'homme à barbe rousse ; ils apportaient à eux deux huit bouteilles. M. de Bismarck goûta la première : c'était du Nuits ; il n'eut pas de succès. Une seconde bouteille fut débouchée ; cette fois le chancelier parut satisfait. Il examina le liquide à la lueur de la bougie et s'écria :

« — Excellent ! C'est du Romanée.

« — Vous êtes connaisseur, monsieur le comte, lui dis-je. A ce titre, vous devez être satisfait de la cave de céans.....

« Il m'arrêta, en s'écriant :

« — Vous vous trompez, ce vin n'est pas de la maison ; il vient de *l'Hôtel des Réservoirs*. Je suis gentilhomme ; je me ferais un scrupule de faire pour moi-même la moindre réquisition. Tout ce dont j'ai besoin, je l'achète. Je ne veux pas que mes fils aient à rougir de moi, c'est ce qui vous explique le dénuement qui existe ici.

« Il montrait de la main les bouteilles servant de flambeaux. »

M. de Bismarck se trompait. La mairie de Versailles possède une liasse considérable de réquisitions sorties de la maison de M. de Bismarck. Dans cette liasse figurent des réquisitions de meubles de toute espèce, de lingerie, de vaisselle et même d'une *nachtstuhl*. Les réquisitions de flambeaux, de bougies, de bois, de charbon étaient considérables. Dans cet emploi de bouteilles en guise de flambeaux il n'y avait donc qu'une simple fantaisie ou peut-être un calcul qui ne doit pas faire illusion. Comme tous les princes allemands, M. de Bismarck a largement usé de la réquisition pour son usage particulier. Il disait vrai, quant au vin qui venait de l'Hôtel des Réservoirs. Devant un agent diplomatique étranger, il pouvait être utile de boire du vin non réquisitionné.

Tout en vidant les bouteilles de Romanée, M. de Bismarck racontait des histoires fort gaies avec un gros rire qui cachait le rusé diplomate dont l'habileté tenait, en ce moment, toute l'Europe en suspens.

« On parla de Paris, de la guerre, de l'Espagne que M. de Bismarck regrettait de ne pas voir alliée de la Prusse comme défendant le prince de Hohenzollern.

« — Je ne suis pas homme à me mêler des affaires d'autrui, dit tout à coup le chancelier, cependant on peut dire que le choix d'un prince allemand eût été pour vous, Espagnols, une garantie de régénération... Voyez-vous, la race latine est usée; elle a accompli de grandes choses, mais aujourd'hui ses destinées sont finies, et elle est appelée à s'amoindrir peu à peu, jusqu'à disparition totale — en tant que collectivité. — Les hommes d'Etat prévoyants des pays latins doivent devancer et diriger le mouvement de transformation, au lieu de s'épuiser en efforts stériles pour empêcher une chose fatale... Notre prince, sur votre trône, vous eût infusé, sans violence ni humiliation, un peu de la sève allemande. La race germanique est jeune, vigoureuse, aussi pleine de vertu et d'initiative que vous le fûtes autrefois. C'est aux peuples du Nord qu'appartient l'avenir, et ils ne font que débuter dans le rôle glorieux qu'ils sont destinés à remplir pour le bien de l'humanité. »

Les bouteilles en se succédant imprimaient aux idées une direction philosophique. M. de Bismarck en était à la quatrième bouteille et sa bonhomie devenait menaçante pour la France. Les deux secrétaires et le lieutenant de hussards semblaient fascinés. L'oracle se faisait entendre et le diplomate espagnol trouvait que la collation se prolongeait plus que de raison, et à travers toutes les bouteilles il entrevoyait une prison à bref délai.

— Ce n'est qu'à Paris que la paix peut se signer, dit brusquement M. de Bismarck.

— Mais avec qui ferez-vous la paix? reprit M. de Miranda.

— Nous finirons bien par trouver un gouvernement avec qui traiter, *fût-ce celui de Robert Macaire;* et d'ailleurs qui nous dit que l'Empereur ne reviendra pas...? *Petit bonhomme vit encore,* ajouta le noble comte avec un de ces rires bruyants dont il souligne ses arrière-pensées.

XII

La collation durait depuis trois heures, entremêlée de conversations dont nous avons fait grâce au lecteur. M. de Bismarck, faiblement secondé par son neveu, son secrétaire, le lieutenant de hussards et le diplomate espagnol, venait d'achever la dernière bouteille de Romanée. M. de Miranda exprima le désir de ne pas abuser plus longtemps des précieux instants de Son Excellence le chancelier. M. de Bismarck l'accompagna jusqu'à la porte et dit :

— J'ai donné l'ordre de vous faire préparer un appartement, demain je veillerai à ce que l'autorité militaire vous délivre un sauf-conduit.

En s'approchant de sa voiture qui l'attendait, le diplomate jeta les yeux sur son valet de pied qui se tenait à la portière dans l'attitude correcte d'un laquais bien appris. M. de Miranda sourit imperceptiblement. Qu'eût pensé M. de Bismarck s'il eût su que ce valet n'était autre que M. Oswald, journaliste de Paris, qui, se moquant du lieutenant de hussards, avait franchi les lignes à la barbe des Prussiens? M. Oswald avait de son côté fait une collation avec les gens de Son Excellence, et raconté les histoires les plus merveilleuses. On parlera longtemps de M. Oswald dans les antichambres de Berlin.

Après une course de cinq minutes, M. de Miranda s'arrêtait au n° 18 de la rue Montbauron, chez M. Chobert. L'ordonnance qui avait accompagné le diplomate dit au propriétaire :

— Ayez soin de ce monsieur ; c'est un grand personnage. Son Excellence a causé avec lui pendant trois heures et il vient de me donner vingt francs.

Le lendemain, M. de Miranda attendit vainement le

sauf-conduit promis par le chancelier. Le diplomate espagnol parcourut la ville de Versailles en touriste. Ses impressions de voyage méritent d'être conservées :

« La ville était morne. La terreur prussienne pesait sur elle ; les habitants se cachaient ou se glissaient dans les rues, silencieux et courbant la tête comme pour dérober à tous les yeux la honte que la servitude met au front des hommes. J'interrogeai l'un de ces passants, il me dit que les réquisitions étaient écrasantes et la discipline imposée par l'ennemi fort sévère. Il me montra un numéro du journal de la localité annonçant qu'il cessait de paraître, l'autorité prussienne lui ayant interdit la publication de tout article sympathique à la cause nationale, sous peine de quinze années de travaux forcés à subir même après la paix . . . .
. . . .

« J'assistai à une parade. La tenue des troupes était aussi brillante qu'à Berlin et les mouvements s'exécutaient avec une admirable précision. »

M. de Miranda alla déjeuner à *l'Hôtel des Réservoirs,* rendez-vous des grands personnages. Princes et généraux emplissaient les salles et les officiers de roture osaient à peine y paraître. Le général de Moltke assis à une table ressemblait, malgré son uniforme, moins à un chef d'armée qu'à un aumônier. Une foule de princes, plus ou moins souverains, portaient sans en rougir la livrée de la Prusse, marque de leur déchéance. Grâce à son costume de diplomate orné de la plaque d'Isabelle et à la décoration de Saint-Jean de Jérusalem qu'il portait en sautoir, M. de Miranda obtint une modeste table dans un coin.

« J'étais placé non loin de celle où se trouvaient les généraux Burnside et Sheridan, américains, vivant dans la plus grande intimité avec l'état-major prussien. Cette intimité me frappa singulièrement et me fit voir clair dans certaines négociations qui avaient été pour les malheureux Français autant de duperies. »

La journée du 13 octobre s'écoula sans que le diplomate espagnol vît paraître son sauf-conduit. Le lendemain 14, dans la matinée, M. de Miranda reçut la visite du commandant de place prussien et de M. de Treskow ; ils vinrent lui faire subir un interrogatoire.

Quelque peu homme de lettres et fort imprudent pour un diplomate, M. de Miranda avait publié dans un journal de Paris un article dirigé contre l'ambition envahissante de la Prusse. M. de Bismarck, dont les espions remplissaient Paris, reçut l'article après la collation galamment offerte à l'Espagnol. S'apercevant un peu tard qu'il avait donné trop légèrement l'hospitalité de sa table et ses confidences, M. de Bismarck se vengeait.

L'interrogatoire terminé, le général commandant de place dit à M. de Miranda :

— Je vais rendre compte de vos explications à M. de Bismarck qui est fort en colère de vous avoir reçu et d'avoir parlé à cœur ouvert avec un ennemi. Je vous prie de me donner votre parole d'honneur de ne pas quitter cet appartement avant notre retour.

M. de Miranda se soumit. L'aide-de-camp Treskow, petit homme à l'uniforme rapé, l'air obséquieux et fourbe, sortit derrière son maître, en faisant au diplomate force révérences. Treskow ne savait pas encore s'il avait devant lui un prisonnier d'Etat, ou un personnage de qualité que M. de Bismarck serait forcé d'épargner pour ne pas soulever une question diplomatique.

Dès qu'il fut seul, M. de Miranda tint conseil avec le fidèle Oswald qui avait repris sa place au salon. Celui-ci était peu rassuré sur le dénouement de l'aventure. On décida qu'Oswald irait en reconnaissance autour du logis. Lorsqu'il revint peu d'instants après, le journaliste parisien fit savoir que l'homme à barbe rousse arpentait le vestibule de la maison. M. de Miranda s'approcha prudemment de la fenêtre, et vit dans la rue un autre familier de la chancellerie qui avait paru pendant le déjeuner apportant des bouteilles pleines et faisant disparaître les autres. Cette façon d'être prisonnier sur parole parut originale à Oswald et à M. de Miranda.

Le temps passait, la faim venait et il ne fallait pas songer à l'Hôtel des Réservoirs. M. de Miranda voulut tomber avec gloire et se para de son uniforme espagnol, sans oublier la plaque d'Isabelle la Catholique et la décoration de Saint-Jean de Jérusalem qui se balançait sur sa poitrine.

Voyant que sa captivité se prolongeait, le diplomate fit prier le propriétaire de la maison, M. Chobert, qu'il ne connaissait même pas de vue, d'être assez bon pour lui faire envoyer quelque nourriture. Excellent homme, le bon bourgeois de Versailles offrit une place à sa table au prisonnier, quoiqu'il fût averti de sa situation fort délicate. En attendant l'heure du dîner, M. Chobert sortit pour glaner quelques nouvelles.

Il revint bientôt et apprit à M. de Miranda que Gambetta était parti de Paris en ballon et qu'arrivé à Tours, le dictateur avait publié une proclamation où les forces de Paris étaient énumérées. M. Chobert avait même copié quelques chiffres sur son portefeuille. Il montra ces chiffres au diplomate : 1.200 canons, 400 coups par pièce.

Soudain un grand bruit se fit entendre dans l'escalier ; la porte s'ouvrit avec fracas et les crosses de fusil résonnèrent dans l'antichambre.

Deux officiers prussiens attendaient M. de Miranda au salon. L'un était M. de Treskow qui avait changé son attitude servile du matin contre les allures les plus insolentes. L'autre se distinguait surtout par un énorme hausse-col suspendu sur sa maigre poitrine. Ce personnage, que M. de Treskow nommait l'officier de gendarmerie, était réellement fantastique : une figure décharnée, des yeux de hibou et un nez crochu surmonté d'une paire de lunettes à branches d'or. Des épaules partaient de longs bras maigres terminés par des mains qui rappelaient les pinces du homard. Des jambes grêles se débattaient avec une épée mince comme une broche. Ce type d'alguazil fit penser à l'Espagnol Miranda que l'antique inquisition castillane s'était réfugiée en Allemagne.

Le dialogue suivant s'établit entre Treskow et Miranda :

Treskow : Monsieur, vous êtes notre prisonnier.

Miranda : Puis-je savoir de quoi on m'accuse ?

Treskow : Oh ! de beaucoup de choses, mais je n'ai pas d'explications à vous donner.

Miranda : Je vous ferai observer que je suis étranger, fonctionnaire d'un Etat neutre, porteur de papiers en règle, et qu'en m'arrêtant on commet une violation flagrante du droit des gens.

— Allons, allons, pas d'explications, s'écria l'officier de gendarmerie.

Et, saisissant M. de Miranda par les épaules, il le poussa dehors. Moins violent, M. de Treskow dit :

— Monsieur, l'officier de gendarmerie désire visiter vos papiers et vos effets ; en attendant il vous arrête.

Miranda reprit :

— Je n'ai rien à refuser à cet aimable gentleman.

Cette réponse valut à l'Espagnol une rude poussée qui le lança dans sa chambre à coucher. Là, il remit ses effets, ses papiers, son argent et ses clefs. Voyant qu'il avait affaire à un amateur, pour lequel la perquisition était un art, Miranda laissa le Prussien fouiller ses papiers, déplier son linge, mettre à son oreille les boîtes de toilette pour en interroger le creux. L'officier de gen-

GAMBETTA

darmerie retourna les poches des vêtements que portait l'Espagnol et promena ses doigts sur toute sa personne.

Treskow appela Barberousse qui rôdait aux alentours et l'on tint conseil dans le vestibule. Soudain la maison retentit de cris joyeux mêlés de gémissements. Les gémissements partaient des lèvres du malheureux M. Chobert qu'un sbire tenait au collet : « Ah ! brigand, scélérat, infâme bourgeois, criaient ensemble tous les Prussiens, tu as pris note sur ton calepin de nos 1.200 canons à 400 coups par pièce. Tu seras fusillé demain. »

Le pauvre homme protestait que les 1.200 canons à 400 coups par pièce appartenaient aux Parisiens et non aux Allemands. Il avait été fouillé et l'on avait la preuve de son espionnage. Treskow se frottait les mains en souriant, le gendarme triomphait et répétait : « Il faut les fusiller demain. »

« — Enlevez cette plaque et cette décoration », dit-il à Miranda.

Celui-ci refusa et le bon gendarme les arracha.

Une voiture attendait à la porte, on y fit monter M. de Miranda en compagnie de Treskow, du gendarme et d'un employé des bureaux de Bismarck. Deux autres argousins se chargèrent de M. Chobert et d'Oswald qui partageaient la mauvaise fortune du diplomate. Miranda fut jeté dans un cachot cellulaire de la prison de Versailles et mis au secret.

Le lendemain à quatre heures, M. Angel de Miranda partait pour Mayence tout comme un simple soldat pris sur le champ de bataille.

Voilà comment se termina le repas chez M. de Bismarck. Depuis ce temps, M. Angel de Miranda a renoncé pour toujours à cet excellent vin de la Romanée qui lui rappelle la collation prussienne.

M. Chobert sortit de prison après être resté vingt-quatre heures sans nourriture. Il ne fut pas expédié sur Mayence, grâce à M. Barbier, son beau-frère, et à M. Franchet d'Espéray, qui avaient fait d'actives démarches en sa faveur. Le pauvre homme est corrigé d'inscrire sur son calepin le nombre des pièces de canon dont on parle devant lui, et le nombre de coups tirés par chaque pièce. De plus, tout billet de logement lui semble une épée de Damoclès suspendue sur sa tête.

XIII

Dans les premiers jours de novembre des ballons partis de Paris tombèrent au pouvoir des Prussiens. Ces ballons contenaient des milliers de lettres écrites par les assiégés à leurs familles de province. Ces lettres étaient envoyées au grand quartier-général de Versailles qui faisait opérer un dépouillement. Celles de ces lettres qui ne renfermaient aucun renseignement politique ou militaire étaient livrées aux soldats prussiens qui s'amusaient fort des sentiments exprimés par un fils, par un père, souvent par un blessé.

Il y a là quelque chose de bas qui blesse l'honneur et fait monter le rouge au front.

Voici un coup de force, le plus odieux qui ait été commis à Versailles pendant l'occupation allemande. Le 2 novembre 1870 M. de Raynal, substitut du tribunal, était occupé à mettre au courant un journal intime, où il avait l'habitude d'écrire pour lui-même l'emploi de chacune de ses journées. Séparé de sa femme et de son jeune enfant, il trouvait dans ce journal une sorte de consolation qui trompait sa solitude. Un de ses amis lui fit observer qu'il y avait quelque danger à laisser ainsi une trace de ses impressions, quand on vivait au milieu d'ennemis tels que les Prussiens. M. de Raynal, sachant que son jourmal n'avait rien que d'absolument inoffensif, ne le détruisît pas comme on le lui conseillait, mais, par un scrupule de conscience, il ratura tous les noms de personnes et de lieux qu'il avait eu l'occasion d'écrire. Il le fit surtout parce que, quelques jours auparavant, il avait reçu par l'entremise d'un ami des nouvelles de la santé de son père, alors enfermé dans Paris. Ces nouvelles étaient écrites sur une carte de visite, qui avait pu franchir les lignes d'investissement. Une fois par semaine, il y avait aux avant-postes, entre officiers d'état-major, un échange de billets de ce genre. Cette voie était considérée comme très régulière. L'ami qui avait donné à M. de Raynal le billet de son père lui offrit de faire passer sa réponse à Paris. Naturellement, M. de Raynal consentit avec joie, et il écrivit un très petit billet où il n'était absolument question que de la santé des siens. Quoiqu'il n'y eût là qu'un acte fort innocent, M. de Raynal par excès de prudence ratura sur son journal les noms des personnes auxquelles il devait cet échange de correspondance. Cette précaution devait lui porter malheur.

C'est au moment même où il écrivait sur ce journal intime, qu'il vit entrer chez lui un officier prussien de l'état-major du général de Moltke suivi de deux agents de police. Cet officier lui dit : « Vous entretenez des correspondances avec Paris. » Et, sans lui donner le temps de répondre, il lui montra une lettre de son père qui ne contenait que des nouvelles de sa santé, mais qui faisait illusion à la lettre reçue de Versailles. Puis, l'officier procéda à une mise en état d'arrestation, suivie d'une perquisition minutieuse. La première chose que les agents saisirent, ce fut le journal intime. M. de Raynal fut confié à M. Stieber, chef de la police, qui, après lui avoir lancé des injures et des menaces, l'envoya dans une des cellules de la prison de la rue Saint-Pierre.

Quelques heures plus tard, il était procédé à un interrogatoire que nous résumons en supprimant les injures et les menaces les plus grossières :

— Vous savez, dit M. Stieber à M. de Raynal, que l'espionnage est puni de mort. Vous serez fusillé.

— Mais, répondit M. de Raynal, je n'ai jamais dit un mot de la guerre, et je n'ai adressé à Paris qu'un seul billet, où il n'était question que de la santé des miens.

— Vous êtes un espion.

— Je vous jure que je n'ai adressé qu'un seul billet à mon père, premier avocat général à la Cour de cassation.

— Vous mentez. Les noms raturés sur votre portefeuille prouvent que vous aviez quelque chose à cacher. Quelle est la personne qui a fait passer votre lettre à Paris ?

— Je ne puis la nommer.

— Alors vous serez fusillé.

Pendant trois jours, cet interrogatoire fut repris toujours avec les mêmes menaces de fusillement.

M. de Raynal avait pour collègue et ami, M. Albert Harel, qui fut mandé par M. Stieber. On l'accusait d'avoir fait passer à Paris le billet adressé au père de M. de Raynal. Malgré ses protestations, M. Harel fut conduit en prison et mis au secret.

Après trois jours d'emprisonnement, les deux jeunes substituts partaient pour Minden. Avant d'être transporté en Prusse, M. Harel demanda l'autorisation d'embrasser son père, âgé de quatre-vingts ans; cette consolation lui fut refusée.

D'après les récits qui précèdent, on peut se faire une idée assez exacte de la vie que menaient à Versailles les citoyens de la ville et les Allemands, princes et soldats.

Mais le nom du chef de la police prussienne, M. Stieber,

cher, appelle notre attention sur ce personnage que ses compatriotes eux-mêmes tenaient en souverain mépris. Ayons recours à ses *Mémoires*. Il écrit à sa femme le 17 octobre 1870 :

« Quand je vois les regards furieux des Français qui m'entourent, je subis une impression d'effroi ; j'ai toujours un revolver chargé sur la poitrine. Combien je soupire après des temps plus paisibles ! combien je désire voir une situation pacifique succéder à cette période de guerre ! Je voudrais me trouver près de mes innocents enfants, au milieu de gens bienveillants.

« Si nous restons encore quelque temps à Versailles, la ville sera misérable ; nos réquisitions deviennent tous les jours un peu plus considérables. Les seules pensions de nos officiers coûtent 2.000 fr. par jour. Où la ville prendrait-elle cet argent ? Il y a ici 600 officiers français pensionnés ; aucun d'eux ne touche plus un centime, et chacun a deux ou trois de nos officiers à loger. On doit nous fournir, en outre, la lumière, l'huile et le bois. Hier je me suis fait amener deux chargements de bois, qu'on a pris je ne sais où. J'ai trois cheminées à entretenir ; il n'est naturellement pas question de payer. On réquisitionne tout le fourrage et les équipages. Si cela dure, la ville sera ruinée et elle aura des dettes. Avec cela, il y a mille blessés dans la cité et trois mille ouvriers sans travail que la municipalité doit nourrir. Si ces derniers se soulevaient, nous tirerions et ne ferions pas grand cas de la ville.

« Notre Bismarck est vraiment la grâce de Dieu pour la Prusse ; il sait ce qu'il veut, il ne s'arrête ni aux égards ni aux considérations. Nous nous entendons très bien et c'est à bon droit que, dans un entretien, je lui ai répondu sèchement : « Excellence ! on ne m'a encore jamais reproché de manquer d'indulgence. » Beaucoup de nos autres dignitaires sont faibles et sans caractère.

On gagne beaucoup à s'entretenir avec un personnage aussi raide, mais dont l'esprit est aussi clair. »

Voici une lettre du mois de novembre :

« Nous venons de découvrir un service de communications secrètes entre Paris et Versailles, par une lettre qu'un procureur général a reçue de sa mère, habitant Paris. La bonne femme ne pensait guère précipiter son fils dans le malheur en lui écrivant. J'ai dû faire arrêter le procureur général et l'enfermer dans sa propre prison. Ce que le personnage a dû ressentir, je le sais par une triste expérience qui m'est personnelle. J'ai également arrêté un conseiller à la cour. Il a été échangé des lettres entre Paris et Versailles. Je ne puis faire autrement, notre propre sécurité l'exige. Céder aux lamentations des familles serait impossible. Il nous faut songer à nous, dans le cas où nous serions subitement attaqués, et empêcher des éventualités pareilles.

« L'enquête à laquelle je me suis livré m'a permis de constater que le service de communications secrètes a pris de grandes dimensions. Je serai obligé, sans doute, d'arrêter demain une belle et admirée comtesse de la Torre, femme séparée d'un ambassadeur, Italienne de naissance et agent diplomatique. Le procureur général et le conseiller de cour me font de la peine. Ce n'est pas sans émotion que j'ai soumis le cas au général commandant. J'ai été attristé en apprenant que ces gens seraient déférés à un conseil de guerre, qui les fera fusiller ; mais je suis tenu de faire mon service, en me disant que, si les Français avaient le dessus, ils n'auraient pas plus d'égards pour nous que nous n'en avons pour eux. »

Au commencement de décembre, Stieber envoie ces détails :

« Les troupes ont capturé trois ballons et arrêté sept de leurs occupants. Prochainement, je serai obligé d'envoyer des gendarmes en patrouille au milieu des nuages.

Dans notre dernier coup de filet, nous avons capturé un aéronaute et un Français arrachés de leur ballon, et avons saisi tous les paquets de lettres que contenait la nacelle. Il y avait encore dans le ballon un troisième voyageur, un Anglais, absolument inapte à guider l'aérostat. Il s'est envolé, seul. Que deviendra ce pauvre Anglais ? Il se tordait les mains de frayeur quand il s'est vu emporté dans les airs. Que de singulières choses arrivent en ce monde !... Il est probable que le malheureux Anglais navigue encore. Il est probable que nous fusillerons les six navigateurs aériens que nous avons pris, afin de mettre un terme à ces dangereux exercices, car ils emportaient des dépêches pour le Midi, afin d'y préparer là-bas une attaque contre nous. »

Les pages qui suivent ont trait aux dernières négociations avant la capitulation de Paris. Elles sont pleines d'intérêt :

« Versailles, nuit du 23 au 24 janvier.

« Ma chère bonne femme,

« Lis et étonne-toi. Pendant que je t'écris cette lettre et que je bois une tasse de thé que j'ai préparée moi-même, S. Exc. M. Jules Favre, ministre des affaires étrangères du gouvernement de Paris, et son gendre, dorment dans la chambre voisine, dans le lit de M. de Zernicki.

« Aucun secrétaire ou domestique ne l'a accompagné. Un de mes agents en civil le sert. — Jules Favre nous est arrivé tout à fait à l'improviste, comme parlementaire. Ce soir, le comte de Bismarck m'envoya tout à coup sa voiture et me fit appeler. J'appris en route que Jules Favre était chez le ministre. Celui-ci me chargea de préparer immédiatement un logis chez moi pour le parlementaire français et de surveiller M. Favre de près.

« J'offris deux de mes chambres, ce que M. de Bismarck trouva bien, « tout en me priant de ne pas laisser deviner

à Jules Favre qu'il se trouvait au milieu de la police. »
Jules Favre et Bismarck étaient assis sur le canapé, dans
une attitude familière. Quand je jetai les yeux dans la
chambre, je crus voir de vieux amis qui ne s'étaient pas
rencontrés depuis longtemps. J'ai pu constater qu'ils s'occupaient des négociations de paix. Ma nostalgie a cessé
à ce spectacle, sur lequel les yeux du monde entier sont
aujourd'hui tournés, et que très peu d'hommes ont été
appelés à voir d'aussi près que moi.

« En sortant de chez M. de Bismarck, je courus chez
moi et m'organisai. Je transférai ailleurs mon corps de
garde ; mes employés endossèrent des habits civils : je fis
faire un bon feu, préparer deux lits ; et, comme les Français s'imaginent volontiers que nous mourons de faim,
même à Versailles, je fis apporter tous les vivres et friandises que je pus me procurer.

« Dans tout Versailles, personne n'avait idée de ce qui
se passait : l'Empereur et Moltke seuls le savaient. Les
rues étaient désertes. Jules Favre arriva dans une voiture
ordinaire : il est resté pendant une partie de la nuit, près
de cinq heures, chez Bismarck.

« Je ne sais pas au juste, en ce moment, si Jules Favre
est venu comme parlementaire ou s'il se rend à la conférence de Londres. En tout cas, ces longues conférences
sont un indice de paix. En ces derniers jours, nous avons
fait beaucoup de mal aux Parisiens : toute la ville de Saint-Denis est détruite et incendiée ; Paris brûlé de ce côté en
plusieurs endroits. Il paraît qu'un décret a été édicté, permettant à chacun de prendre des vivres chez son voisin.
C'est du pur communisme, l'anarchie et la suppression de
la propriété individuelle.

« Comme j'en arrive là de cette lettre, M. Jules Favre
me demande deux plumes, du papier et de l'encre. Je lui
ai remis la plume avec laquelle j'avais écrit jusqu'ici et
j'en ai pris une autre. Si je ne me trompe, c'est avec ma

plume que seront rédigés les préliminaires de paix. Le comte de Hatzfeld, qui a accompagné M. Jules Favre chez moi, m'a annoncé que ce dernier sera encore ici demain, et il me charge de préparer un bon déjeuner. Tout cela dit assez que les négociations sont sérieuses. Plaise à Dieu que ce toit sous lequel a couché cette nuit un des premiers chefs de nos acharnés ennemis lui inspire des pensées bienfaisantes!

« Jules Favre est resté éveillé jusqu'à trois heures du matin : il marchait en long et en large dans le salon avec son gendre. Il a l'air bien misérable. Le comte de Bismarck s'est fait conduire à minuit chez l'Empereur, où il y a eu conseil de guerre de tous les généraux. Ainsi donc, il ne peut être question que de la paix définitive et de la capitulation de Paris. Ma cuisinière (une Alsacienne) couche dans la chambre près du salon ; nous lui avons dit que les deux messieurs étrangers étaient des ministres bavarois qui parlaient aussi le français. Il faut qu'elle ait entendu une partie de la conversation, car ce matin, en servant le déjeuner, elle me dit dans son dialecte :

« — Excellence, ce ne sont pas des ministres bavarois, c'est Jules Favre qui veut faire la paix. »

« Pour le déjeuner, j'ai fait servir à M. Favre la dernière de mes oies et les deux derniers saucissons, j'ai fait prendre à l'hôtel deux biftecks et un gâteau. Il a l'air tellement affamé, qu'il fait peine à voir : il pourra se convaincre qu'il ne nous manque rien et que nous pouvons tenir. Avec cela, j'ai fait servir du café, du vin rouge fin, du malaga, du vin d'Espagne et du champagne. Et puis, tout à fait par hasard, j'ai fait passer sous la fenêtre un troupeau de 8.000 moutons gras qu'on a amenés du dépôt. C'est jour de marché, Versailles paraît gai. On dit que Trochu a été destitué à Paris. Avant-hier, il y a eu des rassemblements populaires. Les Parisiens sont probablement à bout.

« Dieu soit loué ! cet épisode intéressant a amené un peu

de changement dans notre monotone existence. Gretchen (une fille de Stieber) ne pensait guère, en m'adressant les deux saucissons, que l'un d'eux serait mangé par Jules Favre, le négociateur de la paix.

« Vers midi, le comte de Bismarck arriva chez moi en voiture : il y avait eu un petit conseil de guerre, auquel assistaient l'Empereur, le Prince héritier, le comte de Moltke, de Bismarck et Roon. Bismarck en apportait personnellement les décisions à M. Jules Favre.

« Pendant que j'écris, Bismarck et Favre sont dans la chambre voisine ; ils traitent de la destinée de deux grands Etats. Le comte de Bismarck est resté près de trois quarts d'heure avec Jules Favre.

« Je sais maintenant qu'il s'agit de la capitulation de Paris. Favre me dit que Bismarck est parti. Je lui demande s'il faut commander à dîner.

« — Non, je repars immédiatement pour Paris », me répond-il.

« Jules Favre m'a dévoré un énorme morceau de l'oie. Il m'a demandé :

« — Qu'est-ce que c'est ? On ne connaît pas cela à Paris. Je n'ai jamais rien mangé d'aussi beau et d'aussi bon ! »

« Je lui répondis : « *Oie fumée !* C'est avec cela que nous nourrissons notre landwehr ou garde mobile ! »

« J'étudie depuis cinq ans le visage et les traits de Bismarck ; d'après leur expression et suivant le caractère de sa voix, je conclus, en l'accompagnant à la voiture, que notre affaire marche bien. »

Ne quittons pas la ville de Versailles sans adresser un salut aux tombes de trois patriotes.

Le 19 septembre 1870, le 46ᵉ régiment d'infanterie prussienne effectuait son entrée, tambours, fifres et musique en tête, dans le vlilage de Bougival. Le colonel qui le commandait, un grand brun, *qui n'avait pas l'air com-*

mode, à ce que nous raconte un témoin oculaire, arrêta son cheval sur la place où débouche la rue des Hautes-Eaux. Là, il demanda :

— Où est le maire ?

Il lui fut répondu que celui-ci, avec la majeure partie du conseil municipal, s'était retiré à Paris.

— Ah! ricana l'Allemand, vos autorités vous ont abandonnés? Eh bien, nous allons vous gouverner. Mais tenez-vous tranquilles, — ou sinon...

Un geste significatif compléta cette menaçante recommandation.

Le premier soin des arrivants fut d'installer un fil télégraphique entre leurs cantonnements et Versailles. A peine installé, ce fil fut coupé par une main inconnue. On le rétablit. Il fut coupé de nouveau. L'ennemi organisa alors une active surveillance autour de cet appareil de transmission, et un paysan fut surpris rôdant d'une façon suspecte aux environs de ce dernier.

Le paysan se nommait François Debergue. Il avait soixante ans et était jardinier chez Paul Avenel. On le conduisit devant une commission militaire.

— C'est vous qui avez coupé le télégraphe? questionna le major qui présidait.

— Oui, c'est moi.

— Avec quoi?

— Avec ceci.

Et le jardinier tira son sécateur de sa poche.

— Pourquoi avez-vous fait cela?

— Parce que vous êtes l'ennemi.

— Promettez-vous de ne plus recommencer?

Le vieillard secoua la tête :

— Je ne ferai pas cette promesse.

— Pourquoi donc?

— Parce que je suis Français.

Des voisins, des amis, des notables essayèrent d'arracher le malheureux à la justice terrible qui allait le frapper. Ils offrirent de payer pour lui une rançon de *dix mille francs*. Le major se montrait disposé à accepter. Mais le jardinier intervint brusquement :

— Je ne veux pas qu'il soit rien dépensé pour moi, déclara-t-il. Ce serait de l'argent perdu. Je *récidiverais* le lendemain.

Et il répéta avec la même résolution qu'auparavant :

— Je suis Français et je fais mon devoir.

Le 26 septembre, à quatre heures du soir, un peloton de vingt-quatre fusiliers montait la principale rue de Bougival. François Debergue, condamné à mort, était au milieu d'eux. Le vieux paysan, en habits de travail, les mains liées contre le dos, marchait d'un pas ferme, la physionomie impassible. Le funèbre cortège, suivi de quelques habitants, prit la rue de la Celle et en gravit lentement la pente rapide. L'officier qui commandait le peloton paraissait ému. Plusieurs fois, on l'entendit murmurer en français, avec son accent tudesque : *Patriotisme ! patriotisme !*

On chemina sur la route de Versailles jusqu'à la ruelle des Bourbiers. Là, on tourna à gauche. L'escorte s'arrêta dans le champ d'un sieur Lainé. Le condamné fut attaché avec une corde au tronc d'un pommier. Ensuite l'officier demanda aux assistants :

— Quelqu'un de vous a-t-il un mouchoir ?

— J'en ai un dans ma poche : prenez-le, dit le vieillard tranquillement.

On lui banda les yeux.

L'officier reprit :

— Avez-vous quelque chose à réclamer ?

— Qu'on m'enterre à côté de mon frère.

L'Allemand leva son épée, le peloton fit feu, et François Debergue tomba, le corps troué par dix-neuf balles tirées à quatre mètres de distance.

Bougival comptait sa première victime.

Le 21 octobre suivant, le général Ducrot opérait une sortie sur la Malmaison et sur la Jonchère. Les premières lignes prussiennes étaient en désarroi. Les hauteurs nous appartenaient. La panique gagnait Versailles.

A l'issue de cette journée, dont le résultat ne répondit pas au début, nos ennemis se vengèrent de la peur qu'ils avaient éprouvée sur deux braves garçons, — Jean-Baptiste Gardon, commis à la briqueterie de M. Jules Pointelet, et Jean-Nicolas Martin, contre-maître à la fabrique de M. Emile Pointelet, — qu'ils accusèrent d'avoir tiré sur leurs soldats avec un fusil à vent. On les traduisit devant un conseil de guerre assemblé dans le chantier du sieur Bayrac, à côté de la maison Baumann, qui servait de corps de garde. Les pauvres diables étaient condamnés d'avance.

— Ah! mes gaillards, répétait avant la séance un des membres de ce tribunal improvisé, nous allons vous prouver que vous vous êtes trop pressés de croire que nous battions en retraite.

Aux questions qui lui furent posées, Gardon se contenta de répondre :

— Tout citoyen a le droit de défendre son pays.

Il avait quarante-quatre ans ; son compagnon, cinquante. On les mena dans le champ Lainé, où avait été fusillé François Debergue. Gardon fut attaché au tronc du même pommier ; Martin, à un arbre voisin. Ce dernier dit, pendant qu'on lui bandait les yeux :

— Vous allez tuer des gens qui n'ont rien à se reprocher.

— C'est possible, répliqua l'officier qui commandait le peloton d'exécution ; mais c'est l'ordre du quartier-général.

Il fit un signe. Une détonation retentit. Les deux patients s'abîmèrent, foudroyés.

CHAPITRE IV

SOMMAIRE

Les volontaires de 1792 et les gardes mobiles de 1870. — Les mobiles du Lot. — Mort du commandant Fouilhade. — Le colonel américain Burr-Porter. — Combats des mobiles du Lot. — Pillage au camp de Conlie. — La mobile de Vendôme. — Le capitaine Timoléon d'Epinay-Saint-Luc. — Les zouaves pontificaux à Loigny, au Mans. — L'abbé Fougueray. — Le lieutenant Garnier. — Les mobilisés bretons à la Tuilerie. — Les mobilisés bretons au siège de Paris. — M. de Kératry, général en chef. — Les francs-tireurs. — Jugement de M. de Jouvencel sur Gambetta. — Réflexions à ce sujet. — Les prisonniers civils. — M. Fautras, instituteur à Bricy, conduit en captivité. — La jeune fille de France. — Les prisonniers civils en chemin de fer et à Stettin.

I

La France eut en 1870 ses bataillons de gardes mobiles, comme elle avait eu en 1791 et les années suivantes ses bataillons de volontaires. Ces derniers sont devenus légendaires. La poésie, la peinture, la sculpture les ont célébrés, et l'on dit encore volontiers, dans les harangues démocratiques : *nos pères les géants*.

Si quelqu'un écrivait que les bataillons de nos gardes mobiles étaient supérieurs aux bataillons de volontaires, il serait accusé d'ignorance. Cependant, c'est en invoquant l'histoire que nous affirmerons la supériorité des mobiles sur leurs ancêtres, les volontaires de la Révolution.

En 1870, un grand nombre de bataillons de mobiles manquaient d'instruction militaire, la discipline rigoureuse laissait quelquefois à désirer, il se produisait parfois des actes de faiblesse, mais l'esprit demeurait **bon**, et l'on se battait à merveille.

En était-ce ainsi en 1792 ?

Interrogeons les documents historiques :

Au mois d'octobre 1791, le général Lamorlière fit ce rapport sur les volontaires d'un bataillon : « Ces canailles ont déjà refusé, de la manière la plus insolente, l'obéissance à leurs chefs qui voulaient les faire aller à l'exercice. Sous tous les rapports, les citoyens désirent le départ de cette troupe dont l'inconduite les inquiète. »

La guerre en 1791 commença sous les auspices les plus malheureux. En Flandre, deux colonnes de l'armée du Nord se débandèrent au moment de marcher à l'ennemi ; l'une d'elles assassina son général. L'état des choses n'était pas meilleur à l'armée du Rhin. L'adjudant-général Vieusseux écrivait sur cette armée, le 15 mai 1792, du camp de Neukirch, à un de ses amis : « Les nouvelles particulières de Flandre sont désolantes ; elles nous annoncent des traits d'une lâcheté sans exemple, après toute la jactance possible et les démonstrations les plus bruyantes. J'en ai le cœur ulcéré. Ah ! si je pouvais entrer dans les détails, vous verriez s'il y a du patriotisme dans l'Assemblée nationale à céder lâchement à tous les caprices d'une soldatesque mutine et furieuse, à se récrier contre toute idée de subordination et de discipline, et à déclamer sans cesse contre tous les moyens de ramener l'ordre et la tranquillité. Je voudrais voir ces prétendus patriotes au milieu de soldats ivres ou furieux, qui menacent ceux qui osent leur parler des lois, et qui vexent, pillent et insultent les citoyens qu'ils sont appelés à protéger et à défendre. »

Le général Biron écrivait au ministre de la guerre,

Servan : « Les officiers de volontaires n'ont aucune fermeté ; ils mettent souvent le désordre au lieu de maintenir l'ordre, et fournissent eux-mêmes l'occasion au relâchement de la discipline. »

Le même général, dans un rapport, s'exprime ainsi : « Il ne faut pas se tromper sur la composition des volontaires ; ce sont des gens achetés par les communes, et la plupart sans aveu, ils sont plus embarrassants qu'utiles... Tous les officiers-généraux auxquels je veux en donner les craignent... » Deux mois plus tard, Biron écrivait encore au ministre de la guerre radical, le citoyen Pache : « ... Il ne me restera pas 16.000 hommes en état de servir, les autres étant sans habits, sans souliers, sans armes, composés de gens contrefaits, infirmes, vieillards et enfants hors d'état de rendre aucune espèce de services. »

Custine, qui devait être renforcé par l'armée de Biron, pria le ministre de ne pas lui envoyer de bataillon de volontaires nationaux : « Pour l'amour de Dieu, ne m'envoyez pas de volontaires ; ils me sont absolument à charge. »

Ce général, pour augmenter sa popularité, avait d'abord comblé de louanges les volontaires, mais après l'occupation de Spire, il changea d'opinion : « Les volontaires ont pillé Spire, ils brisaient les armoires, emportaient meubles et argenterie. » Custine se vit forcé de faire fusiller les meneurs.

Enfin, la Convention, qui ne s'en rapportait pas aux seuls généraux, nomma des commissaires civils tirés de son sein pour visiter les armées. Le député Aubry fit ce rapport au nom d'une commission : « Citoyens, une vérité affligeante, c'est l'indiscipline de la plupart de nos bataillons nationaux... partout on redoute leur séjour ; partout, ils demandent avec une brusquerie d'une force trop sentie ; enfin partout ils détruisent... »

A Nancy, un bataillon de l'armée de la Moselle pilla, immédiatement après son entrée dans la ville, le Musée et la Bibliothèque, comme témoins parlants de la tyrannie. Le commandant de l'avant-garde de cette armée, le général Labarolière, offrit sa démission le 12 novembre en écrivant : « Je ne dois pas risquer en un seul jour la réputation que j'ai été trente-six ans à me faire ; je ne puis répondre des troupes. Une grande partie ne sont plus les enfants de l'honneur, mais les compagnons du crime et de la débauche. Chaque jour, chaque heure apprend de nouveaux désastres, et s'ils sont envoyés dans les pays étrangers pour y manifester les sentiments d'un peuple libre et vertueux, leur conduite fera regarder notre nation comme une société de voleurs et de pirates. »

La désertion était de tous les jours, dans les bataillons de volontaires. Du 27 novembre au 1er décembre, l'armée de la Moselle perdit 2.000 hommes par la désertion : « Si cela continue, ajoutait Beurnonville, je n'arriverai devant Trèves qu'avec les troupes de ligne. Personne ne se plaint des troupes de ligne, les seules qu'on puisse employer en campagne. Malheureusement elles ne forment que le quart de nos armées. »

Dans l'expédition contre Trèves, deux bataillons de volontaires, formant un effectif de 200 hommes, apercevant une troupe ennemie déjà fort ébranlée, se mirent à exécuter toutes sortes de danses ; ils entonnèrent de « véritables hurlements d'Indiens », puis ils prirent la fuite en désordre.

Le 18 octobre, six députés, et parmi eux Lacoste, envoyèrent à Strasbourg leur rapport au Comité de salut public : « Dans la déroute du 13 (prise d'assaut des lignes de Wissembourg par les Autrichiens), plus de 6.000 soldats ont abandonné leurs drapeaux et fui à plus de douze lieues. L'esprit des paysans alsaciens est infiniment mauvais ; plusieurs se sont réunis à nos ennemis pour marcher contre nous. Le plus grand nombre des habitants de Strasbourg est plus autrichien que français et ne cherche qu'à livrer cette forteresse. »

Le procureur-syndic du département d'Indre-et-Loire adressait à Bouchotte cette lettre datée de Tours :
« Citoyen ministre, tout le gros de l'armée composé de bataillons, la plupart ramassés à force d'argent, loin de donner (contre les royalistes de la Vendée), crie à la trahison, *sauve qui peut!* et, dans une débandade affreuse, un grand nombre jettent leurs armes, leurs munitions, et fuient avec leurs sacs et leurs porte-manteaux... »

Un décret du 28 décembre 1791 punissait le volontaire déserteur de l'honneur de servir dans la garde nationale et les troupes de ligne.

On connaît cette anecdote très caractéristique d'un capitaine de volontaires, résignant ses fonctions pour devenir simple soldat, et répondant à ses hommes qui le priaient de rester leur chef : « Je veux, moi aussi, avoir quelque chose à commander. »

Quelques bataillons de volontaires formés en 1792 eurent cependant une meilleure attitude.

Les généraux furent unanimes pour demander l'amalgame des volontaires avec les troupes de ligne ; Luckner, Dumouriez, Dubayet, Kellermann, Kléber, Montesquiou, Beurnonville, Custine, Biron déclarèrent que les bataillons de volontaires ne rendraient de vrais services que lorsqu'ils seraient encadrés dans les bataillons de soldats de la ligne.

Les partisans et les admirateurs, malgré tout, des bataillons de volontaires diront peut-être que ces hommes sans instruction militaire et sans discipline ont néanmoins repoussé l'ennemi. La légende révolutionnaire est ainsi faite, mais elle est fausse. L'envahisseur fut repoussé par les troupes de ligne qui formaient une masse de 200.000 hommes, soldats de l'ancienne armée royale. Il y avait aussi parmi ces derniers un certain nombre des bataillons de volontaires de 1792, recrutés dans les troupes provinciales licenciées depuis peu et qui se transformèrent rapidement en vrais soldats. Enfin, pour tout dire, la France à cette époque n'avait pas en réalité d'ennemis redoutables. Entre le duc de Brunswick, commandant les armées alliées, et M. de Moltke, la distance était grande, et Valmy ressemblait peu à Frœschwiller.

Les bataillons de mobiles qui ont soutenu la guerre de 1870-1871, après les capitulations de Metz et de Sedan, ont été infiniment supérieurs aux troupes improvisées en aucun temps. Il est vrai que le souffle révolutionnaire n'avait pas en 1870 la même violence qu'en 1793. Il faut aussi rendre cette justice à Gambetta, qu'on ne le vit jamais soutenir l'indiscipline comme les Saint-Just, les Lebas, les Hébert, les Ronsin. Les prédécesseurs de Gambetta à Tours, les GÉNÉRAUX DE L'ARMÉE, avaient proclamé, le 2 octobre 1870, la loi martiale dans un manifeste trop ignoré de nos jours. L'article 6 de cette loi s'exprime ainsi :

« Seront punis de mort les crimes et délits suivants : assassinat, — meurtre, — désertion, — embauchage pour commettre un des faits punis de mort par le présent décret, — pillage avec ou sans armes, — refus de service à un supérieur, avec ou sans menaces ou injures, — inexécution d'ordre compris et réitéré, avec intention d'opposer de l'inertie, — injures, menaces, voies de fait envers un supérieur, — provocations en paroles à la révolte ou à l'indiscipline, — bris d'armes, perte volontaire d'armes afin de ne pas marcher au feu, — destruction de munitions, dans le même but, faite en présence ou non de l'ennemi, par lâcheté.

« Au feu, tout officier ou sous-officier est autorisé à

tuer l'homme qui donne une preuve de lâcheté, en n'allant pas se mettre au poste qui lui est indiqué ou en jetant le désordre par fuite, panique ou autre fait de nature à compromettre les opérations de la campagne et son salut, qui dépend de la résistance et de l'accomplissement rigoureux du devoir. »

Non seulement Gambetta ne désavoua jamais ce manifeste, mais il en soutint l'exécution avec énergie.

Pour le malheur de la France, Gambetta se crut capable de commander les armées et il fit partager cette idée à M. de Freycinet et à M. de Serres. Dès lors les armées se mettaient en mouvement par saccades, elles manquaient de cohésion, et n'agissaient pas de concert. Les ordres d'en haut étaient rarement compris, et ne parvenaient aux bataillons qu'après de longues explications. Les contre-ordres se croisaient avec les ordres et donnaient lieu à ces marches et contre-marches qui épuisaient les soldats.

Le trait caractéristique de la stratégie allemande était : diriger l'offensive sur le point où sont les forces principales de l'ennemi. Chacun agissait en conséquence. Mais nous n'avions rien de semblable.

Gambetta ne se faisait pas illusion sur l'issue de la guerre. Il savait que nos bataillons de mobiles, malgré leur bravoure et leur patriotisme, ne pourraient vaincre les vieilles troupes aguerries de la Prusse. Tout en parlant à ses concitoyens et à l'armée des victoires futures, il faisait cet aveu : « Les succès ne s'improvisent pas (1). » Et Gambetta se créait cependant une réputation de guerrier, auprès de nos populations, avec le sang de nos enfants.

Pour tout homme de bonne foi qui cherche la vérité dans l'histoire et non dans la légende, nos bataillons de

(1) L'ouvrage du baron von der Goltz : *Gambetta et ses armées*, se termine par une étude intéressante sur les armées permanentes et les milices.

mobiles ont été en 1870-1871, répétons-le, plus courageux, plus disciplinés, plus dignes, plus patriotes que les bataillons de volontaires de la première république. Ce fait, à lui seul, n'est-il pas une consolante promesse pour l'avenir de notre pays ? Napoléon Ier consacre, dans ses *Mémoires*, plusieurs pages à l'histoire rapide des régiments employés à l'armée d'Italie. Il parle des campagnes précédentes de chaque corps, des traits de bravoure de chacun d'eux et des services rendus. Personnifier ainsi un corps est l'hommage le plus vrai qui se puisse adresser aux soldats.

Nous voulons faire ainsi. Nous prendrons au hasard l'histoire de quelques bataillons, qui tous ont fait honneur à leurs départements.

II

Patrie du roi de Naples Joachim Murat, du maréchal Bessières duc d'Istrie et d'un grand nombre de généraux, le département du Lot est habité par une race quelque peu rude, mais d'une intelligence vive et d'une bravoure proverbiale.

D'après la loi sur la garde mobile ce département devait fournir deux bataillons ; les 8 et 9 septembre 1870, ils arrivaient à Cahors, pendant qu'un troisième se formait rapidement. L'armement, fort mauvais, se composait de vieux fusils à percussion, mis en réforme depuis longtemps. Les sous-officiers seuls reçurent des effets d'habillement. Le tiers des officiers avaient servi dans l'armée, mais ne suffisaient pas à l'instruction des compagnies, fortes de 174 hommes chacune. Dès le 23 septembre les deux bataillons eurent l'ordre de se rendre près de l'ennemi.

Celui-ci était aux environs d'Orléans et la terreur régnait

dans la ville. Des paniques s'emparaient des habitants lorsque le cri : *les Prussiens !* se faisait entendre. Nos mobiles, mal armés, sans uniformes, sans discipline, ne sachant même pas manier leurs fusils, ne pouvaient être d'aucun secours immédiat. Les deux bataillons furent dirigés sur Blois ; à peine étaient-il arrivés qu'ils reprirent le chemin d'Orléans où ils formèrent alors le 70e régiment. Envoyé à Jargeau puis à Sully, ce régiment de mobiles y fut reçu à bras ouverts par les habitants. Ils se disputaient les soldats, chacun voulait en avoir sous son toit et à sa table. Le maire de Sully qui n'avait pu en donner à tout le monde eut à entendre exprimer plus d'un sympathique regret.

Le général Martin des Pallières envoya le 70e à Nevers pour y compléter son équipement. Tantôt bien, tantôt mal reçus, les mobiles du Lot ont conservé d'excellents souvenirs du Nivernais. A Cosne la population apporta des vivres en abondance. La réception fut aussi très cordiale à La Charité et cette fois sous la présidence d'une gracieuse et charmante jeune fille. De Nevers il leur fallut aller à Fourchambault où les habitants leur prodiguèrent de véritables tendresses. « Le mobile était l'hôte de la famille, il avait sa place à la table et au foyer et remplaçait en quelque sorte le fils absent. En effet, donner à leurs compagnons d'armes, c'était pour eux donner à leurs propres enfants qui, sans doute, recevaient ailleurs la même hospitalité. »

Sous la vigoureuse impulsion du chef de bataillon en retraite Esportelle, nommé lieutenant-colonel du 70e, l'instruction faisait des progrès rapides et les mobiles se transformaient en véritables soldats. Désormais on pouvait les montrer à l'ennemi.

L'occasion se présenta bientôt. En attendant, les mobiles du Lot prirent l'uniforme : un képi, une blouse-vareuse en molleton, un pantalon de drap grossier et peu solide et un burnous-capote surnommé « Criméenne »; chaque mobile avait, en outre, une couverture de laine, un tricot de coton et une ceinture de flanelle. Après quelques jours de marche, les chaussures étaient hors de service. Les bataillons furent armés de chassepots.

Le 24 novembre, le 70°, sous les ordres du commandant Fouilhade, se trouvait aux environs de Brou (1). Quelques compagnies eurent l'ordre de battre le bois pour s'assurer qu'il n'était pas occupé par l'ennemi. Voici le récit d'un capitaine :

« Nous nous engageâmes en avant et parvînmes bientôt à l'extrémité opposée, car il était de petite étendue ; devant nous se trouvait un champ assez vaste, et plus loin de grands bois. L'ennemi annoncé était sans doute là-dedans et ne pouvait tarder à paraître ; nous nous mîmes en mesure de bien le recevoir : la moitié de la compagnie se déploya en tirailleurs sur la lisière, se dissimulant derrière les arbres et les buissons ; l'autre moitié se plaça en réserve à cent mètres en arrière.

« Bientôt nous distinguâmes vaguement le fourmillement d'une troupe en marche, et le mouvement des branches sur tout le front du bois indiquait clairement que nous allions avoir affaire à des forces considérables, qui s'avançaient rapidement sur nous. Il n'y avait pas à s'y tromper, évidemment c'étaient les Prussiens.

« A ce moment solennel, un frisson nous passa des pieds à la tête, et plusieurs d'entre nous sentirent leur visage inondé d'une sueur qui n'était produite ni par un excès de chaleur, ni par un excès d'héroïsme.

« Et, ma foi ! pourquoi ne pas l'avouer ? à cette pensée que les Prussiens étaient là, tout près, et qu'il allait falloir en venir aux mains, nous étions loin d'avoir une bien grande confiance en notre courage. Néanmoins,

(1) Département d'Eure-et-Loir, arrondissement de Châteaudun.

chacun fit contre mauvaise fortune bon cœur, et nous cherchâmes à nous encourager réciproquement, en faisant jouer brusquement le tonnerre de nos chassepots.

« Tout à coup, les masses ennemies parurent sur la lisière. Nous allions commencer le feu, lorsqu'un immense troupeau de moutons, conduit par les bergers, déboucha dans le champ. Bergers et moutons furent effrayés de nous voir courir sus. »

Renseignements pris, on sut que l'ennemi était à vingt kilomètres au moins et en pleine déroute.

Les bergers, dont les fermes se trouvaient aux environs, procurèrent aux mobiles du pain, du cidre et d'excellents fromages. On déjeuna sur l'herbe fort gaîment et sans se presser, pendant que le général attendait anxieusement le résultat de la reconnaissance dans les bois.

Telle fut la première expédition du 70e régiment.

Cette expédition de Brou n'avait produit aucun résultat. Les hommes étaient accablés de fatigue, et s'endormaient dans les fossés.

Pendant un séjour qu'il fit à Autainville (1), le 27 novembre, le 70e de mobiles assista à l'exécution de trois soldats de la ligne, condamnés à mort par la cour martiale du 17e corps. Ces exemples étaient nécessaires pour le maintien de la discipline. Dans ces circonstances, Gambetta se montra plus énergique que les maréchaux de l'Empire aux armées de Metz et de Sedan, où l'indiscipline prenait des proportions effrayantes. — Les mobiles du Lot n'avaient pas encore été exposés un long temps aux obus et à la mitraille ; mais, le 2 décembre 1870, à Loigny, leur réputation de bravoure se fit en quelques heures. Chargés de soutenir l'artillerie, les trois bataillons furent admirables.

(1) Département de Loir-et-Cher, canton de Marchenoir.

Malgré les fatigues, les privations et les misères de toutes sortes, ces mobiles conservaient un moral qui résistait aux plus dures épreuves. Dans les bivouacs, ils jouaient comme des enfants, courant, sautant, se poursuivant; quelques-uns maniaient les cartes, d'autres racontaient d'interminables histoires. Le commandement du régiment était confié, comme nous l'avons dit précédemment, au chef de bataillon Fouilhade, qui, malheureusement, n'avait jamais servi dans l'armée. L'instruction et tous les détails se ressentaient de l'insuffisance du chef. Sa bravoure personnelle lui valait plus d'estime que de confiance. Ce que les compagnies de mobiles apprirent le plus vite, fut le campement. En fort peu de temps ils surent dresser les tentes, préparer les repas, établir les postes comme les vieux bataillons d'Afrique.

Dans les premiers jours du mois de décembre, il fut constaté que le 70e régiment avait perdu une grande quantité d'hommes. Les plus faibles n'avaient pu résister aux fatigues, les mauvais marcheurs étaient tombés aux mains des uhlans qui suivaient la colonne en marche; mais si l'effectif ne présentait plus le beau chiffre du début, les bataillons avaient acquis une vigueur remarquable. Il ne restait désormais que des hommes robustes, pleins d'ardeur, de courage et de patriotisme.

A la bataille de Loigny (1), les mobiles du Lot étaient demeurés fermes sous les balles et les obus, mais ils n'avaient pas essayé leurs chassepots.

« Hélas! nous n'allions pas tarder à être cruellement éprouvés par le feu de l'ennemi, le froid, la faim, la misère et la défaite. »

Le 8 décembre 1870, le 70e régiment prit une part très active à la bataille de Villorceau (2). Un nouveau chef, le lieutenant-colonel Vigouroux, arrivé dans la nuit précé-

(1) Département d'Eure-et-Loir, canton d'Orgères.
(2) Département du Loiret, canton de Beaugency.

dente, était à la tête des mobiles. Habilement dirigés, ils eurent, non seulement à combattre, mais à manœuvrer. Le temps était sombre, la neige tombait et on se trouvait tout près de l'ennemi. A peine quelques compagnies se déployaient-elles en tirailleurs, que le capitaine de Tulles, grièvement blessé, était emporté du champ de bataille.

« L'odeur de la poudre, les bruits du combat, le spectacle grandiose de la bataille grisent et donnent de l'entrain. Les obus passent en sifflant, mais personne ne salue. Nous ne sommes plus de jeunes soldats timides au feu, mais bien des vétérans, animés par le combat et par la haine de l'envahisseur. »

Les mobiles du Lot enlèvent le village de Layes à la baïonnette et les Prussiens qui le défendent s'enfuient de tous côtés. Le lieutenant-colonel Vigouroux, le capitaine Lallemand, le lieutenant Maury, un grand nombre de mobiles sont blessés. Le général Deflandre, très dangereusement atteint, est obligé d'abandonner son commandement. Nos jeunes soldats se retirent à Villecoulon. « Une ambulance, établie dans une ferme, regorge de blessés, nos malheureux camarades sont là, étendus sur la paille et souffrant atrocement; quelques blessures sont horribles. Deux chirurgiens leur prodiguent leurs soins, mais, malgré leur dévouement, malgré leur diligence, ils ne peuvent suffire à leur rude besogne, et il arrive toujours de nouveaux blessés. De tous côtés, des cris de douleur : A moi, docteur, je meurs! ah! ma pauvre mère! — Mon Dieu! mon Dieu!

« De temps en temps, l'un de ces malheureux rend le dernier soupir et il est emporté au dehors. »

Les pertes du 70e régiment s'élevaient à deux cent cinquante hommes tués, blessés ou disparus. Le lieutenant-colonel Vigouroux, l'aumônier des mobiles et un certain nombre d'entre eux, blessés, étaient tombés au pouvoir de l'ennemi à la reprise de Layes.

Le lendemain, 9 décembre 1870, à huit heures du matin, le 70ᵉ eut à défendre le village d'Ourcelle. Il y perdit une soixantaine d'hommes.

Dans son livre *La 2ᵉ armée de la Loire*, le général Chanzy fait reprendre à tort le village d'Origny par les troupes de la 2ᵉ division du 17ᵉ corps. Ce furent les mobiles du Lot qui accomplirent ce beau fait d'armes. Le général Chanzy le reconnaissait d'ailleurs dans les éditions suivantes de son ouvrage si important au point de vue historique.

« La fusillade avait cessé, nous étions entièrement maîtres d'Origny.

« Quelques mobiles s'avançaient, confiants, dans une petite rue ; en tête de ce groupe, marchaient côte àcôte les deux frères Course.

« Tout à coup un Prussien, blotti dans une étable, paraît sur le seuil de la porte, couche en joue l'un des deux frères, fait feu presque à bout portant et l'étend raide mort.

« On peut juger de la douleur du pauvre survivant : désolé, furieux, fou de désespoir, il se précipite sur le Prussien et lui porte plusieurs coups de sa baïonnette dans la poitrine.

« Le Prussien tombe inanimé, le sang coule à flots de ses blessures ; mais le malheureux frère a soif de vengeance ; il s'acharne sur son ennemi terrassé, le frappe encore à coups redoublés et piétine ensuite sur son cadavre (1). »

III

Les mobiles du Lot firent deux cents prisonniers à Origny, dont plusieurs officiers et un chef de bataillon. Ce fut une grande joie pour ces enfants du midi qui connais-

(1) Courtil, *La garde mobile du Lot.*

sent peu les Germains. Les prisonniers appartenaient au 32⁰ régiment d'infanterie prussienne. Ils furent entourés, questionnés et avant tout désarmés. Presque tous possédaient une provision de tabac, et des pipes en porcelaine dont les mobiles s'emparèrent. Parmi les prisonniers plusieurs pleuraient à chaudes larmes. Les mobiles s'efforçaient de leur faire comprendre qu'il ne leur serait fait aucun mal. On leur offrait à boire, mais ils refusaient en tremblant. Quelques mobiles peu discrets fouillaient les sacs des prisonniers et proclamaient à haute voix l'inventaire : chaussures d'enfant — bonnet de femme, — robes, — châles — tabliers...

Parmi les prisonniers les uns disaient : « *Nix pas Preuschien :* nous ne sommes pas des Prussiens. » Quelques mobiles, ne pouvant se faire comprendre en langue française, parlaient à ces hommes du Nord le patois du Quercy, idiome d'une singulière énergie, mais qui n'a cours que dans nos montagnes.

Le commandant Fouilhade, très brave mais sans expérience militaire, eut la malheureuse pensée d'enlever le village de Villejouan. Sans avoir reçu d'ordre, il entraîna huit compagnies du 70⁰ à l'attaque. L'ennemi était en forces, bien barricadé, et ne pouvait être délogé que par l'artillerie. Le commandant, à cheval et précédant sa troupe, criait : *En avant ! en avant !*

Fouilhade est atteint de deux coups de feu, l'un à la cuisse, l'autre à la poitrine. Malgré ses blessures, il s'avance toujours à la tête de ses soldats, mais ses forces le trahissent, il chancelle, lorsqu'une troisième balle le frappe à la tête et l'étend raide mort.

C'était un enfant du pays, jeune encore, de taille élevée, brave, l'œil vif, grande moustache, physionomie martiale, pétillant d'esprit, brillant causeur, aimant les aventures et ne connaissant guère les difficultés.

Au moment où Fouilhade tombait, un cavalier arrivait

au galop en criant : « Allons, les mobiles, vengez votre commandant, et *vive la France!* » Ce cavalier était le colonel américain Burr-Porter qui était venu offrir ses services à la France. Depuis quelques heures il était chef d'état-major de la division, dont le commandement venait d'être confié au colonel de Jouffroy.

Le colonel Burr-Porter surprenait tout le monde par une brillante audace. Il galopait sous la mitraille sans la moindre émotion. Après avoir parlé aux mobiles du Lot, il se porta vers la gauche pour guider la tête de la colonne de la 3ᵉ division. Bientôt un éclat d'obus le frappa mortellement. Il expira dans la nuit. Cet étranger mourut vaillamment pour notre pays ; ne mérite-t-il pas un souvenir reconnaissant !

Le 70ᵉ régiment avait subi des pertes énormes. Ce qui restait debout gagna péniblement le village de Prenay (1). La nuit était venue. Chacun avait perdu un ami, un camarade ; la tristesse était générale. A l'enthousiasme du matin succédaient l'abattement et la consternation.

« Dans la soirée et pendant toute la nuit, des mobiles parcoururent les ambulances pour avoir des nouvelles de leurs camarades blessés, ou chercher un ami parmi les morts.

« A la lueur vacillante d'une chandelle éclairant les pâles visages, dont quelques-uns semblaient dormir, tandis que d'autres avaient conservé, même dans la mort, une expression de colère menaçante, nos mobiles agenouillés recueillaient pieusement sur les cadavres divers objets leur ayant appartenu, précieuses reliques qu'ils devaient remettre fidèlement à leurs parents, après la campagne. »

Le corps du commandant Fouilhade, transporté à Josnes,

(1) Département de Loir-et-Cher, commune de Josnes.

gisait dans une cour au milieu des morts. Chefs et soldats étaient confondus, comme ils l'avaient été dans la mêlée.

Le succès de la journée revenait entièrement aux mobiles du Lot qui avaient enlevé deux villages et fait deux cents prisonniers. Mais cet honneur était chèrement payé. Neuf officiers et deux cents hommes se trouvaient au nombre des morts ou des blessés.

Le colonel de Jouffroy, promu général de brigade et commandant la division, rencontra le 11 décembre trois compagnies du 70e régiment qui allaient en reconnaissance. Les vêtements en lambeaux, les pieds à peine chaussés, ces braves enfants du Quercy marchaient fièrement. Le général arrêta son cheval et dit à haute voix : « Pauvres enfants, je vous plains, mais je vous admire (1). »

Le 15 décembre 1870, nos mobiles assistaient à la bataille de Vendôme.

Le général de Jouffroy exécuta diverses opérations entre Vendôme et Le Mans. Ces opérations étudiées avec soin sont un témoignage éclatant de la supériorité du soldat français sur le soldat allemand. Dans toutes les rencontres nos mobiles attaquent franchement l'ennemi qui ne se croit en sûreté que dans les villages barricadés et derrière sa formidable artillerie. Ces jeunes gens, qui la veille cultivaient les champs, travaillaient aux ateliers, entreprenaient des carrières civiles, se précipitent la baïonnette en avant sur les vieilles bandes prussiennes et les repoussent. Mais nos plans étaient défectueux, il n'y avait pas une pensée stratégique, et tous nos efforts étaient sans résultat positif. Nos hommes faits prisonniers montraient un caractère bien autrement viril que les Allemands pris les armes à la main. Ceux-ci versaient des larmes, ceux-là étaient dignes et fiers.

(1) Lettre sur la mobile du Lot, commandant Guiraudies.

Nous ne sommes pas de ceux qui professent une grande admiration pour le rôle qu'avait adopté Gambetta; mais il faut lui tenir compte de sa confiance dans la jeunesse française représentée par les mobiles. Plus que ses collègues du gouvernement il a fait vibrer les cordes du cœur, il a compris que le patriotisme n'était qu'assoupi et qu'un grand élan pouvait le réveiller. Il n'a pas vaincu, parce qu'il ignorait l'art de vaincre. Cependant ne soyons pas aveuglés par les passions politiques et rendons justice à chacun.

A Montoire, les mobiles du Lot accomplirent un fait d'armes digne des vieilles troupes. Mais donnons la parole à un officier du régiment et n'oublions pas que les hommes qui se battent ainsi ont seulement quelques mois de service, et que beaucoup sont chaussés de sabots :

« L'arrière-garde prussienne vient d'entrer dans Montoire, ayant une demi-heure d'avance sur nous. La nuit qui arrive rapidement à la fin de décembre va favoriser notre attaque à la baïonnette, mais il faut se hâter, car l'ennemi, bloqué dans Montoire, pourrait trouver une issue.

« Le lieutenant-colonel Delgal, le commandant Guiraudies remettent un peu d'ordre dans les rangs, et nous reprenons notre marche. Bientôt des cris : *en avant!* retentissent de toutes parts ; les officiers sont impuissants à contenir leurs hommes, et alors ce n'est plus le pas de charge, ce n'est plus le pas gymnastique, mais bien un galop effréné, une course folle.

« Les compagnies emmêlées pénètrent ainsi dans Montoire : il fait presque nuit, les maisons sont closes ; partout le silence.

« .....Les habitants nous préviennent que l'ennemi occupe la place au centre de la ville. Cette nouvelle ne fait qu'enflammer les âmes. Cependant, si les Prussiens se sont barricadés sur la place, leur artillerie, enfilant la rue par laquelle nous débouchons, va faire de grands ravages dans nos rangs. Il n'importe, *en avant!* et *vive la France!* tel est le cri général.

« Les officiers, sabre ou revolver au poing, les mobiles baïonnette au canon, serrant frénétiquement leur arme, offrent le plus beau spectacle qu'on puisse imaginer. Ce pêle-mêle imposant, cette cohue grandiose, ce bruit confus, ces cris de guerre, le cliquetis des armes s'entrechoquant, électrisent et excitent au combat.

« *En avant! à la baïonnette, vive la France!* Ces cris font tressaillir les cœurs d'une façon étrange, inconnue ; l'enthousiasme est à son comble.

« Il faut être passé par là, il faut avoir ressenti ces émotions pour les comprendre.

« Les Prussiens prennent la fuite, poursuivis par le 70° au delà du Loir. Les mobiles du Lot font un grand nombre de prisonniers et enlèvent un convoi considérable qu'ils conduisent à Montoire.

« Les habitants de la ville nous donnèrent avec joie le souper que les Prussiens leur avaient fait préparer pour eux-mêmes. Pendant une partie de la nuit la petite cité fut en liesse. Quelques généreuses personnes recueillaient les blessés. Transportés à Montoire, amis et ennemis reçurent tous les soins que réclamait leur état. Un fait triste à citer, c'est que parmi les morts et les blessés, quelques habitants des villages de Troô et de Saint-Quentin, amenés comme otages, avaient été frappés par nos propres balles, les Prussiens les ayant placés aux premiers rangs pendant le combat, contrairement aux droits de la guerre qui accorde aux habitants la neutralité. »

Les otages, dont la marche était réglée par le trot des chevaux, ne pouvaient suivre longtemps, et les Prussiens les rouaient de coups. Plusieurs furent laissés pour morts. Un vieillard de Troô, voulant se sauver dans les bois, près d'Ambloy, fut arrêté et fusillé sur-le-champ (1).

Dans la matinée du 28 décembre 1870, le général de Jouffroy vint féliciter les soldats du 70° et constater les prises faites sur l'ennemi : onze chariots étaient chargés d'armes, de munitions, d'effets d'habillement ou d'équipement, de vivres, de grains réquisitionnés, etc. ; deux caissons d'artillerie, un affût et une voiture de pharmacie, mieux approvisionnée en tabac et en cigares qu'en médicaments, complétaient le butin.

Le général de Jouffroy résolut de tenter un coup de main sur Vendôme. En conséquence il demanda des renforts en infanterie et en artillerie au général Barry, en cavalerie au général Michel, et le 30 il pouvait mettre en ligne 28 bataillons d'infanterie, 4 régiments de cavalerie et 34 pièces d'artillerie. L'effectif total de ces forces s'élevait à peine à 20.000 hommes.

Le 31 décembre, à sept heures du matin, tous les corps commençaient leurs mouvements sur Vendôme. A dix heures le 70° régiment de mobiles rencontra l'ennemi à la hauteur de la Boissière. Les hommes marchaient dans la neige jusqu'à mi-jambe sous une pluie de balles et d'obus.

« Le froid était vif et la faim allait bientôt se faire sentir. Le général de Jouffroy envoie à tous les corps ordre de bivaquer sur les positions conquises. On allume de grands feux ; étendus à l'entour de la ferme, nous gelions d'un côté, et rôtissions de l'autre.

« Combien, durant cette nuit du premier de l'an, rêvèrent au pays, à leur bonne mère, aux parents, aux amis dont ils étaient cruellement séparés pour remplir

(1) Voir les *Souvenirs de l'invasion allemande dans les environs de Montoire*, par M. Bourgogne, curé de Villavard. (Bulletin de la Société archéologique, scientifique et littéraire du Vendômois, tome XV, page 364.)

un noble et grand devoir : défendre le sol sacré de la patrie et chasser l'envahisseur !

« Mais aussi, là-bas, que de vœux pour le prompt retour durant cette même nuit ! Et ils étaient ardents, et ils étaient sincères, les vœux et les souhaits d'un père, d'une mère, d'une tendre sœur que plus d'un ne devait plus revoir. »

A deux heures du matin, le général de Jouffroy ordonna la retraite. Le général en chef a écrit à ce sujet (1) :

« Cette démonstration sur Vendôme, faite avec beaucoup de vigueur par nos troupes, avait forcé l'ennemi à se concentrer sur ce point. Ses pertes, au dire des habitants, avaient été considérables ; les nôtres étaient moins sérieuses, grâce à l'élan de nos troupes. Nous ramenions deux cents prisonniers et cette opération prouvait aux Allemands que, malgré sa retraite sur le Mans, la 2e armée pouvait encore les inquiéter et leur tenir tête. »

Cette retraite, dans l'obscurité de la nuit, fut mal accueillie des troupes qui espéraient une victoire prochaine. On prononça le mot de trahison... Qu'on le sache bien, il n'y a pas eu de traîtres sous les drapeaux, mais parfois des faiblesses, souvent des ignorances. Pour notre propre honneur, ne prononçons jamais le mot *trahison*, qui nous a fait tant de mal et qui produit toujours le découragement et la démoralisation parmi les meilleures troupes.

Malgré l'insuccès de sa première tentative, le général de Jouffroy n'abandonnait pas ses projets sur Vendôme. En conséquence il prescrivit des reconnaissances offensives sur tout le front en avant de sa ligne.

Le 4 janvier 1871, le 70e régiment quitta Lunay vers dix heures du matin et se porta sur Villiers. Rejetés de leurs positions, les Prussiens s'établirent fortement

---

(1) *Deuxième armée de la Loire*, général Chanzy, page 267.

dans le village de Villepou. Nos mobiles abordèrent l'ennemi au cri : *à la baïonnette !* Ils faisaient une telle consommation de cartouches que l'arme blanche devenait bientôt leur dernière ressource.

Le 6 janvier une compagnie du 2ᵉ bataillon du Lot se laisse surprendre au hameau du Briard. Le capitaine Lafond est frappé mortellement, le sous-lieutenant Souilhac est très grièvement blessé.

Après les combats d'Azay et de la Galette, le 70ᵉ eut la terrible journée du Gué-du-Loir. Cette journée du 6 janvier 1871 fut l'une des plus rudes de la campagne. Elle honore nos jeunes gardes mobiles. Une quinzaine de mille hommes disséminés sur un front de seize kilomètres tinrent en échec depuis le matin jusqu'à la nuit deux corps d'armée composés de troupes aguerries et munis d'une formidable artillerie.

IV

La vigueur, l'entrain, la ténacité de nos soldats furent tels que les Allemands se crurent en présence de forces bien autrement nombreuses. Voici la dépêche officielle du grand état-major allemand : « Versailles, 7 janvier, nuit. Le 6, les divisions désignées pour combattre l'armée du général Chanzy s'avançaient sur Vendôme et rencontrèrent *deux corps d'armée* ennemis en marche sur nous. Ceux-ci, après un combat très vif, furent repoussés d'Azay, et cette position, en même temps que Montoire, fut enlevée. *Nos pertes sont sérieuses*. Signé : DE PODBIESKI. »

Sur le plateau de Villiers, les Allemands avaient perdu 35 officiers et 493 hommes.

Après l'affaire de Saint-Fraimbault le 70ᵉ combat l'ennemi sur la route de Vancé. Le combat de Parigné-l'Evêque fut livré le 10 janvier 1871. Le 70ᵉ mobiles, n'ayant pas été prévenu de la marche du général de Jouffroy sur le Mans, fut en quelque sorte sacrifié.

Vers la fin du combat, lorsqu'il ne restait qu'un petit nombre de mobiles dans Parigné, les Prussiens débouchant sur la route vont s'emparer de trois pièces d'artillerie, lorsque le lieutenant Linol s'écrie : « A la baïonnette ! mes enfants, suivez-moi ; il ne sera pas dit que les Prussiens ont fait trembler les mobiles du Lot ! »

Les Allemands ne peuvent croire qu'une douzaine d'hommes aient l'audace de les arrêter et font feu à bout portant. Presque tous les mobiles sont frappés. Atteint par plusieurs balles, l'intrépide Linol est tombé l'un des premiers. Mais il vit encore. Bientôt les Prussiens l'entourent. Alors, par un dernier effort, il se redresse sur son séant et saisit un pistolet attaché à sa ceinture. Il va tirer sur le groupe qui l'entoure. Vingt crosses de fusil s'abattent sur sa tête, et lorsque son corps sanglant est immobile, un soldat allemand lui arrache sa médaille militaire.

Ne rencontrant plus d'obstacle, la colonne ennemie continue sa marche en avant. Le lieutenant de Beauregard vient d'être mortellement frappé, le capitaine Bru est blessé, deux canons de quatre sont déjà dépassés par l'ennemi, une troisième pièce va tomber entre ses mains ; un capitaine d'artillerie, un maréchal des logis et un mobile du Lot la défendent. Ces trois braves essuient un feu terrible.

Les Prussiens sont à vingt mètres. « A moi les mobiles ! à l'aide ! Il n'y a donc plus de Français ici », crie le capitaine d'artillerie. Et dans un sublime élan de bravoure il charge lui-même sa pièce avec une boîte à mitraille et la pointe sur les Prussiens. Tout à coup une violente détonation retentit dans la rue, ce coup de canon ressemble à un coup de tonnerre, l'ennemi déchiré par la mitraille s'arrête pendant qu'une vingtaine de mobiles accourent au pas de course, conduits par le lieutenant Courtil.

Non loin de là le capitaine Maladen, des mobiles du Lot, quoique blessé, vient en aide au lieutenant d'artillerie Duhamel de la Battelière, dont les pièces sont embourbées. Les deux mitrailleuses commandées par le lieutenant de la Battelière avaient fait un grand mal à l'infanterie ennemie, qui cherchait à les enlever. « La conduite du lieutenant d'artillerie a été admirable », disaient tous les mobiles.

A quatre heures et demie du soir les débris du 70e mobiles, ralliés par le lieutenant-colonel Delgal, étaient réunis à Pontlieu. Il ne restait plus que 17 officiers et 400 soldats. En deux heures de combat le régiment avait perdu six cents hommes : parmi les officiers deux étaient tués, trois blessés et treize prisonniers ; il était donc hors d'état de continuer la campagne.

« Ce n'est que dans la soirée et même le lendemain que les malheureux tombés dans les champs couverts de neige purent être enlevés et transportés dans les maisons du voisinage, soit par les Prussiens, soit par les habitants, rentrés dans leurs demeures (1). »

Les blessés furent admirablement soignés. L'un des officiers des mobiles du Lot, M. le capitaine Courtil, a exprimé la reconnaissance de tous en écrivant : « Les blessés du 70e mobiles, recueillis par les habitants de Parigné-l'Evêque (2), reçurent jusqu'à leur guérison les soins les plus touchants et les plus dévoués. Aussi suis-je certain d'être le fidèle interprète de tous les mobiles du Lot en assurant cette généreuse population, et particulièrement M. le docteur Fournier, de toute notre admiration et de toute notre reconnaissance pour leur

---

(1) *Une commune de la Sarthe pendant l'invasion*, docteur Fournier.
(2) Bourg du département de la Sarthe, canton du Mans.

belle conduite envers nos blessés et les honneurs rendus à nos morts. »

Après une journée aussi terrible, le 70ᵉ reçut pendant la nuit l'ordre d'aller défendre le village de Mulsanne, menacé par l'ennemi. Le mécontentement fut à son comble, car les hommes souffraient de toutes façons. Ils venaient de perdre la moité des leurs et avaient fait trente-cinq kilomètres dans la neige.

Cependant on se mit en route. Heureusement la troupe rencontra le général de Jouffroy qui suspendit la marche. Transis, affamés, ayant presque tous perdu leurs capotes et leurs couvertures dans la mêlée, les mobiles s'étendent sur les trottoirs de Pontlieu, car les habitants ont défense de loger le soldat ; la neige tombé en épais tourbillons et les plus solides peuvent à peine résister à tant d'épreuves.

Le général de Jouffroy écrivit au général Chanzy : « 10 janvier 1871, 10 heures 45 ; ce soir, après avoir soutenu une lutte incroyable depuis le 6, après vingt-quatre heures sans manger, mes soldats, par une neige intense, couchent dans la boue sur la route de Tours. Le 70ᵉ mobiles a repris à l'ennemi trois pièces d'artillerie et deux mitrailleuses dont l'ennemi s'était un instant emparé. Je demande que ce régiment soit mis à l'ordre de l'armée ; aucune récompense n'a encore été accordée à ma division. »

Le combat désastreux de Parigné-l'Evêque avait eu lieu le 10 janvier, et le lendemain 11 nos troupes livraient la bataille du Mans. — Ce n'est pas le lieu de raconter toutes les péripéties de cette cruelle journée ; notre but actuel est seulement de faire ici la part du 70ᵉ régiment dont l'histoire est celle de beaucoup de nos mobiles.

On se bat depuis le matin. A trois heures, le grincement des mitrailleuses, le crépitement de la fusillade, les feux de pelotons et plus de cent pièces de canon tonnent à la fois, déchirent les airs et produisent un vacarme épouvantable ; les sapins broyés par les obus font entendre des craquements sinistres. De moments en moments la voix puissante des grosses pièces de marine domine tous les bruits. Le 70ᵉ, malgré ses fatigues, retrouve son énergie. A six heures du soir, le combat avait cessé et le résultat était, disait-on, en notre faveur, lorsque soudainement des cris, des clameurs confuses parviennent jusqu'aux mobiles du Lot. Les mobilisés bretons, surpris par une compagnie prussienne, viennent d'abandonner l'importante position de la Tuilerie, sur la route de Tours, et fuient épouvantés. A cette vue, la panique gagne les troupes voisines. Tout à coup les clairons sonnent la charge, et le 70ᵉ crie : *En avant !*

« Alourdis par la fatigue, affamés, transis de froid, nous reprenons nos positions, nous serrant les uns contre les autres pour nous réchauffer. La lassitude est à son comble ; quelques mobiles ne pouvant plus se soutenir s'affaissent sur les talus du chemin et tombent lourdement comme une masse inerte : d'autres se traînent à quelques pas dans le bois, et, avec la crosse de leur fusil, se creusent comme une tombe dans la neige.

« Notre plume ne saurait décrire les souffrances endurées pendant cette nuit sinistre du 11 janvier. Le froid, la faim, la neige, un ciel noir et l'ennemi qu'on sent grouiller autour de soi dans le bois : c'est lugubre (1). »

Pendant cette nuit le général de Jouffroy adressait ce billet au général Chanzy :

« Mes troupes n'ont ni eau, ni vivres d'aucune espèce. J'ai conservé mes positions jusqu'à la fin de la journée. Mes corps sont sur les dents, et ils n'ont pas mangé depuis quarante-huit heures ; les chevaux d'artillerie n'ont pas bu depuis plusieurs jours. »

---

(1) *La garde mobile du Lot*, Courtil.

Le 70ᵉ mobiles ne se composait plus que de 7 officiers et 200 hommes. Un bataillon de quatre compagnies fut organisé avec les derniers débris.

« Cette nuit de bivouac avait achevé de nous briser, et la souffrance, la lassitude, la tristesse, le découragement se lisaient sur tous les visages. Hâves, déguenillés, les chaussures en lambeaux, nous ressemblions à des mendiants armés. Quelques mobiles pleuraient de misère ; d'autres, devenus insensibles, avaient l'air parfaitement inconscients de ce qui se passait autour d'eux.

« A neuf heures et demie un officier d'état-major vint transmettre un ordre au lieutenant-colonel et lui dit tout haut : Colonel, il faut prendre une vigoureuse offensive et vous porter immédiatement au château de Noyers où vous vous maintiendrez énergiquement jusqu'à nouvel ordre. Pour toute réponse, le lieutenant-colonel, nous montrant de la main, se contenta de dire : Voilà mon régiment, deux cents hommes à peine, sans vivres depuis trois jours, et incapables de se mouvoir. — Avez-vous des cartouches ? dit l'officier. »

L'ordre était donné. Les mobiles du Lot poussèrent jusqu'au bout l'abnégation et le sacrifice...

Les malheureux tombèrent dans une embuscade, et comme les chassepots étaient presque tous hors d'état de faire feu, il fallut combattre à la baïonnette.

La retraite du Mans commençait. Les habitants éplorés se pressaient aux fenêtres ; pauvres gens, si bons, si patriotes, désormais à la merci d'un impitoyable ennemi !

Le 70ᵉ prit la route de Sillé-le-Guillaume. Il y avait sur cette route un encombre impossible à décrire. Charrettes, caissons, canons, fourgons du train, voitures de particuliers fuyant l'invasion, infanterie, cavalerie, le tout confondu dans une clameur immense. Ici un cuirassier démonté se traînait péniblement dans la neige, là un chasseur à pied monté sur un cheval de lancier; plus loin, des spahis en manteaux rouges groupés sur des caissons. Voilà ce que des stratégistes complaisants ont nommé une retraite et qui fut une déroute lamentable. Cependant, tout le monde était brave, dévoué. Mais les cœurs brisés ne battaient plus.

Il était huit heures du soir lorsque les mobiles du Lot s'arrêtèrent pour passer la nuit dans un village, à quatre ou cinq kilomètres de Conlie. « Ah! que nous eussions voulu pouvoir marcher encore, marcher toujours, gagner Laval, Angers, Cahors, rentrer dans nos familles, que sais-je? Nous étions complètement démoralisés et cette journée venait de nous achever. Le froid était vif et le repos impossible, car nous aurions été gelés. Des feux de bivouac furent allumés et nous nous groupâmes autour sans parvenir à nous réchauffer. La chaleur du feu faisait fondre la neige qui recouvrait nos vêtements; ceux-ci s'imbibaient d'eau, sans se sécher, et dès que nous nous exposions à l'air vif du matin, ils se glaçaient de nouveau sur notre corps (1). »

Le 13 janvier 1871, à huit heures du matin, les mobiles du Lot reprenaient leur marche, après une nuit sans repos. Ils traversèrent bientôt le bourg de Conlie (2). Après l'avoir dépassé, ils aperçurent, à droite, le fameux camp dont on avait tant parlé. C'était une vaste redoute garnie d'embrasures non armées. Une foule considérable se pressait à l'intérieur; des cris, des clameurs confuses parvinrent jusqu'au 70e, qui s'arrêta. Des mobilisés du camp passèrent en chantant, la plupart complètement ivres. Quelques-uns portaient des bidons d'eau-de-vie et buvaient.

Ce triste spectacle, au milieu des souffrances de ceux qui venaient de se battre, souleva l'indignation : « Un

(1) *Garde mobile du Lot*, Courtil.
(2) Chef-lieu de canton de la Sarthe.

instant, nous fûmes tentés, troupes de ligne et mobiles, de tomber sur cette canaille et de la rouer de coups avec la crosse de nos fusils. Mais la raison l'emporta, et nous nous dîmes : Il y a là-bas des vivres qu'on emporte, qu'on pille, qu'on détruit ; pourquoi n'en prendrions-nous pas, nous qui sommes affamés ? »

En effet, les baraques de l'administration, déjà pillées par les mobilisés, le furent par les troupes de passage. « En quelques minutes, nous fûmes abondamment pourvus, et nous sortîmes du camp de Conlie, emportant capotes, pantalons, couvertures, pain de munition, pains de sucre, lard, etc. Le butin fut partagé avec les camarades restés sur la route, et la colonne reprit sa marche. »

Les 14, 15 et 16 janvier, le 70ᵉ mobiles continue sa retraite. Le 17, l'armée entière alla s'établir sur la rive droite de la Mayenne. Le 27, la réorganisation de l'armée était à peu près achevée et les opérations militaires allaient être reprises.

Mais le moral des troupes laissait beaucoup à désirer. Les soldats désiraient la fin d'une guerre qui ne donnait plus l'espoir de grandes victoires.

Les mobiles du Lot apprirent à Laval la capitulation de Paris, et le 15 mars reçurent l'ordre de se préparer au départ pour retourner au pays.

Les mobiles du Lot, pendant cette campagne, ont perdu le quart de leur effectif.

« Au jour de la revanche nationale, les enfants du Lot, s'inspirant du patriotisme de leurs aînés, sauront marcher sur leurs traces. Dormez en paix, vous qui êtes tombés glorieusement dans les combats, nous nous souviendrons toujours de vous. »

Peu de récompenses ont été accordées au 70ᵉ régiment. Le lieutenant-colonel, officier de la Légion d'honneur. Chevaliers : Guiraudies, chef de bataillon ; de Tulles, capitaine, blessé ; Bouygues aîné, lieutenant, blessé ; Vergnes, capitaine; d'Adhemard, lieutenant; Vigouroux, lieutenant-colonel, blessé; de Cardailhac, capitaine, blessé; Bouygues jeune, sous-lieutenant, blessé; Devic, capitaine; Maury, capitaine; Rougié, sous-lieutenant, amputé; Maladen, capitaine, a repris à l'ennemi une pièce de canon; Lallemand (René), capitaine, blessé. Des médailles militaires ont, en outre, été accordées aux sous-officiers Dayma, Vigié, Baldy, et aux gardes mobiles Derrupé, Beldio (Pierre), Filhol (Pierre) et Picoul (Pierre).

Ont été cités à l'ordre du jour pendant la campagne : Delgal, lieutenant-colonel; Guiraudies et Peehverty, chefs de bataillon; les capitaines Arnal, Ausset, Boyer, Lamy, de Cardailhac, Causse, Courtil, Devie, Dunoyer, Lallemand, Latapie, Maladen, Maury, Ménauge, Miffre, Rambouze; les lieutenants Gardot et Martine; enfin, le sous-lieutenant Lagarrigue.

Après ces récits, l'éloge de la mobile du Lot serait inutile. Si chacun eût fait son devoir comme les enfants du Quercy, la France n'aurait pas subi le joug de l'étranger.

V

Suivons d'autres mobiles dans leurs expéditions; ils n'appartiennent pas aux mêmes contrées, leur caractère est différent, mais ils ont tous même bonne volonté et même courage.

La mobile de Vendôme (1) quitta cette ville le 1er septembre 1870. Chaque homme reçut une blouse grise à collet rouge, un ceinturon, un fusil à baguette et un képi blanc. De Blois, l'on se rendit à Onzain. Là, au milieu d'une

(1) Chef-lieu d'arrondissement de Loir-et-Cher.

population sympathique, l'instruction militaire fut l'affaire principale.

Nous voudrions passer sous silence les abominables excitations à la révolte contre lesquelles les mobiles avaient souvent à lutter ; mais leur attitude fut toujours honorable.

Un capitaine, historien des mobiles vendômois, fait cet aveu : « ... Je ne puis faire l'éloge de la contenance des mobiles à la première vue de l'ennemi, et pourtant ce n'étaient que quelques cavaliers galopant au loin dans la plaine. A l'heure des dangers réels, ils sauront montrer assez de bravoure pour pouvoir rire eux-mêmes d'un instant de faiblesse. »

On entend dire souvent par ceux qui vont au feu pour la première fois : « J'ai peur d'avoir peur. » Notre brave Henri IV fut singulièrement ému au bruit des mousquetades, et Frédéric II, roi de Prusse, se sauva bel et bien en voyant l'ennemi qu'il devait si maltraiter plus tard. Tous les mobiles *eurent peur d'avoir peur ;* cette impression physique fut d'ailleurs de courte durée. Il y eut comme un miracle dans la facilité avec laquelle ils s'habituèrent aux obus et à la mitraille.

A Fréteval, les mobiles du Vendômois échangèrent leurs vieux fusils contre d'excellents remingtons. Deux ou trois jours après ils eurent leur tentes, sacs, couvertures, ustensiles de cuisine et même un drapeau.

Ce drapeau avait été confectionné par une dame de Vendôme. Deux mobiles allèrent le chercher ; l'un d'eux, nommé Héron, promit avec la verve qui le caractérisait de rapporter avant huit jours un casque prussien en échange du guidon. De retour à Viévy, Héron et un camarade demandèrent deux jours de permission, et partirent, déguisés en paysans, du côté des avant-postes allemands. Dès le lendemain, Héron fidèle à sa promesse rapportait le tolbak d'un hussard prussien. Lui et son compagnon avaient été hardiment chercher deux cavaliers dans les avant-postes ennemis, et les avaient amenés dans une embuscade de paysans.

Cette action fit du bruit ; les deux mobiles furent mis à l'ordre du jour. Le commandant des avant-postes leur fit les offres les plus avantageuses pour les engager à servir d'espions à l'armée ; ils refusèrent.

Héron devint le porte-drapeau. Après la bataille de Coulmiers, il montrait fièrement un trou fait par une balle dans la soie. A Loigny, le pauvre Héron tomba, la tête traversée par une balle, mais un Vendômois sauva le drapeau.

Vers la fin d'octobre 1870, les mobiles de Vendôme furent envoyés en avant d'Ecoman pour former un des anneaux de la chaîne d'avant-postes que la mobile de Loir-et-Cher avait l'honneur de fournir devant la forêt de Marchenoir, afin de couvrir la formation de l'armée de la Loire.

Là, chaque jour et surtout chaque nuit, le remington parlait. Tantôt, c'était une reconnaissance ennemie qui passait à distance, tantôt des cavaliers invisibles dont on entendait le galop dans les ténèbres ; plus souvent encore, un buisson agité par le vent, l'ombre d'un nuage, ou un animal échappé d'une ferme qui, ne répondant pas au QUI VIVE ! essuyait le feu des sentinelles. Les alertes étaient continuelles. La vie d'avant-postes est pleine d'émotions et de charmes. Par une nuit froide et toute semée d'étoiles, il faisait bon rêver au doux foyer en parcourant la ligne des sentinelles dont la forme vague se dessinait sur la clarté du ciel. Un QUI VIVE ! souvent ému rompait le grand silence de la nature ; une batterie de fusil craquait, puis, le *mot* échangé, on s'approchait du compatriote qui, entouré de sa couverture, ne livrait à la bise que ses sourcils et le bout de son fusil. « Quoi de nouveau ? — Rien, mon capitaine », et le regard interrogeait le vaste horizon noir, froid, plein de mystère et de menaces. L'ennemi était là, on croyait le voir et l'entendre se glisser... quelques mots à demi-voix ramenaient le sang au cœur, car ils rappelaient le toit béni sous lequel on priait pour le retour du pauvre soldat.

Lit, table, chaise au coin du feu qui pétille n'étaient plus désormais qu'un lointain souvenir. Mais les granges et les étables fournissaient des gîtes confortables. Les marmites cuisant en plein air sur des feux de bois vert répandaient d'appétissants parfums, surtout quand les mobiles *débrouillards* avaient rapporté, d'une promenade aux alentours, une ample provision de champignons, parmi lesquels s'étaient glissés, par mégarde, un lapin ou un levraut, quelquefois même une poule ou un canard.

Mais la petite vérole sévissait cruellement, et presque chaque jour il fallait réquisitionner une carriole pour emporter à Morée ou à Vendôme, à travers la neige, un malheureux à peine enveloppé dans sa petite couverture. Encore fallait-il que la maladie fût en plein cours. Autrement il couchait sur la même paille que ses camarades.

Les mobiles vendômois étaient à la Girardière lorsque le commandant, M. de Montlaur, fut nommé lieutenant-colonel de tout le régiment de Loir-et-Cher, auquel on réunit ensuite un bataillon de mobiles de Maine-et-Loire. Ainsi formé à trois bataillons, le régiment devenait le 75e mobiles. M. de Sampayo, dont la mémoire sera toujours chère aux Vendômois, commanda le 2e bataillon.

Après la capitulation de Metz, la grande armée française n'existait plus. Des régiments d'anciens soldats rappelés, formés à la hâte, des mobiles vêtus de haillons devaient désormais supporter seuls le poids de la guerre, et combattre sinon pour le salut, au moins pour l'honneur de la France.

Vaincre ou mourir ! disaient les gouvernants. La mobile de Loir-et-Cher ne put vaincre, mais sut mourir.

Le 6 novembre 1870, par un froid rigoureux, le 75ᵉ alla camper à Saint-Léonard. On coucha sous la tente, et les sabres-baïonnettes furent distribués aux hommes. Le lendemain le régiment assista, mais de loin, au combat de Saint-Laurent-des-Bois. Puis on établit le bivouac où le voisinage de l'ennemi empêcha le sommeil. Les causeries allèrent leur train. Qui n'a gardé bon souvenir de ces causeries du bivouac, parfois interrompues par un brusque changement de vent qui envoyait en plein visage une suffocante bouffée de fumée épaisse comme un produit de bois vert? C'est là que la vieille verve gauloise s'épanouissait à l'aise, et que rayonnait sur tous les visages, empourprés par la flamme, ce rire joyeux, bruyant et bon dont nous parlent les grands-pères, et que ne connaissent plus les générations nouvelles, sceptiques et ennuyées. C'est là qu'en peu de nuits on apprenait à se connaître, et que chacun découvrait que son voisin était un brave homme. Il faudrait être un misanthrope incorrigible pour ne pas aimer ces têtes illuminées par la vive lueur du bivouac, ces bonnes têtes de paysans qui vont à la mort comme des héros, sans s'être jamais demandé ce qu'est l'héroïsme.

L'arrivée du matin était le moment pénible. Une heure ou deux avant le jour, un froid glacial pénétrait jusqu'aux os ; souvent le brouillard épais mouillait plus profondément qu'une forte pluie. Quand le soleil paraissait, pâle et blafard, il colorait ce triste paysage de la Beauce de tons livides, de lueurs lugubres qui produisaient une invincible mélancolie. Alors les pauvres moblots commençaient à se plaindre, et, jusqu'à ce que le jour fût tout à fait venu, nul n'aurait reconnu les joyeux causeurs de la nuit. Au bivouac, l'aube est maudite.

Dans la ferme trouée par les obus, des monceaux de paille brûlaient toujours. Une pompe et un baquet attirèrent l'attention des mobiles qui entouraient la meule embrasée. Ils voulurent se donner le luxe fort rare d'une ablution. Le fermier sortit de ses décombres, menaçant de sa fourche quiconque mettrait du savon dans son baquet. Il fut singulièrement reçu par les moblots qui se doutaient bien que le paysan était moins féroce pour le savon des Prussiens.

De telles gens se rencontraient en France, plus souvent, dit-on, en Beauce qu'en Normandie. Ce n'est pas sans douleur et sans honte que nous relatons de pareils faits, engendrés par l'égoïsme et par la peur.

Le 8 novembre 1870 la plaine d'Ouzouer où se trouvait le 75ᵉ mobiles présentait un spectacle grandiose. Aussi loin que la vue pouvait s'étendre, jusqu'aux plus lointains horizons, tout était illuminé par les feux du campement. La pensée qu'on avait sous les yeux la dernière armée, le dernier espoir de la France, la certitude que ce suprême espoir de la patrie allait être risqué le lendemain, causait une émotion inexprimable mêlée de tristesse et de joie.

Le temps était magnifique. Notre armée s'avançait à travers champs, égayée par un radieux soleil d'automne.

Vers midi une formidable détonation retentit soudain. La première bataille du 75ᵉ mobiles était engagée. Il y eut peu d'émotion et l'âcre parfum de la poudre produisit une sorte d'ivresse.

Le fort de l'action était aux premières lignes. L'amiral Jauréguiberry, commandant de la division, parut à cheval devant les mobiles de Loir-et-Cher, en criant: *En avant!*

Ils traversèrent aussitôt des champs labourés par les boulets. Un obus vint en rugissant s'abattre dans les rangs du 75ᵉ. Ce fut le baptême du régiment. Bientôt on ne compta plus les obus. Les balles déchiraient l'air. Arrivé sur un plateau, le régiment fit halte. Un mobile tomba, c'était le premier. Une balle lui avait brisé la jambe. « C'est Lucas, de Faye, dit son capitaine ; que deux hommes l'emportent dans la ferme voisine, et reviennent en courant. »

Le 75ᵉ resta pendant deux heures immobile sur le plateau, exposé au feu de l'ennemi et sans riposter. Les Prussiens semblaient invisibles. Les obus fouillaient la terre autour des mobiles, les balles brisaient les piquets de tentes et perçaient les gamelles au sommet des sacs. Lorsqu'elles entraient dans la chair vive avec un craquement mat, on entendait un cri de douleur. Les camarades emportaient le blessé ou le mort et revenaient vite prendre leurs places. On serrait les rangs et c'était tout.

Après un silence solennel d'un quart d'heure, on causa, et bientôt les plaisanteries commencèrent. On faisait remarquer la pâleur du voisin, sans se douter de sa propre pâleur ; on riait de la compagnie voisine que le rugissement d'un obus faisait baisser tout entière, quitte à s'incliner plus bas qu'elle à l'obus suivant. Une compagnie de soldats de la ligne qui évacuait trop précipitamment le hameau de Champs broyé par les projectiles vint à passer près du 75ᵉ. Le capitaine Schneider, quoique mobile, voulut rétablir l'ordre à grands coups de canne. Jusqu'à sa mort à Loigny, Schneider conserva le surnom de *père la trique*.

On s'aperçut enfin que les mobiles perdaient inutilement des hommes et les bataillons reculèrent un peu dans un pli de terrain. Le régiment assista, sans y prendre une part active, à la bataille de Coulmiers. La nuit suivante le 75ᵉ battit en retraite. L'obscurité était profonde, la pluie tombait, et des chemins atroces retardaient la marche. Exténués de fatigue, mourant de faim les mobiles ne s'arrêtèrent qu'à Poizeaux.

Le froid, la neige, la pluie, la faim elle-même, tout cela est moins maudit que la boue par le fantassin. Au bout d'une heure une compagnie n'est qu'une masse informe de vase. Vêtements, coiffure, armes, munitions, tout cela forme un amalgame indescriptible. Le poids des chaussures devient un vrai supplice.

Les mobiles traversèrent un vaste champ où des cadavres de chevaux tués la veille se trouvaient en grand nombre. Les prévoyants en détachèrent avec leurs couteaux de larges tranches.

Il faudrait avoir été témoin de ces marches pour s'en faire une idée réelle. Chaque homme allait pesamment à deux pas derrière l'autre, soulevant avec peine ses pieds de la boue collante, le fusil en bandoulière au travers de la poitrine, le dos courbé sous le sac, la capote toute maculée de fange, le képi déformé et ne défendant la tête ni de la pluie, ni du soleil, ni du vent.

Les énergies les plus robustes commençaient à fléchir, lorsque le 75ᵉ arriva dans un petit village nommé Villardu. Il faisait nuit. On marchait depuis deux jours sans manger, et la fatigue faisait oublier la faim.

Une pluie mêlée de neige emplissait les petites tentes et les hommes étaient couchés dans l'eau glacée. Un mobile, nommé Héron, assis devant sa tente, disait à haute voix : « J'ai une chambre à louer dans ma maison, une chambre à feu ! » Il grelottait de froid, et plaisantait encore.

Le lendemain, sur la route, les mobiles aperçurent les corps de trois Bavarois. Ils étaient déjà dépouillés de leurs vêtements par les maraudeurs. On ne pouvait se défendre d'un frisson en voyant ces trois corps blancs couchés dans la boue sous cette pluie glacée. Ils étaient venus de loin, mourir sur notre terre de France ! On les attendait au delà du Rhin. A la vue de ce spectacle les mobiles se disaient : « Et moi ! »

VI

Le 75ᵉ mobiles était à Patay la grande bataille (1). Lorsque le régiment arrivait à hauteur des premières maisons du fbourg, qu'il laissait sur sa gauche, on fit halte. Une lecture fut faite. La dépêche annonçait que le général Ducrot avait culbuté l'armée de siège de Paris ; qu'il était sorti et n'était plus qu'à peu de journées de l'armée de la Loire.

— *Vive la France !* crièrent les soldats.

Pourquoi donc tromper ces pauvres enfants, qui vont à la mort sans demander d'explications ?

Les mobiles marchaient lentement, et peu à peu la ligne de bataille se formait sous les ordres de l'amiral Jauréguiberry. On se dirigeait sur les villages de Termiiniers, Faverolles et Villepion. L'ennemi était invisible. Tout en allant, les mobiles aperçurent une charge de dragons et de lanciers contre les batteries prussiennes. Une grêle d'obus l'arrêta. On emporta dans une brouette un capitaine de dragons, la poitrine largement ouverte par un boulet. Il se nommait d'Aulan et venait de se marier. Le visage contracté par la mort, le malheureux n'avait plus la force de soutenir sa tête qui se balançait d'une manière affreuse.

Le 75ᵉ avançait toujours. Il arriva sur le terrain où la charge de cavalerie venait d'avoir lieu. Un grand nombre de chevaux blessés cherchaient à se relever, et faisaient

---

(1) Chef-lieu de canton du Loiret, arrondissement d'Orléans. Dans une bataille demeurée célèbre, Jeanne d'Arc et Dunois y battirent les Anglais en 1429 et y firent prisonnier leur général Talbot.

entendre des gémissements plaintifs. L'un d'eux parvint à se remettre debout, et suivit les mobiles sur trois jambes, traînant la quatrième qui pendait à quelques filaments. Emu de pitié, un soldat lui tira un coup de fusil dans l'oreille.

Un mobile nous a raconté que, pendant la marche, il avait jeté un regard du côté du couchant ; il voulait mesurer le temps où sa compagnie allait encore servir de cible aux balles et aux obus allemands. Il avait vu un splendide coucher de soleil sur le champ de bataille de Faverolles, de grandes zones rouges, violettes et or qui illuminaient l'horizon. Au-dessus, planait une légère vapeur de poudre à canon.

Ce mobile, quelque peu poète, ajoutait philosophiquement : « Jamais la beauté calme et grandiose des œuvres de Dieu ne m'apparut plus saisissante que dans ce contraste avec les passions humaines, dont le champ de bataille est la plus horrible expression. »

Il fallut arracher ses regards du coucher du soleil pourse déployer en tirailleurs. Ce fut au cri de guerre : *Vendôme ! Vendôme !* que nos soldats marchèrent en avant.

Laissons encore parler le mobile, philosophe rêveur même sous le feu de l'ennemi : « Nous commençons à tirer. Couchés derrière nos sacs, nous visons avec sang-froid la ligne de flamme étincelante à travers le nuage de fumée qui nous cache l'ennemi. Nous-mêmes sommes enveloppés dans une atmosphère tiède et enivrante. Cependant la journée était froide, mais fort belle. L'ennemi tire sans cesse. La terre, les pierres volent bruyamment autour de nous, et toutes les étranges mélodies des balles, cris aigus, bourdonnements sourds, sifflements gouailleurs ou plaintes mélancoliques, forment un concert infernal. »

Le 75° commence à manquer de cartouches lorsque le

colonel fait sonner le ralliement des tirailleurs, et dit : *A la baïonnette !* Il fait presque nuit, les clairons sonnent la charge et les mobiles de Loir-et-Cher s'élancent au pas de course. Les Bavarois tirent sans relâche, mais l'élan est donné et rien ne peut arrêter nos soldats. En un instant ces intrépides enfants sont sur les haies des jardins : la fumée les aveugle, et leurs visages sont brûlés par la fusillade. Les compagnies pénètrent de toutes parts et le village est enlevé aux cris de *vive la France !* Les Bavarois se sauvent de tous côtés. Deux officiers et vingt-trois soldats sont pris dans un jardin.

Quelle soirée ! Comment décrire le village de Faverolles éclairé par l'incendie ; les lueurs fugitives des fusils et des baïonnettes ; les mobiles ivres de joie, dansant comme des sauvages, coiffés de casques enlevés à l'ennemi ; la file morne et silencieuse des prisonniers ; les blessés qu'on transporte dans les maisons ; l'atmosphère imprégnée du parfum de la poudre, et l'orgueil de la victoire dilatant tous les cœurs !

La terre rendue sonore par la gelée apporte comme une rumeur vague et continue ; c'est le roulement sourd des canons et des caissons, le piétinement des chevaux, la marche pesante de troupes innombrables. L'armée prussienne est là, tout près. Battue le 1er décembre, elle prépare la journée du lendemain.

Le capitaine Morin était étendu mort près de Guenier de Selommes.

Les ouvrages les plus sérieux sur la campagne de la Loire attribuent aux marins la prise de Faverolles ; cependant les mobiles de Loir-et-Cher n'ont vu que l'amiral Jauréguiberry et son aide de camp.

Dès les premières heures du 2 décembre, le 75e se remit en marche, se dirigeant vers Loigny, dont le petit clocher apparaissait au-dessus des taillis. C'était une splendide matinée d'hiver ; les chaumes couverts de frimas brillaient au soleil, et la terre profondément gelée étincelait sous les pas.

Trois mois et demi se sont écoulés depuis qu'on a réuni dans le manège de Vendôme une foule de jeunes gens indisciplinés et bruyants. Ces jeunes gens, les voilà. Ce sont de vieux soldats drapés dans des haillons, hâlés par les intempéries, noircis par la fumée du dernier combat, mais à l'allure militaire, et souriant aux rugissements de la bataille.

« Et maintenant, mes vaillants gars, en avant! » crie le colonel de Montlaur.

Depuis Loigny, une longue file de cadavres marquait le sillage de la mobile de Vendôme à travers la plaine, mais en se rapprochant de Goury ce fut un véritable carnage, une boucherie d'hommes.

Aveuglés par un nuage de fumée et de terre soulevée, étourdis par le vacarme de cet ouragan, presque tous couverts de sang, les mobiles avançaient toujours, les compagnies confondues les unes avec les autres, brisées par la mitraille, mais ne reculant jamais. On touchait aux murs de Goury et ils étaient fusillés à bout portant par l'ennemi embusqué derrière les murs du château.

Le colonel qui, par une sorte de miracle, n'était pas encore blessé, regarda encore une fois du côté de Loigny, et, ne voyant aucun secours, ordonna la retraite. Un lieutenant de la compagnie, de Mondoubleau, ne prononça que ces mots : *reculer c'est impossible*. Il s'avança vers la muraille, tourna sur lui-même et tomba mort.

Des 23 officiers du bataillon de Vendôme, 16 étaient étendus sur le champ de bataille, et 500 mobiles sur 1.300 couvraient la plaine en avant de Goury.

Lorsqu'après une retraite désastreuse, le 75e mobiles fut rentré à Loigny, un sergent, Louis Tanviray, de Villiers, demanda d'une voix ferme :

— Où est le drapeau ?

— Héron est tué, répondit une voix.

— Le drapeau de Vendôme ne restera pas aux mains des Prussiens, s'écria Tanviray.

Et, seul, il repartit dans la plaine, sillonnée d'ennemis et labourée par les balles allemandes et françaises. Le sergent suivit la trace des morts, la voie glorieuse, et trouva enfin le pauvre Héron couché sur le petit fanion qu'il pressait sur sa poitrine. Tanviray serra la main du mort et, relevant le drapeau, le rapporta au milieu d'une grêle de balles dirigées contre lui.

A Patay mourut, comme un héros des vieux âges, le capitaine Timoléon d'Epinay-Saint-Luc. Plus que sexagénaire, il avait combattu pour la patrie. Atteint d'un obus qui lui ouvrit la poitrine, il fut emporté mourant dans une maison voisine. L'aumônier le suivit.

« — Faites venir des hommes de ma compagnie », dit M. d'Epinay.

Quinze ou vingt mobiles tout noirs de poudre, le fusil fumant encore, s'approchèrent. La bataille grondait.

« — Mes amis, dit le capitaine, vous m'avez vu vivre en soldat, vous allez me voir mourir en chrétien. M. l'Aumônier m'apporte les derniers sacrements. Présentez armes ! genou terre ! »

Un instant après le capitaine rendait à Dieu sa belle âme.

Les mobiles de Loir-et-Cher avaient, pour ainsi dire, terminé leur carrière. Ils furent réorganisés, exécutèrent des marches pénibles, prirent une part glorieuse aux combats qui suivirent, mais leur mission était finie.

Nous ferions de nouveaux récits sans augmenter la réputation méritée du 75°. Un écrivain a dit : Les mobiles ne sont pas des héros. Certes, tous sans exception ne méritent pas ce titre. Mais parmi eux il y eut plus d'un héros. Combien sont morts ignorés qui avaient accompli des actions héroïques ! D'ailleurs nous ne voyons souvent, dans le héros, que le bronze ou le marbre; il nous apparaît avec la majesté des statues. L'homme qui a vécu assez longtemps dans le monde d'où sortent les héros, se souvient parfois qu'avant de se dresser pour toujours sur la place publique, l'homme a été soumis aux faiblesses et aux défaillances.

Pour un juge sévère, les vrais héros sont rares. Il en est un cependant qui tiendrait fort bien sa place entre les académiciens et les orateurs, entre les philosophes et les artistes. Cet homme est le simple soldat de la mobile, pauvre et ignorant, supportant stoïquement toutes les misères, marchant en silence et mourant pour la patrie.

On peut le couler en bronze sous ses haillons, mettre des sabots à ses pieds, découvrir sa poitrine sanglante, faire briller son regard dans une figure amaigrie, et placer dans ses mains un fusil de munition.

Le 75ᵉ mobiles a eu deux historiens, M. de Maricourt (1) et M. Frédéric Bulot (2). Ce dernier a dit, en parlant du retour : « Comment décrire cette émotion sainte de l'homme qui retrouve son pays, quand il l'a cru tant de fois perdu pour toujours!

« Deux hommes seuls l'éprouvent : le marin qui revient d'un long voyage et le soldat au retour d'une campagne.

« Le reste de l'humanité n'y entend rien.

« Il faut avoir vu de près la mort lointaine, la mort isolée; il faut avoir passé par cette angoisse infinie; il faut avoir jeté un adieu suprême à sa patrie et à sa mère pour sentir le frisson d'enthousiasme que fait éprouver la vue d'un simple clocher de village. »

Il nous serait facile de rappeler les services des mobiles de chaque département, mais ce serait trop souvent le même tableau. Tous les bataillons ont supporté des

(1) *Histoire de la mobile de Vendôme.* Vendôme.
(2) *Le 75ᵉ mobiles.* Blois.

souffrances incalculables, tous ont été braves et dévoués, et de tous on a cruellement abusé.

Après les récits qui rappellent les actions et la noble conduite des 70e et 75e régiments, nous regrettons vivement que l'espace nous manque pour étudier et analyser les ouvrages pleins d'intérêt qui rappellent la campagne des mobiles : *Un régiment de l'armée de la Loire* par l'abbé Morancé (1); *Les mobilisés de la Loire-Inférieure*, par Henri Monnié (2); *Le 29e régiment de mobiles* (Maine-et-Loire), par le docteur Pissot (3); *Les mobiles de la Mayenne*, par un engagé volontaire (4), et bien d'autres encore qui respirent le patriotisme le plus pur et le plus ardent.

Mais nous devons nous arrêter un instant devant la *légion des volontaires de l'Ouest*, qui, avec le titre de zouaves pontificaux, ont vaillamment combattu pour la patrie.

VII

Lorsque les Italiens s'emparèrent de Rome, l'armée pontificale fut licenciée. Les volontaires de nationalité française, au nombre de six cents, rentrèrent en France et offrirent leurs services au gouvernement de la Défense nationale. Le lieutenant-colonel des zouaves pontificaux, le baron de Charette, aujourd'hui marquis, fut autorisé à organiser un corps franc sous le nom de « volontaires de l'Ouest. » Ce corps, dont le baron de Charette allait être le chef avec le grade de lieutenant-colonel, prit fort naturellement le nom de *zouaves pontificaux*. Cependant, à peine trois cents des anciens zouaves s'y trouvaient; mais les officiers étaient au nombre de soixante. A Rome,

(1) Le Mans.
(2) Nantes.
(3) Angers.
(4) Alençon.

les zouaves avaient atteint jusqu'au chiffre de trois mille trois cents hommes, Français, Belges, Hollandais, Canadiens, avec un petit nombre d'Anglais, d'Allemands et d'Italiens.

Les volontaires se rendirent d'abord à Tours où MM. Crémieux et Glais-Bizoin reçurent M. de Charette avec la plus grande courtoisie.

L'organisation des volontaires de l'Ouest se fit avec une rapidité fabuleuse. Trois compagnies formées en quelques heures partirent pour Fontainebleau le 9 octobre 1870. Le capitaine Le Gonidec de Traissan prit le commandement de ces compagnies; le capitaine Wyart remplit les fonctions d'adjudant-major, et le R. P. Doussot suivit en qualité d'aumônier.

Le capitaine Le Gonidec ne conduisait que 170 hommes, mais tous soldats d'élite, éprouvés par un long service et par le climat de la campagne romaine. Tous avaient fait la guerre de partisans.

Le soir même de son départ le détachement s'arrêtait à Orléans, gîte de la première étape. Le général commandant la subdivision du Loiret ne permit pas à Le Gonidec de continuer sa route, en prévision d'événements militaires.

Le lendemain 10 octobre les Bavarois attaquèrent les premières lignes françaises. Les volontaires de l'Ouest, clairons en tête, traversaient la ville, au milieu d'une terreur générale. Leur air martial, leur fière attitude contrastaient avec le désordre des troupes.

Le 11 octobre, lorsque le jour paraissait à peine, les zouaves pontificaux reçurent l'ordre de marcher en avant, à la suite d'une colonne de mobiles. Le Gonidec pénétra dans un bois que devait traverser l'ennemi. A peine eut-il le temps de placer ses hommes en embuscade, qu'une colonne bavaroise s'engageait dans la forêt. Les zouaves, couchés dans le taillis des deux côtés de la route, l'attendirent en silence : elle était forte d'environ 1.200 hommes d'infanterie et 200 cavaliers. Lorsque les Allemands ne furent plus qu'à cent pas, une décharge soudaine mit à terre les premiers rangs et les arrêta. Les zouaves firent une seconde décharge et reculèrent pour attendre plus loin, toujours cachés.

Les Bavarois se remirent en marche en poussant de grands cris. Après une troisième décharge des zouaves, la cavalerie ennemie profitant d'une clairière essaya de tourner la petite troupe; mais elle rencontra un rideau de tirailleurs. Les zouaves exécutèrent leur retraite avec autant d'habileté que de courage. N'étant plus en présence des Bavarois, ils suivirent l'armée qui se retirait de l'autre côté de la Loire.

Ce combat de Cercottes (1) avait coûté sept hommes aux zouaves : deux tués, trois blessés et deux prisonniers.

M. de Charette ne recrutait pas sans difficultés ses volontaires de l'Ouest. Les mobiles, les francs-tireurs et une certaine quantité de corps improvisés avaient épuisé les ressources. Cependant deux bataillons de zouaves furent bientôt sous les armes.

Le 9 novembre 1870, à une heure du matin, la colonne du colonel Fiereck, composée de 10 à 12.000 hommes, partit du Mans pour Nogent-le-Rotrou. De là, elle se dirigea sur Châteaudun.

Le 1er bataillon des zouaves pontificaux, fort de 500 hommes, était sous les ordres du commandant de Moncuit. Le Gonidec commandait le 2e bataillon. Le R. P. Doussot suivait le 1er bataillon en qualité d'aumônier, et le R. P. de Gerlache le 2e.

Trois chirurgiens volontaires accompagnaient les zouaves : MM. Finot, Herr et Guénot.

Le commandant de Troussures remplissait les fonctions de lieutenant-colonel.

(1) Cercottes (Loiret), 410 hab., canton d'Artenay.

« En suivant ces files de soldats qui marchaient d'un pas léger et résolu, on aurait vu avec surprise des têtes d'enfants et de vieillards mêlées à celles des robustes jeunes hommes. Ici une longue barbe blanche et un fier visage : c'est le marquis de Coislin, officier sous la Restauration, chef royaliste en 1832 ; il a voulu s'armer du chassepot. Là, c'est le comte de Bouillé, qui a suivi son fils et son gendre, M. de Cazenove. Combien d'autres qu'il faudrait nommer ! Ces vaillants hommes ont dédaigné les grades des gardes nationales et se sont faits soldats, parce que c'est la seule manière d'entrer aux zouaves pontificaux (1). »

Ce serait une erreur de croire que ce corps si parfaitement composé fut mieux traité que les mobiles ou les régiments de marche, sous le rapport des fournitures. Mal habillés, manquant de tout, ces hommes partageaient les misères de l'armée. Ils avaient conservé leur uniforme romain qui est celui des zouaves, moins le turban remplacé par le képi.

Le 13 novembre 1870, une brigade du colonel Fiereck quitta Châteaudun pour aller prendre position au Nord, à une lieue de cette ville. Les volontaires de l'Ouest se trouvaient dans cette brigade. Alors commença pour les zouaves la vie de campagne : veiller jour et nuit, faire des reconnaissances, des grand'gardes, coucher sur la bruyère sans tentes et sans feu par les nuits glacées et souvent pluvieuses de novembre.

Le général de Sonis fut nommé au commandement du 17e corps d'armée. Le 22 novembre, il apprit que les Prussiens occupaient Nogent-le-Rotrou. Le 25, il prit le parti d'attaquer l'ennemi qui était à quatre ou cinq lieues de ses avant-postes.

Les zouaves pontificaux marchaient en tête avec les

---

(1) Jacquemont, capitaine aux zouaves pontificaux.

marins du commandant Collet. On rencontra les Prussiens à Yèvres (1), un peu avant Brou. Leur artillerie foudroya la colonne qui s'avançait. Le 1ᵉʳ bataillon, commandé par le baron de Charette, se déploya en tirailleurs et attaqua l'artillerie ennemie. Nos batteries, soutenues par le 2ᵉ bataillon de zouaves et le 46ᵉ régiment de marche, ouvrirent un feu bien nourri. Les Prussiens battirent en retraite après une lutte d'une heure. Les zouaves entrèrent les premiers dans Yèvres et marchèrent sur Brou, mais l'ennemi se retirait toujours. Quoique le combat de Brou ne fût qu'une canonnade, le bataillon Le Gonidec eut treize hommes hors de combat, entre autres le vaillant capitaine de Kermoal et le sergent de Saisy qui mourut de sa blessure.

Le capitaine de Palaiseau, officier de l'artillerie pontificale, créait comme par enchantement une batterie de montagne. M. de Charette lui avait obtenu, du ministre de la marine, des obusiers de débarquement, et il avait recruté çà et là quelques canonniers, trouvé des chevaux ; en un mot, sans ressources et sans aide, cet officier avait, en quinze jours, mis une batterie sur pied.

Le 3ᵉ bataillon, complètement organisé, partit du Mans le 21 novembre, sous les ordres du capitaine de Couëssin, excellent et brave officier. Ce bataillon se dirigeait vers Nogent-le-Rotrou. Mais, le lendemain de son départ, cette ville était au pouvoir de l'ennemi.

Le général de Sonis resta deux jours, les 28 et 29 novembre, au camp de Saint-Laurent-des-Bois. C'était peu pour achever la formation du 17ᵉ corps où tout restait à créer. L'effectif de ce corps dépassait 40.000 hommes. Le 30 novembre, il se mit en mouvement pour rejoindre l'armée de la Loire et les zouaves allèrent camper au delà de Coulmiers.

(1) Yèvres (Eure-et-Loir), 1.828 hab., canton de Brou.

Pendant ce temps, au grand quartier-général de l'armée de la Loire, à Saint-Jean-de-la-Melle, les généraux d'Aurelle, Chanzy, Borel s'étaient réunis en conseil de guerre avec M. de Freycinet. Ce dernier apportait un plan combiné entre M. Gambetta et lui pour conduire l'armée de la Loire sous les murs de Paris où le général Trochu annonçait une sortie. MM. Gambetta et de Freycinet croyaient leur plan stratégique excellent. Mais les généraux ne furent point du même avis. Leurs observations obtinrent à peine l'attention distraite de M. de Freycinet et les généraux durent obéir aux ordres impérieux de M. Gambetta (1).

La veille de la bataille de Loigny, à trois heures du matin, le 2 décembre, dans la petite église de Saint-Péravy, l'un des aumôniers, le R. P. Doussot, disait la messe, et beaucoup de zouaves y assistaient. On y voyait communier le général de Sonis, le baron de Charette, le capitaine de Gastebois et plusieurs autres, MM. de Bouillé, de Cazenove, de Verthamon.

Le matin du 2 décembre les zouaves savaient qu'une grande bataille allait se livrer. Ils devaient immortaliser leur régiment dans cette journée de Loigny (2). L'attaque commença à huit heures, le parc de Goury fut pris par les Français et repris par les Allemands, renforcés vers midi d'une nouvelle division : alors les Français furent repoussés sur Loigny avec des pertes énormes.

Les zouaves se trouvèrent à Patay dans la matinée. En attendant leur tour de prendre part au combat ils formèrent les faisceaux. Le froid était très vif et les hommes préparaient le café, lorsque parvint l'ordre de marcher en avant en laissant les tentes dressées et les sacs à terre. Dix hommes par chaque compagnie du 1er bataillon et les écloppés du 2e restèrent avec un officier pour la

---

(1) *La deuxième armée de la Loire*, par le général Chanzy, page 56.
(2) Loigny (Eure-et-Loir), 409 hab., canton d'Orgères.

garde du camp, du parc et des bagages. Le général de Sonis prit la direction de Loigny avec la 3ᵉ division et une partie de la réserve. Le 1ᵉʳ bataillon de zouaves, le colonel de Charette en tête, et un demi-bataillon de mobiles se rangèrent auprès des batteries, debout et l'arme au pied. Les projectiles tombaient sur eux.

Les zouaves virent arriver à eux un officier général appartenant sans doute au 16ᵉ corps, car personne ne le connaissait. Il arrêta son cheval devant un groupe d'officiers, et, se découvrant :

— Messieurs, dit-il, vous êtes les zouaves pontificaux?

— Oui, mon général, répondit Le Gonidec.

— Eh bien! allez promptement occuper le village de Gommiers que voilà, c'est le point le plus menacé, tenez-y jusqu'au dernier.

Il donna les mêmes ordres aux batteries qui partirent au galop dans la direction indiquée. Les zouaves suivirent au pas de course.

Voilà donc un général qui donne des ordres à des troupes étrangères à son commandement et qui est obéi sans la moindre observation. Au point de vue de la discipline on pourrait admirer cette soumission, mais la tactique ne saurait admettre qu'un général dispose ainsi des troupes placées sous les ordres d'un autre officier général. Le même fait s'est reproduit plus d'une fois pendant la guerre de 1870 et mérite d'être signalé, afin d'en éviter le retour.

Le jour de la bataille de Sedan, le général Ducrot, entraîné par son courage, envoya au colonel de Bauffremont l'ordre de charger à la tête de la division de cavalerie du général Margueritte qui venait d'être mortellement blessé. Cette division indépendante n'appartenait pas au corps d'armée du général Ducrot qui n'était même pas à proximité. Entraîné lui-même, Bauffremont obéit en exécutant la charge héroïque (1). Le général Ducrot, qui n'était plus sur son terrain, ignorait sans doute que nos escadrons exécutaient un mouvement inutile, mortel pour tous, puisque les batteries prussiennes, établies sur l'autre rive de la Meuse, foudroyaient les cavaliers qui ne pouvaient les aborder. Mais, à la guerre, aux heures sinistres, les meilleurs capitaines ont de beaux désespoirs, comme dirait le vieux Corneille.

Rien de semblable ne s'était fait pendant les guerres du premier Empire où chacun respectait les droits et les devoirs de ses compagnons d'armes.

Loigny tenait encore contre les attaques répétées des Allemands qui n'avaient emporté qu'une partie du village. Leurs obus à pétrole y allumaient l'incendie. De Sonis tenta de reprendre Loigny. Le temps pressait, car la nuit arrivait. Le général n'avait sous la main qu'un régiment de marche qu'il chercha vainement à entraîner. Ces malheureux soldats étaient depuis plus d'une heure couchés à terre, accablés par les projectiles. La démoralisation de ce corps était complète; après quelques pas ils s'arrêtaient. Désespéré, le général de Sonis pensa que l'exemple de quelques braves gens pourrait les entraîner. Il accourut vers les zouaves pontificaux et leur dit avec feu : « Ces hommes refusent de me suivre, venez, colonel, montrons-leur ce que peuvent des chrétiens et des hommes de cœur... » Puis, se tournant vers les zouaves : « *Vive la France! vive Pie IX! en avant!* »

Trois compagnies de zouaves furent d'abord déployées par le colonel de Charette; les autres suivirent bientôt après. Les mobiles prirent la droite, deux compagnies de francs-tireurs, celles de Blidah et de Tours, commandées par le capitaine Hildebrand, se déployèrent à gauche des

---

(1) Voir *Récits militaires*, 1re série, chap. III, page 273.

GÉNÉRAL PRINCE DE BAUFFREMONT

zouaves et les suivirent résolûment. Derrière la première ligne de tirailleurs marchaient à cheval le général de Sonis et son aide de camp, le colonel de Charette et son officier d'ordonnance, le lieutenant Harscouët, les commandants de Moncuit et de Troussures, ainsi que le capitaine de Ferron. Verthamon portait le fanion. C'était en tout huit cents hommes, qui allaient attaquer une division entière et son artillerie.

Ils dépassèrent le pli de terrain où se tenait couché le régiment qui avait failli à son devoir ; la honte gagna le cœur d'un certain nombre de ces soldats qui suivirent et se comportèrent ensuite bravement.

L'ennemi, à l'approche de cette ligne de tirailleurs, la prit tout d'abord pour une avant-garde. Une pluie d'obus commença à éclater autour des zouaves qui avançaient toujours au pas, alignés et calmes comme de vieux soldats. Ils marchèrent longtemps ainsi sous le feu de l'artillerie, lorsqu'à l'approche d'un bois situé à l'extrémité de la plaine, une terrible fusillade les décima, eux et leurs compagnons. Verthamon tomba des premiers et couvrit de son sang la précieuse bannière. Le général de Sonis eut le genou brisé, les commandants de Troussures et de Moncuit, le capitaine de Ferron furent renversés en même temps. Le comte de Bouillé avai relevé le drapeau. Les zouaves avançaient encore sans répondre. Sur l'ordre donné ils ouvrirent le feu, puis, tout à coup, aux cris de : *Vive la France ! vive Pie IX!* ils s'élancèrent dans le bois, la baïonnette en avant.

L'attaque fut irrésistible. Des Allemands épouvantés, les uns se jetaient par terre, rendant les armes, d'autres se défendaient énergiquement. On se battait corps à corps. Il y eut un affreux carnage, ce que Chateaubriant nommait *la cohue de la mort*. Les mobiles s'emparèrent de la ferme de Villours, et tout céda au torrent. L'ennemi fuyait dans le village, poursuivi par les zouaves. Ces braves soldats, qui n'étaient pas soutenus, allèrent se heurter aux murs des maisons remplies de Prussiens. Combien n'arrivèrent pas jusque-là! Les deux Bouillé, Cazenove, Traversay relevèrent l'un après l'autre la bannière. Des lieutenants, des capitaines tombèrent glorieusement : Boischevalier, Vetch, Du Réau, Gastebois...

Le colonel de Charette, dont le cheval avait été percé de coups, conduisit à pied la charge jusqu'au village, où il fut blessé lui-même. Les premières maisons furent enlevées, quelques zouaves s'y retranchèrent, mais l'ennemi qui, à la vue de cet ouragan, avait appelé ses réserves, prit l'offensive. Des masses prussiennes arrivèrent, débordant les zouaves de tous côtés. Le colonel ordonna la retraite. Elle se fit pas à pas, sous un feu terrible et à bout portant. Du village jusqu'au bois, le sol fut jonché de cadavres. Le reste ne put se retirer qu'à la faveur de la nuit. Les Prussiens osèrent à peine les suivre au delà du bois.

Epuisé par sa blessure, le colonel de Charette s'assit sur le bord d'un fossé. Son frère, blessé comme lui, Ferron, Vetch et quelques autres étaient couchés près de leur chef. On voulut emporter Charette, mais il refusa : « Non, mes amis, dit-il, non ; à quoi bon vous faire tuer ? Je suis bien ici, et vous, allez encore vous battre pour la France!... »

Les débris se retirèrent lentement vers Patay, emmenant ce qu'on pouvait de blessés. Le sergent Le Parmentier rapportait la glorieuse bannière teinte du sang des quatre victimes. Des quelques zouaves qui étaient entrés dans Loigny, les uns s'échappèrent pendant la nuit, les autres se firent tuer, et l'on vit l'un d'eux, après avoir brûlé toutes ses cartouches, se jeter à genoux pour recevoir la mort.

Telle fut cette charge de Loigny, qui restera célèbre et aussi populaire que celles d'Inkermann et de Palestro.

Elle eût gagné une victoire, si deux bataillons seulement avaient secondé ce vaillant effort.

Le général de Sonis avait demandé aux zouaves un bien grand sacrifice. Devant ce spectacle, on se demande s'il n'est pas une limite à de tels héroïsmes. Mais en présence de l'immolation du général de Sonis, on ne peut qu'admirer et garder un respectueux silence.

VIII

Ce régiment qui était couché à terre et n'a pas voulu se relever pour combattre, prouve qu'à la bataille l'homme doit être debout. Les rangs couchés perdent autant de soldats et se démoralisent. Notre tempérament national s'accorde mal avec les attitudes inventées par la timidité. Si le régiment eût été debout, le général de Sonis l'eût entraîné sans peine.

Deux autres observations militaires se dégagent des événements de cette journée : la première, c'est qu'il ne faut pas négliger les réserves ; la seconde, non moins importante, ressort de la marche sur Loigny. Elle se fait en ordre déployé, ce qui diminue énormément les effets de l'artillerie. Aussi les zouaves n'éprouvèrent-ils de grandes pertes qu'au terme de la marche. Si cette tactique avait été employée jusqu'au bout, plusieurs lignes, arrivant successivement sur les batteries, les auraient enlevées. Le soldat français est irrésistible lorsqu'il s'élance à la baïonnette.

« On n'avait pu rapporter que bien peu de blessés, malgré le zèle du R. P. Doussot et des chirurgiens. Le reste était aux mains de l'ennemi, couché avec les morts sous la neige qui commençait à tomber, et sans secours... Combien, sans doute, expirèrent pendant cette nuit lamentable, et quelles nobles victimes sur ce champ de mort! Troussures, Gastebois, Pierre de Lagrange, Wagner,

Guéré, Jean de Bellevue, Paul de la Begassière, Fernand de Ferron, les deux Mauduit du Plessis, Négron, de Barry, de la Touche, Saulnier, Catherin, de la Brosse, du Bourg, de Suze, Houdet, Villebois, Pontourny, et tant d'autres qui avaient donné leur vie à Dieu et à la France (1). »

Les Prussiens, qui comptaient quatre ou cinq mille hommes hors de combat, ne songèrent pas sérieusement à nos blessés. Ils en emportèrent quelques-uns dans une ferme voisine de Villours, entre autres le colonel de Charette et le capitaine de Ferron. Les autres restèrent sur le terrain, et, parmi eux, le général de Sonis, couvert de sang. Sa blessure était horrible ; mais ni la souffrance, ni ce cruel abandon ne purent abattre un moment son courage. En entrant en campagne, il avait écrit à un ami : « Je me suis condamné à mort. » Quand il eut fait, à Loigny, tout ce que pouvait un bon capitaine et un vaillant soldat, quand il vit toute son artillerie sauvée et la retraite de l'armée assurée, il attendit la mort avec la sérénité d'une âme chrétienne. Mais Dieu n'accepta qu'à moitié le sacrifice de cet homme de bien et ne voulut pas enlever à la France un si grand serviteur.

On sait que le général de Sonis subit une douloureuse amputation.

Du 1er bataillon de zouaves, il ne restait guère que cent cinquante hommes sans cadres. Le 2e bataillon était hors d'état de pouvoir continuer la campagne, les maladies l'ayant épuisé. Le commandant du 17e corps fit transporter ces deux bataillons à Poitiers, par le chemin de fer. Ils arrivèrent dans cette ville le 7 décembre 1870.

Le général de Sonis, le colonel de Charette, le capitaine de Ferron, le comte de Verthamon furent recueillis au presbytère de Loigny, où le vénérable abbé Theuré pro-

(1) Jacquemont, *Campagne des Zouaves pontificaux*.

digua aux blessés les soins les plus tendres. Le comte de Verthamon mourut dans la maison du curé.

Aux ambulances de Loigny, les chirurgiens firent une observation qui mérite une sérieuse attention. Il y avait dans la même salle des blessés de différents corps, que rien ne distinguait lorsqu'ils étaient couchés sous la couverture. Les zouaves pontificaux se faisaient remarquer entre tous par une énergie singulière, une grande résignation, une politesse constante et des sentiments délicats peu communs dans les camps. C'était *l'esprit du corps*, qu'il ne faut pas confondre avec *l'esprit de corps*. Un commandement habile, honnête, ferme peut donc, en peu de temps, animer un corps de troupe d'un esprit particulier.

Dans ces mêmes ambulances se trouvait un simple zouave nommé Thébault, qui avait la jambe brisée par une balle, et qu'il fallait amputer. Médecin lui-même, il appréciait fort bien son état et ne faisait pas entendre une plainte. Lorsque le chirurgien vint lui annoncer la cruelle nécessité, usant de détours pour l'y préparer : « Allons, docteur, dit le zouave, ne faisons pas tant de façons. Vous devez me couper la jambe, je le sais, et je suis prêt ; seulement, rendez-moi un service : mettez-vous à genoux, là, et récitons ensemble une prière ; puis vous ferez l'opération, et nous prierons encore après. » Le docteur accéda à ce désir du blessé.

Le colonel de Charette parvint à s'évader et rejoignit le dépôt de son régiment à Poitiers.

Dans le combat de Saint-Hubert (6 janvier 1871) lorsque le général donna l'ordre de la retraite, deux compagnies de zouaves pontificaux furent malheureusement oubliées dans un bois. Elles étaient commandées l'une par le capitaine de Fabry, l'autre par le lieutenant Benoist. Ces deux officiers, braves et intelligents, combattirent vigoureusement et parvinrent à gagner Yvré-l'Evêque.

Deux cent cinquante hommes avaient tenu tête à une brigade ennemie.

Le 11 janvier 1871, à la bataille du Mans, il fallait enlever le plateau d'Auvours, et la division Paris était dans le plus grand désordre. Le général Gougeard cherchait à rallier cette division, mais il ne pouvait arrêter que peu de monde. S'élançant vers les zouaves : « Allons, leur dit-il, en avant ! pour Dieu et la patrie ! le salut de l'armée l'exige ! »

Les zouaves se déployèrent en première ligne, un demi-bataillon des mobiles du Gers suivit, et cette faible troupe, le général Gougeard en tête, partit au pas de charge, à l'attaque des collines d'Auvours.

Ils gravirent les pentes sous le feu des Prussiens, mais sans leur répondre. En chemin, des soldats de toutes armes, de la division Paris, se joignirent à eux, entre autres un fort détachement du 10e bataillon de chasseurs, demeuré là, inébranlable, dans un pli de terrain, avec le commandant Tarillon. A mesure que montaient les assaillants, le feu de l'ennemi redoublait, et quand ils approchèrent des cimes la lutte devint terrible. Le général Gougeard eut son cheval percé de six balles. Les zouaves étaient commandés par De Moncuit, hardi et impassible, et par l'adjudant-major Lallemand, officier d'une rare intelligence et le plus brillant au feu qui se puisse rencontrer. La ligne des Français s'était fort étendue, pour embrasser le front circulaire du plateau, et présentait une série de combats sur tous les obstacles dont le sol était hérissé. L'extrême gauche essaya en vain de franchir les parapets d'une grande redoute, mais le centre emporta les positions.

Ce fut là, derrière quelques maisons, dans un champ planté d'arbres, au sommet du plateau, que la lutte fut le plus acharnée. Pendant une heure on se battit corps à corps. Les Allemands s'abritaient dans un taillis et derrière de petits épaulements élevés pour des tirailleurs, d'où ils fusillaient à bout portant nos soldats qui se jetaient sur eux à la baïonnette. Là moururent un grand nombre de zouaves et plusieurs officiers : le capitaine du Bourg, le plus ancien soldat du régiment et l'un des meilleurs ; le capitaine Belon, vétéran, lui aussi, de Castelfidardo ; le capitaine de Bellevue, qui s'était couvert de gloire à Cercottes et à Loigny. Tous les trois furent tués raides au premier rang. On vit des traits de bravoure admirables. Un prêtre, l'abbé Fougueray, frère d'un zouave, avait suivi le bataillon pour remplacer le R. P. Doussot fait prisonnier la veille ; on essaya de le retenir en arrière pendant le combat ; mais lorsqu'il vit tomber les zouaves, il courut en avant sous les balles et fut tué sur le corps du capitaine de Bellevue qu'il assistait. Le lieutenant Garnier, après avoir perdu tout son monde, rassemblait des soldats épars, mobiles ou chasseurs, et chargeait à leur tête. Ramené par la fusillade, il reformait son peloton derrière une masure et s'élançait de nouveau. A la troisième charge il tomba lui-même, la poitrine traversée. Le lendemain, prisonnier et soigné par les Prussiens, leurs officiers témoins de son courage venaient lui serrer la main en lui disant : *brave Français !*

Enfin, à la chute du jour, les zouaves étaient maîtres du sommet et l'ennemi reculait devant eux. Mais il essaya de les tourner sur leur droite, les pentes du plateau de ce côté-là étant plus inclinées. Dès le commencement de l'action on avait détaché en observation la compagnie du lieutenant Benoist. Très éprouvée dans le combat de la veille, cette compagnie, malgré ses efforts et l'énergie de son chef, ne put arrêter l'ennemi. Benoist vit presque tous ses hommes renversés l'un après l'autre, lui-même fut frappé d'une balle dans la poitrine. Il ne voulut pas se laisser emporter, et, tandis que ses derniers soldats battaient en retraite, il s'assit au pied d'un arbre, tourné, comme Bayard mourant, vers l'ennemi qui s'avançait. Un instant après il fut enveloppé et les Allemands commencèrent à déborder.

Surpris de recevoir des balles sur leur droite, les zouaves qui se battaient encore au sommet crurent à quelque erreur des troupes qui les soutenaient. Le commandant de Moncuit envoya le capitaine Lallemand avec quelques hommes reconnaître ce qui se passait. La nuit devenait de plus en plus obscure. Lallemand, ayant rencontré à quelque distance une troupe qui tirait de son côté, ne put distinguer son uniforme, et croyant avoir affaire aux mobiles cria :

— Ne tirez pas, nous sommes Français !
— Et nous aussi, répond une voix de la troupe.
— Quel régiment ?
— 5ᵉ de marche.

Lallemand s'approche et, à quelques pas, on lui crie : *Rendez-vous !*

— Jamais, répond l'intrépide capitaine, reconnaissant l'ennemi.

Une décharge passe autour de lui sans le toucher. Il regarde froidement les Prussiens qui l'environnent en prononçant ce mot : *Maladroits !*

Se tournant alors, comme s'il était à la tête d'un bataillon, il commande le feu. Les Allemands déconcertés battirent en retraite.

Le plateau d'Auvours était reconquis. « Le succès de la journée semblait décisif et l'on raconte que le prince Frédéric-Charles, désespérant de forcer la ligne du Mans, donna ce soir-là à toute son armée l'ordre de la retraite. Pourquoi fallut-il, deux heures plus tard, qu'une surprise, une panique déplorable des mobilisés bretons livrât l'importante position de la Tuilerie, au moment même où l'ennemi allait s'éloigner ? » (1)

(1) Jacquemont et tous les historiens.

Le général Chanzy a écrit : « Les volontaires de l'Ouest se sont montrés héroïques (1). » Le général Gougeard qui mena la charge d'Auvours à la tête des zouaves a porté ce jugement : « Ce sera pour moi un éternel honneur d'avoir commandé à de pareils hommes (2). »

Epuisés de fatigues les zouaves retournèrent à Yvré après le combat, mais la moitié resta sur le champ de bataille. Outre les officiers déjà nommés on comptait parmi les morts : Joseph de Vaubernier ; Feligonde, aussi brave qu'aimable ; le sergent Lemarié, paysan de la Vendée, type austère d'une race virile ; Pelletier, de Geoffre, et les deux Fockedey, ces frères charmants qui ont laissé un souvenir si pur de leur piété et de leur vaillance. Les lieutenants Le Bailly et Bonvalet étaient au nombre des blessés.

Le lendemain, des officiers prussiens entrèrent dans le couvent des Jésuites de Sainte-Croix, au Mans, et virent étendus dans une salle les corps des trois capitaines tués la veille. Ils se découvrirent devant eux avec respect.

Pendant ces combats, le baron de Charette, nommé général de brigade, partait de Poitiers le 14 janvier avec son 2e bataillon remis au complet. M. de Charette voulait conserver le commandement de sa légion et en porter l'uniforme.

Le 27 janvier, les trois bataillons se virent enfin réunis dans la ville de Rennes.

Un décret du 24 janvier 1871, signé Gambetta, avait donné au baron de Charette le commandement d'une division de mobilisés bretons qui pouvait compter 14.000 hommes.

Cette division était en formation lorsque le 1er mars les préliminaires de paix furent ratifiés.

(1) *Deuxième armée de la Loire*, général Chanzy, page 315.
(2) *L'armée de Bretagne*, page 54.

Quelle que soit l'opinion politique du lecteur de ces pages, qu'il soit religieux ou libre-penseur, son admiration est acquise aux zouaves pontificaux, si son cœur est français. Nous ne craignons pas de dire que la patrie eût été sauvée si elle avait compté parmi ses défenseurs beaucoup d'officiers et de soldats de cette trempe.

Les zouaves ont bien mérité de la patrie.

IX

On ne saurait parler de la bataille du Mans sans que la pensée des mobilisés bretons ne vienne à l'esprit. Leur conduite à la Tuilerie a donné lieu à des jugements fort sévères. La commission d'enquête sur les actes du gouvernement du Quatre-Septembre a consacré un rapport spécial à cette question.

Un écrivain distingué (1) a plaidé la cause des mobilisés et, pour l'honneur de nos armes, nous partageons volontiers ses idées. Si les mobilisés avaient été instruits, équipés, armés comme doivent l'être des soldats, il y aurait justice à les condamner. Mais ces malheureux avaient été laissés sans armes pendant deux mois, dans une boue où tout exercice était impossible. Munis au dernier moment de fusils détestables qu'ils savaient à peine manier, jetés à l'improviste devant l'ennemi, leur part de responsabilité n'est certes pas la plus grande.

S'ils n'ont pas tenu à la Tuilerie parce que *leur armement était mauvais, leur instruction militaire nulle*, la faute n'en est-elle pas au ministre de la guerre ?

Si, dans de pareilles conditions, ils ont pris part à la lutte, le général-commandant n'en est-il pas responsable ?

---

(1) M. Henri Monnié, *Les Mobilisés de la Loire-Inférieure*, Nantes.

Le chef de l'armée de Bretagne, M. de Marivault, n'avait-il pas à plusieurs reprises, et de la façon la plus catégorique, dénoncé au gouvernement de Bordeaux et au général Chanzy, *l'incapacité militaire et l'armement détestable des mobilisés bretons?*

Pourquoi le général Chanzy a-t-il négligé ces précieux renseignements? Le gouvernement n'en aurait-il pas tenu compte, ou aurait-il induit en erreur le général Chanzy?

M. de Kératry affirme que M. Gambetta lui aurait dit que « *des fusils à percussion étaient suffisants pour des mobilisés* (1). »

M. Gambetta a déposé devant la commission d'enquête qu'il n'avait pas armé les Bretons *parce que les armes manquaient.*

De son côté, M. de Kératry a déclaré à cette même commission que les armes refusées aux Bretons étaient en grande partie dirigées sur les arsenaux, où elles sont restées jusqu'à la fin de la guerre (2).

M. de la Borderie, membre de la commission d'enquête, a fait un rapport qui atténuerait presque complètement la faute reprochée aux mobilisés bretons au poste de la Tuilerie.

« M. Gambetta, dit-il, donnait au général Chanzy, le 5 janvier 1871, l'assurance qu'il avait *sous la main* 40.000 *Bretons armés pour garder la ligne du Mans.* Le général Chanzy a dû compter sur cette force, qui lui a manqué.

« Quant au gouvernement, poursuit M. de la Borderie, qu'avait-il fait devant la déclaration et les efforts du général de Marivault? Jusqu'à la fin de décembre, rien : ni évacuation, ni armes, ni secours de l'intendance, ni crédit ; l'armée de Bretagne n'avait rien obtenu.

---

(1) *Armée de Bretagne,* MM. Gambetta et de Kératry devant l'opinion publique, pages 91-92.

(2) Déposition de M. de Kératry, page 132.

« Le gouvernement, conclut M. de la Borderie, est donc responsable : d'abord de n'avoir pas pris en temps utile les mesures nécessaires pour transformer les mobilisés bretons en soldats ; puis de les avoir offerts comme de vrais soldats au général en chef de l'armée de la Loire, alors qu'ils étaient restés, par sa faute, incapables d'un service actif. »

La commission d'enquête de la chambre des députés ne se borne pas à la justification des mobilisés bretons, elle accuse le ministre de la guerre Gambetta de sa défaite :

« Dans le rapport sur les opérations de l'armée de la Loire, dit la commission d'enquête dans ses conclusions, nous nous sommes cru autorisés à soutenir, et nous avons soutenu, que l'*ordre* d'attaquer l'ennemi, *donné directement par le ministre de la guerre aux généraux* qui opéraient sur Beaune-la-Rolande, *avait contribué à entraîner la défaite de l'armée tout entière*, qui se trouvait disséminée sur une ligne trop étendue, et dont on avait engagé successivement les différents corps, au lieu de les concentrer, au lieu d'attendre l'armée allemande dans des positions que l'on avait pris cependant le soin de fortifier. »

La panique de la Tuilerie ne saurait porter atteinte à la réputation de bravoure des Bretons. Il n'est pas un homme, ayant assisté au siège de Paris, qui n'ait admiré la conduite des bataillons de la Bretagne. Les simples soldats se distinguaient par une sorte de dignité fort remarquable. Leur tenue était excellente, leur discipline parfaite et leur courage proverbial. Le gouvernement, lorsqu'il était menacé ou attaqué par les révolutionnaires trop ardents pour l'époque, se plaçait sous la protection des mobiles bretons. Il y a telle journée du siège où ils ont sauvé Paris de l'anarchie, qui conduisait fatalement à la victoire des assiégeants. L'histoire des mobilisés de la Loire-Inférieure (1) prouve la bravoure et le patriotisme d'une race bien française. Mais on a malheureusement répété que nous étions soldats en naissant, et des hommes étrangers au métier des armes ont propagé cette erreur. Personne n'oserait traverser un fleuve rapide dans une barque conduite par des mains qui n'auraient jamais tenu la rame, personne ne prendrait place dans un char confié à des mains qui ne connaissent pas le maniement des rênes, mais on ne craint pas de confier les armes et les drapeaux de la France à des hommes qui ne savent ni charger un fusil, ni porter un drapeau.

Non seulement les malheureux Bretons réunis au camp de Conlie ne recevaient aucune instruction, mais autour de ce camp, ou à l'occasion de ce camp, les vanités et les incapacités se donnaient libre carrière. Pour n'en citer qu'un exemple entre mille, nous rappellerons une lettre de M. de Kératry au ministre de la guerre Gambetta qui venait de le placer sous les ordres de l'amiral Jaurès.

« Camp de Conlie, 27 novembre 1870. 5 h. de l'après-midi.

« Malgré ma qualité de *général en chef avec pleins pouvoirs*, je suis mis aujourd'hui, par votre dépêche, sous le commandement du capitaine de vaisseau Jaurès. Vous avez oublié tout en écrivant cette dépêche : vos engagements et *mes conditions*, ce que j'ai fait jusqu'ici avec mes braves officiers, ma situation politique, que la vôtre aurait dû vous rappeler, et mes services rendus à la chose publique..... »

(1) *Les Mobilisés de la Loire-Inférieure, de l'Ille-et-Vilaine, du Morbihan, des Côtes-du-Nord et du Finistère*, par Henri Monnié, ex-mobile de Nantes, aujourd'hui directeur du journal *l'Espérance du Peuple*.

X

Nous avons montré les bataillons de mobiles et les zouaves pontificaux se battant bravement ; nous devrions joindre à ces récits les beaux souvenirs du corps de Cathelineau, mais l'espace nous est actuellement mesuré.

Cependant nous ne pouvons passer sous silence une véritable institution militaire créée par la dernière guerre ; nous voulons parler des francs-tireurs.

Beaucoup de compagnies furent mal commandées et d'autres mal composées. Des allures indépendantes, la conduite de plusieurs, des costumes qui rappelaient le théâtre jetèrent un véritable discrédit sur les francs-tireurs. On ne comprit pas, en son temps, tout le parti que la défense nationale pouvait tirer de cette innovation.

Des projets ont été faits (1), mais inutilement. Les francs-tireurs pouvaient jouer un rôle extrêmement important en 1870-1871, à la condition d'être un instrument stratégique.

La levée en masse dont tout le monde parlait était impraticable, parce qu'aujourd'hui les conditions de la guerre sont telles qu'on ne peut y employer utilement que des corps constitués d'avance, bien préparés et bien armés.

La nécessité d'associer la population civile à la défense du territoire, au cas d'une grande guerre pouvant amener une invasion, n'était pas une pensée nouvelle pour les militaires instruits. Ainsi le maréchal Gouvion-Saint-Cyr (mort en 1830) avait dit : « L'idée de résister à une invasion puissante au moyen de l'armée permanente seule, sans y faire participer la population, serait pour un pays comme

---

(1) Paul de Jouvencel, récits du *Temps*, 1870.

le nôtre une faute grave et un manque de confiance envers la nation. »

Les hommes du métier savent que Napoléon Ier s'était longtemps occupé de ce point de vue capital : la défense du sol par ses habitants. Il voulait qu'en cas de péril chacun connût son poste et pût s'y rendre en armes.

Mais il faudrait alors une puissante organisation embrassant tout le territoire, et non ces défenses locales isolées, qui n'ont pour conséquences que d'atroces vengeances. Cette puissante organisation ne devrait pas ressembler à la garde nationale, institution plus politique que militaire.

Pour défendre un pays pied à pied, le jour, la nuit, dans les bois et sur la route, au bout d'un pont, derrière les murs d'un cimetière, sans canon, sans cavalerie, sans soutien, au nombre de cinquante ou de cent contre des avant-gardes victorieuses de troupes réglées, marchant par colonnes précédées d'éclaireurs avec de l'artillerie et des escadrons, ce ne sont pas seulement des hommes qu'il faut, mais des combattants de premier ordre, intrépides, audacieux, disciplinés, instruits, connaissant la contrée, paraissant tout à coup, et disparaissant avec rapidité.

Il faut des armes excellentes qui leur soient familières, des uniformes sérieux et très sombres. Il faut des officiers inspirant confiance, aimés, respectés, tour à tour audacieux ou prudents, suivant les circonstances.

Pendant la guerre de 1870-1871, les francs-tireurs n'ont pas joui d'une grande faveur auprès des généraux qui les voyaient tels qu'ils étaient et non tels qu'ils devaient être. Bien organisés et bien commandés, ils eussent rendu d'immenses services. Tandis que tous les soldats de la France étaient vaincus, pris ou refoulés, les francs-tireurs se faisaient craindre de leurs ennemis directs les uhlans, auxquels ils infligeaient des pertes continuelles. Les chefs allemands en étaient arrivés à la plus violente animosité contre ces courageux *chasseurs d'hommes*. L'Allemagne victorieuse imposait comme préliminaire indispensable de l'armistice le licenciement des francs-tireurs. Elle demandait ce licenciement comme elle avait demandé le désarmement de Paris, et l'occupation de Belfort. Il semblait que ce fût une condition préalable d'une importance militaire égale pour elle.

Notre constitution militaire ne sera complète que lorsqu'un instrument nouveau sera créé : le franc-tireur.

A côté d'une armée de ligne permanente toujours prête et disponible, et d'une armée territoriale dont l'emploi est à déterminer, il faut des compagnies cantonales, véritables écoles de tir en temps de paix.

Le caractère spécial des francs-tireurs est l'indépendance de leur activité, l'imprévu de leur action ; par leur seule présence l'ennemi reste dans une incertitude constante de leur nombre dans son voisinage et même souvent de leur présence.

Quelques gens de guerre veulent opposer aux uhlans une cavalerie appropriée à cet usage ; ce ne sont point des cavaliers qu'il faut mettre devant le uhlan, mais des fantassins.

Un cavalier tel que le uhlan ne craindra pas le hussard qui ne peut le frapper qu'à la longueur du sabre, ou à la portée d'une carabine. Avant que le hussard l'ait atteint, le uhlan, plus expérimenté à cette chasse, aura passé et repassé, emportant à son officier les renseignements qu'il était chargé de recueillir.

Au contraire, le fantassin caché, qui attend sans bruit le uhlan et ne le manquera guère, impose à celui-ci une réserve continuelle.

Le uhlan arrêté à la lisière d'un bois, lorsqu'il a bien

écouté, bien regardé au loin, sans entendre ni voir les hussards, reprend sa marche avec sécurité, tandis que le silence le plus profond ne lui garantit jamais qu'aucun franc-tireur n'est tapi derrière une haie ou dans le fossé du chemin.

Les chasseurs à pied, mis en francs-tireurs, se battront très bien dans un certain rayon de leur armée, mais cinquante ou cent d'entre eux, se sentant isolés à sept ou dix lieues de distance, éprouveront une incertitude, une inquiétude inconnues du vrai franc-tireur.

Si chaque corps d'armée avait un bataillon entier de francs-tireurs d'environ cinq cents hommes au moment de la déclaration de guerre, ces flanqueurs empêcheraient les surprises, éclaireraient la marche et donneraient aux généraux cette confiance indispensable à qui veut manœuvrer et non marcher en aveugle.

Les compagnies de francs-tireurs ne seraient jamais commandées que par des officiers d'élite.

Nous ne traçons cette page que pour attirer l'attention des organisateurs militaires sur la question des francs-tireurs. A eux de la résoudre.

XI

Après les capitulations de Sedan et de Metz, le commandement des armées, rappelons-le, fut exercé par des hommes politiques appartenant à l'ordre civil.

Peu indulgents les uns pour les autres, ils ne donnèrent pas l'exemple de la discipline. Un ancien député (1), appelé à un commandement, a porté ce jugement sur M. Gambetta :

« L'homme placé à la tête de la défense en province

---

(1) Paul de Jouvencel, récits du *Temps*.

était tout à fait étranger à la guerre ; il paraissait n'y avoir jamais pensé, et cela n'était pas étonnant de la part d'un jeune avocat.

« Tout le monde, connaisseurs ou non, avait blâmé sévèrement les ordonnateurs de la campagne pour n'avoir pas su mieux *concentrer* leurs troupes ; et, là-dessus, il accumulait des troupes autant qu'il pouvait, équipées ou non. Or, réunir des masses d'hommes, ce n'est pas du tout la même chose qu'opérer une concentration.

« Le ministre de la guerre et ses conseillers n'ont pas su, ni soupçonné, paraît-il, qu'on peut faire la guerre très bien de plusieurs manières différentes.

« L'une des meilleures manières, lorsqu'on est libre de choisir et qu'on possède une bonne et grande armée manœuvrière, est de procéder par grands coups, et alors les concentrations sont au nombre des moyens les plus efficaces pour y parvenir. Mais lorsqu'on a perdu toutes ses armées, il faut n'avoir qu'un faible jugement pour tenter de grands coups avec des milices de la veille, à peine vêtues, mal outillées, manquant d'artillerie, contre des armées exercées, victorieuses, traînant une artillerie supérieure, et conduites par des chefs d'un grand mérite et d'une grande expérience.

« Le ministre de la guerre prétendait former des armées avant de former des soldats, et, malgré ses bulletins triomphants, il usait vite et en vain les ressources militaires du pays. Il exposait le pays à traiter, sans qu'il lui restât un seul régiment pour peser dans la balance des négociations. Il prouvait ainsi qu'il ignorait la politique de la guerre, aussi bien que les éléments des choses militaires ; car, s'il est une règle absolue, c'est celle qui ordonne de n'user ses ressources qu'avec mesure, et de ne point arriver à traiter enfin sans qu'il vous reste des forces pour discuter les conditions de la paix.

« On comprend qu'un général soit assez fou, assez

entêté pour s'y laisser entraîner : on ne conçoit pas qu'un homme politique, porté au ministère de la guerre par les circonstances, et dont on ne devait pas attendre l'aveuglement d'un joueur, mais la finesse méridionale dont ses amis lui faisaient un mérite principal, on ne conçoit pas que cet homme ait fait une si incroyable faute. »

Ces considérations militaires sont justes. Il fallait former des soldats avant de former des armées. On ne pouvait, il est vrai, former des soldats par les procédés ordinaires qui exigent plus d'une année de service. Mais il fallait adopter le système des petits corps composés des trois armes. Ces petits corps, formés en colonnes mobiles, eussent été envoyés à l'ennemi. Frédéric II a dit qu'à la guerre, il fallait toujours faire ce que ne voulait pas l'adversaire. Or, l'adversaire voulait de grandes batailles où ses hommes s'abritaient derrière les canons qui broyaient nos masses. Il eût été embarrassé de ne rencontrer devant lui que des corps de mille à quinze cents hommes, faciles à se dérober. C'eût été la petite guerre, si favorable à la formation des soldats.

Après quelques semaines de campagne, les brigades se seraient constituées solides et bien commandées. Un peu plus tard, de bonnes divisions auraient pu manœuvrer. Ce système, adopté dès le 15 septembre, eût produit de véritables corps d'armée au milieu du mois de novembre.

La France pouvait ainsi avoir, en décembre, trois cent mille bons soldats, et frapper de grands coups. Ce n'était pas sur la Loire, mais dans l'Est, qu'il fallait surtout agir. Au lieu de ces petits corps qui eussent fait le soldat, on a créé les grands corps composés de braves jeunes gens auxquels on demandait de faire mieux et plus que n'avait pu faire l'armée impériale.

M. Gambetta, ministre de la guerre, connaissait peut être cette maxime de Napoléon Ier : « Dans une situation extraordinaire, il faut des résolutions extraordinaires. Mais ce qu'il ne savait pas, c'est que Napoléon Ier a dit que, s'il faut gagner des batailles pour faire des conquêtes, elles doivent être soigneusement évitées lorsqu'il s'agit de fatiguer, d'user et de détruire peu à peu une armée d'invasion, car, là, il ne s'agit pas de conquérir mais de se débarrasser de l'envahisseur. Or, l'histoire entière montre que c'est la guerre de détail, la guerre de partisans qui, dans ce cas, est le meilleur procédé, on peut même dire le seul procédé. Le maréchal de Saxe (1) a dit : « Rien ne réduit tant l'ennemi que la méthode de diviser les batailles et n'avance plus les affaires ; il faut donner de fréquents combats et fondre, pour ainsi dire, l'ennemi petit à petit. »

Vouloir faire la grande guerre contre une invasion méthodique et victorieuse, lorsqu'on n'a pas d'armée véritable, mais des foules ; risquer, dans ces conditions, l'événement d'une bataille, lorsqu'on peut, avec ces mêmes troupes, livrer cinquante combats et former ainsi de vrais soldats ; jouer gros jeu sur le sort d'une bataille où l'on a vingt chances de perte contre une de gain, c'est contraire à toute science militaire et à toute politique.

Sur la question d'une bataille dans ces conditions, Montecuculli (2) s'exprime ainsi : « Bien loin de la gagner, on ne peut pas même la hasarder prudemment avec de nouvelles troupes qui ne sont ni disciplinées, ni aguerries ; et qui serait assez fou pour le faire ? »

---

(1) Maurice, comte de Saxe, maréchal de France (1696-1750), fut le plus grand général du règne de Louis XV ; il gagna les victoires de Fontenoy, de Raucoux, de Laufeld, etc.

(2) Le comte de Montecuculli (1608-1681), général autrichien, lutta contre Turenne dans la guerre de Hollande (1672-1675).

XII

Le phénomène le plus extraordinaire de cette guerre de 1870-1871 est le nombre de prisonniers conduits en Allemagne : le souverain, les maréchaux de France, les deux grandes armées de Sedan et de Metz, et, avec les officiers et les soldats, des citoyens de toutes les classes, prêtres, magistrats, administrateurs, bourgeois et paysans. Il est peu de hameaux dans une partie de la France qui ne compte parmi ses habitants un captif que les lois de la guerre auraient dû préserver d'un malheur réservé aux soldats. De nombreuses publications ont fait connaître les circonstances diverses invoquées par les Allemands pour torturer des citoyens étrangers au métier des armes. Ces *Récits militaires* seraient incomplets si nous ne donnions une place aux prisonniers.

Le 11 octobre 1870, M. Gustave Fautras, instituteur dans le village de Bricy (Loiret, canton de Patay), apprenait l'arrivée des Prussiens. Cependant, il se rendit à son école. Devant la porte, une cinquantaine de hussards l'empêchèrent d'entrer. M. Fautras se réfugia dans une maison voisine, et vit deux hussards qui entraînaient par les cheveux un malheureux ouvrier. Presqu'aussitôt, les cavaliers placés devant l'école se répandirent dans le bourg, envahissant les maisons, pour y exercer les perquisitions les plus minutieuses. Les soldats ouvraient les meubles, les brisaient, insultaient et frappaient les habitants. Sans doute, ils cherchaient des armes. Le maître d'école fut maltraité, tandis que la femme qui lui avait donné asile pleurait et se lamentait. Les enfants n'étaient pas épargnés et sanglotaient en se cachant. Le maître d'école parvint à sortir de la maison et vit, dans la rue, un groupe d'hommes en vêtements de travail, conduits par des cavaliers prussiens. Un hussard se dirigea vers M. Fautras, et lui dit en français : *Venez*. Il fut conduit dans le groupe et marcha entre deux rangs de cavaliers. Tous les hommes du bourg, arrêtés successivement, se virent enfermés dans une chambre, à l'extrémité du village ; des vieillards, des infirmes, d'autres sortant à peine de l'enfance, furent amenés là à coups de crosse. Arrachés de leurs demeures, un grand nombre n'y devaient pas rentrer.

Des coups de feu se firent entendre. C'était le malheureux ouvrier traîné par les cheveux, et que les Prussiens venaient de fusiller. Il se nommait Blondin, maçon de son métier. Blondin avait reçu cinq balles dans la tête.

Lorsqu'une grande quantité de troupes allemandes eurent défilé, les quarante ou cinquante habitants sortirent et furent placés sur deux rangs. On les compta, puis les hussards les remirent à des fantassins hessois, qui les dirigèrent du côté d'Orléans. Les femmes du village jetaient des cris lamentables en voyant s'éloigner les pères, les fils, les frères, frappés par les Prussiens. Les uns, surpris dans leurs travaux, n'avaient que des blouses, d'autres de simples gilets, plusieurs étaient sans coiffures, la plupart marchaient en sabots, pas un seul n'emportait un effet de rechange. Des femmes suivaient, quoique repoussées par les Allemands, et pendant ce temps leurs maisons envahies par la soldatesque retentissaient de cris joyeux ; les pillards s'amusaient !

M. Fautras et ses compagnons, apostrophés grossièrement par leurs gardes, entendaient les Hessois leur répéter qu'ils seraient tous fusillés. Révolté de ces cruautés, l'instituteur demanda à l'officier la cause de son arrestation, en ajoutant qu'il était maître d'école.

« Vous êtes *maître!* Eh bien, vous serez d'abord battu de verges, puis vous mourrez avec vos compagnons en avant de nos lignes, mitraillés par vos propres canons ;

vous apprendrez à mieux gouverner votre commune. »

— Je ne gouverne que mes élèves, Monsieur, répondit l'instituteur.

Tout en marchant, les prisonniers virent les Prussiens bombarder le village des Barres ; un peu plus loin ils assistèrent à un combat qui dura quelques heures.

A la ferme de Bois-Girard, de la commune d'Ormes, les soldats français faits prisonniers pendant le combat étaient rassemblés au nombre de cinq à six cents avec une vingtaine de personnes civiles enlevées dans les villages voisins, soit à Boulay, soit à Ormes. Aucun de ces paysans n'avait été pris les armes à la main et tous ignoraient pourquoi ils étaient arrêtés.

Le soir vint et M. Fautras s'arrêta à la ferme de Bois-Girard avec ses compagnons. C'est le 11 octobre que se passa l'acte abominable raconté par l'instituteur : deux vignerons d'Ormes (1) étroitement liés ensemble par des cordes furent amenés à la ferme. Ces deux hommes étaient Frédéric Rouilly et Joseph Rousseau, l'un âgé de trente-deux ans, l'autre de quarante-cinq. Les Prussiens les firent agenouiller sans enlever leurs liens ; à quelques pas, quatre soldats allemands chargèrent leurs armes pendant que les victimes faisaient entendre des cris mêlés de sanglots et protestaient de leur innocence. Le plus âgé disait : *Je meurs innocent ; adieu, mes amis,* murmurait l'autre. Quatre coups de feu retentirent et les malheureux tombèrent. L'un était mort, l'autre se débattait encore ; un Prussien l'acheva en lui envoyant une balle dans la tête.

Sept cents Français furent témoins de cette exécution qu'aucun jugement n'avait précédée.

Ce n'est pas tout. Dès que les deux hommes ne donnèrent plus signe de vie, un officier prussien se tournant

---

(1) Ormes (Loiret), canton d'Orléans, 707 hab.

vers nos soldats prisonniers leur dit : « Ainsi seront traités tous ceux qui comme ces deux brigands tireront sur nos troupes ; les soldats, eux, seront respectés, il ne leur sera fait aucun mal ; criez bravo et vive la Prusse ! »

M. Fautras crut entendre deux ou trois soldats prisonniers murmurer : Vive la Prusse ! Nous en doutons, car leurs camarades leur eussent fait un mauvais parti.

Un soldat blessé à l'épaule et tout ensanglanté criait d'une voix forte en regardant les Allemands : « Vous êtes des lâches ! Vive la France ! A bas la Prusse ! Voilà ce qu'il faut dire. Ah ! donnez-moi un fusil, que je tue encore un Prussien avant de mourir. »

Un instant après le malheureux tomba, épuisé par le sang qu'il avait perdu.

Pendant ce temps les soldats prussiens s'étaient précipités sur les vignerons qu'ils venaient de fusiller, examinant avec une joie féroce les trous que leurs balles avaient faits. Ils se retirèrent ensuite dans la ferme et chantèrent leur air national : *Die Wacht am Rhein* (1).

L'Allemand aime la musique et M. Fautras raconte qu'un jeune officier prussien s'approcha de lui et chanta :

> En avant, marchons
> Contre leurs canons.

La marche des malheureux prisonniers civils vers Orléans continue. « Vers le milieu d'Ormes, dit l'instituteur, on nous fit traverser les lignes ennemies qui couvraient la route. Nous étions exposés à chaque pas aux coups d'un soldat brutal et aux menaces de tous. Que de fois, mon Dieu ! les Bavarois, pour s'amuser, ne nous mettaient-ils pas en joue comme s'ils allaient faire feu ! Les lames aiguisées des sabres prussiens tournoyaient autour de nos têtes. Des pommes, des pierres frappaient

---

(1) *La Garde aux bords du Rhin.*

nos figures, et c'était à qui nous cracherait au visage. »

Les prisonniers civils couchèrent au Grand-Orme, sur la paille, mais sans nourriture. Le lendemain chacun reçut quelques noix pour son déjeuner.

Lorsque les prisonniers traversaient Augerville (1), un jeune homme de la localité, enlevé le dimanche précédent du seuil de sa demeure, fut aperçu par sa femme. Elle s'élança aussitôt vers lui, avec un bel enfant dans les bras. Cette jeune femme franchit le double rang de Prussiens et se jeta sur son mari en s'écriant : « Louis! Louis! embrasse ton enfant... ils ne t'emmèneront pas... Je te défendrai contre tous... tu ne m'abandonneras pas... reste avec moi ou je te suivrai... » Pendant une courte minute on les vit enlacés dans les bras l'un de l'autre, mêlant leurs larmes et couvrant de baisers leur petit enfant qui pleurait aussi. Les Prussiens arrachèrent brutalement cette jeune femme des bras de son mari, et la lancèrent hors des rangs. Elle suivit la colonne de prisonniers, courant et jetant de grands cris ; après deux ou trois cents mètres elle se précipita de nouveau sur les Prussiens, traversa leurs rangs et rejoignit son mari. Mais alors un cavalier furieux mit le sabre à la main, et saisissant la jeune femme par les cheveux la frappa... Le mari eut un geste de colère et son regard exprima la menace et le mépris. Séparé de sa femme il lui cria : « Reste ici, je reviendrai bientôt ! »

Le soir même, à Etampes, il s'échappa.

Les prisonniers civils étaient infiniment plus maltraités que les soldats prisonniers, quoique ceux-ci eussent fort à se plaindre.

Un vigneron d'Ingré (2), nommé Eugène Gigou, qui avait été arrêté dans sa demeure, pour avoir facilité la fuite d'un soldat français, éprouva de telles émotions qu'il

---

(1) Augerville (Loiret), 264 hab., canton de Puiseaux.
(2) Ingré (Loiret), 2.529 hab., canton d'Orléans.

devint fou. Les Prussiens ne lui rendirent pas la liberté. Ce malheureux quittait sans cesse son rang et débitait des propos incohérents, il y était ramené à coups de crosse ou avec la pointe des baïonnettes. Sa triste fin trouvera place dans la suite de ces *Récits*.

Avant de quitter Etampes, les prisonniers civils reçurent la visite d'un prêtre et de deux médecins. Ces derniers accordèrent des bulletins d'hôpital à quelques-uns des plus âgés et des plus maltraités : Hoyau François, de Bricy, soixante-dix ans ; Cachin Louis, de Fresnay-l'Evêque, soixante-dix-sept ans ; et Labbé, d'Orléans, soixante-dix ans. Ce dernier, après un mois d'hôpital, à Etampes, fut conduit en Prusse.

Le 15 octobre, les prisonniers traversaient la Brie. Sur la lisière d'un bois, près d'une grille rustique qui fermait l'entrée d'une allée négligée, une jeune fille se promenait avec deux blonds enfants. Aux fades galanteries des Prussiens elle avait relevé la tête pour leur montrer un front sévère, pour leur envoyer un regard de haine, où se lisait la fierté d'une Romaine ; puis ce regard s'était abaissé sur les Français malheureux, trahis par la fortune. Elle suivait avec tristesse et d'un œil humide les prisonniers. L'un d'eux, avec l'étourderie de la jeunesse, lui cria : adieu, adieu. — Non pas *adieu*, répondit la jeune fille, mais *au revoir*. L'air candide et confiant de cette jeune fille, les mots qu'elle avait prononcés rendirent l'espoir aux prisonniers. Plusieurs se retournèrent après quelques pas : la jeune fille était à la même place, pensive, attristée, donnant une pensée à ses compatriotes. Peut-être n'avait-elle jamais vu tant souffrir. Lorsque les prisonniers furent près de disparaître au détour du bois, elle agita de la main le mouchoir mouillé de ses larmes, puis disparut derrière les arbres.

Soyez bénie, jeune fille, pour le bien que vous avez fait à de pauvres captifs !

XIII

Les prisonniers passèrent dans le département de Seine-et-Marne où la désolation régnait. Dans les champs les travailleurs étaient rares. Pendant une matinée, les captifs virent un paysan seul, non loin du chemin, conduire cinq chevaux de trait de la plus belle race. Deux cavaliers prussiens se détachèrent de la colonne et après un court examen ramenèrent les deux meilleurs qu'ils attelèrent à l'une de leurs voitures.

On traversa Lieusaint, Brie-comte-Robert, et le soir la halte se fit à Gretz où l'on passa la nuit. Les civils furent séparés des militaires. Le lendemain, tous reprirent leur marche. C'étaient toujours les mêmes plaintes, les mêmes supplications, les mêmes malédictions de la part des prisonniers ; du côté des Allemands les mêmes menaces, la même brutalité, la même ironie toujours cruelle. Plusieurs soldats prussiens firent lire à M. Fautras sur l'envers de leurs ceinturons cette inscription allemande qu'ils y avaient tracée : *Rache von 1806.* (Vengeance de 1806.)

Dans la marche les prisonniers civils étaient séparés des militaires. Le froid devenait excessif et la pluie tombait trop souvent. Le nombre des malades augmentait chaque jour, mais les chirurgiens prussiens étaient sans pitié.

A Coulommiers une dizaine de déserteurs ou de réfractaires bavarois et prussiens furent joints aux prisonniers français. On les mit dans les rangs des civils. Quelques-uns faisaient triste mine, d'autres riaient et semblaient indifférents au sort qui les attendait. Tous ces soldats descendirent quelques jours après à Mayence où ils devaient passer devant un conseil de guerre.

Un peu avant Nogent-l'Artaud, un prisonnier civil, M. Désiré Goueffon, voulut pendant une halte cueillir une pomme sur un arbre voisin ; il reçut sur la tête le plus violent coup de crosse qu'on puisse imaginer, et tomba tout sanglant.

Un autre vieillard, M. Joulas-Pasquier, adjoint au maire de Bricy, fut tellement maltraité ce même jour, que, prisonnier en Allemagne, il mourut à Pasewalk, près de Stettin, au mois de novembre.

Ces malheureux avaient parcouru soixante lieues sous les baïonnettes prussiennes, presque sans vêtements, à peine nourris.

A Nogent-l'Artaud, département de l'Aisne, on rencontra la voie ferrée. Les prisonniers civils furent engloutis à coups de poing, à coups de pied, à coups de crosse, au nombre de quarante-huit, dans un compartiment de bestiaux rempli de fumier. Il n'y avait pas de siège, et les hommes, pressés les uns contre les autres, ne pouvaient même s'asseoir, ni faire le moindre mouvement. Deux soldats de la landwehr, placés près de la porte laissée ouverte, surveillaient les captifs. Bientôt, ces deux hommes fermèrent le wagon à clef et s'éloignèrent. Le manque d'air fit tomber quelques hommes qui disparaissaient dans le fumier, et que leurs compagnons ne soutenaient pas sans peine. Enfin, au désespoir, au moment d'être asphyxiés, quelques prisonniers enlevèrent des planches en appelant au secours.

Le train passa près de Château-Thierry et d'Epernay, et s'arrêta à Châlons. Les malheureux descendirent et l'on distribua du pain et du riz. Ils purent aussi jeter au dehors une partie du fumier qui les infestait.

Les prisonniers n'eurent pas à se plaindre des soldats de la landwehr. Gens paisibles, types accomplis des rêveurs allemands, protestants zélés, arrachés de leurs travaux et de leurs familles par la loi militaire, ils servaient avec abnégation et sans murmurer, la Bible à la main.

Le 20 octobre, les captifs traversèrent la frontière de France. Dès qu'ils furent sur la terre allemande, les acclamations des paysans saluèrent le train qui les emmenait. Jusqu'à Mayence, ce ne furent que cris de triomphe. L'on voyait sur toutes les physionomies l'étonnement mêlé à la joie. En effet, si M. de Moltke comptait sur la victoire, le peuple allemand, malgré son orgueil, croyait peu à de tels succès.

Entre Worms et Mayence, le train fit un **arrêt** de quelques secondes. Parmi les prisonniers civils se trouvait Paul Hallais, du village de Bricy, qui obtint l'autorisation de descendre au milieu d'une plaine. Il ne put remonter assez vite, et le train repartit. Seul, dans un **pays** inconnu, à vingt-cinq lieues de la frontière, entouré d'une population hostile dont il ignorait la langue, cet infortuné n'éprouva pas de joie en se voyant libre ; une heure après, il était couché dans le bois qui entourait la plaine. Plus de deux mois se passèrent avant qu'il n'eût terminé son voyage. Il couchait dans les bois, et vivait de quelques pommes de terre ramassées dans les champs ; lorsque les pommes de terre manquaient, Hallais mangeait des racines de jeunes arbres. Pour éviter les rencontres, il se détournait des voies tracées et fuyait toute habitation humaine. Afin d'éviter un chemin fréquenté, il franchissait les montagnes, s'accrochant aux rochers, en se déchirant les pieds et les mains. Le passage des cours d'eau ne pouvait se faire que la nuit. Après une dizaine de **jours de** marche, se guidant sur le soleil qu'il voyait disparaître au couchant, il atteignit la frontière.

Il ne sut qu'il était en France, et n'osa se montrer que lorsqu'il vit sur les poteaux ou sur les murs des mots en langue française. Dès lors, il ne se cacha plus des paysans, mais voyagea encore soixante-trois jours à travers les armées allemandes.

Lorsqu'il arriva à Bricy, sa famille même ne pouvait le reconnaître, tant les souffrances l'avaient changé.

On a souvent dit, en France, que, pendant la guerre de 1870, l'Allemagne était comme dépeuplée, que les bras manquaient pour la culture des champs, et que les villes souffraient cruellement de leur commerce interrompu. M. Gustave Fautras affirme le contraire : « Pour moi, j'ai été complètement désabusé en voyant avec quel entrain le travail continuait, avec quelle vigueur on remplaçait les absents (1). »

Les prisonniers civils eurent pour gardiens des Hessois, puis des Bavarois. Ces derniers furent plus durs que les premiers.

« C'est à Francfort que nous fûmes dotés des êtres les plus cruels et les plus inhumains que l'on puisse imaginer, cinq Poméraniens, dont un sergent et quatre soldats. Ils commencèrent par nous refouler vers les extrémités du wagon, gardant pour eux le milieu, où ils déposèrent un banc sur lequel ils s'assirent, puis ils nous défendirent de parler, de nous plaindre même, et ne voulurent pas nous laisser approcher de l'ouverture qu'ils gardaient, nous privant par là de l'air libre et de la vue des paysages, notre seule consolation. Bien plus, ils ne permirent à aucun de nous de descendre, quoique les arrêts fussent souvent de longue durée. Combien de vieillards pourtant sollicitaient cette grâce ! Hélas ! après maintes supplications, toutes repoussées par la pointe d'une baïonnette, ils se voyaient réduits, les malheureux, à se retirer dans le coin le plus obscur du wagon. J'en vis un, en cheveux blancs, courbé par l'âge, qui, parvenu à se faire une petite place, se coucha tout accroupi et resta dans cette position pendant deux jours et deux nuits, ne prenant aucune nourriture ; nous allions voir s'il n'était

---

(1) *Cinq mois de captivité*, Gustave Fautras, Orléans.

pas mort, mais nos bourreaux ne s'en inquiétaient nullement.

« Avec les autres gardiens, nous étions dans le fumier, nous ne pouvions nous coucher, nous n'avions presque pas de nourriture, mais au moins nous étions tranquilles, ils nous abandonnaient à nous-mêmes ; avec les Poméraniens, pas un instant de repos, sans cesse poussés, bousculés, mis en joue, menacés du sabre, frappés de la crosse ; on eût dit qu'une récompense était promise à ces gens, s'ils parvenaient à faire succomber dans le reste du trajet le plus grand nombre de ces prisonniers en blouse, de ces pères de famille! Parmi ces cinq hommes, aucun ne connaissait un mot de français, et c'était toujours avec la baïonnette qu'ils exprimaient leurs ordres. Il ne s'écoulait pas cinq minutes, sans qu'ils fissent circuler entre eux une bouteille d'eau-de-vie, qu'ils remplissaient aux différentes stations ; aussi étaient-ils constamment ivres. Le sergent se faisait remarquer par sa férocité, aussi bien envers les hommes qu'il commandait qu'envers nous. Malheur à celui de ses soldats qui fermait les yeux pendant quelques instants! Un vigoureux coup de poing, appliqué sur la figure, le rappelait à son devoir.

« A chaque station, ce sergent nous montrait à la foule curieuse, empressée, et cette exhibition lui valait une longue tartine de pain, grassement recouverte d'une couche de beurre que lui offrait quelque Prussienne exaltée.

« La nuit qui précéda notre arrivée à Francfort, deux de nos compagnons d'infortune, Jacques Pinot, de Bricy, et Eugène Gigou, d'Ingré, l'un âgé de soixante-dix ans, l'autre de cinquante-cinq, donnèrent des signes d'aliénation mentale. Ils appelaient leurs femmes, demandaient leurs bestiaux, et réclamaient les clés de leurs maisons. Tous deux étaient vignerons. Lorsque parut le jour, leur folie sembla se calmer. L'un des Poméraniens frappa

Eugène Gigou qui, sous l'empire de la fièvre, et par une sorte d'instinct, mordit le soldat au doigt de la main droite. La rage de nos gardiens fut telle, qu'ils s'emparèrent des deux pauvres fous, leur enlevèrent leurs casquettes et leurs chaussures, puis, leur ayant attaché les pieds l'un à l'autre, et lié les mains sur le dos, les couchèrent sur la planche du wagon et les frappèrent à coups de crosse et de plat de sabre ; puis, ils les piquèrent avec la pointe des baïonnettes ; enfin, ils les mirent en joue, le canon sur la gorge. Leurs compagnons fermaient les yeux et se bouchaient les oreilles, pour ne pas voir ce supplice et ne pas entendre ces cris déchirants.

« Les Poméraniens me donnèrent l'ordre de m'approcher. Horreur ! Horreur ! Ce que je vis me glaça d'indignation... On ne reconnaissait plus en ces deux martyrs de figure humaine ; ils étaient raides sur la planche ; leurs pieds et leurs mains étaient coupés par les cordes qui les retenaient, leurs vêtements déchirés, souillés de sang et de fumier, leurs cheveux arrachés, leurs visages ensanglantés appuyés sur le bois du wagon ne présentaient plus qu'une immense plaie, affreuse à voir ; une bave épaisse et sanguinolente s'échappait de leurs bouches qui étaient, ainsi que les narines et les plaies, garnies de fumier attaché au sang des blessures (1). »

M. Fautras avait été chargé de dire aux deux insensés que la moindre plainte, le moindre cri de leur part seraient punis de coups de baïonnettes. Mais ils ne comprirent rien, et ne cessèrent de gémir. Après les avoir torturés, les soldats allemands venaient s'asseoir sur leur banc, buvaient leur eau-de-vie, et chantaient le *Freyschütz* ou *il Bacio*, valses fort répandues dans les campagnes.

Cela se passait dans la nuit du 20 au 21 octobre 1870. Le matin les prisonniers descendirent à Fulda, ville de la

---

(1) Gustave Fautras, *Cinq mois de captivité*, récits d'un prisonnier civil en Prusse.

Hesse-Cassel, où on leur servit, sous le nom de café, un breuvage noir que personne ne put boire. Les deux fous restèrent dans le wagon sans être déliés et allèrent ainsi, privés de nourriture, jusqu'à Stettin, capitale de la Poméranie.

Pendant toute la journée du 21 octobre, à chaque station, à Gotha, à Weimar, à Leipzig particulièrement, le sergent poméranien trouvait récréatif d'ouvrir entièrement les deux côtés du wagon, et de raconter à la foule assemblée que les *brigands* qu'il conduisait étaient des francs-tireurs, assassins des uhlans et des soldats du roi Guillaume ; alors la populace furieuse envahissait le wagon des prisonniers, les refoulait vers les extrémités et frappait de coups de pied les pauvres insensés. Ceux qui ne pouvaient escalader le wagon injuriaient les captifs en les nommant *voleurs, bandits, pourceaux* (Schweine-bande). Presque tous criaient en français, du ton le plus méprisant : *la grande nation ! voilà la grande nation !*

Les prisonniers civils descendirent tous à Stettin où ils devaient être internés. L'arrêt se fit à deux heures du matin. Lorsque les deux insensés eurent les pieds et les mains déliés, ils pouvaient à peine se soutenir. Complètement privés de la raison, la tête découverte, le visage déchiré, les pieds nus, ils tremblaient sous une bise glaciale, et cherchaient à quitter les rangs où ils étaient ramenés à coups de crosse.

Le commandant de la place de Stettin, d'après le rapport du sergent, condamna les deux insensés à la prison comme coupables de révolte. Eugène Gigou mourut deux jours après, le 23 octobre, et Jacques Pinot le 31 octobre.

Parmi les prisonniers se trouvait un cultivateur nommé Etienne Sallé, âgé de soixante et un ans. Lorsqu'il descendait de wagon à Stettin, un des gardiens le poussa et le malheureux tomba sous les roues. Relevé par ses compagnons, on reconnut qu'il s'était brisé deux côtes. Le chirurgien allemand refusa d'examiner ses blessures; il souffrit cruellement sur la paille, et mourut le 5 novembre.

Arrivés à Stettin, les prisonniers furent conduits hors de la ville, dans un camp formé de baraques de paille creusées en terre à plus d'un mètre de profondeur. Des gardiens insolents poussèrent nos malheureux compatriotes dans une de ces baraques. Tous tombèrent, épuisés, sur une couche de paille qui n'était plus que du fumier.

Deux factionnaires placés à la porte de la baraque empêchaient les prisonniers de sortir. A trois cents lieues du village, les malheureux auraient-ils pu s'échapper !

La nourriture fut distribuée à neuf heures du matin ; elle consistait en farine délayée avec de l'eau un peu salée, puis chauffée jusqu'à l'ébullition ; le soir il en fut de même, mais on avait ajouté à la farine une ou deux pommes de terre et quelques grammes de mauvaise viande. Pendant cinq mois ce fut le même ordinaire. Une espèce de café, où plutôt d'eau noircie, remplaça plus tard la bouillie du matin. Il faut ajouter à ces menus un pain plus que brun excessivement mauvais, donné pour quatre jours à chaque prisonnier.

Enfermés pendant toute la journée les captifs voyaient souvent les curieux de la ville les examiner attentivement. Ceux-ci n'apercevaient que des vieillards couchés sur la paille. Personne n'avait un livre, un jeu quelconque. On restait soit assis, soit debout, les yeux fixés à terre, sans prononcer une parole.

Le second jour, 22 octobre, Jean Marchand, de Bricy, mourut à l'âge de soixante-deux ans. Les soldats du wagon lui avaient cassé un bras. On permit à ses compagnons d'accompagner son corps à sa dernière demeure.

Donnons la parole à M. Fautras :

« Il nous fallut, pour aller prendre le corps, traverser une partie de la ville. Je ne dirai pas de quelle façon nous fûmes accueillis. Menacés du poing par les hommes, injuriés par les femmes, accablés de pierres par les enfants, ce trajet fut pour nous un véritable calvaire.

« Le cimetière était assez éloigné de la ville. Un aumônier suisse, le R. P. Weick, nous y attendait. Il lut quelques psaumes, récita des prières, puis le corps fut descendu dans la fosse où déjà plusieurs cercueils étaient rangés. Nous nous retirâmes en silence, jetant tour à tour en passant près de la tombe une poignée de terre sur le corps de cet infortuné : c'était notre dernier adieu.

« Au retour les enfants nous criaient en français : *Napoléon est pris*. Ces mots avaient été enseignés aux enfants dans les écoles, comme une insulte aux prisonniers. »

Le lendemain, dès sept heures du matin, les captifs furent conduits sous les murs de Stettin, armés de grosses masses et employés à casser des pierres. Qu'on se figure une troupe de paysans français, les uns sans blouses, les autres nu-pieds, trempés par une pluie battante et froide, et cassant des pierres, non par nécessité, mais par cruauté.

Dès que le temps le permettait, un grand nombre d'habitants et parmi eux beaucoup de femmes venaient voir les travailleurs, commandés par un sergent. Les coups tombaient sur ces pauvres gens, ce qui excitait la gaîté de la foule.

A midi les prisonniers furent reconduits au camp pour repartir au même travail une heure après. Ils rentrèrent à cinq heures pour manger leur farine et se jeter sur la paille.

Peu de jours après on retira les vêtements des prisonniers et l'on donna à chacun d'eux une vieille casaque usée et malpropre, ce qui les faisait ressembler à des forçats prussiens.

CHAPITRE V

SOMMAIRE

Nos prisonniers de guerre en Allemagne. — Edelweiss. — Les aumôniers ; l'abbé Rambaud ; le R. P. de Damas ; l'abbé Jacques ; le R. P. Joseph. le journal *le Wanderer* et les captifs. — La *Gazette de Cologne*. — La princesse Clémentine d'Orléans. — Les comités de secours. — Le sergent de zouaves, Charles Gombault. — Occupations des prisonniers. — Les cantines dans les forts. — La reconnaissance. — Les turcos. — Les aumôniers. — L'Œuvre des pensions militaires. — Opinion des Allemands sur nos prisonniers. — L'école africaine. — Châteaudun. — M. Lumiere, maire de Châteaudun, s'est montré héroïque. — La jeune fille de Châteaudun. — Le capitaine Michau, âgé de quatre-vingt-quatre ans. — Les bourgeois prisonniers sont envoyés en Poméranie. — L'ouvrier Lépine va être fusillé. — Sœur Jeanne de Chantal. — Les femmes charitables. — Le patriotisme. — Les pontonniers du général Eblé. — La discipline. — Les écoles. — La femme et le patriotisme. — Le 13e corps d'armée et le général Vinoy. — Mission du capitaine de Sesmaisons. — Dernier acte de souveraineté de l'Empereur. — Retraite de Mézières. — Le général Vinoy. — Le pauvre soldat. — Sa mort. — Réflexions.

I

Les prisonniers de guerre étaient nombreux à Stettin (1) et dans les environs. Il y en eut jusqu'à vingt mille. Quoiqu'ils ne fussent pas conduits avec de grands ménagements, leur traitement se trouvait moins dur que celui des prisonniers civils. Ils pouvaient se promener sans gardiens dans la ville et dans le fort, et ne travail-

---

(1) Stettin, ville de Prusse, capitale de la Poméranie, sur l'Oder ; 74.000 habitants.

laient que cinq heures par jour aux fortifications. Un officier prussien disait aux prisonniers civils : « Vous êtes employés à des travaux de second ordre, parce que nous vous considérons comme des brigands et des voleurs qui, sur les champs de bataille d'Orléans, avez tué des blessés allemands et dépouillé les morts. »

Il y avait encore d'autres prisonniers dans cette ville ; c'étaient des Polonais, soldats de la seconde classe, qui, affirmait-on, avaient mieux aimé se rendre esclaves de la Prusse, que de servir contre la France. Ils étaient comme les prisonniers civils conduits brutalement et asservis aux plus rudes travaux. On les rencontrait souvent attelés huit ou dix à un chariot rempli de pierres ou courbés sous le poids de charges énormes. Pendant l'hiver, ils cassaient la glace dans les rues ou enlevaient la neige.

Le 27 octobre 1870, le canon des réjouissances annonçait aux Allemands la capitulation de Metz. Plus de cinq grands corps d'armée, dont la garde impériale, trois maréchaux de France, cinquante généraux, six mille officiers, cent soixante-treize mille hommes avaient mis bas les armes !

Dès les premiers jours du mois de novembre une partie des prisonniers de Metz arrivait à Stettin. La plupart de ces malheureux soldats inspiraient la pitié. Leurs vêtements en lambeaux, leurs chaussures sans semelles, leur visage blême et décharné témoignaient des souffrances qu'ils avaient endurées. Tous maudissaient Bazaine, l'accusant de trahison. Ils ne demandaient qu'à combattre, disaient-ils, et au lieu de profiter de cette fièvre de combat qui s'était emparée de toute son armée, Bazaine l'avait laissée s'affaiblir de jour en jour, s'épuiser; puis elle avait été livrée à l'ennemi.

Quelques captifs lisaient en cachette des journaux introduits par des vaguemestres complaisants. Ces journaux venant de Belgique et de Suisse étaient adressés à des officiers français internés à Stettin.

Les prisonniers civils durent quitter leur camp pour être casernés en ville. Dans le même quartier se trouvaient des mobiles du Gard, pris à Amiens sans avoir jamais paru sur un champ de bataille. Chaque soir, après les longues conversations en patois de leur pays et avant de s'étendre sur la paille, les mobiles se réunissaient et l'un d'eux faisait à haute voix la lecture d'une prière pour la France, recommandée aux fidèles par l'évêque d'Amiens. Cette prière, dont nous avons une copie sous les yeux, se terminait ainsi : «... et vous sainte Clotilde, sainte Geneviève, saint Louis, saint Vincent de Paul, vous tous, grands saints et saintes de la France, unissez vos prières à nos supplications, et *assurez ainsi le salut de notre bien-aimée patrie !* »

Une dame d'une grande distinction, jeune encore et dont les traits rappelaient les madones du moyen âge que les peintres italiens nous ont fait admirer, venait le soir, avec son mari, visiter les prisonniers français. Elle apportait des cigares, du tabac qu'elle leur distribuait. Cette sollicitude touchait les captifs qui voyaient à peine sa figure voilée, et n'entendaient jamais sa voix. Ses mains frêles tremblaient lorsqu'elle donnait les secours en argent, car sa délicatesse lui faisait craindre de blesser un malheureux, encore fier sous ses haillons. Aucun prisonnier ne connaissait cette femme, mais tous l'aimaient et la respectaient comme une sainte. Ils la nommaient *Edelweiss*.

Un sergent-major du 36e de ligne, M. Durieu, conduisait à l'hôpital un soldat malade, lorsqu'il rencontra cette dame tenant par la main une charmante petite fille d'une dizaine d'années.

— Tiens, maman, dit l'enfant, dans le plus pur français, vois donc ce pauvre soldat, comme il paraît souffrant....

— En effet, reprit la jeune femme dans la même langue ; êtes-vous donc bien malade? ajouta-t-elle en s'adressant au prisonnier.

— Hélas ! Madame, répondit celui-ci d'une voix affaiblie, je crains bien de ne jamais revoir mon pays, ma famille, mes amis. Je sens que je vais mourir loin de ce que j'aime.

— Pauvre enfant, dit la dame, combien je vous plains ! Ayez du courage.

Puis elle glissa quelques pièces de monnaie dans la main du sergent-major Durieu en disant : « Soyez assez bon, Monsieur, pour remettre ceci au garde-malade, afin qu'il ait bien soin de ce pauvre soldat. »

Le sergent-major remerciait chaleureusement au nom du malade, lorsque la dame ajouta : « Je suis Française. »

« — Mais oui, reprit l'enfant, nous sommes Françaises, et chaque soir, avec maman, nous prions pour la France ! »

Edelweiss, si ces lignes tombent sous vos yeux, souvenez-vous de la charité que vous avez faite à un pauvre soldat ! Des thalers remis par votre main généreuse, le captif en a conservé un qu'il nomme aujourd'hui la relique d'Edelweiss. Cette relique est là, dans la chaumière d'un villageois, où femme et enfants de l'ancien captif mêlent le nom d'Edelweiss, chaque jour, à leurs prières du soir et du matin.

Bien que le traitement des prisonniers civils eût été amélioré, la mort éclaircissait leurs rangs. A la fin de novembre, onze vieillards avaient succombé, et plusieurs autres gémissaient dans les hôpitaux. Les officiers français prisonniers s'étaient émus en voyant ces compatriotes affublés de casaques prussiennes.

Un comité de secours avait été organisé ; il était sous la direction de MM. Rajat, de Lille, et Jamet, de Metz. Avec le produit des souscriptions, les officiers achetèrent une grande quantité d'effets de première nécessité. Ils durent employer un intermédiaire, M. Messin, chapelier français, établi à Stettin.

« Qu'ils soient bénis, dit M. Fautras, dans son journal, qu'ils soient bénis ces généreux bienfaiteurs ! Par eux, plus d'un père de famille a pu revoir son village et embrasser ses enfants ! Qu'ils soient bénis ! »

Le R. P. Weick, aumônier suisse, s'intéressait vivement au sort des prisonniers civils. Il écrivit en leur faveur à la reine Augusta, mais cette lettre resta sans réponse.

Malgré leur sévérité envers les prisonniers, il arrivait assez souvent que les Prussiens rendaient après leur mort les honneurs militaires à des soldats français.

Le nombre des mendiants était considérable à Stettin ; ils venaient dans les chambrées solliciter la charité des prisonniers qui se montraient généreux. Les jours de distribution, une multitude d'enfants se pressaient dans les casernes. A la suite de réclamations, le pain des prisonniers avait été amélioré, et le peuple le préférait à celui des soldats allemands. La nostalgie faisait de nombreuses victimes, et parmi ces victimes de jeunes prisonniers civils, les deux frères Lefèvre, Desniau, Faucheux et autres du village de Bricy (1).

Plusieurs fois par semaine les captifs étaient tous passés en revue, les civils placés à la gauche des militaires. Le 20 décembre, le général Vogel von Falkenstein fit réunir sur la place du fort huit à dix mille d'entre eux. Arrivé devant les civils le vieux général arrêta un instant son regard sur ce groupe composé d'hommes de tout âge. Puis, sans prononcer une parole, il fronça les sourcils et s'éloigna.

M. Kraft, officier allemand qui commandait la 27e com-

(1) Bricy-le-Colombier (Loiret), 353 hab., canton de Patay.

pagnie de prisonniers, apprit que, sur 250 hommes qui composaient sa compagnie, 88 ne savaient ni lire ni écrire. Il entreprit de créer un cours d'adultes. Les journaux de la région s'empressèrent de publier que le tiers des soldats français étaient absolument ignorants et que leurs vainqueurs les instruisaient.

Le 28 février 1871, tous les captifs furent avertis de leur prochain départ. La paix était faite.

Les prisonniers civils furent conduits au chemin de fer par un officier prussien qui les accompagna jusqu'à Orléans.

« Nous partîmes, la joie dans le cœur, dit M. Fautras, et pourtant cette joie était tempérée par une pensée bien amère : nous laissions là dix-huit de nos voisins, de nos amis, dont seize pères de famille. »

Le seul village de Bricy eut trente-sept prisonniers ouvriers ou cultivateurs. Treize moururent en Prusse. Deux étaient âgés de soixante-neuf ans, un autre de soixante-treize ans.

Un monument a été élevé dans le village pour perpétuer le souvenir de ces vieillards, victimes d'aveugles et barbares vengeances.

II

Comment nos milliers de soldats ont-ils été traités pendant leur captivité? Demandons-le à un prêtre (1) qui, volontairement, s'est placé dans les rangs des prisonniers de Metz. Il marche au milieu d'eux sac au dos, un bâton à la main.

En sortant de la ville, l'abbé Rambaud demande à un général prussien l'autorisation d'accompagner nos

---

(1) *Six mois de captivité à Kœnigsberg*, par l'abbé Camille Rambaud.

soldats, et le général lui répond : « Vous êtes libre, Monsieur, et n'avez pas besoin de permission ; allez, allez, vous faites bien, très bien ; les autorités prussiennes vous protégeront. »

On marche dans la boue tout le jour, et le soir un bivouac s'improvise. L'aumônier reçoit l'hospitalité sous une tente déchirée au milieu de braves sergents du génie, qui lui font partager leur soupe. L'abbé Rambaud ne s'attache pas à un corps en particulier et va un peu au hasard, s'égarant chaque jour, mais bien reçu partout, même par les Prussiens. Le 1er novembre 1870, jour de la Toussaint, à Sarrelouis, ville presque frontière, il constate avec douleur que bien peu de soldats assistent aux offices religieux.

Lorsqu'on atteint la voie ferrée, deux mille hommes montent dans un immense convoi ; la plupart des wagons sont découverts, mais le temps est beau, malgré la saison, et le froid supportable. Le capitaine allemand qui dirige les prisonniers fait donner un compartiment pour l'aumônier seul, ne voulant pas qu'il soit au milieu des soldats, malgré le vif désir de l'abbé Rambaud de ne point s'en séparer.

Une partie des prisonniers est remise à pied et marche dans la campagne. On fait halte, vers neuf heures du soir, dans un grand village. « Les habitants de ce village se montrent très charitables. Une bonne dame qui parle français apporte des rafraîchissements à nos soldats..... On arrive dans un autre village aussi hospitalier. Chaque habitant emmène avec lui quelques soldats qui sont contents, Dieu sait comme ; une bonne fille me conduit chez le pasteur qui me reçoit à bras ouverts (1). »

L'aumônier est parfaitement traité ; un bon souper, un lit excellent lui font oublier ses fatigues, et le lende-

(1) L'abbé Rambaud, *Six mois de captivité à Kœnigsberg.*

main un certain nombre d'habitants le suivent à l'église.

« Après la messe, je vais parcourir le village et je trouve tous nos hommes établis chez les paysans ; ils sont enchantés de la réception et déjeunent très bien. Devant eux sont de splendides plats de pommes de terre, puis le café, la bière ; rien ne manque (1). »

Ce récit est bien différent de celui de l'instituteur de Bricy. Faut-il penser que les prisonniers civils étaient considérés comme des francs-tireurs ? Ou bien devons-nous supposer que, dans un pays catholique, religieux, où tout le monde fait partie de l'armée, l'aumônier et le soldat sont respectés ? Pendant toute la route, soit en chemin de fer, soit à pied, l'aumônier reçoit les meilleurs traitements et se félicite de l'accueil fait à nos soldats ; quelquefois cependant la distribution de pain n'est pas régulière et la faim se fait sentir.

En traversant Magdebourg (2), les prisonniers de Metz aperçoivent un grand nombre d'hommes qui travaillent aux fortifications. Leurs pantalons garance attirent l'attention des voyageurs ; ils s'informent et apprennent que ces travailleurs sont les prisonniers de Sedan.

« Le train s'arrêtant un instant, je saute de mon wagon et demande à la hâte à quelques soldats comment ils se trouvent. Ils me répondent par un concert de plaintes. Ils n'ont pu encore s'habituer à leur nourriture ; ils couchent en partie dans de sombres casemates et ne gagnent que trente centimes pour six heures de travail (3). »

A Berlin, on offre un repas aux prisonniers. L'abbé Rambaud est émerveillé de voir, dans la salle de réception, de belles assiettes blanches et un morceau de pain à chaque place ; mais on attend cinq heures le service.

---

(1) L'abbé Rambaud, *Six mois de captivité à Kœnigsberg.*
(2) Magdebourg, chef-lieu de la province de Saxe (Prusse), sur l'Elbe ; 79.000 habitants.
(3) L'abbé Rambaud.

Le menu du repas ne méritait guère la présence des personnages de la ville : soupe au riz un peu claire, petite tranche de pain et un morceau de lard cru.

Des dames et des demoiselles servent les soldats, qui ne peuvent approcher de la table que successivement. Ceux qui attendent sont en plein air, exposés à un froid très vif. Le repas ne finit qu'à une heure du matin, en présence d'une foule de bourgeois et de bourgeoises curieux de voir de près nos soldats.

L'aumônier remarque que plus on s'éloigne des frontières de France, moins bien sont traités les prisonniers. On devient même dur. Ils se voient frappés de coups de fourreau de sabre ou de baguette de fusil.

Le récit du voyage de M. l'abbé Rambaud est trop souvent entrecoupé de réflexions philosophiques, politiques ou sociales qui laissent parfois à désirer. Ainsi, la loi de recrutement et l'existence militaire y sont trop sévèrement jugées. La vieille armée française n'était pas un lieu de perdition comme le pense le digne prêtre.

Après douze jours de voyage, les prisonniers arrivent à Kœnigsberg (1). Ils traversent la ville, tambours et fifres en tête, sur quatre rangs, escortés par la population qui se montre sympathique. Ils sont casernés. On forme des escouades de 25 hommes, chacune commandée par un caporal prussien. Dans chaque chambrée se trouvent de grosses paillasses, des couvertures de laine blanche, et pour chacun un pain et un plat qui contiendra bientôt une portion.

L'aumônier est placé dans une chambre à part. A l'heure du dîner, annoncée par le son d'une cloche, armé d'un plat profond, il se rend à la cuisine, où deux soldats prussiens lui donnent du riz, un morceau de bœuf et du pain de seigle.

(1) Kœnigsberg, ville forte et capitale de la province de Prusse; 106.000 habitants.

Chaque prisonnier reçut sa ration. Après son repas, l'aumônier eut la visite de cinq officiers français pris à Reischoffen. Ceux-ci n'ont point à se plaindre de l'administration prussienne. Le lendemain, M. l'abbé Rambaud est conduit à l'hôpital militaire par un capitaine français prisonnier de guerre. Nos malades se louent des soins dont ils sont entourés.

Une seule chose inquiète le prêtre : c'est la curiosité qu'excite sa soutane. La foule ne cesse de l'examiner, et les enfants le suivent, fort poliment d'ailleurs, à travers les rues. Dans une promenade hors de la ville, M. l'abbé Rambaud rencontre des zouaves attelés comme des bêtes de trait à une lourde voiture qu'ils ne traînent pas sans efforts inouïs. Son admiration pour la générosité allemande se calme un peu à la vue de ce triste spectacle.

Sans raison, tout à coup l'aumônier devient suspect. Les Allemands paraissent se demander avec inquiétude quel est cet homme. Nul ne le connaît, et l'on parle de le reconduire à Metz. Averti par un pasteur protestant et par des officiers prisonniers, il fait quelques démarches et obtient enfin l'autorisation de séjour, en s'engageant par écrit à ne rien faire contre l'Allemagne.

M. l'abbé Rambaud visite les malades ; ils se plaignent de ne pas recevoir les secours de la religion. Un sergent décoré de la Légion d'honneur étant mort, il l'accompagne à sa dernière demeure : « J'ai vraiment admiré avec quel respect on traite nos militaires décédés..... Chacun d'eux est placé dans une forte et grande bière vernie en noir, bien ornée de moulures et reposant sur des pieds. A la porte de l'hôpital, un piquet de vingt soldats prussiens commandés par un sous-officier et précédés de deux tambours, attendaient... Alors sont venus seize prisonniers français pour porter le cercueil. On s'est mis en

— 335 —

marche ; les tambours ont battu en sourdine une marche lente. Nous sommes suivis d'une véritable foule... Au cimetière le piquet tire trois salves. »

Ces honneurs devaient être rendus à chaque soldat.

Bien accueilli des autorités allemandes, connu et aimé dans les hôpitaux, recherché par les officiers français et les dames protestantes qui ont pour lui une grande considération, M. l'abbé Rambaud est d'un précieux secours aux prisonniers.

Un autre prêtre, le R. P. de Damas, de la Compagnie de Jésus, a fait connaître ses impressions (1) sur le même sujet. Nous ne saurions trop nous entourer de renseignements précis dus à des hommes honorables, témoins oculaires du traitement subi par les prisonniers français de la dernière guerre.

« Au début, dit le P. de Damas, les privations matérielles s'imposèrent très dures. Nous avons laissé nos soldats dans les boues des environs de Metz, sans abri, sans presque de nourriture. Bientôt il fallut entreprendre de longues marches à pied, ou des voyages non moins pénibles dans des wagons à bestiaux, par une saison rigoureuse, quelquefois sans pain...

. . . .

« Oublierons-nous jamais les émotions de pitié, de honte, de douloureuse sympathie qui se heurtèrent dans notre âme à la vue de ces pauvres mobiles en route vers la Baltique ! C'était dans les contrées du Nord. Six heures du matin sonnaient au clocher de la vieille église de Bromberg (2), convertie en temple protestant. Terre, arbres, maisons, tout était blanc de neige, et les glaçons pendaient aux toits. Par le même train arrivaient à la fois

---

(1) *Souvenirs de guerre et de captivité*, par le R. P. de Damas. Téqui, éditeur.

(2) Bromberg, en polonais *Bydhgosz*, ville prussienne de la régence de Posen ; 8 000 habitants.

des blessés prussiens convalescents et des **Français de l'armée de l'Ouest**. Pour les Prussiens, c'est **tout** simple, on avait organisé une petite fête. La gare s'offrait à eux festonnée de guirlandes de feuillages du Nord, pavoisée de drapeaux ; les dames leur offraient des gâteaux, du café, tout ce qui pouvait leur faire plaisir. Les Français reçoivent à déjeuner dans une salle à part ! Or, quand après l'ovation prussienne il fallut subir le défilé de nos prisonniers, non, de ma vie, je le répète, je n'oublierai la confusion et la douleur poignante dont je fus torturé. Pour un grand nombre, pas même l'habit militaire ; des sabots, des pantalons de toile, des bonnets de coton blanc, des haillons en lambeaux, des blouses de toile bleue, le corps amaigri, transi par le froid d'une nuit en chemin de fer, ils avaient l'air de venir demander à la Prusse l'aumône d'un vêtement et d'un peu de pain pour résister à la mort. C'était à fendre le cœur. Une foule curieuse les regardait sans haine, mais avec dédain. Je fendis cette foule méprisante et, les larmes aux yeux, je m'approchai de ces malheureux pour leur donner le baiser fraternel. Pauvres, pauvres enfants de la France, quelle puissance infernale les avait fait tomber si bas (1) ! »

Le R. P. de Damas déclare qu'en arrivant au lieu de l'exil les prisonniers manquèrent de tout. Contre le froid, ils n'eurent que des tentes ; la nourriture fit défaut. A Stettin, l'administration, prise au dépourvu, traita avec un Juif pour nourrir nos dix-sept mille hommes pendant le premier mois ; une enquête prouva que le misérable falsifiait toutes choses et ne donnait pas même la quantité convenue.

— Je suis bien content d'avoir quitté le camp de Vau, disait un petit soldat ; j'y avais si faim que j'allais ramasser dans les balayures de la cuisine les pelures des ca-

---

(1) Le R. P. de Damas.

rottes et des pommes de terre, que nous faisions cuire en cachette pour les manger.

Comme d'ailleurs cet enfant faisait l'éloge des soins dont il était comblé dans sa nouvelle garnison d'Insterburg (1), on doit croire à sa sincérité.

Peu à peu, on construisit des baraques fort commodes, mais la mauvaise nourriture tuait les hommes. Les soldats prisonniers de Metz arrivèrent tellement épuisés que onze mille moururent en peu de temps.

Dans les hôpitaux, les soins ne faisaient point défaut ; mais le système médical allemand contredit fréquemment celui appliqué en France, et le soldat, incapable de comprendre, accusa souvent sans raison le traitement des médecins prussiens. Le R. P. de Damas, qui a visité une partie des lazarets, dit loyalement : « Partout nous avons trouvé plus que le nécessaire, souvent l'abondance. »

Il serait inutile de faire l'éloge des sœurs de charité qui étaient venues de France pour soigner les prisonniers malades. Elles avaient obtenu l'autorisation de fabriquer deux espèces de pain, et la moins bonne était encore supérieure au pain ordinaire des familles aisées de notre pays. Comme nos soldats, ceux de Metz surtout, tombèrent au pouvoir de l'ennemi avec l'estomac horriblement délabré par les privations, il eût été difficile de se contenter des distributions ordinaires d'un hôpital ; les sœurs s'étaient donc astreintes à leur en faire cinq par jour ; une fois c'était du café, une autre fois du chocolat, ou bien du bouillon, ou des œufs, ou de la viande rôtie. Les pauvres sœurs se condamnaient ainsi à un surcroît de travail extrêmement lourd, mais les prisonniers étaient si intéressants et les sœurs si dévouées que la même corvée se répétait tous les jours avec le même entrain.

Malheureusement il n'y avait pas de religieuses partout

(1) Insterburg, ville murée de la Prusse orientale, au confluent de l'Angerap et de l'Inster ; 8.500 habitants.

et chacun sait ce que valent les services de ces infirmiers mercenaires qui n'ont pas une étincelle de feu sacré dans la poitrine.

« Mais à côté de l'égoïsme, que de dévouements essayèrent de combler le déficit en mille endroits ! Ainsi, à Erfurt (1), une comtesse allemande, dont j'ai le regret d'oublier le nom, se consacra au soin d'une baraque de cent cinquante Français malades. La petite vérole s'étant déclarée, elle n'eut pas peur. Quand il fallut lui enlever les varioleux pour préserver les autres malades de la contagion, la femme du général commandant la place, Mme de Michaëlis, allait les consoler à sa place et leur apportait jusqu'à du vin de champagne (2). »

Dans la ville de Halle (3), dès que les prisonniers français arrivèrent, plusieurs familles s'associèrent pour les secourir. Des dames allaient dans les maisons faire des quêtes pour les malades et achetaient tout ce que l'administration ne pouvait fournir.

A Glogau (4), un commandant des gardes mobiles s'était fait le père de tous les Français malheureux. Touchés de sa charité, les Prussiens lui accordaient les plus amples permissions. Il visitait les malades, écrivait en France pour obtenir des vêtements chauds et de l'argent. Ce commandant étendait sa sollicitude jusque sur les morts : il fit placer des croix au-dessus des tombes françaises et envoya aux familles l'image de la croix qui surmontait la tombe.

Le R. P. de Damas fait observer que les chefs prussiens ne manquent jamais de rendre les honneurs mili-

---

(1) Erfurt, ville de la Saxe prussienne ; 32.000 habitants.
(2) Le R. P. de Damas.
(3) Halle, autre ville de la Saxe prussienne ; 49.000 habitants, célèbre par son université.
(4) Glogau ou Gross-Glogau, place forte de Silésie (Prusse), près de l'Oder ; 15.000 habitants.

…aires à tous les soldats qui meurent, quelque nombreux que soient les convois. Officiers et soldats étaient profondément touchés de cette distinction.

A Wittemberg (1), il y avait dans le camp des prisonniers un théâtre en planches, une autre baraque destinée aux jeux athlétiques, et une troisième servant d'église. A Magdebourg un théâtre encore, des artistes qui font de la musique, dessinent et affichent des caricatures. A Spandau (2) non seulement le théâtre, mais un journal humoristique. Les personnes de la ville se mêlaient volontiers à ces jeux, et fournissaient les robes et les mantilles pour les acteurs qui jouaient les rôles de femmes, du papier d'or et d'argent pour orner des casques de carton et des sabres de bois.

Presque partout, en entrant dans les camps au milieu de la journée, on trouvait les prisonniers livrés à de longs combats à coups de boules de neige. Les Prussiens se mêlaient à la lutte. Ces assauts d'adresse étaient accompagnés de bons gros rires, qui faisaient tant de bien à entendre parmi toutes les tristesses.

A Erfurt et à Wesel (3) on aide les hommes industrieux à faire de petits travaux, on organise des bazars pour procurer la vente et fournir quelques ressources aux prisonniers sans argent.

Partout on retrouve la vie, la bonne volonté, l'effort pour supporter les tristesses de la captivité et réagir contre l'ennui et le désespoir.

La vraie torture des prisonniers est celle de l'âme.

En les voyant dans leurs casemates, leurs casernes ou leurs baraques, privés de toute liberté, ne pouvant

---

(1) Wittemberg, ville de la Saxe prussienne, sur l'Elbe ; 11.000 habitants.
(2) Spandau, ville forte de Prusse, à 15 kil. de Berlin, sur la Sprée ; (000 habitants.
(3) Wesel, place forte de la province rhénane (Prusse), sur la rive droite du Rhin, au confluent de la Lippe ; 17.500 habitants.

faire un pas sans être accompagnés d'une sentinelle armée, enfermés dès quatre heures du soir dans une salle mal éclairée, jusqu'au lendemain à sept heures, on s'attristait à la pensée qu'il devait y avoir là de grandes misères morales. Les prêtres étaient les seuls hommes qui pouvaient soulager ces misères.

Tant de jeunes têtes, tant de cœurs ardents, inoccupés, n'ayant rien à lire, rien à penser, rien à se dire auront-ils la force intellectuelle et morale pour résister. Comme le disait Bossuet à son royal élève, il en est de notre esprit comme de nos membres. Sans exercice le corps s'alourdit, devient incapable de mouvement ; et de même qu'on oublie l'escrime, la danse et l'équitation si on reste longtemps sans faire des armes, sans danser ou monter à cheval, ainsi voit-on s'éteindre la lumière de son esprit, s'étouffer les qualités de son âme, faute de culture intellectuelle et morale. Le niveau baisse forcément, si pendant de longs mois, ces malheureux sont privés d'instruction religieuse. L'existence purement matérielle conduit fatalement à l'abîme, et l'homme, quel qu'il soit est perdu s'il laisse son âme, son esprit, son cœur se précipiter exclusivement vers les choses d'en bas.

III

Le R. P. de Damas vit 17.000 prisonniers à Cologne (1), 27.000 à Coblentz (2), 25.000 à Mayence (3). Dans cette dernière ville Mme la maréchale de Mac-Mahon et

---

(1) Cologne, ville de la Prusse rhénane, sur le Rhin ; 125.000 habitants.
(2) Coblentz, ville de la Prusse rhénane, au confluent du Rhin et de la Moselle ; 27.000 habitants.
(3) Mayence, ville forte, chef-lieu de la province du Rhin (Hesse Darmstadt), sur la rive gauche du Rhin ; 50.600 habitants.

duchesse de Lespare comblaient les prisonniers de bienfaits ; à Coblentz, des députés du comité de Lille avaient pourvu aux nécessités les plus urgentes.

Or, 300.000 autres prisonniers gémissaient épars dans l'étendue de la monarchie prussienne. De tous les bienfaiteurs, le R. P. de Damas était le seul qui eût la permission du Roi d'aller partout. Après avoir visité les prisonniers établis dans les provinces rhénanes, il s'achemina vers le Nord aux rivages de la Baltique où les secours semblaient plus rares, le froid et la neige plus précoces, l'aspect général plus sévère, la langue française moins en usage, les privations plus dures et la patrie plus lointaine.

Le gouvernement prussien tenait à cacher le nom des villes où résidaient les prisonniers. Elles étaient au nombre de deux cent cinquante-neuf, renfermant quatre cent mille officiers ou soldats. Un peu plus de dix-huit mille moururent par suite de privations, de maladie, de découragement. Ils reposent dans deux cent quarante cimetières, à l'ombre de la croix.

Le jésuite patriote se rendit d'abord à Neustadt où se trouvaient des officiers. Un jeune prêtre français était leur aumônier. A quelques heures de là, Stettin renfermait plusieurs milliers de soldats disséminés sur un grand nombre de points, casernes, casemates, fortifications extérieures. Cette résidence ne possédait pas d'église catholique, mais une chapelle dans la cuisine voûtée d'un château. A Dantzig (1), à Kœnigsberg, le R. P. Damas trouva de tels encombrements qu'il ne put opérer tout le bien qu'il voulait faire. L'apostolat devenait impossible.

« L'administration prussienne est terrible, une vétille eût suffi pour me faire arrêter, mettre en prison, con-

---

(1) Dantzig, ville et port de la Prusse, sur la Vistule ; 63.000 habitants.

duire à la frontière : d'autres aumôniers ne le savent que trop. Pendant les longs mois de captivité, les prêtres allemands eux-mêmes qui se dévouaient à nos soldats furent l'objet de rigueurs semblables. On en saisit violemment dans leur domicile, on confisqua leurs papiers, on les enferma en compagnie de malfaiteurs ; tel d'entre eux fut mis en demeure de quitter le pays par le train de chemin de fer qui suivait de plus près la signification de l'ordre de départ (1). »

A Posen (2) le R. P. de Damas est arrêté et traverse toute la ville, conduit par un agent de police. Après examen de ses papiers on le laisse partir. Il est de nouveau arrêté à Memel (3) et cette fois on lui donne l'ordre de quitter la cité, et de se rendre à Berlin. Il y va et n'a pas trop à se plaindre des procédés de l'autorité.

Le gouvernement prussien avait eu l'imprudence de choisir Posen pour l'une des résidences des prisonniers français. Le peuple les avait reçus avec ses sympathies polonaises ; il les acclamait, les poursuivait des cris de *vive la France!* et les plus pauvres s'efforçaient de leur faire accepter des cigares, des fruits, de l'argent. La noblesse ne se montrait pas moins empressée. L'Archevêque ayant désigné une église pour y faire entendre la messe aux prisonniers, les jeunes gens imaginèrent de laisser leurs livres de prière sur les bancs, d'y glisser de l'argent et des billets ainsi conçus : « Monsieur le soldat, acceptez cette offrande, elle vient d'un ami de la France, d'un ennemi de la Prusse ! »

A Noël, la fête allemande par excellence, l'Archevêque avait organisé le service religieux de manière à ce qu'il li

---

(1) Le R. P. de Damas.
(2) Posen, capitale du grand-duché du même nom, province de Prusse formée des démembrements de la Pologne ; 54.000 habitants.
(3) Memel, place forte et ville de commerce de la Prusse propre ; 18.000 habitants.

y eût un prêtre pour dire la messe dans chaque caserne, afin d'éviter de faire sortir les prisonniers et de causer du trouble. Le gouverneur de la province, général Steinmetz, ordonne une revue qui prive ces malheureux des prières de l'Eglise.

Sublime missionnaire, le R. P. de Damas parcourt toutes les villes où se trouvent les captifs, il visite les casernes, les hôpitaux, et dans la chaire fait entendre la parole de Dieu. Partout et toujours les soldats l'entourent dès qu'il est libre, ils cherchent sa main pour la presser sur leurs lèvres, ils lui disent leurs noms, et lui demandent sa bénédiction.

Nos soldats voyant des prêtres catholiques vêtus en laïques ne voulaient pas les reconnaître. Aussi les aumôniers français conservaient-ils la soutane. Le R. P. de Damas raconte qu'après une instruction il entendait les confessions sous une tribune. Un jeune soldat finissait la sienne et allait se retirer. Le Père rappelle le soldat pour l'engager à faire la communion. « Moi, dit-il avec horreur, jamais... recevoir le bon Dieu prussien. Quand je rentrerai en France, j'irai faire la communion à l'église de mon village, je le jure ! ici, non ; point de bon Dieu prussien ! »

Rien de plus intéressant que les récits du R. P. de Damas qui parcourt successivement Kœnigsberg, Dantzig, Memel pour la seconde fois ; puis Tilsitt (1) où il traverse le Niemen, Tappiau la ville protestante, Pillau (2), Glogau, où en moins de vingt-quatre heures l'aumônier volontaire est en relation avec treize mille prisonniers. Il y rencontre des enfants de troupe de dix, douze et quinze ans, prisonniers de guerre. Ces enfants sont protégés par un chef de bataillon prussien qui leur sert de père. Ce digne homme a établi des classes dirigées

(1) Tilsitt, ville de Prusse, sur le Niemen ; 16.000 habitants.
(2) Pillau, ville maritime de la Prusse propre, sur la Baltique ; 4.500 hab.

par un ou plusieurs sous-officiers, il veille à leurs jeux, il a même distribué des étrennes pendant la nuit de Noël.

A Torgau (1), M. l'abbé Jacques, prêtre du diocèse de Metz et aumônier de nos huit mille prisonniers, se fait aimer de tous par sa charité. A Erfurt, le P. de Damas monte dans la chaire de la magnifique cathédrale. Il fait diviser les prisonniers par bandes de 3.000. Il en vient trois mille à dix heures du matin; trois mille à une heure; trois mille à trois heures.

A Wesel les prisonniers arrivent d'heure en heure par compagnies, et tous veulent presser les mains de l'aumônier.

A Neisse (2), il voit arriver 2.000 nouveaux prisonniers venant de Rouen et du Hâvre. De là il part pour Glatz (3), puis revient à Neisse, où, le 1er janvier 1871, par un froid de 25 degrés, il réunit des milliers de soldats captifs et leur parle de Dieu.

« Lorsque je descends de la chaire, ils se pressent pour me serrer la main. Ces malheureux enfants m'arrivent transis, la barbe et les moustaches blanches comme celles des vieillards. Nous nous souhaitons la bonne année; dans ce premier jour de janvier, 13.000 voix françaises s'étaient élevées vers la voûte de ce temple : combien de vœux ardents déposés en ce jour, au pied de l'autel de Dieu, pour les familles absentes! »

Le R. P. de Damas écrivait son pathétique récit pendant sa mission, lorsque nos soldats étaient encore en captivité. Rappelons cette page :

« Dix mois s'écouleront dans l'exercice de cet apostolat. Il me sera donné de suivre le littoral de la Baltique,

---

(1) Torgau, ville forte de la Saxe prussienne, sur l'Elbe ; 9.000 habitants.
(2) Neisse, ville de Silésie ; sur la rivière du même nom ; 12.000 hab.
(3) Glatz, ville forte de Silésie ; 9.000 habitants.

des frontières de Hollande à celles de Russie, de Brême par Hambourg, Kiel, Lubeck, Stettin, Kolberg, Dantzig, Kœnigsberg, Pillau, jusqu'à Memel ; de descendre des frontières maritimes de la Prusse orientale à travers la Pologne et la Silésie, aux pays limitrophes de l'Autriche, et de parcourir les contrées centrales, depuis le Niemen jusqu'au Rhin.

« Et vous, enfants de la France, qu'il m'a été donné de rencontrer sur la terre étrangère, si vous saviez combien m'est précieux votre souvenir ! Je vous ai trouvés bons, accueillants, empressés, attentifs, reconnaissants. Pour bien des bonheurs je n'échangerais pas les semaines et les mois passés au milieu de vous ! »

Et lorsque des prêtres catholiques, des religieux dévoués ont ainsi partagé les souffrances de 400.000 captifs, lorsqu'ils les ont consolés, réchauffé leurs cœurs, élevé leurs âmes, soigné leurs corps épuisés, il s'est trouvé quelques années après, en France, une voix pour dire : *Le cléricalisme, voilà l'ennemi !*

IV

Dans les récits de cette guerre, rien n'intéresse les familles et la jeunesse françaises autant que le captif. Aussi, avant d'abandonner ce sujet, voulons-nous encore nous attacher aux pas d'un autre aumônier, le R. P. Joseph, qui ne se place pas au même point de vue que les auteurs déjà cités. Nous avons sous les yeux un grand nombre de récits différents, tous écrits pendant la captivité. Les officiers se louent généralement de la façon dont les Prussiens les ont accueillis ; les sous-officiers et soldats se plaignent, tandis que les aumôniers nous semblent faire la part du bien et la part du mal.

Avant de consulter les précieux documents fournis

par le P. Joseph, donnons une idée de l'opinion des Prussiens sur la manière dont les prisonniers français étaient traités par eux-mêmes.

Un journal allemand (1) exprime ainsi les sentiments du public :

« Seize cents prisonniers de guerre de l'armée de la Loire sont entrés dans la nuit, à Berlin, par le chemin de fer de Postdam, pour être dirigés sur Stettin où ils seront internés ; mais ils sont dans un état tellement déplorable, qu'il est impossible de les transporter plus loin. Leur voyage d'Orléans à Berlin a duré dix-sept jours, et ni les prisonniers ni les hommes de l'escorte n'auraient été en état de voyager encore une seule heure.

«Le transport a été effectué en soixante wagons découverts ; les malheureux devaient se tenir debout, car il n'y avait point de siège ; leur mince uniforme était trempé par les pluies battantes ; le froid glacial leur gelait le corps ; la neige leur montait jusqu'aux genoux, et leurs jambes vacillantes, leurs membres raidis leur refusaient le service.

« La descente de wagon était très dangereuse, à cause des marchepieds gelés et glissants. Un turco qui, malgré les avertissements, voulut descendre, tomba sous les roues et fut broyé. Cinq prisonniers sont morts du tetanos, plus de cent ont dû être transportés chez des particuliers, les ambulances étant toutes pleines. Avant que tous soient mis à couvert, il en mourra encore un grand nombre. Plusieurs d'entre eux ont été pris, après avoir avalé un peu de bouillon chaud, de spasmes auxquels ont succédé un sommeil profond et la mort. Des soldats sains sont déjà internés dans les casernes et des gens bienfaisants leur ont donné de la nourriture et des habits.

(1) Le *Wanderer*.

« Le nombre des prisonniers du 3e régiment de zouaves est très grand ; immédiatement après son arrivée de l'Algérie, il a pris part aux combats d'Orléans, et a été presque anéanti. L'habillement de ces militaires n'est rien moins qu'approprié aux besoins d'un hiver du Nord : leurs souliers étaient tellement déchirés, qu'ils tombaient en lambeaux ; leurs larges pantalons et burnous étaient collés aux membres raidis et ont dû leur être coupés du corps. Il a fallu les hisser sur les voitures qui devaient les traîner, et les porter dans les chambres qui leur étaient destinées.

« A l'autorité militaire incombe le devoir d'ouvrir une enquête sévère sur le transport des prisonniers, de prendre des mesures promptes pour mettre fin à ces souffrances. De pareilles scènes ne doivent pas se renouveler, et si les compagnies de chemin de fer ne possèdent pas de voitures couvertes en nombre suffisant, il faut supprimer de pareils transports, dont les hommes de l'escorte souffrent d'ailleurs autant que les prisonniers eux-mêmes.

« Plusieurs succombèrent en route, ils étaient étendus morts sur le plancher des wagons, et, faute de place, leurs compagnons d'infortune étaient réduits à piétiner leurs cadavres pendant de longues heures, jusqu'à l'arrivée à destination. Le Prussien avait dit : « Le prisonnier de guerre n'est pas un homme », et il tint parole jusqu'au bout ; nulle réclamation ne fut écoutée. »

La *Gazette de Cologne* dit de son côté : « Les forteresses en Allemagne sont toutes surchargées de prisonniers et le transport de ces malheureux dans des wagons à charbon ouverts jour et nuit par un froid de 8 à 12 degrés est une cruauté que l'on ne saurait jamais défendre *devant le tribunal de l'humanité.* »

Le sort des officiers captifs était moins malheureux que celui des soldats. Ils étaient cependant assujettis à une surveillance tracassière; leurs correspondances devaient être remises ouvertes, et les lettres qui arrivaient étaient décachetées.

En quelques villes on leur avait offert des chambres dans les casernes; les officiers qui acceptaient recevaient la literie, le feu, l'éclairage et au besoin une cuisine. Ailleurs ils se logeaient à leurs frais et se louaient généralement de leurs relations avec la bourgeoisie.

La solde fut fixée à 90 francs pour les capitaines et les grades au-dessus; 45 francs pour les lieutenants et sous-lieutenants. « Se suffire avec 45 francs sous ce climat rigoureux, c'était la misère noire ! Il fallait, pour ne pas faire de dettes, se refuser jusqu'au café et au tabac, piétiner dans la neige avec des chaussures usées, à peine vêtu. Et pourtant, dès qu'on put secourir nos soldats et nos malades, ces braves jeunes gens couvrirent la souscription de leurs noms; il y en a qui ont souscrit jusqu'à 5 francs par mois (n'ayant que leurs 45 francs), pour soulager la misère de nos soldats captifs (1). »

Les officiers prisonniers sont toujours séparés de leurs soldats dans l'intérêt de la discipline. En conséquence l'administration prussienne forma des compagnies de 600 à 800 prisonniers. Ces compagnies étaient subdivisées en sections, les sections en escouades ou pelotons. La compagnie était commandée par un officier allemand, les sections par des lieutenants, les escouades par des sous-officiers. A Ulm (2) on voulut bien faire commander les sections par des sous-officiers français. L'essai ne fut pas heureux, les soldats n'eurent aucun respect pour ces braves sergents qui ne furent pas obéis. Ils durent souvent subir des insultes et les voies de fait ne tardèrent pas à se produire.

Le R. P. Joseph, qui était l'aumônier des prisonniers

(1) Du Petit-Thouars.
(2) Ulm, ville du Wurtemberg, sur le Danube; 25.000 habitants.

d'Ulm, se loue de la bienveillance des officiers allemands, du gouverneur général Pritwitz, du commandant des forts, général bavarois Diett, du major Reichstadt, adjudant du gouverneur, et de sa digne femme. « Elle était pour les prisonniers une véritable mère ; en dehors de sa sollicitude pour nos malades, elle passait son temps à coudre des vêtements ; sa maison était ouverte à toutes les requêtes. Que de larmes elle eut le bonheur de sécher, et combien de mères lui doivent de la reconnaissance ! Un autre officier supérieur, M. le colonel Conradin Sonntag, commandant tout le dépôt des prisonniers, se dévoua à leurs intérêts avec les sentiments d'une vraie charité.

« Parmi les commandants des forts il faut placer au premier rang M. le capitaine Von Hueber, de la première compagnie. Sa bonté proverbiale lui mérita de la part de nos soldats le surnom de *papa*. La veille de leur départ, nos soldats trouvèrent, malgré leur pauvreté, le moyen de lui exprimer leur gratitude en lui offrant une tabatière en argent où ces mots étaient gravés : *souvenir reconnaissant des prisonniers français.*

« M. le capitaine Schutz, commandant la caserne des prisonniers, MM. Schaeffer, von Baldinger, Hauk, Koppel ont mérité la reconnaissance de nos soldats par leurs attentions à alléger leurs souffrances.

« D'autres officiers allemands étaient sinon hostiles du moins parfaitement indifférents au sort de nos infortunés compatriotes ; ils les abandonnaient à de jeunes officiers subalternes dont les prisonniers eurent beaucoup à souffrir ; souvent ils s'en plaignaient amèrement, mais inutilement (1). »

Quelquefois, mais rarement, des prisonniers étaient rendus à la liberté. Un vieillard vint du fond de la

---

(1) *La captivité à Ulm*, par le R. P. Joseph.

Franche-Comté, traversa les lignes ennemies pour supplier qu'on lui rendît son fils. Sa prière fut exaucée. Une autre fois une jeune fille appelait son père auprès de sa mère mourante. Cette grâce lui fut accordée.

Ces départs furent supprimés dans la suite. En voici la cause. Un sergent blessé à la main obtint son rapatriement ; rentré en France il prit du service et passa sous-lieutenant. A peine officier, il envoya au gouverneur d'Ulm, qui avait contribué à sa délivrance, une carte de visite avec son nouveau titre. Cette misérable fanfaronnade eut des conséquences fâcheuses pour les prisonniers.

Le R. P. Joseph fait un grand éloge des prêtres catholiques allemands et des sœurs de charité.

La plupart des ordres religieux français comptaient de leurs membres parmi les aumôniers : les Pères Carmes, Prémontrés, Capucins, Dominicains, Barnabites, Jésuites, Lazaristes, etc. Leurs efforts n'étaient pas toujours encouragés par les gouvernements. Ceux de Bade et de Bavière se distinguèrent par leur intolérance, et les évêques de France durent venir en aide à nos missionnaires. Les évêques de Saint-Claude, de Rodez, de Belley, l'archevêque de Bordeaux et d'autres prélats encore envoyaient des secours aux aumôniers, leur écrivaient, les soutenant sans cesse. Mgr Mermillod était un ardent protecteur des captifs ; il écrivait : « La Révolution se sert des pauvres, et l'Eglise catholique sert les pauvres. »

Des curés de campagne recommandaient leurs paroissiens, envoyaient un peu d'argent, du linge, des vêtements.

Lorsqu'il rappelle ces miracles de charité, le R. P. Joseph ne peut s'empêcher de gémir sur l'indifférence des révolutionnaires français pour les captifs. Les noms les plus célèbres dans le monde politique ne se sont jamais inscrits sur les listes de souscription en faveur des prisonniers.

Mais, d'un autre côté, Mme la princesse Clémentine d'Orléans (1) adressait de grandes quantités de flanelles, chaussettes, chemises, tricots, caleçons, etc. Elle écrivait à l'un des aumôniers : « Je vous remercie bien, monsieur l'abbé, de l'occasion que vous me procurez de faire un peu de bien à nos chers soldats. Exilée comme eux, je sais bien mieux ce qu'il en coûte d'être séparé de la patrie, et au milieu des douleurs et des épreuves de de notre chère et pauvre France, je n'ai pas de plus douce consolation que de lui faire un peu de bien dans ses enfants. Si vous avez des nécessités particulières, faites-les moi connaître ; si quelques malades ou blessés avaient des besoins exceptionnels, ne me les cachez pas. »

Une autre fois, la Princesse écrivait : « Où en êtes-vous avec le linge ? Préférez-vous que je vous envoie des laines ? Ecrivez-le moi, et je me hâterai de vous envoyer tout ce que vous désirez.

« Unissons-nous pour prier pour notre bien-aimée France. Vingt-deux ans d'exil n'ont pas diminué mon amour pour ma chère patrie ; les maux qui l'accablent et contre lesquels elle lutte avec tant d'héroïsme me la font aimer encore davantage.

« Le cœur est navré de tant de désastres ! »

Les documents fournis par les aumôniers font connaître une foule de bienfaiteurs de nos pauvres captifs : M. le marquis de Nicolaï, sa fille la comtesse Jeanne, Mlles Corbin de Bellecour (de Caen), M. Berthoud, artiste peintre en Suisse, M. Ferret, sous-lieutenant, Mme la comtesse Zeppelin, vraie sœur de charité. Un jour la comtesse visitait une salle de malades à Ulm ; un employé prussien lui dit d'une voix tonnante : « A la porte, ou l'on vous fera sortir à la baïonnette ! »

(1) Fille du roi Louis-Philippe, princesse de Saxe-Cobourg-Gotha.

L'Alsace, notre malheureuse Alsace envoyait des secours abondants. MM. Eugène Marval, conseiller à la cour d'appel, et Edouard Belin, juge au tribunal de Colmar, apportaient eux-mêmes, à travers mille obstacles, du linge, des vêtements et de l'argent aux prisonniers. M. Michel, journaliste, Mme Augustin, supérieure du Sacré-Cœur de Besançon, soulagèrent bien des misères. Il serait impossible de citer tous les noms des bienfaiteurs du soldat, mais il ne faudrait cependant pas oublier Mmes d'Aiguillon, de Liancourt, de Vendôme, Séguier, de Lavœstine, de Randon de la Villeneuve, de Birmont, à côté de tant d'autres encore qui ont sauvé la vie à des blessés et à des malades.

Un grand nombre de comités se formèrent et, peut-être, sans leur zèle, la captivité eût-elle décimé encore plus nos soldats. « La France a donc le droit d'être fière de ce magnifique déploiement de la charité de ses enfants. Si elle a offert au monde le spectacle de désastres inouïs, elle a trouvé dans son cœur assez de vie pour tracer une page de gloire ; c'est la charité qui l'a écrite.

« Quand un pays sait enfanter de tels prodiges, il n'est pas mort (1). »

V

Nous avons vu les prisonniers dans le pénible voyage qui les conduisait sur la terre étrangère, nous avons assisté aux traitements qu'ils subissaient, nous connaissons les soins dont ils étaient entourés, mais nous ignorons les détails de leur vie privée ; en un mot que faisaient-ils ?

Il y avait là des milliers de jeunes hommes instruits, à l'imagination ardente, au cœur généreux, pleins de force et de vie, parqués comme un troupeau de bétail.

(1) Le R. P. Joseph.

RENÉ GOMBAUD

Sergent de Zouaves

Pendant de longs mois, ils étaient enfermés dans des casemates infectes, véritables cachots remplis de fange, n'ayant d'autre espace que celui qu'occupaient de misérables paillasses couvertes de vermine, ne respirant qu'un air fétide, sans autre horizon que les murs gigantesques de leur prison où dans quelques-unes on n'apercevait souvent en plein midi et de loin en loin que la lumière d'un bout de chandelle ou d'une mauvaise lampe.

Le typhus et la petite vérole enlevaient chaque jour des camarades. Un mot, une vivacité pouvait les perdre. Pour le prouver, rappelons la fin d'un vaillant soldat, Charles Gombault, sergent de zouaves, né à Dinan et fusillé à Ingolstadt par les Bavarois.

Ce sous-officier était à faire une cigarette à la porte de sa baraque, lorsqu'un sergent allemand passe et lui dit : *Rentrez*, dans une langue que Gombault ne comprenait pas. Il resta donc à sa place. Le sergent le saisit par l'épaule et le pousse (1). A son tour Gombault saisit l'Allemand et l'écarte avec indignation ; un sous-officier français ne se laisse pas frapper impunément. Il est condamné à être fusillé.

Le P. Marty le prépare à la mort ; l'heure fatale arrive et le sergent garrotté est conduit au milieu du camp sans bandeau sur les yeux : il n'en a pas voulu. La cour martiale est là ; six mille prisonniers français ont été réunis pour assister à l'exécution. Les fusiliers bavarois sont à quelques pas de Gombault. « Vous autres, leur dit-il, ne tirez que lorsque je donnerai le signal » ; puis se tournant vers les soldats français : « Camarades, je vais mourir, mais avant, criez tous avec moi : *Vive la France !* » Une immense clameur s'élève, les prisonniers répétaient le cri du sergent. — *Feu,* dit-il fièrement. Percé de balles, on le voit tomber, les bras étendus et le visage tourné

---

(1) Gombault était rudoyé parce qu'il avait échoué dans cinq tentatives d'évasion.

vers le ciel. Ce brave enfant de la Bretagne avait vingt-deux ans (1).

Les Allemands eux-mêmes furent émus. La photographie de Gombault, tirée à quatre mille exemplaires, fut exposée à toutes les vitrines d'Ingolstadt.

Revenons aux occupations des prisonniers. Les corvées apportaient quelques diversions. Du haut des forts, les soldats étaient obligés de descendre en ville et de faire plus d'une lieue, pour chercher plusieurs fois pas semaine le bois, le pain, la viande et autres comestibles. Mais ils marchaient sous une escorte de baïonnettes. Ces baïonnettes les suivaient partout, même à l'église.

L'administration militaire allemande avait imposé aux prisonniers des travaux dans les carrières, les forts ou les hôpitaux. Ils travaillaient sept ou huit heures pour gagner un salaire de 20 centimes. Ceux qui refusaient étaient conduits à coups de crosse.

Les captifs qui avaient un métier obtenaient facilement de travailler en ville sous la responsabilité du patron. Quelques-uns avaient la table, le logement et ne remontaient dans les forts que le dimanche pour faire acte de présence. Serruriers, menuisiers, cordonniers, tailleurs, meuniers, boulangers, chapeliers avaient ainsi obtenu de l'emploi. C'étaient les moins malheureux.

Parmi ceux qui restaient dans les forts, plusieurs s'occupaient de petits travaux. Au commencement de l'hiver on avait donné aux plus nécessiteux des défroques de l'armée allemande; les tuniques et les capotes portaient des boutons de métal blanc. Un beau matin, tous les boutons disparurent. Les prisonniers les avaient métamorphosés en orfèvrerie de l'*industrie parisienne*. On vit paraître des bagues, des épingles de toutes les formes, où se trouvaient incrustés des émaux, des pier-

---

(1) *Six mois en Bavière*, par l'abbé Landau.

reries, des chiffres, des médailles. Avec un couteau et une pointe d'acier les prisonniers faisaient des merveilles ; toutes ces œuvres se vendaient bien et devenaient à la mode.

Les marins fabriquaient de petits vaisseaux, où l'on retrouvait les mâts, les cordages, les voiles et jusqu'aux barques de sauvetage. D'autres façonnaient le bois et confectionnaient des cannes sculptées avec une rare finesse. Il y avait même des prisonniers qui fabriquaient des tapis avec des morceaux de drap. Un certain nombre écrivaient. Il y avait les poètes ; parmi eux se trouvait Dumas, sergent au 72e de ligne, qui écrivit l'*Oiseau captif* :

> Ah ! rendez-moi, je vous en prie,
> Mes verts coteaux et mes vallons ;
> Rendez-moi ma mère chérie,
> Mon nid de mousse et mes chansons.

Tous les poètes s'inspiraient de beaux sentiments. Ils songeaient à Dieu ou à la famille. Nous avons un recueil de ces petits poèmes qui sont intitulés : le *Prisonnier à son ange gardien* ; l'*Attente sur un berceau* ; l'*Oiseau captif* ; *Hymne à Pie IX*, etc.

Il y avait aussi les auteurs dramatiques, les chansonniers et les romanciers, mais le groupe le plus nombreux était celui des paresseux. Ils restaient couchés sur leur paillasse, causant et se querellant.

Beaucoup encore, sans énergie, demeuraient des journées entières mornes, silencieux, hébétés ; ceux-là mouraient de nostalgie.

Le R. P. Joseph fit venir de France et de Suisse dix mille volumes qui produisirent un merveilleux effet.

Les ministres protestants envoyèrent aussi leurs bibles, mais elles obtinrent peu de succès. Le gouverneur prit le parti de les interdire.

Les projets d'évasion germaient dans un grand nombre

de têtes, mais ne pouvaient s'exécuter que rarement, loin des frontières.

Le caractère français conservait ses droits à la gaieté. Les soldats allemands étaient victimes des mystifications et plaisanteries des prisonniers. Un soir, la sentinelle placée près d'un fort aperçut un corps qui descendait le long du mur, soutenu par une corde fixée à une ouverture des casemates. Elle jette le cri d'alarme : *Wer da!* Personne ne répond. La sentinelle vise le corps et fait feu ; le corps s'agite et tombe dans le fossé. Tout le poste accourt et se précipite vers ce fossé où se distingue de loin un corps revêtu de l'uniforme français, pantalon garance, tunique bleue et képi déformé. Les Allemands se baissent, relèvent le corps et se regardent tout ébahis. C'était un mannequin de paille fort habilement moulé.

Des cantines avaient été établies dans tous les forts ; la bière, l'eau-de-vie, le pain, le beurre, les œufs, le lait, la charcuterie, le fromage se débitaient d'après un tarif arrêté par l'autorité militaire. Tout se vendait à bas prix, quoi qu'en aient dit les soldats lorsqu'ils écrivaient à leurs parents.

La création de ces cantines fut un grand malheur pour les prisonniers qui contractaient des habitudes d'ivrognerie.

Pour remédier à l'ennui et à la plaie des cantines, on avait, dans la plupart des forts, organisé un théâtre. Rien ne manqua aux représentations : coulisses, décors, perspectives, costumes. Tout avait été improvisé avec quelques mètres de papier et quelques litres de couleur. Les soldats étaient à la fois auteurs, compositeurs et acteurs. Ils ne s'en tiraient point mal dans les comédies en trois actes, mais la tragédie en cinq actes laissait fort à désirer.

Parmi les prisonniers d'Ulm se trouvaient quelques artistes des théâtres de Paris. Le mercredi des Cendres ils furent invités par les Allemands à donner, en français, une représentation sur le théâtre de la ville. Séduits sans doute par l'appât du gain, ils ne furent arrêtés ni par la dignité des soldats prisonniers, ni par la pensée de la patrie en deuil. Les Allemands applaudirent la représentation, sans comprendre que ces comédiens manquaient de patriotisme. Aux théâtres des forts, les Français étaient seuls admis.

Le service des hôpitaux et des ambulances était tout aussi bien organisé qu'en France. Malgré cela, les captifs s'en plaignaient, surtout par cette raison que la médecine allemande fait un usage très modéré des remèdes. Les lits étaient durs et leur dureté disposait le malade au mécontentement ; le linge n'était pas d'une entière blancheur.

Le soldat aimait l'hôpital servi par la sœur de charité ; l'infirmier ne lui inspire confiance que fort rarement. Les militaires, peu accessibles aux idées religieuses lorsqu'ils se portent bien, étaient empressés dans les hospices autour de l'aumônier ; ils se confessaient, communiaient et mouraient chrétiennement.

Les médecins allemands s'étonnaient du peu de santé de nos soldats et pensent peut-être encore que nous sommes une race dégénérée. Ils oubliaient les souffrances de ces hommes, dont pas un seul peut-être n'était entré en Allemagne sans un germe de maladie plus ou moins grave.

Le R. P. Joseph s'est demandé, lorsque sa mission a été terminée, si les prisonniers étaient reconnaissants des soins qui leur avaient été prodigués si généreusement par des mains amies et dévouées. Le digne religieux s'est souvenu que la reconnaissance est semblable à cette liqueur d'Orient qui ne se conserve que dans les vases d'or. Elle parfume les grands cœurs et s'aigrit dans les petits. L'homme de Dieu n'a pas oublié que saint Vincent de Paul, dont l'immense et royale charité ne laissa aucune souffrance sans soulagement, fut souffleté un jour, dans les rues de Paris, par un homme qu'il avait comblé de ses aumônes.

Tous les prisonniers n'ont donc pas été reconnaissants, mais le plus grand nombre, l'immense majorité a compris que la France catholique n'avait pas abandonné ses enfants dans le malheur. Les aumôniers, à l'heure du départ, ont reçu des centaines de lettres très touchantes qui exprimaient les plus nobles sentiments.

Nous devons faire la part de la souffrance qui aigrit les caractères. Peu éclairés, presque sans foi, les pauvres captifs devenaient irritables, soupçonneux, se méfiant de tout.

VI

Parmi les prisonniers se trouvaient les Africains, soldats du corps des tirailleurs algériens, connus sous le nom de Turcos. La ville d'Ulm renfermait un grand nombre de ces hommes qui excitaient une vive curiosité. Les Allemands se montraient scandalisés de ce que les Français *eussent introduit ces infidèles dans les armées chrétiennes.*

Leurs scrupules n'étaient pas étrangers à la peur, car sur les champs de bataille les Turcos répandaient une véritable terreur. Ils se battaient avec un élan quelque peu sauvage. A Wissembourg notamment, ils enlevèrent huit pièces de canon, mais, succombant sous le nombre et décimés par la mitraille, ces intrépides soldats se firent tuer et ne rendirent pas les canons à l'ennemi.

En captivité ils ont plus souffert que les autres prisonniers ; ils sortaient peu, si ce n'est pour assister quelquefois à la messe, car ils goûtaient un extrême plaisir à prendre part aux cérémonies religieuses des catholiques. Ils avaient cependant au milieu d'eux un *marabout* fait prisonnier avec eux, mais qui ne s'occupait pas de ses coreligionnaires. Ces malheureux Turcos se dédommageaient de l'indifférence de leur marabout en se pressant aux offices. Si les aumôniers eussent connu la langue arabe, le nombre des conversions eût été assurément considérable. Au moment de la mort, plusieurs d'entre eux demandèrent à être baptisés.

Le froid les faisait cruellement souffrir, et c'était pitié de voir ces enfants du désert trembler, immobiles, silencieux, résignés, dans l'obscurité des casemates. Jamais une plainte ni un blasphème ne s'échappaient de leurs lèvres. Tristes, mais toujours dignes, ils demeuraient de longues heures à faire glisser dans leurs doigts les grains du chapelet des musulmans. Cette mélancolie, qui distingue les Orientaux, avait pris chez eux un caractère de douloureux abattement. Les aumôniers les admettaient aux distributions de secours comme les Français, et ces Africains reconnaissants témoignaient un grand respect pour ces prêtres, leurs bienfaiteurs.

Ceux qui mouraient étaient inhumés avec les honneurs militaires. Les aumôniers catholiques ne pouvaient apporter à ces funérailles le concours des cérémonies liturgiques.

Un ministre protestant allemand crut devoir assister aux obsèques des Turcos. La population fut indignée de cet acte, honorable d'ailleurs; mais le pasteur, homme d'esprit, tint ce discours : « On me reproche ma participation à ces funérailles : on a tort. Les Arabes ont une foi et croient en Dieu ; pourquoi leur refuser cet honneur tandis que j'ai des paroissiens *chrétiens* qui ne croient ni à Dieu ni à diable, et je suis bien obligé de les enterrer ? »

Les Turcos se montrèrent toujours religieux et disciplinés.

On ne saurait fixer son attention sur le sort des prisonniers de toutes les conditions, sans donner un souvenir de reconnaissance aux divers aumôniers : MM. Debras, Deblay, à Cologne ; Lamarche, à Glogau ; Coulange, à Coblentz ; Galiot, à Minden.

Puis MM. Fortier, Jacques, Rombault, Bonnel, Le Rebour, Wibeau, Benard, Torneef, Landau, Rambaud, Galho, Bath, Gœrgens, Schreiber, Uhles, Dietz, Loison, Martin, Guers, Wagner ; les R. P. Bailly et Pernet, de l'Assomption de Nîmes ; le P. Hermann, carme ; les PP. Gabriel, Régis, François, Augustin, Marie, de Brest, de l'ordre de Saint-François ; les PP. Leveillé de la Grange, Mathieu, Dubray, dominicains ; de Damas, de Vasque, Staub, Stumpff, jésuites ; Bigot, Strub, du Saint-Esprit ; Dominget, mariste ; les abbés Baron et Veinard vinrent de France pour apporter et distribuer des secours.

Il s'accomplit des prodiges de charité ; les femmes de France furent sublimes. Mais si l'on put secourir les malheureux prisonniers, il fut impossible de les consoler.

Un jour sainte Hedwige implorait Jagellon en faveur de quelques Polonais ruinés et chassés de leur pays. Le prince répondit à sa royale épouse : « Ne pleurez pas ; je leur ai rendu leurs biens et leurs demeures. » Mais sainte Hedwige, qui était Française, trouva que ce n'était pas assez et s'écria : « Qui leur rendra leurs larmes ? »

Les années ont succédé aux années ; tous ces captifs sont rentrés dans leurs demeures et la plupart ont repris les travaux qui les faisaient vivre. Mais un grand nombre, couverts de blessures, n'auraient pu supporter les plus dures privations si de généreux Français n'étaient venus à leur aide, matériellement et moralement.

Il s'est formé une société sous le nom d'*Œuvre des*

pensions militaires. Le comité se compose de MM. le général Favé, le général Malcor, le comte de Barthélemy, le comte de Riencourt, Edouard André, le comte Léon de Béthune, Bidoire, ancien avocat au Conseil d'Etat, le vicomte Blin de Bourdon, député, Emile Carron, le colonel Fabre de Navacelle, Gérard, le comte Alfred de Kreuznach, le baron de Montagnac, le vicomte de Vaufreland, le comte de Waziers.

Cette œuvre a principalement pour but d'aider les officiers, sous-officiers et soldats, devenus infirmes par suite de blessures ou de maladies contractées au service, à faire valoir leurs droits aux pensions accordées par la loi.

C'est par centaines que l'on compterait les pensions obtenues par l'intermédiaire de cette société pour des invalides ou des veuves oubliés par le Gouvernement. Rien n'est plus fâcheux, au point de vue patriotique, que de voir, dans un village, un pauvre soldat mutilé réduit à l'aumône. Les heureux de ce monde ignorent que des blessés de la dernière guerre, des martyrs de la captivité, n'ont pu encore obtenir une modique pension, suffisante à peine pour ne pas mourir de faim.

L'*Œuvre des pensions militaires* répare de regrettables oublis. Elle fait au nom des blessés toutes les démarches nécessaires auprès du ministère de la guerre ou du Conseil d'Etat ; elle distribue elle-même des secours lorsque l'Etat oppose aux blessés une législation nécessaire peut-être au point de vue financier, mais bien sévère pour les militaires blessés au point de ne pouvoir poursuivre leurs travaux. Nous pourrions citer un grand nombre de soldats secourus par l'*Œuvre des pensions*. Contentons-nous de deux exemples :

Vidal (Jean-Pierre), né à Recoules (Lozère), garde mobile, reçut une balle dans la jambe au combat de Dijon ; il fut soigné à l'ambulance de cette ville, puis envoyé au dépôt. La petite vérole l'atteignit et, en sortant de l'hôpital de Mende, Vidal fut l'objet d'une réforme et devint complètement aveugle. C'est en vain qu'il sollicite sa pension depuis 1876. Ce pauvre homme n'a pour soutien que l'*Œuvre des pensions*.

Un jeune homme de dix-sept ans, nommé Lods (Henri), né à Beaucourt (Haut-Rhin), s'engagea en 1870 pour la durée de la guerre contre l'Allemagne. A la bataille de Coulmiers, le 9 novembre, il fut atteint de *neuf* balles. Les jambes brisées ne permettent la marche que difficilement; les souffrances sont de tous les instants; il ne peut continuer son métier de serrurier... H. Lods n'a jamais pu obtenir la pension de retraite et ne touche de l'Etat que 180 fr. par an de gratification renouvelable.

L'*Œuvre des pensions* (1) est heureuse de pouvoir suppléer à l'insuffisance d'une législation aux yeux de laquelle les droits les plus certains à une pension de retraite ne sont pas suffisants toujours pour l'obtenir.

Aussi croyons-nous devoir la signaler et la recommander à nos lecteurs de tous rangs.

VII

Nous avons montré nos soldats depuis leur départ pour la captivité jusqu'au retour. Les civils, on l'a vu, sont plus maltraités que les militaires, et ceux-ci souffrent plus ou moins suivant les chefs qui les commandent ou la ville qui leur sert de prison.

Les Allemands n'ont pas conservé un bon souvenir des prisonniers. Ils leur reprochent un manque de dignité. Nos sous-officiers, toujours en contact avec les soldats, n'ont pas été satisfaits de leur attitude. Les soldats

---

(1) L'Œuvre a été fondée par M. le comte de Riencourt, SEUL. Après de grands sacrifices pécuniaires, il l'a remise entre les mains d'un comité présidé par M. le général Favé et dont il est le secrétaire.

oubliaient que, séparés de leurs officiers, les sous-officiers étaient toujours leurs supérieurs aux yeux de la France ; ils oubliaient que les Allemands seuls avaient détruit l'autorité de leurs sergents. Non seulement la reconnaissance, mais le sens moral aurait dû maintenir le respect de l'inférieur envers le supérieur.

Sans doute il y eut de nombreuses exceptions, et beaucoup restèrent fidèles aux principes du devoir.

De ce spectacle, les Prussiens furent en droit de conclure que notre armée n'était pas disciplinée. Plus d'un sous-officier animé de nobles sentiments eut la douleur de voir des soldats français indifférents aux cris de joie des Allemands qui apprenaient leurs nouvelles victoires.

La charité a fait oublier aux aumôniers les paroles hostiles que quelques hommes leur adressaient chaque jour.

Enfin, parmi ces milliers de malheureux il y avait comme un souffle malsain qu'il est de notre devoir de ne point dissimuler.

La société allemande a jugé que nous étions un peuple sans religion, sans foi, sans pensée sérieuse ; les sous-officiers prisonniers ont dit des soldats leurs compagnons qu'ils n'avaient aucun respect, aucune discipline ; les simples soldats, honnêtes et bien élevés, ont souffert du manque de dignité de leurs camarades.

Ces hommes, dira-t-on, n'avaient donc rien pour eux ?

Et cependant ils possédaient le courage, la résignation dans les souffrances et une foule de qualités militaires inspirées par la crainte du châtiment. Cela est beau, brillant, mais trompeur.

L'armée était la fidèle reproduction du pays. Le soldat pouvait-il être religieux, lorsque ses proches à la ville et au village ne le sont pas ?

Pouvait-il avoir le sentiment du respect, tandis qu'autour de lui toutes les supériorités sont foulées aux pieds ?

La société française, si indulgente pour elle-même, s'est vraiment montrée trop sévère à l'égard de son armée. Le gouvernement pouvait, il est vrai, apporter plus de soin dans l'institution militaire. La carrière des armes n'est pas une tente dressée pour le sommeil et le plaisir. L'officier doit toujours savoir qu'il exerce une magistrature en distribuant les peines et les récompenses. Son premier souci est d'inspirer la crainte, puis la confiance, et le reste viendra seul.

Le plus misérable des sentiments, qui est l'amour de la popularité, régnait dans les armées du second Empire. Il n'y était pas né, mais y avait grandi outre mesure. Avec le soldat il faut sourire et ne pas rire ; avec cet homme aux bras forts il faut être souvent paternel, jamais maternel.

Notre armée française était d'une richesse merveilleuse en qualités diverses, qu'on négligeait de cultiver.

Napoléon Ier a dit dans sa proclamation du 25 décembre 1799 à l'armée d'Italie : « Les premières qualités du soldat sont la constance et la discipline : la valeur n'est que la seconde. » Les guerres de l'Algérie nous ont été fatales. Toutes les brillantes fortunes militaires faites dans ce pays ont eu pour point de départ un acte de bravoure. L'officier, quels que fussent d'ailleurs ses mérites, avait tout à coup une réputation de supériorité. Les intrépides grandissaient promptement, sans trouver l'occasion de prouver leurs capacités en stratégie, en tactique, en administration ou en travail.

Le jour vint où les chefs parvenus en Afrique dédaignèrent les traditions de l'armée française : la tenue se négligea à cause de la chaleur, les manœuvres s'oublièrent comme inutiles, la discipline perdit de sa vigueur par le contact de bivouacs resserrés et la familiarité des marches continuelles. Cet état de choses pouvait durer impunément en Afrique ; mais si ce mode de commandement et cette obéissance entraient dans les mœurs de l'armée entière, nous allions aux défaites. Les hauts grades en Algérie étaient exercés par des hommes fort honorables, mais étrangers à la grande guerre. Seul de l'armée d'Afrique, le maréchal Bugeaud avait un coup d'œil de bataille.

L'Algérie avait donné des soldats admirables d'entrain, infatigables, fiers, joyeux, et qui ont fait le plus grand honneur à leur époque ; l'Afrique a aussi créé les sous-lieutenants, lieutenants, capitaines et chefs de bataillons devant lesquels tout s'effaçait tant ils étaient habiles pour cette guerre de coups de main, de surprises, de combats corps à corps. Mais ces luttes sans canons, où l'air n'était traversé que par les balles, ne formèrent pas les généraux.

L'école africaine professait pour les coutumes et traditions de l'armée française une sorte de dédain. Les utiles travaux de la paix, l'instruction, l'administration, les manœuvres, l'étude, cessèrent d'être estimées. Le débraillé devint à la mode et l'on crut de bonne foi que le dernier effort de la science militaire serait de se précipiter en avant dans un sublime désordre, si le désordre peut jamais devenir sublime.

Au lieu d'envoyer successivement en Afrique le plus grand nombre d'officiers afin de les former, de les habituer tous au combat, jusqu'au grade de commandant de bataillon, on y laissa les intrépides capitaines parvenir aux plus hauts grades de la hiérarchie militaire. Ils ne trouvèrent pas l'occasion de donner la mesure de leur taille véritable et de se perfectionner par le commandement des troupes en temps de paix. Ils ne se mêlèrent qu'en de rares circonstances aux mouvements de la société et laissèrent leur caractère s'assoupir au point de ne plus se réveiller.

Devenus populaires par les bulletins de victoires,

aimés des troupes qu'ils avaient entraînées au feu, les principaux chefs de l'armée d'Afrique attirèrent naturellement l'attention du chef de l'Etat avant et pendant le second Empire. Un mot presqu'ignoré de la langue française, le mot *débrouiller*, avait fait fortune en Algérie. Il fut bien accueilli au ministère de la guerre qui crut sans peine qu'au moment de la bataille on se débrouillerait. Ni la Crimée, ni le Mexique, ni l'Italie ne détrompèrent ceux qui gouvernaient la France. Le souverain confia donc les grands commandements de l'armée aux illustrations africaines, et aux favoris de la cour.

Comment, dira-t-on, eût-il pu faire de meilleurs choix ?

En préparant longtemps d'avance aux commandements supérieurs les hommes dévoués au service, intelligents, laborieux et rompus aux choses du métier.

Lorsque des infortunes sans nom, sans précédents, des infortunes que nul n'aurait pu prévoir vinrent fondre sur la France, plus d'un officier dans l'armée mesura, pour la première fois, la longueur des épées africaines, et la trempe de l'acier ; il comprit alors que la rouille efface l'éclat des lames les plus pures.

Ce ne sont pas seulement les talents stratégiques et tactiques, à peu près sans exception, qui ont manqué, mais les caractères chevaleresques, les grandes pensées, le parler haut et ferme ; enfin le patriotisme éclatant et ne disparaissant qu'avec la vie.

VIII

Le mardi 18 octobre 1870, à midi, la ville de Châteaudun (1) fut surprise, investie et attaquée par un corps

---

(1) Châteaudun, chef-lieu d'arrondissement d'Eure-et-Loir, ville de 6.650 hab., sur un coteau dont le Loir baigne les bases.

d'armée d'environ 12.000 hommes, infanterie et cavalerie, avec 24 pièces d'artillerie et de mitrailleuses.

Aucune déclaration, aucune sommation ne précéda cette attaque ; mais les habitants étaient tenus en éveil, depuis quelques jours, par les événements qui se passaient aux environs.

En dehors de sa garde nationale sédentaire, la ville ne possédait qu'un bataillon de francs-tireurs de Paris, une compagnie de francs-tireurs de Nantes et quelques-uns du Var, en tout douze cents combattants au plus, qui n'hésitèrent pas à courir aux barricades, dressées depuis quelques jours ; ces barricades se trouvaient alors gardées seulement par les gardes nationaux sédentaires de Châteaudun, pères de famille et bourgeois de la ville.

Les francs-tireurs de Paris, qui avaient dû quitter Châteaudun ce jour-là même à dix heures du matin, y avaient été heureusement retenus.

En un instant l'artillerie ennemie fut mise en batterie, formant un cercle qui enveloppait la ville, à un kilomètre de l'Est à l'Ouest. Le bombardement dura de midi à six heures et demie du soir, sans aucune interruption. Châteaudun fut inondé de projectiles creux, de mitraille et de fusées incendiaires, au nombre de trois à quatre mille. On put constater, à plusieurs reprises, une moyenne de dix coups par minute.

La plupart des maisons furent atteintes et plus ou moins démolies. L'objectif principal était visiblement les édifices publics : les églises de la Madeleine et de Saint-Valérien, l'hôtel de la sous-préfecture — et, ce qui est triste à relater, l'hôpital même, qui fut percé de projectiles. On ne saurait invoquer le hasard : sa position isolée et son grand drapeau orné de la croix de Genève indiquaient à l'ennemi qu'il massacrait les malades, les blessés et les infirmes. Les salles exposées au feu ont toutes été traversées par les obus. L'un de ces projectiles, passant entre le chirurgien qui venait d'amputer un blessé et la sœur qui l'assistait, produisit dans la salle une telle terreur que tous, y compris l'amputé, se précipitèrent sans vêtements dans les caves.

L'hôtel-de-ville est criblé et traversé dans tous les sens. Le maire, M. Lumiere, considérant avec raison que son devoir l'y appelait, s'y était établi en permanence de midi à onze heures du soir avec M. Humery, conseiller municipal ; les autres conseillers étaient retenus au dehors. Ceux de ces derniers qui faisaient partie de la garde nationale sédentaire restaient sous les armes à leurs postes de combat.

Aucune barricade ne fut enlevée, mais celle de la rue de Chartres put être tournée par suite d'une disposition mal choisie dans sa construction ; ce fut par là, et malgré les pertes énormes qu'ils subirent à cette barricade, que les Prussiens, mis en échec et décimés de tous les côtés, durent pénétrer dans la ville, à sept heures et demie du soir.

La retraite des défenseurs de Châteaudun se fit en bon ordre et il n'y eut plus que quelques combats partiels dans les rues et surtout sur la place Royale occupée successivement par les Français et les Allemands ; les cadavres de ceux-ci, à un certain moment, couvraient littéralement le sol.

A partir de neuf heures et demie ou dix heures on n'entendit que des coups de fusil isolés, tirés par les ennemis embusqués dans chaque rue.

Alors s'élevaient les flammes des maisons incendiées par les bombes et les fusées, et alors aussi commençait l'œuvre sauvage, barbare de la destruction : — envahissement des maisons à coups de hache, pillage, vols, assassinats, et surtout incendies mis à la main. — Toutes ces atrocités se continuèrent pendant la nuit et pendant la journée suivante sous la direction d'agents disciplinés, ce qui fait remonter la responsabilité jusqu'au gouvernement prussien ; il paraît d'ailleurs certain que le prince Albert et le prince de Saxe y présidaient.

Longtemps après le combat, dans la nuit et le lendemain, de paisibles habitants, des vieillards, des malades furent tués à leur domicile, sur leur porte, à coups de fusil et de revolver ; quelques-uns furent brûlés dans leurs lits, le feu ayant été mis dessous avec un soin infernal. Des blessés furent jetés vifs dans les flammes d'où on les retira tellement carbonisés qu'il devint impossible de les reconnaître.

Une centaine de personnes de tout âge, de toute condition, prises au hasard dans la ville, des infirmes, des vieillards, de tout jeunes hommes, presque des enfants, se virent enlevés le lendemain du combat et conduits en Allemagne comme prisonniers. Ce nombre des captifs était prescrit, exigé par l'ennemi.

« Ces faits sont de la plus scrupuleuse exactitude », ajoute le maire de Châteaudun, auquel nous empruntons ces détails (1).

Deux cent trente-cinq maisons de Châteaudun ont été complètement détruites par l'incendie, avec tout ce qu'elles contenaient ; vingt-huit ne le furent qu'en partie.

De ce nombre de deux cent trente-cinq maisons, douze au plus ont été incendiées par le bombardement ; toutes les autres auraient pu être sauvées si les Prussiens, la torche ou le pétrole à la main, n'eussent mis le feu de porte en porte, de chambre en chambre.

Quelques-unes seulement ont pris feu par communication.

Douze personnes ont péri asphyxiées et brûlées sous les débris de leurs maisons.

---

(1) Rapport du maire de Châteaudun au ministre de l'intérieur.

Le lendemain du combat, les Allemands condamnèrent la ville de Châteaudun à payer une contribution de deux cent mille francs, que le maire et le conseil municipal firent réduire à cinquante-deux mille, somme exorbitante pour la petite cité, complètement ruinée et presque détruite.

Le maire de Châteaudun, l'honorable M. Lumiere, termine ainsi son rapport, écrit le surlendemain du combat :

« Nos maisons sont en cendres, notre commerce est anéanti, nos fortunes sont détruites ou gravement compromises, une grande quantité de nos habitants sont sans asile, sans vêtements et sans pain ; toutes ces ruines, toutes ces misères sont affreuses ; cependant, elles sont supportées avec une résignation admirable par les victimes, et nous aurons moins à les déplorer s'il en doit sortir un exemple utile, si les populations veulent bien enfin comprendre qu'elles ne doivent pas se laisser paralyser par le système de terrorisme que la Prusse a organisé, et qu'il leur suffit de se soulever et de lutter avec énergie pour purger la France des armées de barbares qui la ravagent depuis trop longtemps. »

Le maire de Châteaudun, dans son rapport, se borne à l'exposition exacte des faits principaux. Pour les détails, il faut invoquer le témoignage des habitants.

Lorsque l'ennemi prit ses dispositions d'attaque, le 18 octobre, à midi, aucun poste n'avait été assigné d'avance aux défenseurs de la ville par le commandant des francs-tireurs de Paris, M. Lipowski. Il marcha immédiatement sur la ligne du chemin de fer, pour appuyer les gardes nationaux déployés en tirailleurs ; mais les forces supérieures des Allemands l'obligèrent à se replier vers l'intérieur de la ville. Alors il se plaça à la barricade de la rue des Jallans, encore inoccupée, et là, il réunit sous ses ordres vingt-six francs-tireurs Parisiens, douze francs-tireurs de Nantes et des Alpes-Maritimes, quelques gardes nationaux, le caporal des sapeurs-pompiers Chesny, et le sapeur Houdin. Les autres volontaires de la compagnie allèrent précipitamment à différentes barricades, sous le commandement des officiers de la garde nationale.

A dix heures du soir, lorsque toutes les barricades furent abandonnées, Lipowski, avec l'autorisation du maire, opéra sa retraite vers Crépainville.

Le capitaine des pompiers, Géray, lutta contre les incendies avec un véritable héroïsme, pendant plusieurs jours.

Treize cents hommes ont combattu pour cette malheureuse cité. Paris en avait fourni cinq cents ; Nantes, cent quinze ; Cannes, cinquante ; Vendôme, quarante-six, et Châteaudun les autres. Ces chiffres sont un témoignage éclatant du patriotisme des habitants, tous gardes nationaux sédentaires.

Pour répondre aux obus, à la mitraille prussienne, ces braves gens n'avaient que des fusils, et encore !

Le combat est donc engagé. L'artillerie foudroie la ville. L'infanterie allemande se glisse en rampant, et va se placer en avant de ses batteries, dans les maisons démolies, dans les bouquets de bois, toujours couverte, toujours à l'abri des balles. Partout invisible, l'ennemi vise lentement, tire et tue.

Les cris de douleur des enfants, des femmes, des vieillards réfugiés au fond des caves de la cité qui brûle, se perdent dans la solitude et ne peuvent être entendus que de Celui qui tient tout dans ses mains.

Le bombardement de Châteaudun par les trente canons allemands dure depuis trois heures, et l'ennemi n'a pas encore gagné un pouce de terrain ; il va tenter un suprême effort.

Ses tirailleurs couchés, la poitrine près de terre, s'approchent prudemment et lentement de nos lignes. Le cercle de fer et de feu se rétrécit de plus en plus ; bientôt on se fusille presqu'à bout portant. Un enfant de Châteaudun, dont les deux frères combattent, tombe frappé à mort ; à quelques pas de lui, son père est atteint de deux coups de feu.

« Dans cette longue scène de carnage, où tout a été héroïque, un héroïsme plus éclatant que tous les autres a rempli les cœurs de respect et d'admiration. Au plus fort du péril, pendant que la mort menaçante, inexorable planait au-dessus de tous, une jeune fille, une Dunoise de dix-sept ans, franchissait sans crainte, sans forfanterie, le théâtre ensanglanté de la lutte, portait sans cesse à nos défenseurs le fer, le plomb, la poudre qui pouvaient, en sauvant leurs jours, assurer leur triomphe et leur gloire (1). »

La nuit venue, l'incendie apparaît dans toute son horreur, des lueurs plus sinistres s'élancent des toits embrasés, percent les ténèbres, les sillonnent en tous sens. Ces clartés effrayantes ressemblent, dans les vastes espaces du ciel, à de longues traînées de sang.

Femmes, enfants, vieillards se décident à fuir, les caves n'étant plus un asile sûr. Ils passent à peine vêtus, courant au hasard dans les décombres et les barricades. Des mères portant leurs petits enfants, des malades soutenus par des mains amies, se précipitent vers les rives du Loir. Dans l'obscurité de la nuit, des coups de fusil se font entendre, de grands cris s'élèvent dans l'air, et de pauvres femmes, ne pouvant plus marcher, tombent sur les chemins.

L'Allemand n'a pas osé attaquer de front les barricades, il les a tournées et s'avance lentement vers le centre de la ville. Les défenseurs se retirent de ce côté et combattent en désespérés.

(1) *Châteaudun pendant l'invasion*, par R.-A. B., 1871.

Cependant la ville est prise. L'ennemi enfonce les portes des maisons, brise les meubles, et commence le pillage et l'assassinat.

Dans une des premières maisons ouvertes à coups de hache, un vieillard, le capitaine Michau, se tenait debout, pâle et frémissant. Agé de quatre-vingt-quatre ans, le vétéran du premier Empire s'écria : « Vous n'êtes pas des soldats, mais des bandits ! J'ai fait la guerre chez vous, et je n'ai pas volé et pillé comme vous le faites. »

Deux balles dans la tête renversèrent le vieux soldat de Friedland. Les Prussiens se précipitèrent sur son corps, l'enlevèrent, et le corps fut lancé dans un brasier. Peut-être vivait-il encore !

L'incendie, le pillage, les massacres ne cessèrent ni pendant la journée du 18 octobre, ni pendant la nuit suivante.

Le lendemain, alors que tous les crimes étaient commis, un tribunal s'éleva en plein vent, dans un square de la rue de Chartres. Il était sept heures du matin. Entouré d'un nombreux état-major, le général Wittich désignait les hommes qui allaient être conduits prisonniers en Allemagne. Dans ces jugements tout était caprice, car il n'y avait ni accusateur, ni défenseur. Une allure plus ou moins militaire, une attitude plus ou moins fière, de grandes bottes, une coiffure étrange, suffisaient pour faire condamner un homme à la captivité.

Au nombre d'une centaine, on les parque dans une fosse profonde de la Tuilerie, sur la route d'Orléans, où ils sont enfermés une partie de la nuit, avec cinquante centimètres d'eau bourbeuse au-dessus de la cheville.

Quelque temps après, les habitants de Châteaudun étaient internés à Colberg, ville de la Poméranie, sur les bords de la Baltique.

Comme toujours, les femmes furent admirables de dévouement. L'une d'elles, membre du comité de secours aux blessés, Mlle Polouet, adressa à Mme de Flavigny un rapport qui met en relief le caractère des autorités prussiennes.

Des ambulances avaient déjà été formées à Châteaudun. Les dames qui soignaient les blessés durent, pendant la journée du 18 octobre et la nuit suivante, protéger la retraite des femmes et des enfants qui fuyaient les bombes et l'incendie. Le lendemain matin, la bonne sœur Valérie, supérieure de l'hospice des vieillards, sœur Marie-Eugénie, Mlle Boulay-Rivière et Mlle Polouet allèrent relever les blessés dans les quartiers où l'incendie continuait ses ravages.

Ces dames s'informèrent auprès des officiers prussiens où elles rencontreraient leur général en chef. Ce dernier était près de la fontaine. L'une d'elles lui demanda alors si elles pouvaient, avec sécurité, faire relever les blessés et les morts.

— Etes-vous religieuses ? dit le général.

— Nous faisons seulement partie du comité de secours aux blessés, lui fut-il répondu.

Le général se découvrit et s'inclina presque jusqu'à terre ; les officiers de son état-major en firent autant.

— Non, vous n'êtes pas des religieuses, Mesdames, mais les sœurs des hommes ; allez, allez, faites relever les blessés, mais laissez encore les morts. Vous n'avez pas besoin de sauf-conduit ; qui oserait vous insulter?

Et il salua de nouveau, très profondément.

Elles relevèrent une grande quantité de victimes qui se trouvaient dans de pauvres maisons, sauvées des balles prussiennes, mais épuisées, car leurs blessures n'avaient pu être pansées.

Après avoir visité la ville dans toutes ses parties, au milieu des Allemands, les femmes dévouées entrèrent à l'ambulance. Sœur Valérie laissa les portes de l'hospice ouvertes pour plus de sûreté. Un colonel prussien se présenta fort poliment pour savoir si, parmi les blessés de l'ambulance, il n'y avait pas d'Allemands. Ce colonel avait perdu sept officiers, ses neveux, tous morts sur le champ de bataille de Châteaudun.

A la fin de son rapport, Mlle Polouet s'exprime ainsi :
« Nous avons été heureuses des termes respectueux employés par les Prussiens eux-mêmes. — Malheureuse ville, disaient-ils, mais braves, braves habitants !

« D'autres ont signalé les traits de bravoure accomplis dans ces jours mémorables. Je vous redirai seulement que nulle part il n'y a plus de dévouement et de charité, et nulle part aussi il ne peut y avoir une plus noble résignation...

« Un de nos plus chers souvenirs est celui d'avoir pu soigner nos Français sans être jamais inquiétées ; quoique les officiers prussiens aient visité leurs compatriotes soignés par nous, pas une parole désagréable n'a été dite... »

Avant de quitter la malheureuse ville de Châteaudun, nous devons rapporter un acte de courage et d'abnégation incomparable accompli par une femme, et dont toutes les femmes de France ont le droit d'être fières.

Tout Français saluera son nom avec respect.

L'ancienne cité des comtes de Dunois était en proie à l'incendie ; le bruit de la fusillade avec ses crépitements précipités venait comme se mêler encore aux sanglots des femmes, au râle des mourants. Ivres de vengeance, les soldats ennemis envahissent les maisons, pillent, tuent, massacrent. Ayant saisi un brave ouvrier nommé Lépine, ils l'adossent brutalement contre un mur et vont le fusiller. Aussitôt, une femme s'élance, et d'un bond se place entre le condamné et ses bourreaux ; puis, criant en langue allemande : *Grâce !* elle se cramponne à l'officier qui commande le détachement et qui fait d'inutiles efforts pour se dégager de cette étreinte désespérée.

Sœur Jeanne de Chantal (ainsi se nommait notre héroïne), avait sauvé la vie d'un père de famille. Sur l'affirmation énergique qu'il n'était pas franc-tireur, une démarche fut faite par l'officier prussien auprès du commandant, qui accorda la grâce de l'ouvrier.

Ajoutons que plusieurs francs-tireurs durent également à cette patriote courageuse, d'échapper à une mort certaine. Ils furent cachés et nourris plusieurs jours dans la maison des Sœurs de la Providence, au risque pour ces dernières de voir leur demeure pillée, saccagée, et leur personnel maltraité, sinon puni de mort (1).

IX

La patrie n'est pas seulement une expression géographique ; elle appartient plus encore à l'ordre des choses morales.

La plupart des écrivains ont été attirés par cette idée de patrie ; ils ont traité ce magnifique sujet avec leur esprit autant qu'avec leur âme.

Pour Jules Sandeau, la patrie rappelle « la maison paternelle, les lieux témoins de nos premières joies et de nos premières larmes, le ciel plein de sourires et d'illusions, où nos yeux plongeaient avec délices. » Emile Souvestre n'est pas moins sentimental : « La patrie, dit-il, c'est tout ce qui t'entoure, tout ce qui t'a élevé et nourri, tout ce que tu as aimé ! Cette campagne que tu vois, ces maisons, ces arbres, ces jeunes filles qui passent là en riant, c'est la patrie ! Les lois qui te protègent, le travail qui paie ton pain, les paroles que tu échanges, la joie et la tristesse qui te viennent des hommes et des choses

(1) Un jeune substitut, magistrat distingué, M. Paul MONTARLOT, n'abandonna point Châteaudun. Sous ce titre : *Châteaudun ; journal de l'Invasion*, il a écrit un récit émouvant des événements accomplis pendant les journées des 18 et 19 octobre.

parmi lesquelles tu vis, c'est la patrie ! La petite chambre où tu as vu autrefois ta mère, les souvenirs qu'elle t'a laissés, la terre où elle repose, c'est la patrie ! Tu la vois, tu la respires partout ! Figure-toi tes droits et tes devoirs, tes affections et tes besoins, tes souvenirs et ta reconnaissance, réunis tout cela sous un seul nom, et ce sera la patrie !... C'est la famille en grand, c'est le morceau du monde où Dieu a attaché notre corps et notre âme. »

L'Allemand Herder a écrit de son côté : « Chacun aime son pays, ses mœurs, sa langue, sa femme, ses enfants, non qu'ils soient les meilleurs du monde, mais parce qu'ils sont complètement siens, et qu'en eux c'est lui-même et son œuvre qu'il aime. »

La patrie, considérée au point de vue philosophique : « *C'est la communauté des citoyens*, qui, réunis par des sentiments fraternels et des besoins réciproques, font de leurs forces respectives une force commune, dont la réaction sur chacun d'eux prend le caractère conservateur et bienfaiteur de la *paternité*.

« Dans la société les citoyens forment une banque d'intérêt ; dans la patrie, ils forment une famille de doux attachements : c'est la charité, l'amour du prochain étendus à toute une nation. »

« Qu'est-ce que la Patrie ? se demande Voltaire dans son *Dictionnaire philosophique*. Ne serait-ce pas par hasard un bon champ, dont le possesseur logé commodément dans une maison bien tenue pourrait dire : Ce champ que je cultive, cette maison que j'ai bâtie sont à moi ; j'y vis sous la protection des lois, qu'aucun tyran ne peut enfreindre ; quand ceux qui bâtissent comme moi des champs et des maisons s'assemblent pour leurs intérêts communs, j'ai ma voix dans cette assemblée, je suis une partie du tout, une partie de la communauté, une partie de la souveraineté : voilà ma patrie. »

M. Mignet, après La Bruyère, a déclaré qu'il n'y a

point de patrie pour un peuple soumis au despotisme. M. de Cormenin est plus vrai lorsqu'il écrit : « Quel que soit votre pays, vous devez l'aimer, l'honorer, le servir et le défendre de toutes les facultés de votre intelligence, de toutes les forces de votre bras, de toute l'énergie et de tout l'amour de votre âme. »

Les définitions que les gens de lettres donnent de la patrie sont plus ingénieuses que vraies.

Prenez un paysan aux idées les plus étroites, qui n'a jamais vu plus loin que le clocher de son village, dont les préoccupations n'ont jamais eu d'autre but que la santé de son bétail et le salut de ses récoltes ; que les exigences du service militaire ou tout autre motif le transportent à travers l'Océan ou dans quelque contrée lointaine, cet homme est transformé. Un vide immense se creuse au fond de son cœur, rien de ce qui se présente à ses yeux ne peut effacer la douce impression que conserve sa mémoire ; tout ne lui paraît que l'ombre de ce qu'il a perdu ; ses instincts s'élargissent, son esprit embrasse de vastes horizons. Ce n'est pas seulement à son clocher que cet homme rêve, c'est à la France entière.

Le patriotisme sommeillait en lui, il se réveille au souffle des regrets, des aspirations et des souvenirs. Le patriotisme des gens de guerre est donc plus actif et plus ardent que celui des citoyens.

Aux yeux de quelques hommes du monde, le patriotisme est une vertu qui s'attache presqu'exclusivement au drapeau, une qualité qui n'apparaît qu'en temps de guerre dans les rangs de l'armée. C'est là une profonde erreur. Le patriotisme est une vertu civile autant que militaire, c'est une loi d'obligations et de sacrifices pour la cité aussi bien que pour le camp. Le patriotisme consiste à obéir aux lois, à accepter les exigences militaires, à élever les enfants dans le respect de la société, à s'instruire soi-même, à ne pas se laisser énerver par le luxe et les plaisirs, à remplir son devoir quelles qu'en soient les conséquences, à honorer le travail de l'ouvrier d'aussi bon cœur que les études du savant.

Il n'est pas de richesses, pas de loisirs qui puissent soustraire l'homme à la grande loi du travail ; celui qui travaille obscurément sert son pays comme le plus habile dans les sciences et dans les arts ; c'est de la somme de ces travaux, grands et petits, que la patrie s'élève au-dessus des autres nations.

Périclès, prononçant l'éloge funèbre des citoyens morts en défendant la ville d'Athènes, s'écriait, il y a des siècles : « Que les survivants ne se bornent pas à discourir sur ce qui est utile à l'Etat ; qu'ils agissent ! C'est en agissant pour la patrie qu'on accroît sa puissance et qu'on prouve son amour pour elle.... »

« La patrie, dit Cicéron, ne nous a pas donné l'être et l'éducation sans aucun pacte réciproque, n'attendant de nous aucun secours ; elle ne se fait point gardienne de nos intérêts pour assurer uniquement notre repos ou favoriser notre activité ; non, elle se réserve en échange, comme un droit privilégié, le meilleur de nos facultés, âme, esprit, raison, et nous laisse, pour notre usage personnel, la part qui lui devient inutile. »

En accomplissant tous ses devoirs individuels et sociaux, chaque citoyen concourt plus ou moins directement au bien de l'Etat. Toutefois il est certainement des devoirs plus indispensables que d'autres ; le premier de tous est le service militaire, qui est la protection du pays. On a donné à ce suprême devoir le nom d'*impôt du sang*. C'est attacher à cette obligation sacrée une idée matérielle, c'est abaisser le courage, le dévouement, la foi et la discipline jusqu'à l'or et l'argent.

Des esprits superficiels ont même pensé que la bravoure physique suffisait à l'homme de guerre. Il lui faut beaucoup plus ; l'énergie morale, la fermeté d'âme, qui font supporter le froid, la faim, la douleur, la **misère**, toutes les privations. Pendant la campagne de Russie, le général Eblé (1) réunit 400 pontonniers et leur fit construire un pont sur la Bérésina. « Il fallait, dit M. Thiers, travailler dans l'eau toute la nuit et toute la journée du lendemain, au milieu d'énormes glaçons, sous les boulets de l'ennemi, sans une heure de repos, en prenant à peine le temps d'avaler, au lieu de pain, de viande et d'eau-de-vie, un peu de bouillie sans sel..... A la voix de leur respectable général qui leur communiqua ses nobles sentiments, ils déployèrent ce qu'ils avaient de force et d'intelligence. Ce n'était pas tout que de plonger hardiment dans cette eau glaciale pour y fixer les chevalets, il fallait encore achever ce difficile ouvrage malgré la présence de l'ennemi....

« L'eau gelait, et il se formait autour de leurs épaules, de leurs bras, de leurs jambes des glaçons qui, s'attachant aux chairs, causaient de vives douleurs. Les pontonniers souffraient sans se plaindre, sans paraître même affectés, tant leur ardeur était grande.

« Un de ces ponts s'étant rompu, on fut obligé de remettre à l'œuvre nos héroïques soldats et de les faire rentrer dans l'eau qui était si froide qu'à chaque instant la glace brisée se reformait. Il fallait la rompre à coups de hache. »

Presque tous les pontonniers, aussi bien que l'illustre général Eblé, contractèrent, dans cet immense service, des maladies dont ils moururent.

Ce n'est pas la discipline seule qui a tracé la conduite des pontonniers, mais aussi et surtout le dévouement, qui est l'une des principales vertus patriotiques. La discipline se serait arrêtée devant l'impossibilité matérielle, le dévouement n'a pas de bornes. Le général Eblé avait

(1) J.-B. Eblé, général d'artillerie, né en 1758 à Rohrbach (Moselle), mort en 1812.

fait passer dans le cœur de ses soldats les sublimes sentiments dont il était embrasé. Quel qu'il fût d'ailleurs, ouvrier, paysan, bourgeois, ce pontonnier se dévouait à la patrie, lorsqu'il sauvait l'armée française au péril de sa vie. Pour de tels sacrifices, il faut une croyance, une foi, quelque chose de supérieur aux récompenses humaines. Le religieux marche au martyre le front calme et le cœur joyeux, mais ce pontonnier avait des aspirations moins élevées et cependant bien glorieuses ; il mourait pour la patrie.

Ce n'était pas un homme ordinaire que ce pontonnier. L'avait-on choisi entre tous pour lui confier une mission exceptionnelle ? Nullement. Ils étaient venus là, quatre cents ; aussi bien seraient-ils accourus le double à l'appel du général Eblé. Qui avait inspiré, illuminé ces hommes de peine, illettrés, et complètement étrangers aux analyses sentimentales ?

Ils avaient respiré loin des misères de la cité. On leur avait enseigné ce qu'est l'esprit militaire, mélange admirable de discipline et de patriotisme, de courage et de résignation, de fierté et d'obéissance. Deux hommes sont préparés au patriotisme par les vertus de leur carrière, le prêtre et le soldat.

Le dévouement est de tous les jours de leur vie ; or, le patriotisme exige surtout des fils dévoués.

La meilleure préparation aux vertus patriotiques est certainement la discipline, que ce soit celle de l'Eglise ou celle du camp. On pourrait même affirmer que, sans discipline, le patriotisme n'est pas vrai.

Lorsque la guerre de 1870 fut déclarée, et que les armées se mirent en marche, les esprits futiles se laissèrent aller à de regrettables illusions. Ils confondirent le patriotisme avec la *Marseillaise*, ils prirent l'ivresse folle des carrefours pour un sentiment national.

Le soldat était brave, mais sans croyances, et, par conséquent, sans discipline. Son patriotisme n'existait pas autrement dans l'armée que dans la société. Le soldat défendait son drapeau, le paysan son village, le bourgeois sa fortune et sa liberté, mais la patrie était oubliée depuis longtemps.

Nous ne cesserons de le répéter, il n'y a pas, il n'y aura jamais de patriotisme sans discipline. La discipline est une vertu austère qui s'accommode mal de notre tempérament bouillant, de notre imagination ardente, de notre intelligence active, et de notre esprit sans cesse porté à la critique. Lorsque nous employons le mot *discipline*, nous ne lui donnons pas le sens un peu trop limité de la caserne. La discipline est l'enseignement que le disciple reçoit du maître. Le peuple romain était discipliné, la Grèce le fut aussi, et l'Europe moderne cesse de l'être. Si, dans une société quelconque, chacun cherche à faire triompher ses idées personnelles, la discipline n'existe plus, et la puissance nationale, l'intelligence universelle, la force populaire, la volonté des esprits supérieurs, au lieu d'être représentées par un rocher, tombent en poussière que le passant foule à ses pieds. La véritable discipline, celle des cœurs fermes et honnêtes, repose sur le sentiment du devoir. Il faut s'y soumettre, parce que le chef qui la réclame, grand ou petit, est le représentant des volontés de la patrie. Ainsi comprise, elle est une loi morale qui procède de la conscience. On obéit sans humiliation, on obéit même avec dignité, parce que c'est la patrie qui commande.

Il n'est pas nécessaire d'appartenir à une race exceptionnelle pour jouer un beau rôle en ce monde. « La continuité des petits devoirs toujours bien remplis, dit Jean-Jacques Rousseau, ne demande pas moins de force que les actions héroïques. »

L'indiscipline est une preuve d'ignorance ou de faiblesse d'esprit; on trouve moins d'indisciplinés dans le sein des académies qu'aux ateliers les plus obscurs ; même dans ces ateliers, les laborieux comprennent qu'il faut soumettre sa volonté, comme on soumet ses bras.

On dit chaque jour que la discipline militaire fait la force des armées ; on devrait savoir que la discipline civile fait la force des nations.

Nous avons en France des écoles pour la jeunesse de toutes les conditions, depuis celle du village jusqu'aux illustres académies. Il n'est pas un art, pas une science, qui ne soit professé par des maîtres connus du monde entier.

Rien ne manque, sinon l'instruction et l'éducation patriotiques. Cependant aucun de nous n'ignore que le patriotisme est le sentiment qui nous divise le moins. Dès lors, les maîtres de patriotisme seraient plus écoutés que tous les autres qui sont divisés par des pensées différentes.

Même dans les écoles militaires, où l'on forme la jeunesse à la défense du pays, nul professeur ne prononce le nom de la patrie, nul ne proclame la magnificence du drapeau. Il n'est pas un jour dans la semaine, dans le mois, dans l'année consacré au récit des grandes actions et des grands sacrifices. Les noms glorieux des anciens camarades tombés sur les champs de bataille ne trouvent pas d'écho dans les amphithéâtres où de jeunes cœurs, d'ardentes imaginations cherchent à retrouver les souvenirs des prouesses de Fontenoy, de la poésie des Pyramides, des grandeurs d'Austerlitz et des douleurs de Waterloo.

On enseigne la tactique, la stratégie, la topographie et la géométrie descriptive, mais le patriotisme est passé sous silence. Ceux qui ont charge d'âmes se contentent d'embellir l'esprit de la jeunesse militaire, de charger cet esprit de dates et de noms propres.

Il en est ainsi dans tous les établissements universitaires où se préparent les vocations. Là, cependant, les mots d'honneur et de patrie réveilleraient mille échos dans les cœurs généreux. Plus tard, les soucis de la vie auront étouffé les aspirations si pures de la jeunesse. La lutte pour conquérir une carrière exigera toutes les forces; l'âme et l'esprit descendront des hauteurs pour retomber lourdement sur la terre.

Entrer dans la vie, sans avoir adoré la patrie, c'est ressembler à l'homme qui, dans l'enfance, n'a point appris la prière au foyer domestique.

Au village, comme dans la cité, les maîtres enseignent exclusivement les sciences humaines. Lorsque le hasard porte à la connaissance de l'enfant ou du jeune homme quelqu'une de ces histoires merveilleuses de héros partis des chaumières ou des palais, ce jeune cœur bondit, l'œil s'illumine, et l'on se dit : En vérité, nous sommes un grand peuple !

« Que le patriotisme soit donc notre foi, notre culte. L'homme, dans tous les temps, a voulu une idole. Puisqu'il a renversé successivement toutes celles qu'avait créées son esprit crédule, qu'il adore cette idole, toujours jeune et vivante : la patrie ! (1) »

« Le jour où la France s'entourera de ses enfants et leur enseignera la France comme foi et comme religion, elle se retrouvera vivante et solide comme le globe (2). »

La religion de la patrie est sans mystères. Elle se contente d'avoir ses héros et ses martyrs. Le patriotisme peut donc être enseigné par les simples comme par les habiles.

Lorsque les cœurs seront enflammés du vrai patriotisme, lorsqu'il aura pénétré dans les masses populaires, le faux patriotisme disparaîtra. Notre pays sera enfin

---

(1) *Le Patriotisme*, A. Fallières.
(2) Michelet.

délivré de ces orateurs qui égarent les esprits par l'hypocrisie et le mensonge.

Le patriotisme n'est pas un sentiment isolé, une passion indépendante de toute autre ; il doit être précédé de croyances morales et religieuses.

On ne saurait donc entreprendre de faire pénétrer le patriotisme dans l'âme de la nation, si d'avance cette âme ne s'est élevée dans les régions divines.

Nul n'a le droit de mettre en doute cette vérité. L'amour de la patrie n'est pas une passion désordonnée qui participe du courage physique. Il procède de l'amour de Dieu et de l'amour de la famille. Il en a toute la gravité. C'est une affection ardente, mais raisonnée, capable, à certaines heures, d'inspirer les plus grands sacrifices, mais sans détruire la réflexion et le jugement.

La patrie est un foyer dont les limites sont reculées jusqu'aux frontières. Il serait donc utile, pour créer des patriotes, de faire participer toute la jeunesse de France à l'éducation militaire. Cette éducation fortifie les bras et les caractères ; elle fait des hommes énergiques, disciplinés, sensibles à l'honneur, sobres, habitués aux fatigues, préparés à toutes les luttes de la vie, trempés physiquement et moralement.

Pour une telle éducation, il faudrait des publications patriotiques, des sociétés de gymnastique et de tir, des conférences, des fêtes nationales, avec exclusion absolue de tout esprit politique, de parti, et surtout moins de cabarets. Il faudrait punir sévèrement les auteurs de ces images impies où le soldat est insulté par le ridicule. Il serait temps de comprendre, après nos désastres inouïs, que toute injure à l'armée flétrit l'enfant du peuple. Qu'on respecte l'uniforme du soldat, comme la robe du prêtre, comme le drapeau de la France, comme le berceau, comme la tombe.

Insulter à ces choses sacrées, c'est mettre notre propre honneur en lambeaux. Jamais l'éducation patriotique ne relèvera notre malheureuse France, si le respect ne rentre pas dans nos cœurs.

Plus d'un lecteur sera peut-être surpris de nous entendre dire que, pour inspirer les sentiments patriotiques à la jeunesse, la femme sera un puissant auxiliaire. Elle a plus de patriotisme que l'homme, parce qu'elle est supérieure par son âme. Dieu a mis en elle deux magnifiques sentiments : la pitié et l'enthousiasme. Par la pitié, elle se dévoue ; par l'enthousiasme, elle s'exalte. L'un des personnages de l'armée allemande des mieux placés pour observer, a écrit que le patriotisme était plus ardent chez la femme et chez le prêtre de France que dans toutes les classes de la société.

Exaltation et dévouement, n'est-ce pas là tout l'héroïsme ? Les femmes sont donc plus naturellement héroïques que les héros.

« Toutes les fois que le sentiment patriotique monte jusqu'à l'enthousiasme dans un pays, dit Lamartine, les femmes l'éprouvent au même degré, et même à un degré supérieur aux hommes. La patrie ne leur appartient pas plus qu'à nous ; mais comme elles sont, par leur nature, plus impressionnables et plus sensibles, elles s'emparent par le cœur de ce qui les entoure. Cette chère et délicieuse image de la patrie se compose, pour elles, de leur mère, de leurs sœurs, de leurs frères, de leur époux, de leurs enfants, de leurs foyers... et elles s'y attachent comme les choses faibles aux choses fortes, avec d'autant plus de frénésie, que lorsque ces appuis s'écroulent, elles périssent avec leur soutien.

« Quand on est désespéré dans une cause nationale, il ne faut pas désespérer encore, s'il reste un foyer de résistance dans un cœur de femme. »

Notre histoire de France a conservé les noms de Geneviève, de Jeanne d'Arc, de Jeanne Hachette. A côté de ces glorieuses renommées, on pourrait citer, à toutes les époques, des milliers d'héroïnes oubliées par les écrivains.

La femme française a été distinguée par les Prussiens pendant la dernière guerre, non pour son courage dans les combats, mais comme supérieure à l'homme en dignité. Tandis que le citoyen, cédant à la force, s'inclinait devant le vainqueur, la femme redressait la tête, et, d'un regard dédaigneux, mesurait la taille du Germain.

L'homme échangeait quelques paroles plus ou moins courtoises, la femme gardait le silence. Elle était, en vérité, l'image muette de la patrie.

Mais à la vue de nos blessés, ses yeux se mouillaient de larmes. La plus grande, comme la plus humble, s'agenouillait sur la paille ensanglantée. Elle veillait près du pauvre soldat, et versait sur ses plaies le baume de la charité. Elle bravait en même temps la contagion des maladies et les baïonnettes du vainqueur. N'était-ce pas le patriotisme le plus pur qui transformait en sœurs de charité les femmes du monde les plus brillantes ? Elles se faisaient servantes des pauvres, des ouvriers, des paysans. En compagnie des femmes du peuple, elles apportaient aux ambulances de bons sourires, du pain, des vêtements et leur propre linge pour étancher le sang.

X

La multiplicité et la rapidité foudroyante des événements qui ont précédé ou suivi la capitulation de Sedan ne nous ont point permis jusqu'à cette heure de donner place à un des épisodes de cette guerre qui fait le plus grand honneur à nos armes. Aussi bien, n'ayant point d'ordre rigoureux à suivre dans ces *Récits*, le rappelons-nous parce qu'il jette comme une lueur de consolation au milieu de tant de désastres.

Le 16 août 1870, un mois après la déclaration de guerre, il se formait à Paris un 13ᵉ corps d'armée pour réparer les pertes déjà éprouvées. Trois divisions d'infanterie et une de cavalerie devaient composer ce corps d'armée dont le chiffre était porté à 30 000 hommes. L'artillerie comptait trois pièces par mille hommes.

Deux régiments, les 35e et 42e, arrivaient de Rome et allaient former l'élite de cette armée. Trente bataillons s'organisaient à la hâte avec les hommes venant des dépôts. Les cadres ne purent jamais être complétés et l'instruction était à peine ébauchée. Le 26 août, le 13e corps se trouvait à peu près en nombre lorsque le gouvernement fit partir de Châlons le maréchal de Mac-Mahon pour aller faire jonction avec le maréchal Bazaine. Le 13e corps pouvait appuyer tel ou tel mouvement de l'un des deux maréchaux, maintenir les communications, en un mot concourir à l'action commune.

Le général Vinoy, vieux soldat encore vigoureux et actif, avait été nommé au commandement du 13e corps. Il s'occupait activement de sa formation et de son instruction lorsque l'ordre de départ lui parvint.

Si l'on considère, la carte sous les yeux, le plan adopté par le gouvernement, on le trouve défectueux. Le maréchal Bazaine est sous les murs de Metz, le maréchal de Mac-Mahon va de Châlons du côté de Verdun, d'Etain, de Metz enfin, non pas directement, mais en suivant une route qui conduisait à Sedan ; cette marche se fait avec une lenteur désespérante. On veut prêter un appui à ces deux maréchaux et le 13e corps est envoyé à Mézières. Cette ville est au nord de Sedan et un peu à gauche. Ce point ne sera-t-il pas occupé par l'ennemi avant l'arrivée du 13e corps ? car l'ennemi est très près et ses forces sont redoutables. Le ministre de la guerre trace l'ordre de marche, que le général Vinoy eût mieux conçu sans doute. Une partie du 13e corps arriva le 31 août à Mézières par les voies ferrées. Le premier soin du général Vinoy fut de se mettre en communication avec le maréchal de Mac-Mahon pour lui faire connaître l'arrivée de sa tête de colonne sur le théâtre des opérations, prendre ses instructions ou ses ordres. Quoique le 13ᵉ corps ne fît point partie de l'armée du Maréchal, le général Vinoy fit donc partir son aide de camp, le capitaine de Sesmaisons, pour trouver le maréchal de Mac-Mahon en quelque lieu qu'il fût. Cet officier rencontra le Maréchal dans la ville de Sedan.

Pendant ce temps le général Vinoy prenait les meilleures dispositions, ordonnant de sages mesures pour l'arrivée des troupes à la gare et sur le parcours. Il envoya une forte reconnaissance sur la ligne de Mézières à Reims pour protéger les communications avec Rethel ; il assura aussi ses communications avec Sedan, et fit sauter le pont de Flize. La voie ferrée était encore libre entre Mézières et Sedan ; le trajet se faisait en une heure et demie. Ainsi le général Vinoy se présentait avec son corps d'armée la veille de la bataille, au moment où le général de Wimpffen arrivait à Sedan et prenait place dans l'armée. Le capitaine de Sesmaisons fit connaître à l'Empereur la présence à Mézières de la tête de colonne du 13ᵉ corps. L'Empereur dit à l'aide de camp du général Vinoy que le maréchal de Mac-Mahon avait seul le commandement de l'armée, et que seul il donnerait les ordres ; mais à cause de l'urgence, Napoléon III adressa cette dépêche au général Vinoy : « Sedan, dix heures du matin. Les Prussiens s'avancent en forces : concentrez toutes vos troupes dans Mézières. »

En envoyant cette dépêche, l'Empereur fit observer au capitaine de Sesmaisons que le maréchal de Mac-Mahon devait ratifier ce télégramme et donner ses ordres.

Le général Vinoy a lui-même fait connaître une particularité qui ne manque pas d'intérêt (1) : « L'Empereur

---

(1) *Opérations du 13ᵉ corps et de la 3ᵉ armée*, par le général Vinoy.

s'inquiéta de la route que prendrait le capitaine de Sesmaisons pour rejoindre Mézières, car il fallait renoncer à la voie ferrée, à cause du feu trop rapproché de l'ennemi. L'Empereur lui fit donner un des chevaux de l'état-major général et lui indiqua, en la traçant lui-même au crayon, sur la carte, la route que l'armée devait suivre le lendemain. C'était un chemin de grande communication récemment ouvert entre Sedan et Vrigne-aux-Bois, sur la rive droite de la Meuse. » Ce détail fait connaître la part que prenait encore l'Empereur aux opérations militaires. Malgré son insistance à dire que Mac-Mahon seul donnait les ordres, il se préoccupait, comme de raison, du sort de son armée qui le lendemain devait capituler. Napoléon III croyait que le chemin ne figurant pas sur la carte était ignoré de l'ennemi, et qu'il restait libre. Le capitaine de Sesmaisons conclut de cet entretien, que l'Empereur semblait admettre pour le lendemain, comme bien décidée ce jour-là même, la marche de l'armée sur Mézières. L'Empereur était convaincu que la rive droite de la Meuse ne pouvait être inquiétée. Le maréchal de Mac-Mahon approuva la dépêche adressée par Napoléon au général Vinoy. Il parut décidé à diriger son armée sur Mézières, sans redouter un mouvement des Prussiens sur ses derrières. Dans l'hypothèse où l'attaque aurait lieu, l'armée française écraserait le corps ennemi qui tenterait de s'opposer à sa marche. Comme l'Empereur, le Maréchal pensait que les communications étaient libres sur la rive droite de la Meuse. Tout confirme donc l'idée que le maréchal de Mac-Mahon croyait les Prussiens en petit nombre.

Des personnes ont accusé le général Vinoy de ne s'être pas rendu avec ses troupes à Sedan auprès de l'Empereur. D'abord, le 13e corps n'appartenait pas à l'armée de Mac-Mahon, ensuite Vinoy avait l'ordre, de l'Empereur lui-même, de se concentrer à Mézières. S'il eût commis l'énorme faute d'aller à Sedan, son corps eût eu le sort de l'armée entière, et Paris assiégé aurait été privé de son meilleur élément de défense, et d'un général qui a rendu les plus grands services.

Pendant que le capitaine de Sesmaisons était encore auprès du maréchal de Mac-Mahon, le général Félix Douay vint présenter quelques observations sur la force d'une position défensive. Le Maréchal et le général discutèrent les avantages et les inconvénients des positions militaires : c'est à ce moment que le Maréchal parut songer à une détermination différente : renonçant à l'opinion qui avait d'abord prévalu dans son esprit et dans ses conseils, d'une retraite encore possible sur Mézières, il sembla préférer attendre l'ennemi et accepter la bataille (1).

A midi (31 août 1870) le canon se faisait entendre du côté de Bazeilles. Le bruit se rapprochait de minute en minute. Bientôt il devint d'une grande violence.

Au moment où le capitaine de Sesmaisons, après avoir rempli sa mission, traversait les rues de Sedan pour retourner auprès de son général, il rencontra l'Empereur qui revenait à pied de l'hôpital, où Sa Majesté avait été visiter les blessés et porter à tous des consolations et des encouragements. Sur son passage les soldats sortaient en foule de leurs logements, le saluaient avec respect et l'acclamaient chaleureusement. Les habitants de la ville se portaient à sa rencontre, lui témoignant la même déférence, et joignant leurs cris à ceux de l'armée. Le dernier acte de souveraineté qu'exerça Napoléon III fut donc d'aller à l'hôpital consoler la souffrance ; le lendemain, pendant la bataille, il n'était ni souverain, ni général, mais soldat.

Le capitaine de Sesmaisons sortit de Sedan, à cheval

---

(1) *Opérations du 13ᵉ corps*, général Vinoy.

cette fois, et traversa la campagne, se dirigeant vers Mézières. Il rencontra des soldats isolés ou en petits groupes qui erraient à l'aventure. Il fut retardé par des convois, il vit les paysans des environs de Sedan fuir du côté de Mézières, et ceux des environs de Mézières fuir du côté de Sedan. Ce n'était partout que trouble et confusion.

Après avoir écouté le rapport de son aide de camp, le général Vinoy mesura l'étendue de nos périls et n'eut pas de peine à prévoir un désastre. Il vit que son corps d'armée sérieusement menacé ne pouvait opérer utilement, soit pour une action, soit pour une diversion. Dans la soirée même du 31 août, l'ennemi, au nombre de 20.000 hommes, faisait une démonstration sur Mézières. Le 13ᵉ corps n'était pas réuni, aucun secours n'aurait pu lui arriver, et les soldats, jeunes et sans expérience, ne pouvaient inspirer confiance.

Le lendemain 1ᵉʳ septembre, jour de la bataille de Sedan, l'anxiété fut grande au quartier-général du 13ᵉ corps. On était sans nouvelles. Dans le lointain le canon se faisait entendre. Mais le général Vinoy avait pour instruction du ministre de la guerre « de ne pas livrer de combat, d'inquiéter seulement par la présence d'un corps de troupes, et de ne rejoindre l'armée du maréchal de Mac-Mahon que s'il était appelé par lui. » Le 13ᵉ corps était donc sous les armes, et attendait. Cependant le général Vinoy tenta un mouvement en avant, mais avec une prudence extrême. Une brigade se mit en marche avec six batteries d'artillerie. Elle rencontra les Allemands et reçut l'ordre de se replier. Vers une heure et demie, la nouvelle de la bataille de Sedan parvint à Mézières et y porta la consternation. Un peu après deux heures, les chemins qui allaient de Sedan à Mézières se couvrirent de soldats français dans le plus grand désordre. Le général Michel arriva lui-même à la tête d'une troupe de cavalerie. Des masses de fuyards sans armes se précipitaient vers la ville, et l'on put évaluer leur nombre a dix mille hommes. Les récits de cette multitude différaient quant aux détails ; mais il était prouvé qu'une grande bataille avait été livrée et perdue par notre armée et que les communications avec Sedan n'existaient plus.

A une dépêche du général Vinoy, le ministre de la guerre, qui connaissait depuis quelques instants le désastre de Sedan, répondit : « Dans les circonstances actuelles, je vous laisse maître de vos mouvements en ce qui concerne le 13ᵉ corps d'armée. Faites évacuer les fuyards sur Laon. Je compte que Mézières saura tenir. »

Le général Vinoy jugea la situation en véritable homme de guerre, et prit la résolution de se retirer sur Paris, sans perdre une heure. Son armée inexpérimentée, privée de munitions, puisque son parc d'artillerie n'était pas arrivé, ne pouvait tenir tête à 240.000 Allemands victorieux. Rester à Mézières, c'était se condamner à la captivité sans défense possible. Le parti de la retraite était le seul qu'un succès pouvait couronner. Mais l'exécution n'en demeurait pas moins pleine de difficultés. Le général Vinoy ne perdit pas un temps précieux à délibérer, à réunir des conseils, à rédiger des procès-verbaux et à prononcer des harangues. Il ne se retira point sous sa tente pour fuir la responsabilité. Il sut prendre une grande résolution et l'exécuter avec autant de talents que de fermeté.

C'est ainsi que le 13ᵉ corps put concourir à la défense de Paris.

XI

Outre les soldats de son corps d'armée, dont une grande partie ne connaît même pas le maniement du fusil, le général Vinoy reçoit 10.000 isolés, fuyards de Sedan, appartenant à toutes les armes. Ces hommes portent partout le désordre. Il serait dangereux de les mêler au 13ᵉ corps d'armée. Cependant il faut les sauver ; le général Vinoy en forme une colonne à part qui ne suivra pas la même route que le corps. Au lieu de faire prendre à la colonne des fuyards le chemin direct de Laon, le général la fait remonter vers Avesne, l'éloignant ainsi des Prussiens. Cette colonne sera protégée par le 13ᵉ corps, qui, lui, sera seul exposé aux attaques. Le général Blanchard commandera la colonne du 13ᵉ corps. Cette colonne marchera presque parallèlement à celle des fuyards, la laissant toujours à sa droite. Mais le 13ᵉ corps suivra la route directe de Paris, passant par Rethel et Neufchâtel, pour atteindre Laon. Le général Vinoy prend les mesures les plus minutieuses avec l'intendance et le génie. Les malades et les blessés seront transportés à Laon par la voie ferrée.

A neuf heures du soir, la colonne de fuyards est mise en route, non sans de grandes difficultés. Le 13ᵉ corps prend la route de Paris à une heure et demie du matin. L'ordre de marche tracé par le général Vinoy porte le cachet du véritable officier de troupe. Tout y est prévu, chacun est à son poste, chacun connaît le but que l'on se propose d'atteindre, chacun sait les moyens qu'il faut employer. Les colonnes marchèrent ainsi toute la nuit et devancèrent l'ennemi. Dès que le jour parut, les soldats aperçurent des uhlans isolés ou en petites troupes, qui, après avoir observé, partaient au galop pour aller rendre compte. Jusqu'à Launois il y avait à craindre la présence, sur la gauche, du corps wurtembergeois, qui aurait pu se montrer plus actif et moins timide. Au village de Faissault, pendant une halte, le général Vinoy apprit qu'une forte avant-garde du 6ᵉ corps prussien, venant de Semuy et d'Attigny, se trouvait à Bertoncourt, sur la route qu'il suivait, un peu en avant de Rethel. Les renseignements étaient vagues, mais, en les comparant et les contrôlant, le général pensa qu'il avait devant lui, pour couper la route, un corps de 35.000 hommes établi depuis quatre heures du matin à travers sa ligne de retraite. Dans le projet on devait coucher le 2 à Rethel, le 3 à Neufchâtel et le 4 à Laon. Le 13° corps était sur pied depuis minuit, sans repos et sans nourriture. Les pauvres soldats, accablés de fatigue, se montraient cependant résolus et résignés. Ils puisaient des forces dans la confiance qu'inspirait leur général. La colonne n'était plus qu'à dix kilomètres de Rethel. L'ennemi l'attendait, trois ou quatre fois plus nombreux, bien reposé et approvisionné. Nos soldats n'avaient que les cartouches renfermées dans la giberne. Seuls, le général Vinoy et son chef d'état-major le savaient.

La position était critique. Chaque pas conduisait à une défaite inévitable. Le général Vinoy prit une résolution prompte et hardie. L'ennemi l'attendait au passage. Lui, homme de guerre, ne doutait pas que de Sedan même on n'eût mis des troupes à sa poursuite. A un kilomètre de Saulces-au-Bois, il fit faire tête de colonne à droite et s'engagea dans un chemin de grande communication. Quelques escadrons de uhlans firent attaquer l'arrière-garde du 13° corps par leur artillerie, et le village de Novion-Porcien devint la proie des flammes. Vinoy ordonna quelques dispositions de combat, mais convaincu que le but de l'ennemi était de retarder sa marche en attendant des renforts, il fit exécuter la retraite en échelons.

Le 13° corps est ainsi engagé dans le chemin de Chaumont-Porcien, Rosoy, laissant à sa droite le 6° corps prussien. Mais celui-ci, averti du changement de direction de la colonne française, se porte vers sa gauche à Ecly, un peu au-dessus de Château-Porcien. Le but des Prussiens est d'intercepter le passage de l'Aisne à Château-Porcien. Le général Vinoy n'échappait donc à un péril que pour tomber dans un autre. Sa résolution fut prompte ; il s'arrêta, fit allumer les feux de son bivac, comme pour attendre la journée du lendemain. L'ennemi, convaincu que cette fois le 13ᵉ corps ne peut lui échapper, conserve ses positions près du pont sur l'Aisne, à Ecly. Le général Vinoy laisse ses feux allumés, lève son camp pour gagner de l'avance par une marche de nuit. Mais il a la prudence de ne partir qu'à deux heures du matin, moment propice dont les militaires comprendront l'importance. Ceux qui ont fait des marches de nuit savent combien elles sont difficiles et pénibles. Les distances se perdent, une sorte de torpeur gagne le soldat ; c'est comme l'ivresse du sommeil. Les arbres de la route prennent des proportions gigantesques, on croit apercevoir des villages, des clochers, des palais enchantés, on se croit aux bords de précipices, enfin chacun est sous l'empire d'hallucinations bizarres. En campagne, les jeunes soldats pensent à chaque instant reconnaître l'ennemi ; surpris, et comme éveillés en sursaut, ils font feu. On juge donc combien dut être pénible pour le 13ᵉ corps cette marche de nuit. Les éclaireurs ennemis apparaissaient vaguement à l'horizon, suivant pas à pas la colonne.

Nos hommes se dirigèrent vers Chaumont-Porcien, gros bourg situé à vingt kilomètres au N.-E du côté de Rosoy, d'où il serait possible de gagner Laon, par Montcornet et Notre-Dame-de-Liesse. La nuit était sombre et la pluie tombait épaisse, la terre détrempée résonnait moins sous le bruit des roues. On franchissait de profonds ravins, puis on traversait des bois. Dans les villages, éveillés tout à coup, les fenêtres s'ouvraient prudemment, et les habitants, reconnaissant les Français, retrouvaient une lueur d'espoir ; ils offraient des vivres acceptés avec reconnaissance. Braves gens de Mesmont, de Wassigny, de Regny, de Gévron, de Chaumont qui avez été si bons pour les pauvres soldats, croyez bien que les survivants du 13e corps ne vous oublieront pas ; mais combien sont morts au siège de Paris !

A Chaumont-Porcien, un guide qui dirigeait le général Blanchard, commandant de la colonne, lui fit prendre une fausse direction. Cet homme, soit par ignorance ou trahison, ramenait le 13e corps à Ecly. Le général Vinoy, auquel rien n'échappait, ne tarda pas à s'apercevoir que le guide entraînait la colonne vers le 6e corps prussien. On fit à Château-Porcien une halte de deux heures, avec toutes les précautions militaires, grand'gardes et active surveillance.

Tout à coup le canon se fit entendre, le village de Château-Porcien était attaqué par les Prussiens du 6e corps d'un côté, et d'un autre par une division de cavalerie envoyée de Sedan. Toujours bon capitaine plein d'expérience, le général Vinoy, au lieu de placer ses troupes dans le village, les avait concentrées dans une vaste prairie au-dessus du bourg. Quelques soldats étaient entrés dans le village et leur présence fit supposer aux Prussiens qu'il était fortement occupé par toute la colonne.

Pendant l'attaque du bourg, le général Vinoy fit promptement filer sa troupe par le chemin de Chaumont à Montcornet, renonçant à Rosoy. Cette retraite peut sembler extraordinaire, mais elle fut favorisée par l'incendie des maisons et masquée par les hauteurs qui dominent la vallée où s'engagea le général Vinoy. Il redescendait en quelque sorte vers Ecly, tandis que les Prussiens qui en venaient, suivaient une ligne presque parallèle. Si l'ennemi qui en était fort près sans voir le 13e corps eût attaqué son flanc gauche, la colonne française eût été facilement détruite. Le 6e corps prussien nous avait donc rejoint, malgré les efforts et l'habileté du général Vinoy. Nos hommes, qui marchaient depuis deux heures de la nuit, ne s'arrêtèrent qu'à trois heures de l'après-midi au village de Fraillicourt. Après un repos suffisant, on franchit les quinze kilomètres qui séparent ce village de Montcornet.

L'ennemi s'était arrêté à Chaumont-Porcien. En partant de Montcornet le dimanche 4 septembre, le général Vinoy pouvait se diriger directement sur Laon, mais il préféra s'éloigner de l'ennemi en gagnant Marle. Nous avons jusqu'à présent, dans ce récit, indiqué par le nom de 13ᵉ corps, la troupe que conduisait le général Vinoy, mais en réalité la colonne ne se composait que de la division Blanchard. La division d'Exéa était à Reims, et celle du général Maudhuy, à Laon. Cependant il nous a semblé juste de faire honneur au 13ᵉ corps de cette admirable retraite, exécutée par son général. Deux régiments, le 35ᵉ et le 42ᵉ, qui encadraient la colonne, se montrèrent aussi braves que disciplinés ; ils donnèrent le plus bel exemple aux jeunes régiments. Les 18ᵉ et 19ᵉ bataillons de chasseurs à pied soutinrent la réputation de leur arme. Les places de La Fère et de Soissons empêchèrent sans doute l'ennemi de continuer sa poursuite, et permirent au général Vinoy de gagner la ville de Laon

Le 4 septembre, le jour même où la division Blanchard partait de Montcornet, cent fois heureuse d'avoir échappé aux poursuites de l'ennemi, le général Vinoy recevait cette dépêche du ministre de la guerre :

« Ne vous serait-il pas possible de faire front et de bousculer la tête des colonnes de l'ennemi ? »

Pour éviter à Paris un orage politique, on donne des ordres aux généraux, qui eux sont sur le terrain, et qui savent quel est le meilleur moment pour faire front. Déplorable et funeste système que celui qui consiste à vouloir diriger de loin les opérations militaires!

Ce système paraissait nécessaire en 1870 pour plusieurs raisons. Le gouvernement de la France était réellement à Paris entourant la Régente, mais l'Empereur n'avait pas abdiqué, et son autorité demeurait entière. De là, des volontés flottantes, des projets contraires formés de part et d'autre, ce qui obligeait le ministre de la guerre à une intervention presque constante. La faiblesse de certaines autorités militaires rendait souvent indispensable l'action du ministre sur les troupes.

Dans la même journée du 4 septembre, le général Vinoy reçut cette nouvelle dépêche :

« Paris, 4 septembre 1870, 5 h. 20 du soir.

« La révolution vient de s'accomplir dans Paris : revenez avec votre corps d'armée vous mettre à la disposition du gouvernement qui s'établit. »

Homme de devoir par-dessus tout, le général Vinoy comprit qu'un vieux capitaine tel que lui se devait au service de la patrie. Tous les généraux des 1er, 5e, 7e et 12e corps avaient été faits prisonniers à Sedan ; ceux des 2e, 3e 4e, 6e, et de la garde impériale, étaient bloqués sous Metz. Il ne restait à la France que le 13e corps à peine formé et le 14e en voie de formation. Briser son épée en un tel jour eût été indigne du général Vinoy ; il se rendit donc à Paris.

La retraite de Mézières est l'une des plus belles opérations de cette campagne. En tous temps elle eût été remarquable, mais le lendemain de la catastrophe de Sedan, cette marche avec de jeunes soldats fait le plus grand honneur au caractère et aux talents du général Vinoy.

Faisons connaître ce digne soldat.

XII

Il n'est pas rare de rencontrer dans les rangs de l'armée des hommes élevés au séminaire. Différents d'esprit, sortis des classes diverses de la société, ils n'en conservent pas moins de vagues ressemblances ; un observateur pourrait les distinguer de leurs compagnons d'armes: leur bravoure est calme et leur résignation complète. Toujours humains, même aux heures où la passion soulève autour d'eux les colères, ils semblent plus forts que les autres puisqu'ils sont maîtres d'eux-mêmes. Bienveillants dans les relations de la vie, justes pour tous, sévères pour eux-mêmes, graves et réfléchis, ils se font aimer et respecter. La mise en scène leur est complètement étrangère, et dans le tumulte des combats ils ne se laissent pas emporter. Le soldat leur obéit tout naturellement, parce qu'il voit en eux des amis, des protecteurs et des modèles. En vérité, on serait tenté de croire que, lorsque le séminaire ne conduit pas à l'Eglise, il conduit au camp par une route large et bien éclairée.

Le général Vinoy est le témoignage le plus éclatant de ce que nous venons de dire. Ceux qui, comme nous, ont été assez heureux pour le connaître, voient en lui l'homme de bien par excellence. C'est là l'impression première ressentie par tous ; mais cet homme si bon était vraiment trop modeste : il se dérobait aux regards et fuyait les bruits du monde avec une sorte de pudeur virile que nul ne connaissait au même degré ; non pas qu'il fût en défiance de sa force ou de ses talents, mais par respect pour lui-même.

Il avait à l'égard de l'intrigue et de la mise en scène une horreur instinctive ; le contact des intrigants le froissait, et sans déclamations il se détournait pour les laisser

VINOY

passer lorsqu'il n'était pas en son pouvoir de les arrêter.

Placé sur un théâtre où les grands gestes n'étaient pas épargnés, où les premiers rôles s'enlevaient souvent par la ruse, où les masques cachaient les visages, le général Vinoy ne cessa pas un seul jour d'être lui-même, toujours simple et franc. Il eut à remplir de hautes et importantes missions ; un autre en eût tiré profit pour sa fortune et sa renommée, tandis que lui, son œuvre accomplie, s'écartait en silence.

La modestie du général Vinoy était un harmonieux mélange de dignité personnelle et de dédain pour les jugements du vulgaire.

Dans leurs causeries, les gens de guerre, lorsqu'ils jugent un capitaine, disent souvent : *il est superbe au feu.* Etre superbe au feu s'entend de plusieurs façons. Lamoricière, Canrobert, Bourbaki, Ducrot s'illuminaient comme Condé ; Vinoy demeurait calme comme Vauban et Turenne. Murat et Lassalle entraînaient les masses en faisant bondir leurs coursiers ; Kléber et Desaix embrassaient du regard les bataillons ennemis, et d'un mouvement de tête lançaient leurs soldats. On peut donc être superbe de plusieurs façons, et toutes sont bonnes si le chef domine cette foule d'hommes qui ont les yeux sur lui et plongent pour ainsi dire leurs âmes dans la sienne.

Le tumulte de la bataille, les cris confus, la mort toujours présente ne troublaient pas Vinoy. Il embrassait tout du regard et prévoyait avec un admirable sang-froid. La responsabilité, si lourde pour tant d'autres, le préoccupait sans nuire à ses facultés. On l'avait admiré sur les champs de bataille en présence de l'ennemi, et il fut plus admirable encore pendant le siège de Paris où les citoyens troublés par les privations, égarés par des discours insensés, oublièrent à chaque instant le respect et la discipline. En temps de paix, dans les relations du monde, le général Vinoy avait une attitude réservée et d'une parfaite discrétion.

C'est dans le département de l'Isère que naquit, en 1802, Joseph Vinoy, à Saint-Etienne de Saint-Geoirs. Il appartenait au tiers état, si indépendant et si fier dans le Dauphiné. Les parents du jeune Vinoy, tous fort religieux, le placèrent d'abord au séminaire de la Côte-Saint-André, puis de Grenoble, redoutant pour lui les idées belliqueuses du lycée. L'enfant était réveillé par la cloche au lieu de l'être par le tambour ; mais si l'âme s'élevait plus souvent vers le ciel, le cœur n'en allait pas moins aux gloires de la terre. C'était le temps des grandes conquêtes et des capitaines illustres. Les *Te Deum* de la victoire retentissaient et les séminaristes eux-mêmes prenaient leur part des joies patriotiques.

Vinoy fit de bonnes études sans que la vocation religieuse prît le dessus. La carrière des armes l'attirait, mais il n'était point préparé aux examens de l'école militaire et l'âge ne permettait plus d'attendre. Alors il se fit soldat au 4e régiment de la garde royale, le 15 octobre 1823. Il devint bientôt caporal, et fut nommé sergent l'année suivante, au 14e de ligne.

Le sergent Vinoy prit part à la conquête d'Alger. On n'a pas oublié le brillant combat de Staouéli livré le 19 juin 1830. En recevant le baptême du feu, le sergent attira les regards de ses généraux et de ses compagnons d'armes. Les Arabes, amis des prouesses, vinrent défier le 14e régiment en plantant un drapeau devant le front de bandière ; Vinoy reçut deux blessures en enlevant le drapeau ennemi. Proposé pour la décoration de la Légion d'honneur et deux jours après pour le grade de sous-lieutenant, il obtint l'épaulette d'officier le 25 juillet 1830 ; la croix lui fut également accordée, mais seulement après sa rentrée en France. Lieutenant en 1833 après dix ans de service, Vinoy ne supporta pas sans peine la vie de garnison dans une ville de province, il sollicita sa nomination dans un corps spécialement destiné à la guerre d'Afrique, alors si ardente. En 1836 seulement, le ministre le plaça avec son grade dans la *légion étrangère*. Les combats étaient de tous les jours. Nommé capitaine adjudant-major en 1839, Vinoy eut un cheval tué sous lui à l'affaire de l'Arba et ne fut préservé de la mort que par le dévouement de ses soldats.

Les états de service du général Vinoy sont riches de citations à l'ordre du jour de l'armée. Son nom est proclamé au combat de Tissour, aux Flittas, sans compter ses blessures aux Khamis de Ben-Ouragh. Le capitaine Vinoy ne se contentait pas de combattre, il colonisait. On lui dut, en 1842, un fort avec une ambulance ; il étudiait en même temps les ressources du pays, rédigeait d'utiles rapports, proposait des améliorations presque toujours adoptées. Ses bons services lui valurent le grade de chef de bataillon au mois d'octobre 1843. Ne voulant pas rentrer en France, le commandant Vinoy fut placé au 32ᵉ régiment d'infanterie qui combattait en Afrique.

Il exerça des commandements importants, combattit en 1844 les Oulad-ali-ben-Hamel et détruisit l'année suivante un corps important qui attaquait le port de Sidi-bel-Abber. Ces faits d'armes lui valurent la croix d'officier de la Légion d'honneur. Le gouverneur général de l'Algérie, voulant établir une route entre Saïda et Daïa, confia cette mission à Vinoy, qui travaillait sous le feu continuel de l'ennemi.

On se souvient de l'émotion que produisit en France la prise du camp d'Abd-El-Kader, le 13 mars 1846. Vinoy se surpassa et donna la mesure de ses facultés militaires.

Le 32ᵉ fut rappelé en France au mois de juin 1848. En débarquant à Marseille, ce régiment se trouva en face de formidables émeutes. Le commandant Vinoy comprit tout d'abord qu'il fallait agir vigoureusement et ne pas perdre un temps précieux en délibérations. Il attaqua bravement les barricades de la place Castillane, les enleva, et dispersa les insurgés.

Il regrettait l'Afrique. De son côté le gouvernement appréciait les services que Vinoy pouvait rendre à la conquête. Aussi fut-il nommé lieutenant-colonel du 12e léger, qui était à Mascara. Il reprit sa vie de fatigues et de sacrifices.

Vinoy fut nommé colonel du 54e de ligne au mois de juin 1850. Par une sagesse unie à la plus grande fermeté, le colonel Vinoy sut maintenir les ouvriers de Limoges, fort exaltés à cette époque.

Il obtint le même succès à Avignon, menacé de la guerre civile. A la tête de colonnes mobiles, le colonel Vinoy parcourut les arrondissements d'Apt et de Forcalquier, dispersant les rassemblements hostiles et donnant confiance aux bons citoyens. La décoration de commandeur de la Légion d'honneur fut sa récompense.

Ses pensées le reportaient toujours vers l'Afrique. Lorsqu'en 1852 le gouvernement décida la création de nouveaux régiments de zouaves, le colonel Vinoy forma le 2e régiment, dont il eut le commandement. Composé de soldats aguerris, le nouveau régiment fit la campagne des Babords, qui valut au colonel le grade de général de brigade, le 10 août 1853.

Lorsque la guerre de Crimée fut décidée, le général Vinoy obtint un commandement. Il se montra admirable à l'Alma et eut un cheval tué sous lui en abordant les Russes. A Balaclava, à l'assaut de Malakoff, toujours et partout le général se faisait remarquer.

Vinoy fut nommé général de division pendant la campagne de Crimée. Rentré en France avec l'armée, il remplit les fonctions d'inspecteur général et commanda une division militaire.

Il fit la campagne d'Italie avec la supériorité qu'on lui connaît, se distinguant à Magenta et à Solferino. Le commandant de son corps d'armée parle ainsi de lui dans le rapport officiel de la bataille de Magenta : « Sire, je crois devoir signaler à Votre Majesté la brillante conduite du général Vinoy ; il est impossible d'allier à un plus haut degré l'ardeur qui électrise le soldat et la présence d'esprit qui fait parer aux cas difficiles et imprévus.

Dans sa dépêche à l'impératrice-régente, l'Empereur dit : « Les généraux de Mac-Mahon, Regnault et Vinoy se sont couverts de gloire. »

Que pourrions-nous ajouter à ce récit ? Grand-officier de la Légion d'honneur en Crimée, sénateur le 31 décembre 1865, le général Vinoy pouvait espérer que la reconnaissance nationale lui accorderait une belle vieillesse.

On raconte que S. A. R. Mme la duchesse d'Angoulême, après avoir lu l'histoire de la campagne de Russie, se serait écriée : « Comment, le maréchal Ney a fait tout cela ! Ah ! si le Roi en avait été averti, le Maréchal n'eût pas été sacrifié. »

Peut-être les hommes qui ont enlevé la grande chancellerie de la Légion d'honneur au général Vinoy, et l'ont fait mourir en quelques jours, répéteront-ils les paroles de la duchesse d'Angoulême, paroles inspirées par le patriotisme.

Le général Vinoy nous écrivait le 25 mars 1880 : « J'étais aux eaux du Mont-Dore en 1870, lorsque la guerre éclata, à ma grande surprise, car je savais que nous étions loin d'être prêts pour la faire. Le maréchal Niel, avec qui j'avais conservé des relations intimes depuis la guerre d'Italie, m'avait souvent parlé de notre état militaire, et je ne lui avais pas caché notre faiblesse relative. Une dépêche du maréchal Le Bœuf me rappela pour prendre le commandement des dépôts de la garde.

Le général Montauban, devenu ministre de la guerre, me les retira pour me confier le 13ᵉ corps avec lequel je dus bientôt partir pour Mézières. Vous savez le reste que je vous ai raconté. »

Voilà donc le général Vinoy, âgé de soixante-huit ans, rappelé au service actif, non pas à l'heure où l'armée entre en campagne, joyeuse, fière et riche d'espérances, mais après de cruelles défaites, lorsque tout espoir était perdu.

Vinoy accepta le suprême sacrifice que lui demandait la patrie. Plongé dans de profondes méditations, presque toujours silencieux, mais non découragé, il reprit sa vieille épée d'Afrique, de Crimée et d'Italie. Il partit, croyant peu au retour, mais ne voulant pas rester debout quand la France tombait.

Nous avons rappelé la retraite de Mézières, que nos ennemis ont admirée.

Un officier général de l'armée prussienne, Von Witzleben, a publié la relation de cette opération stratégique. Il entre dans les moindres détails. Militaire très renommé, l'auteur du mémoire jouit en Allemagne du plus grand crédit. Il termine ainsi : « Nous avons exposé en détail cet épisode parce que pour nous, dans la conduite de Vinoy se trouve de nouveau la leçon qu'il ne faut pas désespérer avant que le dernier doute ait cessé d'être possible. L'homme intrépide trouve parfois un chemin, là où l'homme pusillanime croit qu'il n'y a pas moyen d'échapper au malheur.

« L'exposition des événements des 2 et 3 septembre nous semble être *un chef-d'œuvre* achevé, et sera d'autant plus reconnu comme tel que l'histoire qui s'écrira plus tard sera en position de donner plus d'éclaircissements ultérieurs sur ce qui s'est passé. »

Le général Von Witzleben porte ce dernier jugement : « L'arrivée de cette partie de l'armée française à Paris était de la plus extrême importance, car le corps de Vinoy a formé le noyau de la défense de la capitale, et l'on peut toujours se demander si, sans ce noyau, la défense eût pu être organisée. »

Lorsque la paix fut faite, le général Vinoy n'eut pas l'honneur de siéger à la Chambre des députés ou au Sénat ; mais, nommé grand chancelier de la Légion d'honneur, il fit respecter les antiques traditions de l'ordre dont il était le digne représentant.

Un jour la disgrâce vint atteindre notre illustre général. Cet homme qu'avaient respecté les boulets et la mitraille, cet homme revenu des hauteurs de l'Atlas et de la gorge de Malakoff devait tomber sous le coup de l'ingratitude et de l'iniquité. Son cœur fut brisé. D'un pas chancelant, il sortit de ce palais dont nul chancelier n'était sorti vivant.

Le général Vinoy est mort en bon chrétien, un prêtre à son chevet (1).

XIII

Notre but principal, en écrivant ce livre, est de montrer la guerre sous ses physionomies diverses et variées à l'infini. Nous avons vu le franc-tireur attendant le uhlan à la lisière de la forêt ; nous avons vu le garde mobile courant sur l'ennemi la baïonnette en avant ; nous avons vu le paysan conduit en captivité et subissant tous les outrages ; nous avons vu le soldat prisonnier de guerre ; nous avons vu l'aumônier consolant la souffrance ; nous avons vu la femme prodiguant des trésors de charité, et nous avons assisté à des scènes de carnage. A Tours, les

(1) La très *intéressante* collection ILLUSTRATIONS et CÉLÉBRITÉS du XIXᵉ siècle (1ʳᵉ série) contient une biographie plus détaillée du général Vinoy.

hommes politiques nous ont surpris par leur incapacité, tandis qu'à Versailles notre cœur se révoltait à l'aspect du Prussien maître du palais de Louis XIV. Toutes ces choses sont passées sous nos yeux, et cependant nous n'avons pu voir qu'une faible partie du mal.

Nos regards ne se sont pas fixés sur un spectacle qui se reproduisait tous les jours, toutes les heures, toutes les minutes, tantôt sur la paille, tantôt dans la neige, souvent dans les fossés du chemin ou dans la solitude d'un bois.

Ce spectacle est la mort du pauvre soldat, non la mort glorieuse du champ de bataille, mais cette mort anonyme, lente et cruelle, qui prend l'homme lambeau par lambeau.

Quelques jours après avoir quitté la maison paternelle pour se rendre à la ville voisine, un sac volumineux écrasa ses épaules ; le fusil était bien lourd dans ses mains ; puis on le mit en route à peine vêtu, les pieds dans la neige, les lèvres glacées, les yeux rougis par la tempête et les bras engourdis. Il se battit en brave, tomba sur le champ de bataille ou mourut avec résignation, accablé par la marche et les fatigues de la guerre.

Que demandait le pauvre soldat en donnant chaque jour à sa patrie tout ce qu'il possédait sur la terre ? Il demandait que Dieu consolât ses vieux parents, laissés au village ou à la cité, et prêtât une main secourable à ses compagnons d'armes pour délivrer la France.

Abrégeons ce récit ; aussi bien est-il triste, car dans la mort du soldat il faut voir sa famille, dont il est l'espérance ou le soutien, encore plus que l'homme qui disparaît.

Parmi les personnes qui nous liront, peut-être s'en trouvera-t-il une qui ne comprendra pas tout d'abord notre pensée. Ce lecteur pensera sans doute que nous voulons solliciter la pitié en faveur du soldat, et le représenter comme la victime éternelle d'une société aussi aveugle qu'égoïste.

Notre but est tout autre. Le jeune soldat remplit son devoir et rien de plus. Dès que la guerre est déclarée, sa vie appartient à la patrie. Aussi, lorsqu'il tombe, on peut regretter le sort personnel qui l'atteint ; nul n'a le droit de le plaindre et de le considérer comme une victime fatalement vouée à la mort.

A tout prendre, ceux qui reviennent sont les plus nombreux, et si le bâton de maréchal de France sort rarement de la giberne, pas un homme compétent n'ignore que l'armée est, de toutes les carrières, celle où le travail et le caractère conduisent le plus loin.

Il serait donc fâcheux de gémir sur le sort du soldat. La vie des camps est plus joyeuse que l'existence des cités, l'air qu'on y respire est plus pur, et, quoi qu'on dise, les vices y sont moins répandus.

Alors, dira-t-on, pourquoi nous donner le spectacle du soldat tombant percé d'une balle, ou agonisant sur les bords d'un fossé ?

C'est pour habituer la société française à la vue des sacrifices. Le sacrifice est toujours empreint d'une véritable grandeur, et nous devons accoutumer nos yeux et nos cœurs à la grandeur plus qu'à la peine dont elle est entourée.

Les anciens célébraient les louanges des guerriers morts pour la patrie. Les vieillards, les enfants paraissaient couronnés de feuillage, les femmes entouraient les épées et les boucliers, les magistrats prononçaient des harangues, tandis que des chants guerriers animaient la cité.

Notre civilisation chrétienne se prêterait peu à de telles démonstrations, mais il y a beaucoup à faire pour l'homme qui donne sa vie pour la patrie.

Comme en Prusse, tout soldat devrait recevoir les honneurs funèbres ; les honneurs seraient réservés aux gens de guerre. Rentré dans son village, l'ancien soldat aurait autour de son cercueil les anciens militaires du pays, sous la direction des autorités.

Dans les chefs-lieux d'arrondissement ou de canton, les rues et les places publiques porteraient les noms de ceux qui seraient morts à la bataille.

A l'école de toute localité, sur une table de marbre noir, seraient gravés les nom, grade et numéro du régiment de tous les soldats tués ou morts de leurs blessures.

Aux cérémonies publiques, leurs familles auraient des places à part ; elles seraient l'objet des faveurs du gouvernement ; un grand nombre d'emplois leur seraient exclusivement réservés.

Si un soldat venait à être tué en accomplissant une action d'éclat, chose qui n'est point rare, la croix d'honneur serait envoyée à la mairie de sa ville ou de son village. Nous aurions des cités décorées, comme nous avons des drapeaux décorés.

L'esprit public, une fois entré dans cet ordre d'idées, réveillerait bientôt le sentiment militaire.

La France ne sera vraiment grande, que lorsque l'armée jouira d'une considération exceptionnelle.

A la bataille de Fontenoy, Louis XV vit un soldat blessé qui ne pouvait se relever :

— Emportez cet homme, dit le Roi.

Et, s'adressant au blessé :

— Comment te nommes-tu ?

— Laissez, répondit le soldat, je suis à ma place. Ici, je me nomme *grenadier*.

Louis XV lui fit dresser des lettres de noblesse. Il y a encore, dans le Midi de la France, une famille de magistrature qui porte le nom de *Grenadier*.

Je ne sais, en vérité, si les Montmorency ou les Rohan ont une plus illustre origine !

CHAPITRE VI

SOMMAIRE

Napoléon III et la France en 1870 : l'opinion publique et l'entourage de l'Empereur. — Ce qu'était notre armée à la veille de la guerre. — La commission de la réforme militaire ; le maréchal Niel. — Le roi de Prusse sur les buttes Chaumont. — Loi organique française du 1er février 1868 et loi fédérale prussienne de 1867. — Les contingents de la France et ceux de l'Allemagne. — Opinion du général Changarnier sur la valeur de l'infanterie. — Les mitrailleuses — Le matériel militaire ; les docks de campement ; l'abus des bagages. — Le soldat de 1870. — Les sous-officiers. — Les officiers. — Les généraux. — La cavalerie. — L'artillerie et le génie. — Le corps d'état-major. — Le mémoire de Vauban à Louis XIV. — Les aides de camp chefs de corps d'armée. — *Nous sommes prêts.*

I

Pendant cette fatale guerre, non seulement presque tout manquait, mais ce que nous possédions n'était pas à sa place. Il en a été ainsi du personnel comme du matériel. A la tête de l'armée de Metz, le maréchal de Mac-Mahon eût rompu les lignes prussiennes ; Bazaine commandant l'armée de Châlons n'aurait pas été s'engloutir à Sedan ; la présence seule de l'Empereur à Metz aurait relevé plus d'un courage, et empêché quelques défaillances ; à la tête des troupes le général Montauban aurait rendu d'immenses services et réveillé peut-être de glorieux souvenirs ; peut-être aussi, le général Trochu à Tours, et Gambetta dans Paris eussent-ils trouvé un meilleur emploi de leurs facultés, de leurs talents et de leurs caractères.

La loyauté du maréchal de Mac-Mahon répondait de l'armée de Metz ; il n'aurait pas tenu à l'écart ses collègues les maréchaux Canrobert et Le Bœuf ; de son côté Bazaine, en rase campagne, n'eût pu se soustraire à ses devoirs et, l'intrigue devenant impossible, les élans du capitaine se seraient réveillés dans cette âme corrompue.

La guerre venait trop tard. Saint-Arnaud, Bugeaud, Pélissier, Bosquet n'étaient plus ; la vieillesse avait atteint d'autres natures vigoureuses.

Il eût donc été sage de se souvenir de la parole retentissante de Bordeaux : *L'Empire c'est la paix*.

Malheureusement pour lui et pour la France, Napoléon III portait un nom qui le condamnait à la guerre et, bien plus, aux victoires. Il avait battu la Russie en Crimée et l'Autriche en Italie, tandis que la Prusse, les regards fixés sur ses armées, mesurait savamment leur puissance réelle et aussi leur faiblesse.

Malgré tout son esprit, le public en France ignorait que nos succès à Sébastopol étaient dus aux élans désespérés de Pélissier qui employait sans compter les braves soldats conservés par les soins paternels de Canrobert. Ce public ignorait surtout que Magenta et Solférino étaient des victoires de soldats qu'aucune stratégie, aucune tactique n'avaient préparées. Pendant les jours qui suivirent ces victoires, les états-majors composèrent, pour la plus grande gloire des chefs, de beaux plans de bataille à l'instar d'Austerlitz et de Wagram. Les bulletins ne manquaient même pas, et tel général revenu de son étourdissement apprenait qu'il s'était couvert de gloire.

A Berlin, M. de Moltke souriait.

De temps à autre Paris avait sa fête militaire : une grande revue. La population accourait de toutes parts et les applaudissements remplissaient l'air. Le peuple avait raison d'acclamer l'armée de l'Empire. La garde impériale défilait, les grenadiers en tête. On croyait revoir la vieille garde de 1812 avec ses bonnets à poil aux aigles menaçantes ; les cuirassiers passaient dans des flots de poussière ; l'artillerie au galop faisait trembler le sol ; puis venaient les dragons à la crinière flottante, les chasseurs si légers, et les hussards fringants et coquets. L'infanterie, cette *nation des camps*, suivant l'expression de M. de Barante, apparaissait, colonels en tête, graves et majestueux ; non loin derrière eux le tambour-major au costume théâtral, et les sapeurs qui tombent en tête un jour d'assaut ; les éclats de la musique, le hennissement des chevaux, le bruit des roues sur le terrain durci ; la flamme des drapeaux qui flottent au-dessus du soldat, enfin ces milliers d'hommes, fantassins de la ligne, chasseurs à pied, tout contribuait à un véritable enivrement. Des regards sympathiques accompagnaient ces modestes officiers d'infanterie, capitaines, lieutenants et sous-lieutenants qui marchent du même pas que le soldat, partagent ses fatigues, et lui enseigneront bientôt la mort du champ de bataille.

Témoin de ce spectacle, quelque Prussien caché dans un groupe de spectateurs devait éprouver un doute, car notre armée était belle ; mais à Berlin, M. de Moltke ne se sentait nullement troublé. Pour lui les mystères n'existaient pas ; son regard plein de haine avait soulevé tous les voiles.

Combien de fois, la magnifique revue terminée, n'avons-nous pas reconduit nos cavaliers dans leurs quartiers ! La foule se précipitait autour des escadrons et nous lisions dans tous les yeux le sentiment de l'orgueil national. Moins expérimenté, nous aurions cru au patriotisme.

Le patriotisme est moins bruyant.

Aux satisfactions de ces cérémonies militaires se

mêlaient des tristesses dans le cœur des anciens officiers. La préparation à la revue prouvait que nous n'étions pas prêts pour la guerre ; de grands efforts avaient pu seuls former, pour quelques heures, des escadrons, des bataillons, des régiments et des brigades. Ce n'était pas l'armée dans son état normal.

L'Empereur était apparu souriant de bonheur devant le front des troupes ; son magnifique cheval bondissait. Derrière lui venait le maréchal ministre de la guerre, le maréchal gouverneur de Paris, les aides de camp de Sa Majesté et le plus brillant des états-majors.

Ainsi entouré, ayant sous les yeux une armée superbe, Napoléon III se disait : « Nous sommes prêts. »

Depuis le jour où il était monté sur le trône, ses ministres le trompaient.

Un vague pressentiment, une étude de la situation lui faisaient connaître une partie de la vérité, mais la flatterie troublait sa raison. Alors, il remettait au lendemain des réformes qu'il ne croyait pas indispensables à l'heure même.

Napoléon III était pacifique, et c'est loyalement et de bonne foi qu'il prononça la phrase célèbre : *L'Empire c'est la paix.*

Ce nom de Napoléon pesait lourdement sur sa tête, au point de l'accabler. D'ailleurs, il avait retenu cette pensée du général Foy : « La guerre fait pousser des racines si profondes à une dynastie, qu'il est politique de vouloir la guerre. »

Après la campagne d'Italie les pièces de monnaie montrèrent sur son front la couronne de lauriers du César antique.

On vit en même temps un tableau tout semblable à celui d'Austerlitz. Dans l'un comme dans l'autre des tableaux, l'Empereur est à cheval sur une hauteur dominant la bataille ; un général accourt, et s'arrête haletant. Il vient demander les ordres pour la victoire : l'Empereur étend le bras droit et de la main indique un point de l'horizon.

C'est le même tableau, mais la victoire est différente.

Après Solférino, il fallait faire retentir l'Europe du cri : *L'Empire c'est la paix!* L'âge était venu avec ses faiblesses, et l'Empire se laissait discuter.

Le second Empire était loin de posséder l'autorité du premier. Le parlementarisme avait laissé dans les mœurs et dans la législation des traces ineffaçables. Napoléon III était trop bon, trop indulgent, trop libéral pour user de la force contre des ennemis implacables. Il espérait les ramener et ne s'apercevait pas que chaque jour la corruption gagnait la société. M. Thiers avait dit de Louis-Napoléon qu'il lui faisait l'effet d'un gentilhomme instruit, voyageant en France.

L'ancien ministre de Louis-Philippe ne faisait pas connaître le pays d'où venait son gentilhomme. On aurait pu s'y tromper. Louis-Napoléon avait dans sa jeunesse étudié en Allemagne ; sa première communion s'était faite en Suisse, à Notre-Dame des Ermites ; il avait longtemps vécu en Italie, puis en Angleterre, enfin, on se souvenait de son séjour en Suisse où il servait dans l'artillerie. Le Prince parlait donc toutes les langues de l'Europe avec une merveilleuse facilité. De chaque pays, il avait rapporté certaines idées peu conformes aux sentiments de la France sur les mêmes sujets. Ses prédilections étaient acquises à l'Angleterre, dont il admirait l'ordre social.

Malgré ses contacts avec l'étranger, le Prince n'en était pas moins très français, mais il nous aurait voulu des qualités qu'il avait rencontrées ailleurs.

Il introduisit dans l'armée quelques coutumes anglaises excellentes, sans doute, dans un état aristocratique, mais qui jetaient dans nos rangs des idées de luxe peu compatibles avec nos mœurs et nos fortunes.

Son instruction était vaste et très élevée. La géographie, l'histoire, les lettres, les sciences lui étaient familières.

Au reste, le roi Louis-Philippe et tous ses fils brillaient par de vastes connaissances ; la dynastie qui règne sur la Suède se fait remarquer par son savoir. Il serait donc vrai que les princes savent tout sans avoir rien appris ?

Non, certes, mais ils sont dès le berceau entourés de professeurs ou de serviteurs qui professent sans le dire. L'instruction arrive heure par heure tout naturellement, pour ainsi dire, dans leurs jeux.

Mais les princes ignorent, tout comme les bourgeois et la noblesse, un art extrêmement utile, l'art de connaître les hommes.

Privé de cette connaissance, familière à Napoléon Ier, le prince Louis commit d'irréparables erreurs.

Il arrivait de l'étranger, connu seulement par deux entreprises fatales; l'échauffourée de Strasbourg et la folle tentative de Boulogne. La prison de Ham avait entouré sa personne d'une sorte de popularité singulière.

La révolution de 1848, qui devait le perdre à tout jamais, le sauva. La légende napoléonienne écrasa la république. Les populations ne balancèrent pas un seul instant entre les gloires d'Arcole et des Pyramides, comparées aux crimes de Robespierre et de Marat. L'Empire se fit tout seul.

Ses débuts furent heureux.

Le prince Louis-Napoléon n'avait pas tout d'abord les allures assurées du commandement. Les généraux populaires de l'armée d'Afrique étaient dans les rangs de ses adversaires et force lui fut de se contenter des seconds rôles.

Peu à peu, il ramena vers lui l'armée un peu méfiante au début. Le maréchal Bugeaud et Saint-Arnaud lui furent d'un puissant secours. Quelques militaires de grades divers se tinrent à l'écart. Ceux qui les remplacèrent, depuis le sommet jusqu'à la base, furent loin de jouir de leur considération.

Dans une monarchie, le prince héritier du trône apprend à régner depuis l'enfance jusqu'à la mort du souverain. En France, ce rude apprentissage ne se fait plus et les traditions politiques ont disparu.

Il faut donc, nécessairement, que celui qui parvient à la tête de la nation française fasse un apprentissage.

Ce fut pour le prince Louis-Napoléon une immense difficulté qu'il ne parvint pas à résoudre. De tous les pays divers qu'il avait habités, le Prince avait rapporté une foule de préjugés que ses ministres respectaient, que l'entourage officiel encensait et dont il eût été utile de faire le sacrifice aux intérêts de la France et de l'armée.

Nous disons l'*entourage* officiel, parce que l'expression est consacrée par l'usage. Il comprend les personnages qui composaient la maison civile et la maison militaire.

De ce côté, il n'y avait rien à redouter. Investis de fonctions intimes, protégés du souverain, ils se maintenaient dans une réserve plus grande encore que les étrangers. Leur crédit se bornait à patronner amis et familles, à préparer les fêtes, à les embellir et à développer leur carrière dans des proportions insensées.

L'entourage vraiment périlleux se composait de faiseurs d'affaires français ou étrangers, italiens surtout, qui traitaient toutes les questions au point de vue européen, suivant leur dire.

La maison militaire du souverain serait d'une grande utilité non seulement au point de vue de la représentation, mais aussi de la justice, si les officiers placés près du Prince lui faisaient connaître les mérites ignorés ; mais ce serait trop demander à l'humaine nature. Cependant, il s'est trouvé, parmi les aides de camp de l'Empereur, un homme méconnu par l'esprit de parti, presque silencieux tant il était réservé, d'un dévouement complet, toujours prêt à rendre service aux oubliés, indépendant des caprices ministériels, d'une prodigieuse clairvoyance et dont l'absence fut bien fatale au souverain aux heures difficiles. Nous voulons parler du général Fleury. Au moment de la guerre, il occupait l'ambassade de Russie avec une remarquable supériorité. Dans cette voie douloureuse suivie par l'Empereur, de Châlons à Sedan, le général Fleury manquait à Napoléon. S'il eût été présent, bien des fautes et bien des malheurs eussent été épargnés.

II

Lorsque l'Empereur se rendit à Metz, et confia la régence à l'Impératrice, les habitants le virent assister à la messe le dimanche suivant. Sa démarche semblait douloureuse, le corps était affaissé, et le visage pâle. Tout en lui indiquait la souffrance. Ce n'était plus le hardi cavalier des revues de Longchamps, mais un vieillard condamné au repos par un mal irrésistible.

Avant son départ de Paris, les maîtres de la science avaient déclaré par écrit que l'Empereur ne pouvait supporter les fatigues d'une campagne. Le condamner à ce supplice, c'était compromettre sa vie, sa réputation et le sort de la France.

Il entendait les cris : *A Berlin! à Berlin!* mêlés aux refrains de la *Marseillaise* ; on lui relisait les discours de ses ministres Randon et Niel, affirmant que nous étions prêts ; on lui rappelait Magenta et Solférino, et il domptait sa douleur.

Le devoir du souverain, pensait-il, est de marcher à la tête de son armée.

Voyons ce qu'était cette armée française en 1870, au moment de la guerre.

L'expédition du Mexique avait été le point de départ de notre décadence visible.

Cette campagne du Mexique épuisa nos ressources militaires, et laissa deviner notre faiblesse sous les apparences de la force. Nous n'avions pas été audacieux devant les Etats-Unis, et la tentative criminelle de 1864 contre le Danemark n'avait pas ému notre fibre militaire.

Au mois de septembre 1866, l'Empereur écrivit à son ministre de la guerre, le maréchal Randon, une lettre fort remarquable, qui contenait le projet de réorganisation. D'après ce projet, la France aurait eu une armée active de 750.000 hommes, une réserve de 450.000 hommes et une mobilisation plus rapide.

Les ministres n'osèrent pas combattre ouvertement ce projet, mais se promirent de le faire échouer. L'Empereur tenait à cette réorganisation, car il se méfiait de la Prusse ; cependant, il tenait encore plus à sa dynastie. Un ministre fort habile, qui n'était pas le maréchal Randon, fit observer au souverain que sa loi militaire désaffectionnerait les populations rurales, c'est-à-dire la majorité des électeurs. Il y aurait une opposition assez puissante pour compromettre la dynastie. Cette considération fit céder l'Empereur.

Prendre seul une telle responsabilité lui semblait trop compromettant. Il forma une commission, composée de généraux, pour étudier la réforme à entreprendre. Le général Trochu, qui en faisait partie, émit cet avis, qu'en fait de système de recrutement, il n'y en avait que deux possibles : le service restreint, avec sept années sous les drapeaux, et un effectif d'armée active, réserves comprises, de 800.000 hommes. C'était revenir à la loi de 1832. Ce système avait pour conséquence une mobilisation de guerre trop lente. Le second système qui préoccupait le général Trochu était le service obligatoire. La commission ne donnait pas une idée nouvelle.

Les généraux réunis cherchèrent à deviner la pensée de Napoléon III, qui évita de s'expliquer. On discuta, mais rien ne fut décidé.

L'Empereur, renonçant à son premier projet, maintint le principe des gros effectifs, et chargea le maréchal Niel, appelé depuis peu au ministère de la guerre, de rédiger un projet basé sur des effectifs considérables.

Le caractère du maréchal Niel n'avait pas le sérieux nécessaire pour l'accomplissement d'une telle œuvre. Les Gouvion Saint-Cyr et les Soult n'étaient plus, et nul n'avait l'autorité requise pour triompher des objections puériles qui s'élevaient de toutes parts. Le maréchal Niel tenait surtout à briller.

L'Empereur assistait aux réunions préparatoires, en qualité de président, ne cherchant même pas à ramener la question, sans cesse égarée dans les détails les plus infimes, dont le *je* et le *moi* du ministre de la guerre occupaient un temps précieux.

Tout en insistant pour une transformation de l'armée, le maréchal Niel disait, et laissait dire, que nous étions prêts pour la guerre.

La nouvelle législation devait satisfaire le souverain et les électeurs. Le projet parut enfin devant le Corps législatif. L'opposition ne crut pas devoir discuter, et ne fit entendre que des injures à l'adresse de l'armée. On entendit les cris insensés que nous avons rapportés (1) : plus d'armée permanente, — des gardes nationales, —

---

(1) Pages 6 et 7 de ce volume.

des pompiers, — une invasion est impossible, — il faut désarmer, — etc., etc.

Les ministres de l'Empereur proclamaient, pendant ce temps, que l'agrandissement de la Prusse était un fait aussi heureux pour la France que pour l'Europe.

L'Exposition universelle de 1867 fit oublier un moment ces discussions militaires. Les souverains de l'Europe voulaient honorer Paris de leur présence ; ils s'empressaient, en arrivant, de courir à la pièce en vogue, où le métier de prince servait de jouet à la foule. Tous les princes régnants acceptaient le rôle du comte Almaviva.

Seul, le roi de Prusse ne consacra pas sa première visite au théâtre moqueur. « Mais, le lendemain de son arrivée, au point du jour, il se rendit sur les buttes Chaumont avec son état-major, pour lui montrer son bivouac de 1814, peut-être aussi pour lui indiquer le plan de la prochaine attaque et l'emplacement qu'il réservait à sa garde, vers Blancménil et Baubigny. C'était répondre à la cordialité française par une insulte... On se garda d'en parler à l'Empereur ; le pouvoir personnel exigeait le silence, et les courtisans redoutaient de troubler la joie du souverain (1). »

Lorsque l'exposition fut terminée, il fallut revenir au projet de loi qui modifiait la constitution militaire. La Chambre adopta la nouvelle législation qui porta le nom *de loi organique du 1ᵉʳ février 1868.*

Cette œuvre du maréchal Niel était fort incomplète ; elle pouvait séduire un officier du génie, mais un officier-général d'infanterie voyait tout d'abord que ce n'était là qu'une armée sur le papier.

Le gouvernement croyait habituer la population au service obligatoire, en contraignant la jeunesse à figurer soit dans l'armée active, soit dans la garde nationale

---

(1) *Histoire de la guerre de* 1870, par V. D., officier d'état-major.

mobile. Mais pour ménager les susceptibilités, pour éviter les mécontentements, le temps passé sous les drapeaux était tellement diminué, que c'était jouer au soldat et non former des soldats. On renvoya des classes en congé renouvelables, les bataillons de gardes mobiles ne furent pas sérieusement organisés. Qu'était-ce, d'ailleurs, que ces bataillons dont les officiers n'avaient jamais pris place sous les drapeaux ?

Pour tout dire, la loi de 1868 nous ramenait aux milices, en attendant les gardes nationales.

Le pouvoir impérial, après avoir élaboré la loi, reculait devant son application. Des armes en si grand nombre, aux mains des citoyens, inspiraient des inquiétudes.

Quant à l'armée permanente, elle était affaiblie, car les soldats rappelés de congé n'auraient pas la valeur du soldat conservé dans le rang.

Un véritable militaire, après avoir lu attentivement la loi de 1868, ne pouvait s'empêcher de dire : le métier des armes est tombé en discrédit, les jours de l'armée sont comptés.

L'opposition fut coupable de trahison envers la patrie, et le gouvernement se montra faible, tremblant, indécis. Il craignait de déplaire aux électeurs par une sérieuse loi de recrutement.

Ce n'est donc qu'en 1868, deux ans avant la guerre, que la France se donne une constitution militaire. La Prusse, dès 1867, avait son armée fédérale qui comptait, sur le pied de guerre : 948.000 hommes, 25.000 officiers, 200.000 chevaux, et 1.500 canons.

La Prusse envoyait des instructeurs dans le grand-duché de Bade, et autorisait les officiers et soldats badois à accomplir leur service militaire dans ses rangs ; enfin elle contraignait la Bavière et le Wurtemberg à adopter son organisation et son armement. Le roi de Prusse, généralissime allemand, pouvait mettre sur pied, en troupes de campagne, de remplacement et d'occupation, 1.200.000 hommes.

Ces préparatifs n'étaient un secret pour personne, et chacun pouvait deviner qu'ils étaient dirigés contre la France.

L'armée française ne lisait même pas ce que publiait l'Allemagne sur ses travaux et ses progrès. Quelques rares officiers d'état-major ou d'artillerie rédigeaient de courts mémoires que dédaignaient les chefs de l'armée. Un maréchal de France s'exprimait un jour, au camp, devant Metz, en termes très vifs sur les défauts de notre état-major : « Il nous a laissé, dit-il, dans l'ignorance des forces allemandes. » Un capitaine de ce corps, auteur d'une brochure estimée sur la question, répondit : « J'ai eu l'honneur, Monsieur le Maréchal, de vous adresser, il y a deux ans, un travail complet sur ce sujet, et vous avez eu la bonté de me répondre qu'il vous avait paru fort intéressant. »

L'armée se dispensait de toutes sortes de travaux intellectuels, parce que l'instruction était comptée pour rien dans la distribution de l'avancement.

III

L'armée française au grand complet ne comptait pas en 1870 plus de 300.000 hommes sous les armes. Le 6 août, pour les premières batailles, l'effectif total n'était que de 268.065 hommes. Dès le 14 juillet on avait rappelé les hommes des dépôts, de la réserve et de la deuxième portion du contingent, qui ne donnèrent pas au delà de 100.000 soldats. Ils furent répartis dans l'armée de Mac-Mahon ou envoyés à Paris, et un certain nombre laissés sur les bords de la Loire. Mais, au ministère de la guerre, on obtenait un chiffre très supérieur en combinant entre eux les éléments de la loi du 1ᵉʳ février 1868, loi funeste établie sans réflexion.

On disait en haut lieu que la loi de 1868, appréciée au point de vue des contingents annuels, donnait, pour les neuf années de service, une armée active, réserve comprise, de 642.000 hommes. La garde mobile devait en fournir 500.000 de plus ; total : 1.142.000 hommes

Le ministère de la guerre proclama ce chiffre, et le monde militaire le répéta jusqu'à ce que le monde civil en fût bien pénétré.

Il se vendait publiquement à Paris aussi bien qu'à Berlin des brochures officielles qui faisaient connaître à l'Europe la situation militaire de la Confédération du Nord :

500.000 hommes de troupes de campagne, 190.000 hommes de troupes de remplacement, 295.000 hommes de troupes de garnison ; total : 1.035.000 combattants ; avec les contingents du Sud, l'armée de la Confédération arrivait au chiffre formidable de 1.136.000 hommes et 2.200 pièces de canons.

Dans cette masse de soldats, 670.000 environ étaient immédiatement mobilisables, prêts à entrer en campagne vingt et un jours après la déclaration de guerre.

Nous avions donc une infériorité *en soldats* qui aurait dû arrêter le gouvernement dans ses projets belliqueux.

Le ministère de la guerre n'avait jamais été confié par l'Empire à un officier-général d'infanterie. Le maréchal Vaillant et le maréchal Niel appartenaient à l'arme du génie, le maréchal Randon à la cavalerie et en dernier lieu le maréchal Le Bœuf à l'artillerie. Celui qui tint sa place, le général Dejean, avait servi dans le génie.

Ce devait être un parti pris qui eut une influence désastreuse sur l'armée. L'officier du génie est le plus instruit de l'armée, mais il est en même temps le plus étranger aux troupes.

On peut dire que sous l'Empire l'infanterie ne fut pas en faveur. L'un des ministres, lorsqu'il eut supprimé le 4ᵉ bataillon, disait : « De l'infanterie on en trouve toujours, mais il n'en est pas de même de l'artillerie et du génie. »

Le général Changarnier, vieil officier d'infanterie, ne fut pas de cet avis (1) :

« ..... A ceux qui conseillent à notre armée une quantité de canons telle, qu'elle dispenserait les généraux d'avoir du génie, nous rappellerons que, pour la France, l'ère des bataillons très jeunes, accompagnés de canons très nombreux, a été l'ère des victoires infructueuses suivies de désastres irréparables. »

Le général Changarnier aurait pu ajouter que la décadence de l'armée romaine fut préparée par le dédain de l'infanterie et la multiplication des machines, catapultes et balistes.

Le général reprend : « Convient-il de multiplier les canons au delà des proportions ordinaires, quand l'infanterie a des armes de précision dont la portée dépasse la portée de la vue humaine ? On ne rencontre pas souvent des champs de tir de 2.500 à 3.000 mètres.

« Si la poudre n'a pas plus que les rapides moyens de transport changé les règles de la stratégie, elle a incontestablement modifié la tactique, et pourtant nous devons encore dire comme au temps de la légion romaine : *in pedite robur*.

« *Le général qui aura su se former une infanterie excellente aura parfaitement raison de ceux qui auront placé leur confiance dans les armes spéciales.*

« Si on le veut, et il importe de le vouloir sans délai, notre infanterie négligée aujourd'hui, épuisée par la funeste manie des corps d'élite, se trouverait bientôt telle

---

(1) *Revue des Deux Mondes,* 1ᵉʳ semestre 1867, général Changarnier.

qu'elle a été longtemps, ardente au combat, très docile, très solide lorsqu'elle se sent bien commandée. Supportant plus gaiement qu'aucune autre les fatigues des longues marches, elle est la seule qui se batte dans la misère aussi bien que dans l'abondance. Si, comme nous n'en doutons guère, l'artillerie parvient à améliorer son tir, à allonger la portée de la mitraille, quelle est l'infanterie qui en souffrira le moins ? Celle qui sait se faire devancer par des tireurs audacieux, lestes, adroits à profiter des moindres plis de terrain, d'un arbre, d'une ornière, impatients d'atteindre un point d'où ils ne laissent pas debout les servants et les chevaux d'une batterie ennemie. »

Au moment de la déclaration de guerre, l'armée allemande était donc considérablement plus nombreuse que la nôtre.

Le fusil chassepot valait mieux que le fusil Dreyse des Prussiens.

L'artillerie avait une bonne arme, rayée, légère et d'une portée suffisante : le canon obusier de 4 et celui de 12 pour les batteries de réserve. Elle avait contribué à nos succès en 1859 ; à cette époque elle constituait un progrès, presqu'une innovation. On se fiait à sa réputation passée, comme les Prussiens à celle de leur fusil. Un petit nombre d'officiers savaient que le canon prussien était supérieur en portée, justesse, calibre, facilité de chargement par la culasse, et que cette arme atteignait une grande puissance d'effet. On savait que l'artillerie entrait, dans la composition de l'armée, en une proportion de trois pièces pour mille hommes. L'armée du Rhin devait donc avoir en ligne 768 pièces, et les trois armées allemandes d'invasion 1.410.

Mais Napoléon III accordait une confiance trop grande dans la mitrailleuse en pensant qu'elle compenserait notre infériorité en artillerie. Cet engin nouveau, conçu et fabriqué dans le mystère, n'existait au début de la guerre qu'à l'état de machine invisible. L'Empereur, confiant dans le succès de surprise obtenu en Italie par ses canons rayés, pensait qu'un canon à balles, se chargeant par la culasse, à tir multiplié, fabriqué loin des regards indiscrets, apparaissant tout à coup sur les champs de bataille, produirait un effet redoutable, capable d'annuler les avantages du nombre et le tir de l'infanterie.

On donna donc à la mitrailleuse une importance qu'elle était loin de mériter. Ce canon tire 120 balles à la minute avec une portée de 1.200 à 1.500 mètres. Or le soldat d'infanterie avec son chassepot tire huit balles à la minute à la distance de 1.200 mètres. Il en résulte que quinze hommes produisent autant d'effet qu'une mitrailleuse.

Une division de quatre régiments et d'un bataillon de chasseurs à pied possédait six mitrailleuses, soit une pour chaque corps et une en réserve. Ainsi, au combat, on pouvait adjoindre une mitrailleuse tirant 120 coups par minute à un régiment de trois mille hommes qui, déployé, en tirait 20.000 à 24.000 dans le même temps. L'utilité de cette arme était par conséquent très faible.

La mitrailleuse était bonne pour empêcher une troupe de déboucher d'un défilé, d'un bois, d'un ravin, pour défendre un passage étroit. Mais, en ligne, à côté d'un régiment et pour compléter son tir, elle produisait un effet plutôt moral que réel.

Au point de vue de l'armement, l'armée française avait donc un excellent fusil, un canon insuffisant et des mitrailleuses d'un emploi défectueux.

Le public a répété qu'au moment de la déclaration de guerre le MATÉRIEL laissait à désirer. Peu de personnes se rendent un compte exact de ce qu'on entend par *matériel militaire*, parce qu'il est caché dans les magasins. En 1867, on fit grand bruit au sujet des *docks de campe-*

ment. Le maréchal Niel voulait montrer nos richesses.

L'année suivante, en 1868, la nouvelle loi parut, qui donnait sur le papier 600.000 hommes d'armée active. Le ministre Niel voulut que le matériel nécessaire à cet effectif fût rassemblé dans nos grands centres d'approvisionnement.

On augmenta sensiblement le nombre des effets d'habillement, de campement, d'ambulances et de transport. On fit sagement, car le maréchal Randon avait épuisé toutes nos ressources pour la guerre du Mexique, et porté le trouble dans l'administration par une incapacité sans pareille.

Les docks de campement se remplirent d'armes qui devenaient bientôt inutiles à cause des perfectionnements de chaque jour. Les caissons de munitions devant contenir plus du double de cartouches, cessaient promptement d'être en usage. Il en était ainsi de tout.

L'armée d'Afrique avait donné naissance à la petite tente-abri, et la tente exigea bien des accessoires : lit, table, cantine, etc. De là un luxe de bagages pour les administrations d'abord, pour les officiers ensuite, qui dépassait toutes les bornes.

En 1870, les officiers généraux et les officiers supérieurs faisaient ressembler notre armée à celle de Darius.

On pourrait citer une foule d'anecdotes, mais deux suffiront et nous les emprunterons à l'ouvrage fort sérieux : *Histoire de la guerre de 1870*, par V. D., officier d'état-major.

« Dans cette malheureuse armée de Metz, un général jeune, très bien en cour sous l'Empire, avait amené, pour lui composer la cuisine recherchée qu'il aimait, une cuisinière, cordon bleu breveté, du nom de Catherine. Le jour où il apprit les conditions de la douloureuse capitulation du 27 octobre, il s'écria : « Comment ! on nous laisse nos bagages et nos gens, mais c'est magnifique, je pourrai donc emmener Catherine; voilà des conditions superbes ! »

« Un autre général débarqua en Allemagne, dans le lieu de la captivité, avec *deux mille* kilogrammes de bagages. »

On conçoit quelle étendue l'abus des bagages donnait aux convois. La marche des armées en souffrait.

Les règlements militaires devraient être d'une extrême sévérité sur l'article des bagages de l'officier. Il ne devrait emporter que l'indispensable. Si l'on est vainqueur, l'officier remplacera facilement les objets usés ; si l'on est vaincu il n'éprouvera pas une grande perte; dans tous les cas, il vivra militairement et ne blessera pas ses soldats par un luxe insolent.

Le *matériel* était donc, en même temps, encombrant et insuffisant.

La question du *personnel* est délicate à traiter. Cependant, il faut dire ce qui en était en 1870.

Le soldat avait perdu quelques-unes de ses antiques vertus, à force d'être flatté, caressé, exalté outre mesure. La discipline n'était pas ferme comme au temps passé: l'esprit militaire s'était mélangé d'idées bourgeoises qui donnaient lieu à des réflexions et même à des récriminations. Les hommes rappelés en congé apportaient dans le camp un sentiment contraire à la pensée de sacrifice.

Cependant, le soldat était encore ce vaillant homme popularisé par l'histoire et que nous retrouvons sous les drapeaux de Montenotte, d'Iéna, de Montmirail, d'Afrique et de Crimée. Un jour audacieux jusqu'à l'héroïsme, et, le lendemain, prêt aux subites défaillances. A tout prendre, le premier soldat du monde lorsqu'il est bien commandé. La loi de la dotation avait multiplié le remplacement d'une façon effrayante. Le contingent de 1869, sur 75.000 appelés, avait fourni 42.000 remplaçants.

Parmi eux beaucoup se battaient à merveille, mais il n'y avait pas dans leurs sentiments cette pureté, ce désintéressement, nous dirions volontiers ce patriotisme du soldat venu de son village au nom de la loi.

Les hommes de la réserve, des congés renouvelables, en un mot les *rappelés* ne venaient pas gaiement reprendre le fusil. Rentré dans ses foyers à quelque titre que ce soit, le meilleur soldat perd toujours de sa valeur. Sans devenir mauvais, il n'est plus aussi bon. Ce sera le côté faible du service obligatoire ; aussi ne pouvons-nous juger dès aujourd'hui l'armée territoriale.

Un régiment de 1870 ne valait pas un régiment de Crimée. Cependant l'armée était bonne, répétons-le, et ne demandait qu'à être bien commandée.

Les sous-officiers n'avaient pas perdu ces magnifiques traditions qui avaient fait dire (à tort) qu'ils étaient l'*âme* des corps. Nous disons *à tort*, parce que l'âme du régiment est le colonel.

Sous le premier Empire, un colonel nouvellement promu demanda à Napoléon un changement de corps.

— Pourquoi ? dit l'Empereur.

— Parce que mon régiment est mauvais.

— Monsieur, répondit Napoléon, il n'y a pas de mauvais régiments, il n'y a que de mauvais colonels !

Sans être l'*âme* des corps, les sous-officiers en étaient le plus ferme soutien. L'impulsion donnée d'en haut se faisait sentir à toute la troupe sans efforts, autant par les sous-officiers que par les officiers. En contact perpétuel avec les soldats, ayant tous débuté dans le rang, connaissant le fort et le faible de la troupe, extrêmement habiles en ce qui concernait le service intérieur, les sous-officiers étaient d'excellents contre-maîtres ; ils représentaient le soldat perfectionné, tandis qu'on veut en faire désormais l'officier non perfectionné.

La différence est grande entre le sous-officier tout

pratique d'autrefois et le sous-officier théoricien de la nouvelle armée ; celui-ci saura peut-être un peu plus de géographie ou d'histoire, mais sera moins propre à l'instruction du soldat, à son éducation militaire, à sa direction intime. Les écoles spéciales sont propres à former des officiers instruits, préparés par une bonne éducation, mais le sous-officier ne se forme que par le service régimentaire. Les vrais organisateurs, tels que Gouvion Saint-Cyr, Soult, Préval, repoussaient toute pensée d'écoles spéciales pour les sous-officiers. L'essai en avait cependant été fait pour la cavalerie, à Saumur, principalement au point de vue de l'équitation.

On eut peu à s'en féliciter, car une école de sous-officiers exalte les ambitions, affaiblit la discipline et répand fort peu d'instruction. Ces écoles sont privilégiées, car elles sont fermées au fils du paysan, étranger aux examens.

Dans la suite, tous les sous-officiers appartiendront à la bourgeoisie que les concours n'effrayeront pas, et qui n'auront qu'une idée : devenir officiers le plus promptement possible.

Sous le règne du roi Louis-Philippe, il y eut des conjurations militaires, et l'une, celle de Lunéville, fit quelque bruit. Tout le monde n'a pas oublié que les conjurés appartenaient à la classe des sous-officiers sortis de l'école. L'un de ces anciens sous-officiers s'est fait une certaine célébrité ; fusillé par la Commune le même jour que le général Lecomte, il a cruellement expié ses erreurs politiques.

L'ancien sous-officier se contentait d'un avenir modeste mais assuré. Cependant, il ne valait pas sous l'Empire ce qu'il avait valu sous les règnes précédents.

IV

Le mauvais exemple de la jeunesse civile avait jeté parmi les jeunes officiers des idées contraires à la vraie discipline. Ces gentilshommes de vingt ans qui à Fontenoy chargeaient gaiement la colonne ennemie, n'existaient plus, et l'on se riait des ancêtres qui avaient dit : « Messieurs les Anglais, tirez les premiers ! »

Nos jeunes officiers, très braves de leur personne, n'avaient pas pour le service ce dévouement chevaleresque qui remplace bien des qualités. Ils s'empressaient de dépouiller l'uniforme en toute occasion, et considéraient la carrière des armes, en temps de paix, comme le surnumérariat d'un brillant mariage.

Au-dessus de ces jeunes officiers se trouvaient des capitaines, lieutenants et sous-lieutenants de trente à quarante-cinq ans, avec bon nombre de chefs de bataillons excellents pour le service. Ces vrais soldats avaient de nombreuses campagnes de guerre, et se plaignaient hautement du favoritisme qui s'était emparé de l'avancement. Cette catégorie d'officiers était la meilleure dans toutes les armes. Pendant la guerre de 1870, ce sont ces officiers qui ont le plus payé de leur personne dans une proportion énorme comparée au chiffre des soldats ; à Metz, elle a été de 10 pour cent pour les officiers blessés.

Voilà ce qu'étaient nos officiers pendant toute la guerre, braves gens, solides, connaissant le métier, courageux, disciplinés, et qui ont, en tous lieux, fait largement leur devoir, entraînant leurs soldats quand il le fallait, et réparant parfois des fautes venues de plus haut.

C'était le meilleur élément de l'armée, peut-être un élément de succès, si l'organisation, le nombre et la direction n'eussent pas fait défaut.

Les jeunes, en petit nombre, portaient le nom d'officiers d'avenir. Un grand nombre avaient de beaux services qui, se combinant avec la protection, facilitaient l'avancement. Il s'en rencontra même, rarement, que le mérite seul avait mis en avant.

Colonels et généraux étaient anciens dans l'armée et d'âges très raisonnables. Ils commandaient les divisions et subdivisions territoriales et ne voyaient les troupes qu'à l'occasion des revues. On avait repris en 1814 les errements de l'ancien régime qui donnait une part très faible aux qualités militaires pour prendre place dans le cadre des officiers-généraux.

Aller se montrer était une formule reçue ; on se montrait donc au souverain et l'on ne rougissait pas de solliciter pour soi un avancement que le ministre de la guerre demandait pour ses parents et ses amis. Chacun, dans les hauts grades qui sont les plus importants, se faisait donc son propre protecteur.

Le premier soin était de plaire. Jamais Louis XIV dans toute sa puissance n'avait vu semblable servilisme. L'oubli de la dignité personnelle dépassait toutes les bornes et dans les promotions chacun savait quelle influence avait présidé aux choix. Tel était le candidat du président du Corps législatif, tel autre devait son avancement au ministre du commerce.

Les règles de la hiérarchie s'affaiblissaient, le respect disparaissait et les officiers-généraux aussi bien que les colonels en étaient venus à regretter souvent le marquis de Louvois et même Michel de Chamillard.

Cependant les capacités ne manquaient pas dans l'armée et il n'eût pas été difficile de les découvrir, de les développer et de leur donner, aux premiers rangs, les places où elles auraient rendu les meilleurs services.

Mais ordinairement l'homme de mérite est indépendant. Est-ce par hasard ou par système, qu'aux époques de décadence, les médiocrités s'élèvent au-dessus de la foule, et sont d'autant plus caressées qu'elles ne portent ombrage à personne ?

Si les hauts grades de l'armée avaient été confiés à des hommes forts, l'Empereur en tombant eût trouvé en eux un point d'appui solide, tandis qu'il les entraîna dans sa chute parce que beaucoup n'étaient quelque chose que par la faveur.

Au moment de la guerre, l'armée française possédait une belle cavalerie bien plus occupée de la conservation des chevaux, que de leur emploi. Trois fois par semaine, dans la belle saison, le régiment allait à la manœuvre pour exécuter les évolutions. On croyait que le dernier mot de l'arme était la charge en ligne. Mais des reconnaissances au loin, des marches dans les terrains difficiles, du service des grand'gardes, il n'était pas question, et dans les changements de garnison l'étape était la même pour la cavalerie et l'infanterie.

Un colonel de cavalerie jaloux d'enseigner à son régiment le vrai service de son arme aurait perdu plus de chevaux que ne le permettaient les bureaux de la guerre. Or, l'administration passait avant le commandement.

Pendant toute la durée de la guerre, depuis le premier jusqu'au dernier, nos escadrons disséminés au hasard, sous un commandant en chef, ont accompli des prodiges de dévouement et de bravoure. Presque toujours employés par des généraux étrangers à la cavalerie, ils ont été sacrifiés sans profit pour la victoire.

C'est surtout dans l'arme de la cavalerie que l'avancement avait été jeté au hasard des protections. Aussi pouvons-nous dire que nos cavaliers furent héroïques, mais que l'arme fut mal employée.

Il faut, dans une armée, un commandant supérieur de la cavalerie, comme un général en chef de l'artillerie et un général en chef du génie.

De toutes les armes, la cavalerie est celle dont le service de paix diffère le plus du service de guerre.

Au moment d'entrer en campagne, le général de cavalerie doit savoir parfaitement un rôle qu'il n'a pas encore joué.

Napoléon III avait une préférence très marquée pour les armes spéciales. Il aimait à être considéré comme un officier d'artillerie. Les progrès de cette arme l'intéressaient et il y contribuait par ses travaux.

Les officiers de l'artillerie et les officiers du génie possédaient une instruction supérieure à celle des officiers d'infanterie et de cavalerie ; la bravoure des uns et des autres était la même ; mais, en général, le sentiment militaire se trouvait moins développé dans les armes spéciales. Plus d'un officier d'artillerie ou du génie n'aspirait pas à la carrière militaire en sortant de l'école Polytechnique.

S'il y avait des regrets, ils disparaissaient complètement sur les champs de bataille, et nos canonniers furent aussi admirables que leurs officiers.

Peut-être, en y regardant de très près, aurait-on découvert dans les rangs de l'artillerie et du génie plus de patriotisme qu'ailleurs, un amour plus ardent pour le métier, un respect plus complet pour les traditions de l'arme, et une discipline plus éclairée.

Puisse l'artillerie, en devenant très nombreuse, ne pas perdre son esprit particulier, heureux mélange de dignité et de fierté militaires !

Le plus sévèrement jugé pendant et après la guerre a été le corps d'état-major. Il a même disparu pour faire place à une organisation nouvelle.

L'ancien corps d'état-major était une des belles œuvres de Gouvion Saint-Cyr. Il prenait de jeunes officiers débutant dans la carrière. Après avoir satisfait aux examens de sortie de l'école de Saint-Cyr ou de l'école Polytechnique, les sous-lieutenants suivaient les cours d'une école d'application ; après de nouvelles épreuves, ils servaient successivement dans l'infanterie, la cavalerie et l'artillerie, souvent même dans le génie. Ils connaissaient donc le service de toutes les armes pour l'avoir pratiqué.

Ils entraient ensuite dans un état-major ou remplissaient les fonctions d'aides de camp auprès des généraux commandant les divisions, les subdivisions, ou les troupes actives. Les officiers généraux de l'artillerie et du génie conservaient auprès d'eux des officiers de leurs armes en qualité d'aides de camp.

Depuis 1818, ou, pour mieux dire, depuis 1820, date de la première promotion de Saint-Cyr, de grands abus s'étaient introduits dans le corps d'état-major ; la loi de Gouvion Saint-Cyr n'était plus exécutée rigoureusement. D'abord, à la sortie de l'école Saint-Cyr ou de l'école Polytechnique, on ne tenait compte que de l'examen qui donnait un numéro de classement ; on oubliait qu'à côté des connaissances mathématiques, topographiques, historiques, devaient se placer des qualités toutes particulières : un caractère calme et bienveillant, un esprit généralisateur, dominant les questions, une grande facilité d'assimilation, un style clair rendant bien la pensée, rapide et sans écart, une parole facile et une heureuse mémoire. Enfin, le goût prononcé du travail, une activité physique exceptionnelle, une habileté remarquable en équitation, et le sentiment du respect indispensable pour qui vit sans cesse avec ses supérieurs.

On dédaignait ces qualités, qui n'étaient pas toujours remplacées par les épreuves ou la solution des problèmes.

Pendant leurs stages régimentaires, quelques officiers d'état-major, détournés de leur service par les colonels eux-mêmes, remplissaient des fonctions qui ne leur **apprenaient pas le métier.**

Enfin, dans les états-majors, ils devenaient de véritables secrétaires, copiant des ordres, des lettres, des circulaires. Ce métier de commis les humiliait et faisait disparaître le charme de la carrière. Aides de camp, ils ne trouvaient que rarement auprès de leur général un aliment substantiel pour leur intelligence. Un grand nombre donnaient eux-mêmes les ordres pour ne pas troubler le repos de leur chef.

Ils voyaient de trop près les défauts du commandement pour ne pas devenir sceptiques et ennemis du travail.

L'institution de Gouvion Saint-Cyr avait péri, non par la faute des officiers d'état-major, mais bien par l'indifférence des chefs qui devaient les éclairer, les diriger, les commander, les instruire et les préparer pour la guerre.

Au lieu de la corriger dans ses applications, on a brisé une œuvre excellente en soi. Tout en condamnant l'ancien corps d'état-major, le gouvernement, depuis la paix, a souvent choisi des officiers de l'ancien corps d'état-major pour ministres de la guerre.

V

Pour faire la guerre il faut une santé de fer, une activité prodigieuse et l'esprit débarrassé de toute préoccupation. A la bataille de Fontenoy, le maréchal de Saxe se faisait porter en litière ; en Italie, Radetzki, âgé de quatre-vingt-quatre ans, remportait des victoires ; mais de tels hommes sont rares, et les souverains, comme les simples soldats, paient leur tribut à la nature.

Cependant, Napoléon III, très affaibli par la maladie, voulut se mettre à la tête de ses troupes ; l'exemple du roi de Prusse l'entraînait.

C'est là une antique tradition qui imprime à la guerre le caractère barbare de la conquête. Vauban, ce grand philosophe militaire, ne voyait pas sans peine Louis XIV assister au siège des places fortes. Enfin, après la paix de Nimègue, il adressa au Roi un mémoire que celui-ci reçut en 1678. On lit dans ce mémoire :

« Si Sa Majesté veut bien désormais se réduire à faire le personnage d'un grand Roi, qui est le seul qui convient à son âge et à sa grandeur, au lieu de celui d'un de ses généraux, ou tout au plus de son connétable, pendant que toutes les parties de son royaume souffrent de son absence dans le temps que sa présence y est plus nécessaire, elle fera un très grand plaisir à sa cour et à tous ses sujets, et épargnera annuellement plus de six cent mille livres.

« Si Sa Majesté voulait encore faire la même chose à l'égard de Monseigneur, elle ferait un véritable plaisir à ses peuples, que le souvenir des maladies de l'Etat, toujours inséparables des minorités, effraye, et fait qu'ils ne peuvent sans étonnement voir exposer l'héritier présomptif de la couronne comme un simple officier-général ; et cette frayeur qui se communique aux armées y fait un embarras capable de causer le trouble dans un jour d'occasion, par la crainte où tout le monde serait de le perdre. Cet article vaudrait encore une épargne au Roi de plus de cent cinquante mille livres. »

Les économies qui semblent préoccuper Vauban ne sont, en réalité, que secondaires dans son esprit ; ce qui attire son attention est le danger pour une armée, pour une nation, de voir le commandement militaire exercé par un homme digne du plus grand respect, mais étranger à la science de la guerre, si haute et si profonde.

Sans doute, le Souverain place à la tête des armées, auprès de lui, un général qui le guide ; mais l'orgueil du Prince s'accommodera-t-il du plus grand des capitaines qui, par une supériorité éclatante, effacerait son prestige ? D'ailleurs, le conseiller peut avoir ses faiblesses, et, pour ne pas encourir les défaveurs dans l'avenir, se soumettre lorsqu'il faudrait résister.

Après avoir lu la lettre de Vauban à Louis XIV, on peut se demander si elle eût été utile à méditer en 1870.

L'état de santé de Napoléon III le condamnait au repos ; la situation politique de la France exigeait sa présence à Paris, et les vrais amis de la dynastie impériale devaient redouter une régence.

Ce n'est pas tout ; en se plaçant à la tête de l'armée, l'Empereur s'entourait, non des généraux les plus capables, mais de ceux qu'il connaissait, qu'il aimait, de ceux enfin auxquels il destinait d'avance le bâton de maréchal de France. En un mot, les corps d'armée avaient pour chefs les aides de camp. Il y avait au début sept corps d'armée :

1er Maréchal de Mac-Mahon ;
2e Général Frossard, aide de camp ;
3e Maréchal Bazaine ;
4e Général Ladmirault ;
5e Général de Failly, aide de camp ;
6e Maréchal Canrobert, ancien aide de camp ;
7e Général Douai, aide de camp.

La réserve, garde impériale, avait pour chef Bourbaki, aide de camp. Plus de la moitié des corps d'armée était sous les ordres des aides de camp.

Depuis, le 3e corps fut confié au maréchal Le Bœuf, ancien aide de camp ; le 12e au général Lebrun, aide de camp.

Ces officiers généraux étaient fort honorables, quelques-uns avaient de beaux états de service, mais leur supériorité militaire n'était pas de nature à rejeter au second plan tous les généraux de l'armée étrangers à la cour.

Il faudrait bien peu connaître le cœur humain pour

penser que des avancements rapides, des faveurs constantes, des prétentions sans limites, n'avaient pas créé de profondes jalousies.

En plus d'une circonstance, que, pour l'honneur des armes, il faut passer sous silence, tel chef, qui aurait pu porter secours à son voisin dans l'embarras, se tenait immobile l'arme au pied, disant à voix basse : « Puisqu'il est si savant, qu'il s'en tire ! »

Après la campagne de Crimée, le général le plus en renom était Pélissier, puisqu'il avait donné à la France une grande victoire sur la Russie. La campagne d'Italie se fit ensuite, et le maréchal Pélissier n'obtint pas un commandement dans l'armée commandée par l'Empereur. On le laissa en France, lui, le vainqueur de la dernière guerre !

Lorsqu'en 1870 Napoléon III forma l'armée du Rhin, le général de Montauban, comte de Palikao, était le plus renommé des généraux à cause de sa prodigieuse campagne de Chine. Il commandait un corps d'armée à Lyon, et ce corps d'armée passa sous les ordres d'un aide de camp. Montauban eut absolument le sort de Pélissier.

Alors on répéta, dans le monde militaire, que l'Empereur était jaloux des mérites supérieurs et que ses sympathies allaient tout naturellement aux médiocrités.

Le jugement est injuste. Il n'y avait nulle jalousie dans les sentiments qui dirigeaient l'Empereur.

Mais il redoutait la venue d'un homme de guerre popularisé par une grande victoire, doué d'un caractère énergique et d'une haute capacité. Sa politique le voulait ainsi ; il aimait les médiocrités soumises, ignorant sans doute le mot de M. Dupin : « Il n'y a que ce qui résiste qui soutient avec efficacité. »

La part faite à la maison militaire de l'Empereur à la tête des corps d'armée produisit un effet déplorable. Quatre-vingts généraux de division n'avaient obtenu que trois commandements confiés aux maréchaux Mac-Mahon et Bazaine et au général de Ladmirault, et une dizaine d'aides de camp avaient eu quatre corps d'armée.

Cette faute du pouvoir peut être considérée à plusieurs points de vue.

Le plus grave est celui de la justice. Dans tous les rangs de l'armée, depuis les plus brillants jusqu'aux plus obscurs, on a soif de justice. Les services de chacun ne sont pas un secret et le mérite éclate à tous les yeux. L'avancement est donné par l'opinion des pairs et des inférieurs avant d'être consacré par la volonté du souverain. Les ministres, qui ont leurs créatures à pourvoir, oubliaient trop souvent, sous l'Empire, que tel officier avait des *droits* et non des *titres*. Ses droits foulés aux pieds, l'officier se taisait, mais il avait au cœur une plaie qui ne se cicatrisait jamais.

On ne saurait croire, dans le monde civil, combien de ravages ont été produits par l'injustice. Il y a dans nos défaites constantes des mystères inexplicables pour qui n'a pas appartenu à l'armée de l'Empire ; dans ces mystères on trouve toujours une injustice antérieure à l'événement. Cette injustice a produit la désaffection cachée et le dévouement en a été affaibli, la discipline en a souffert et plus d'un homme de cœur s'est retiré sous sa tente lorsqu'il fallait se précipiter en avant, du côté des obus et de la mitraille.

Vauban, que Saint-Simon lui-même présente à la postérité comme le plus vertueux de son temps, est mort d'une injustice.

Il faut donc jeter un voile épais sur certaines défaillances dont les ministres de l'Empire sont coupables. Ils ont mis au pillage les grades de l'armée, ne tenant compte ni des services, ni des travaux, ni de l'estime des troupes, ni du caractère, ni de l'honorabilité. Ils étaient morts à l'heure des désastres, mais ils les avaient préparés. Il nous en coûterait d'en dire plus sur ce sujet. Qu'il suffise de constater que l'esprit militaire n'existait plus en 1870 dans les régions supérieures de l'armée. Ce n'était plus cette admirable passion qui personnifiait la patrie. Tous les cœurs ne battaient pas à l'unisson. L'ambition avait troublé toutes les têtes, on allait mendier l'avancement comme le gueux mendie son obole. Le désintéressement avait disparu comme la dignité. Les règles de la hiérarchie étaient méconnues et le respect n'existait plus. Les appétits matériels de la société civile pénétraient dans l'armée par tous les pores.

Les officiers pleins d'honneur, et ils étaient en grand nombre, se voilaient le visage de leurs mains, pour ne pas voir la catastrophe qui approchait.

Et pas un ministre ne disait à l'Empereur qu'un Etat ne saurait durer lorsqu'il y a, pour chacun, plus d'intérêt à faire sa cour que son devoir.

Le jour de la bataille de Sedan, lorsque le désordre envahissait nos troupes, des commandants de corps d'armée se rendaient dans la place auprès de l'Empereur. Les devoirs de l'aide de camp l'emportaient sur ceux de l'officier-général. Ces absences regrettables duraient de longues heures pendant lesquelles le corps d'armée se décomposait en éprouvant des pertes épouvantables.

Pendant l'occupation des Etats pontificaux par une certaine portion de troupes françaises, ces troupes étaient sous les ordres d'un général de division revêtu d'un caractère quelque peu diplomatique. Trois aides de camp, les généraux de division de Goyon, de Montebello et de Failly, commandèrent successivement à Rome. Un quatrième aide de camp, le général de Cotte, y exerça un commandement moins important.

Le général en chef de l'armée de Crimée, général Pélissier, avait comme chef du génie l'aide de camp Niel, qui correspondait directement avec le souverain. Cette attitude de l'inférieur vis-à-vis de son général en chef donna lieu à des scènes où le franc parler de Pélissier ne ménagea pas au futur maréchal Niel les expressions les moins voilées de son vocabulaire.

C'est la première fois, croyons-nous, que le public est appelé à connaître ces détails intimes renfermés dans le cercle des sommités militaires. En temps ordinaire, le mal n'était pas grand, et le ridicule l'emportait sur l'odieux. Mais si les événements devenaient graves, trop d'incapacités pouvaient affaiblir l'armée au point de compromettre son honneur.

Peu de temps avant la guerre, un plébiscite put faire croire à Napoléon III qu'il revenait aux premiers jours de l'Empire et que sa popularité n'avait pas subi d'atteinte. Malheureusement, on fut assez insensé pour faire voter l'armée.

Le résultat de cet acte politique, si dangereux pour l'esprit militaire, si contraire à la discipline, a eu le grave inconvénient de faire connaître aux puissances étrangères que le chiffre total des hommes présents sous les armes n'était que de 250.000 hommes.

Ce plébiscite, donnant à l'Empire une nouvelle jeunesse, encouragea le parti de la guerre. Ce fut le point de départ d'une véritable croisade. L'Empire *libéral* devait se couronner de lauriers.

Lorsque la guerre fut déclarée, le grand état-major prussien rechercha avidement les noms des généraux commandant les corps d'armée et qui tous pouvaient être appelés au commandement des troupes. La joie fut grande autour de M. de Moltke, lorsqu'on vit que le général de Montauban n'était pas employé.

Cet officier-général était considéré comme le plus capable. M. Thiers a dit, dans l'enquête parlementaire :

« Il y avait, dans les rangs de l'armée, un homme d'une

très grande capacité militaire, beaucoup plus fait pour être chef d'armée que chef de cabinet. Je veux parler de M. le comte de Palikao. Son expédition de Chine est une belle chose à laquelle on n'a pas rendu assez de justice... On lui avait refusé le bâton de maréchal pour le donner au général Le Bœuf (1), et c'était une faute qui eut de graves conséquences. Laissé dans une sorte de disgrâce, méconnu, privé de tout commandement, il eut bientôt la position d'une victime. Pour ne pas l'avoir fait commandant d'une grande armée, rôle qu'il aurait si bien rempli, il fallut le faire premier ministre. »

Qu'on nous pardonne encore une courte citation de M. Thiers, parce qu'elle fait connaître l'auteur du mot qui a tout perdu : *Nous sommes prêts.*

« Un mot avait, à cette fatale époque, envahi toutes les conversations, un mot était sur toutes les lèvres : nous sommes prêts ! nous sommes prêts ! et jamais nous ne l'avions été moins.

« Ce mot, j'en ai suivi l'histoire ; il remontait au maréchal Niel. Je l'avais vu naître, et je le vis consommer notre ruine. »

Cependant, il s'est formé dans le monde une légende qui fait du maréchal Niel le grand citoyen disant à la tribune : *Nous ne sommes pas prêts !*

L'histoire est ainsi faite de contre-vérités ; le devoir rigoureux de tout écrivain impartial est d'infirmer les légendes et de rétablir la vérité.

(1) Aide de camp de l'Empereur.

FIN

TABLE DES MATIÈRES

Pages.

Chapitre premier. — Tremblement de terre. — Après Sedan. — Gouvernement de la Défense nationale. — Idées militaires des membres du gouvernement. — La patrie, d'après M. Jules Simon. — M. Guizot et la bourgeoisie. — Un mot de Napoléon Ier en Russie. — Les ministres du nouveau gouvernement. — Un souvenir de l'année 1636. — Commencement d'organisation militaire. — Le général Lefort. — Les généraux La Motterouge, Martin des Paillères, Martineau des Chenez. — Moyens de défense. — Les gardes mobiles de la Marne. — La police du roi de Prusse. — Le docteur Stieber. — Le maire de Pont-à-Mousson. — Le beurre frais et le fromage du docteur Stieber. — Quelques-unes de ses confidences. — Antée, fils de Neptune. — Le village de Mézières. — Le duc de La Rochefoucauld. — Le garde-barrière du chemin de fer. — Le comte de Briey, maire de Bazincourt. — Le sous-lieutenant Beuve. — M. Poulet-Langlet. — Combat de Villegats. — Officiers de mobiles : Guibert, Guillaume, Montgolfier, etc. — Le capitaine Garnier. — Combat de Formerie. — Scènes sanglantes à Forêt-la-Folie. — Le maire de Guitry, M. Besnard. — Le major saxon Funck et le moulin à vent. — Le garde mobile Binet, du Calvados. — Le lieutenant de uhlans hanovriens et le lieutenant français Vivier, des francs-tireurs. — Le capitaine Houdellière. — Un mobile de l'Ardèche reçoit dix-sept coups de lance dans une rencontre. — Les fourgons prussiens pris à Vernon. — Mort du capitaine Roveure, auquel les Allemands rendent les honneurs militaires... 1

Chapitre II. — Le droit des gens. — Les Allemands dans le département de la Sarthe. — M. le vicomte Jaubert. — Guillaume de Prusse à Sedan. — Sentinelles, prenez garde à vous ! — En Normandie. — A Rouen. — Le garde-chasse et l'avocat. — Le cardinal de Bonnechose à Versailles. — L'armée du Nord et le général Faidherbe. — Le général Robin. — Le général Bourbaki. — Le général Farre. — Engagements. — Commandant Jan. — Bataille de Pont-Noyelles. — Bataille de Bapaume. — Bataille de Saint-Quentin. — Opinion du maréchal Gouvion-Saint-Cyr sur les charges de cavalerie. — Un chef de bataillon condamné à mort. — Le

Pages.

comte de Brigode et son fils. — Histoire de deux ouvriers. — L'homme à la tête de cire. — La machine prussienne. — Le général Faidherbe 54

Chapitre III. — Tours : Crémieux, Fourichon, Glais-Bizoin. — Le général Lefort. — Le Polonais M. de Serres. — Le général des armées du roi de Siam. — Le cardinal Guibert. — Gambetta. — Le livre du baron von der Goltz. — La papauté. — Encore Gambetta. — Versailles. — Arrivée du roi de Prusse. — L'officier prussien et M. Hamel. — M. Angel de Miranda. — M. de Raynal. — M. Albert Harel. — Le docteur Stieber, chef de la police prussienne. — Jules Favre à Versailles. — Trois patriotes........ 146

Chapitre IV. — Les volontaires de 1792 et les gardes mobiles de 1870. — Les mobiles du Lot. — Mort du commandant Fouilhade. — Le colonel américain Burr-Porter. — Combats des mobiles du Lot. — Pillage au camp de Conlie. — La mobile de Vendôme. — Le capitaine Timoléon d'Epinay-Saint-Luc. — Les zouaves pontificaux à Loigny, au Mans. — L'abbé Fougueray. — Le lieutenant Garnier. — Les mobilisés bretons à la Tuilerie. — Les mobilisés bretons au siège de Paris. — M. de Kératry, général en chef. — Les francs-tireurs. — Jugement de M. de Jouvencel sur Gambetta. — Réflexions à ce sujet. — Les prisonniers civils. — M. Fautras, instituteur à Bricy, conduit en captivité. — La jeune fille de France. — Les prisonniers civils en chemin de fer et à Stettin.... 238

Chapitre V. — Nos prisonniers de guerre en Allemagne. — Edelweiss. — Les aumôniers : l'abbé Rambaud ; le R. P. de Damas ; l'abbé Jacques ; le R. P. Joseph ; le journal *le Wanderer* et les captifs. — La *Gazette de Cologne*. — La princesse Clémentine d'Orléans. — Les comités de secours. — Le sergent de zouaves, Charles Gombault. — Occupations des prisonniers. — Les cantines dans les forts. — La reconnaissance. — Les turcos. — Les aumôniers. — L'Œuvre des pensions militaires. — Opinion des Allemands sur nos prisonniers. — L'école africaine. — Châteaudun. — M. Lumiere, maire de Châteaudun, s'est montré héroïque. — La jeune fille de Châteaudun. — Le capitaine Michau, âgé de quatre-vingt-quatre ans. — Les bourgeois prisonniers sont envoyés en Poméranie. — L'ouvrier Lépine va être fusillé. — Sœur Jeanne de Chantal. — Les femmes charitables. — Le patriotisme. — Les pontonniers du général Eblé. — La discipline. — Les écoles. — La femme et le patriotisme. — Le 13ᵉ corps d'armée et le général Vinoy. — Mission du capitaine de Sesmaisons. — Dernier acte de souveraineté de l'Empereur. — Retraite de Mézières. — Le général Vinoy. — Le pauvre soldat. — Sa mort. — Réflexions....... 325

Pages.

CHAPITRE VI. — Napoléon III et la France en 1870 : l'opinion publique et l'entourage de l'Empereur. — Ce qu'était notre armée à la veille de la guerre. — La commission de la réforme militaire; le maréchal Niel. — Le roi de Prusse sur les buttes Chaumont. — Loi organique française du 1er février 1868 et loi fédérale prussienne de 1867. — Les contingents de la France et ceux de l'Allemagne. — Opinion du général Changarnier sur la valeur de l'infanterie. — Les mitrailleuses. — Le matériel militaire ; les docks de campement; l'abus des bagages. — Le soldat de 1870. — Les sous-officiers. — Les officiers. — Les généraux. — La cavalerie. — L'artillerie et le génie. — Le corps d'état-major. — Le mémoire de Vauban à Louis XIV. — Les aides de camp chefs de corps d'armée. — *Nous sommes prêts*................................... 411

Bar-le-Duc. — Typ. Schorderet et Cⁱᵉ